ARQUEOLOGIA DO POVOAMENTO AMERICANO
CONTRIBUIÇÕES A PARTIR DO CONTEXTO BRASILEIRO

Editora Appris Ltda.
1.ª Edição - Copyright© 2025 dos autores
Direitos de Edição Reservados à Editora Appris Ltda.

Nenhuma parte desta obra poderá ser utilizada indevidamente, sem estar de acordo com a Lei nº 9.610/98. Se incorreções forem encontradas, serão de exclusiva responsabilidade de seus organizadores. Foi realizado o Depósito Legal na Fundação Biblioteca Nacional, de acordo com as Leis nos 10.994, de 14/12/2004, e 12.192, de 14/01/2010.

Este livro é resultado de projeto apoiado pelo programa CAPES/Cofecub (nº 840/2015).

Catalogação na Fonte
Elaborado por: Dayanne Leal Souza
Bibliotecária CRB 9/2162

A772a 2025	Arqueologia do povoamento americano: contribuições a partir do contexto brasileiro / Lucas Bueno, Adriana Schmidt Dias (orgs.). – 1. ed. – Curitiba: Appris, 2025. 427 p. : il. ; 23 cm. – (Coleção Ciências Sociais). Vários autores. Inclui referências. ISBN 978-65-250-7307-1 1. Arqueologia. 2. Povoamento. 3. América do Sul. I. Bueno, Lucas. II. Dias, Adriana Schmidt. III. Título. IV. Série. CDD – 930.1

Livro de acordo com a normalização técnica da ABNT

Appris editorial

Editora e Livraria Appris Ltda.
Av. Manoel Ribas, 2265 – Mercês
Curitiba/PR – CEP: 80810-002
Tel. (41) 3156 - 4731
www.editoraappris.com.br

Printed in Brazil
Impresso no Brasil

Lucas Bueno
Adriana Schmidt Dias
(orgs.)

ARQUEOLOGIA DO POVOAMENTO AMERICANO
CONTRIBUIÇÕES A PARTIR DO CONTEXTO BRASILEIRO

Appris editora

Curitiba, PR
2025

FICHA TÉCNICA

EDITORIAL Augusto Coelho
Sara C. de Andrade Coelho

COMITÊ EDITORIAL Ana El Achkar (Universo/RJ)
Andréa Barbosa Gouveia (UFPR)
Antonio Evangelista de Souza Netto (PUC-SP)
Belinda Cunha (UFPB)
Délton Winter de Carvalho (FMP)
Edson da Silva (UFVJM)
Eliete Correia dos Santos (UEPB)
Erineu Foerste (Ufes)
Fabiano Santos (UERJ-IESP)
Francinete Fernandes de Sousa (UEPB)
Francisco Carlos Duarte (PUCPR)
Francisco de Assis (Fiam-Faam-SP-Brasil)
Gláucia Figueiredo (UNIPAMPA/ UDELAR)
Jacques de Lima Ferreira (UNOESC)
Jean Carlos Gonçalves (UFPR)
José Wálter Nunes (UnB)
Junia de Vilhena (PUC-RIO)

Lucas Mesquita (UNILA)
Márcia Gonçalves (Unitau)
Maria Aparecida Barbosa (USP)
Maria Margarida de Andrade (Umack)
Marilda A. Behrens (PUCPR)
Marília Andrade Torales Campos (UFPR)
Marli Caetano
Patrícia L. Torres (PUCPR)
Paula Costa Mosca Macedo (UNIFESP)
Ramon Blanco (UNILA)
Roberta Ecleide Kelly (NEPE)
Roque Ismael da Costa Güllich (UFFS)
Sergio Gomes (UFRJ)
Tiago Gagliano Pinto Alberto (PUCPR)
Toni Reis (UP)
Valdomiro de Oliveira (UFPR)

SUPERVISORA EDITORIAL Renata C. Lopes

PRODUÇÃO EDITORIAL Sabrina Costa

REVISÃO J. Vanderlei

DIAGRAMAÇÃO Jhonny Alves dos Reis

CAPA Danielle Paulino

FOTOGRAFIA DA CAPA Cristiana Barreto

FOTOGRAFIA DA CONTRACAPA Andrei Isnardis

REVISÃO DE PROVA Lavínia Albuquerque

COMITÊ CIENTÍFICO DA COLEÇÃO CIÊNCIAS SOCIAIS

DIREÇÃO CIENTÍFICA Fabiano Santos (UERJ-IESP)

CONSULTORES Alícia Ferreira Gonçalves (UFPB)
Artur Perrusi (UFPB)
Carlos Xavier de Azevedo Netto (UFPB)
Charles Pessanha (UFRJ)
Flávio Munhoz Sofiati (UFG)
Elisandro Pires Frigo (UFPR-Palotina)
Gabriel Augusto Miranda Setti (UnB)
Helcimara de Souza Telles (UFMG)
Iraneide Soares da Silva (UFC-UFPI)
João Feres Junior (Uerj)

Jordão Horta Nunes (UFG)
José Henrique Artigas de Godoy (UFPB)
Josilene Pinheiro Mariz (UFCG)
Leticia Andrade (UEMS)
Luiz Gonzaga Teixeira (USP)
Marcelo Almeida Peloggio (UFC)
Maurício Novaes Souza (IF Sudeste-MG)
Michelle Sato Frigo (UFPR-Palotina)
Revalino Freitas (UFG)
Simone Wolff (UEL)

SUMÁRIO

INTRODUÇÃO 7
Os organizadores

1

PRIMEIROS PASSOS EM TERRA INCÓGNITA: CONCEITOS E PROBLEMAS DE PESQUISA DA ARQUEOLOGIA DO POVOAMENTO 9
Lucas Bueno | Adriana Schmidt Dias

2

A HUMANIDADE CONSTRUÍDA NO CAMINHO: POR UMA ARQUEOLOGIA DO POVOAMENTO GLOBAL 29
Adriana Schmidt Dias | Lucas Bueno

3

CAMINHANDO ENTRE VALES E CHAPADAS: CONHECENDO E OCUPANDO O PLANALTO CENTRAL BRASILEIRO ENTRE O FIM DO PLEISTOCENO E O HOLOCENO INICIAL 61
Lucas Bueno | Andrei Isnardis | Antoine Lourdeau

4

A ANTIGUIDADE DA PRESENÇA HUMANA NA AMAZÔNIA: BALANÇO DAS PESQUISAS E SUAS IMPLICAÇÕES PARA A ARQUEOLOGIA BRASILEIRA 139
Claide de Paula Moraes

5

A PONTA DO ICEBERG: DIVERSIDADE CULTURAL E INDÚSTRIAS LÍTICAS BIFACIAIS DO SUL DO BRASIL NO HOLOCENO INICIAL 171
Adriana Schmidt Dias | Antoine Lourdeau

6
OCUPAÇÃO ANTIGA DO LITORAL BRASILEIRO 213
Levy Figuti

7
POVOAMENTO INICIAL NO CENTRO DA AMÉRICA DO SUL: SANTA ELINA. 233
Águeda Vilhena Vialou | Denis Vialou

8
ARQUEOGENÉTICA DE LAGOA SANTA 263
André Strauss | Tiago Ferraz da Silva | Tábita Hünemeier

9
TERRITORIALIDADE, SÍTIOS RUPESTRES E HABITATS PRÉ-HISTÓRICOS. 279
Denis Vialou | Agueda Vilhena Vialou

10
MANEJO HUMANO DE PLANTAS NO FINAL DO PLEISTOCENO E INÍCIO DO HOLOCENO 317
Myrtle Pearl Shock

11
SOBRE CONTEXTOS E PERGUNTAS: TEORIAS E MÉTODOS NA INTERPRETAÇÃO DO CONTEXTO ARQUEOLÓGICO DO BRASIL CENTRAL NA TRANSIÇÃO PLEISTOCENO/ HOLOCENO 369
Andrei Isnardis | Lucas Bueno

SOBRE OS AUTORES 425

INTRODUÇÃO

O povoamento da América é um dos temas mais debatidos na arqueologia mundial. Perguntas sobre quando os humanos deram seus primeiros passos neste continente, quais foram seus caminhos e como se deslocaram por áreas ainda desconhecidas são questões tão antigas quanto a própria história da arqueologia americana. De fato, é provável que todas as sociedades que por aqui andaram também formularam tais perguntas e elaboraram suas próprias respostas.

A partir de meados do século XIX, essas questões passaram a ser formuladas nos moldes do conhecimento científico e desde então muito se caminhou nesta discussão. No entanto, capitaneada, em grande medida, pela arqueologia praticada nos Estados Unidos, a maioria das publicações sobre o tema é em língua inglesa. Para além de questões relacionadas ao acesso à informação, essa prática tem um resultado mais profundo: é a academia norte-americana que define a agenda e estipula as abordagens hegemônicas. Muitos dos sítios antigos da América do Sul aparecem pouco representados nos debates internacionais e sínteses sobre o tema, salvo raras exceções. As últimas décadas têm presenciado uma sensível mudança nessa dinâmica, contudo muitas barreiras necessitam ser transpostas e várias questões continuam em aberto.

Este livro tem o intuito de contribuir para a arqueologia do povoamento americano, situando o debate a partir das contribuições oferecidas pelas pesquisas desenvolvidas no Brasil. Ele é o resultado de uma profícua colaboração entre arqueólogos brasileiros e franceses no âmbito do projeto "O povoamento inicial da América a partir do contexto arqueológico brasileiro", financiado pelo programa de cooperação CAPES/Cofecub (n° 840/2015) entre 2014 e 2018. O intenso intercâmbio acadêmico entre colegas brasileiros e franceses nas missões de trabalho deste projeto propiciou uma rica colaboração entre pesquisadores com distintas trajetórias, vivências e perspectivas do fazer arqueológico. Na França, a possibilidade de visitação dos sítios Paleolíticos da Dordonha e de Ardéche tiveram um profundo impacto na equipe brasileira para pensar os aspectos metodológicos da pesquisa, bem como sobre as relações entre discurso acadêmico e geopolítica da produção do conhecimento. Igualmente, os seminários e simpósios no *Institut de Paléontologie Humaine* e no *Musée de l'Homme* provocaram reflexões sobre como apresentar, dialogar e conectar a arqueologia dos povoamentos americano e europeu. No Brasil, a oportunidade de visitar sítios emblemáticos do debate sobre o povoamento antigo do leste da América do Sul no Pará, no Piauí, no Mato Grosso e em Minas Gerais, e ter a possibilidade, em alguns casos, de conhecer em laboratório o material arqueológico oriundo das escavações, amplificou as perspectivas comparativas. Em todas estas viagens pelo Brasil, o grupo de pesquisadores também participou de simpósios, seminários e minicursos abertos à comunidade acadêmica, ampliando as redes de colaboração originais do projeto.

Ao longo destes quatro anos foram inúmeras horas de conversas e troca de ideias que aconteceram, literalmente, em movimento e em cenários variados: nos sítios arqueológicos, nas exposições de museus, nas reservas técnicas, nos laboratórios, nas bibliotecas, nos auditórios dos eventos, nas salas de aula. Movimentos estes que também envolveram a travessia de fronteiras geográficas, linguísticas e epistemológicas. Foi ao longo dessas vivências, percorrendo os caminhos dos povoamentos europeu e americano, que construímos a ideia deste livro.

Os estudos aqui apresentados demonstram que mais pesquisas de campo são necessárias em áreas ainda pouco investigadas, bem como em locais nos quais sítios com datas antigas já foram identificados. Embora discordâncias entre distintas categorias de dados ainda persistam, a arqueologia do povoamento no Brasil tem demonstrado contextos robustos que sustentam a hipótese de que o início da ocupação humana na América tenha se dado milênios antes do que os modelos conservadores costumam sugerir, envolvendo distintas dinâmicas de interação entre humanos e não-humanos que construíram a biodiversidade característica das paisagens sul-americanas.

Permeados por mudanças e transformações, há fios condutores que interligam essa história profunda do povoamento brasileiro com a diversidade cultural das sociedades Ameríndias até os dias de hoje. Há inúmeras narrativas construídas, transformadas e transmitidas pelas sociedades Ameríndias sobre suas origens e suas próprias trajetórias históricas. Caminhar na direção de estabelecer uma parceria simétrica entre as narrativas nativas e acadêmicas é mais um passo para abertura de novos horizontes de produção do conhecimento os quais a arqueologia do povoamento americano pode contribuir.

Os organizadores

PRIMEIROS PASSOS EM TERRA INCÓGNITA: CONCEITOS E PROBLEMAS DE PESQUISA DA ARQUEOLOGIA DO POVOAMENTO

Lucas Bueno
Adriana Schmidt Dias

Quando o assunto é o povoamento da América, os debates e as controvérsias giram em torno da cronologia e das rotas de deslocamento relacionadas à ocupação inicial do continente. Até o final do século XX, essas questões foram respondidas pelo modelo *Clovis First*, segundo o qual os primeiros americanos eram caçadores especializados em megafauna, cuja entrada no continente teria se dado há cerca de 12.000 anos AP, através de um corredor livre de gelo entre as geleiras que cobriam boa parte da América do Norte (GREENBERG *et al.*, 1986; HAYNES, 1964; MARTIN, 1973; MOSIMANN; MARTIN, 1975). Ao longo das últimas duas décadas, no entanto, novos dados arqueológicos, paleoambientais e genéticos têm apontado para a falência desse modelo, transportando a discussão sobre cronologia para o Último Máximo Glacial (UMG). O debate atual polariza-se entre os defensores de uma cronologia curta (pós-UMG, após 16.000 AP) ou de uma cronologia longa (pré-UMG, antes de 20.000 anos AP), com certa prevalência, em ambas as propostas, pela utilização de uma rota pela costa do Pacífico para o deslocamento para o sul (BORRERO, 2016; DILLEHAY, 2009; FAGUNDES *et al.*, 2008; GOEBEL *et al.*, 2008; LLAMAS *et al.*, 2016; MORENO-MAYAR *et al.*, 2018; O'ROURKE; RAFF, 2010; TAMM *et al.*, 2007; WATERS; STAFFORD, 2007). No entanto, ainda predomina um ambiente de divergências e não há, até o momento, um modelo que agrupe de forma coerente toda a diversidade de dados atualmente disponíveis e que aponte novos caminhos de pesquisa (DIAS, 2019; MADSEN, 2015).

Neste capítulo, nosso propósito é chamar a atenção para o fato de que a discussão sobre o povoamento da América vai muito além da relação entre datações, tipologias de artefatos líticos e perfis genéticos. De fato, o problema central envolve pessoas em movimento, o que demanda pensar os contextos arqueológicos conhecidos (e os que ainda serão descobertos) a partir de outras perguntas: o que significa povoar um lugar desconhecido ou ainda pouco habitado? Como as pessoas conhecem, escolhem e se apropriam de novos lugares? Como diferentes dinâmicas do movimento humano geram características específicas no registro arqueológico?

No fim do Pleistoceno, o processo de entrada, dispersão e ocupação das Américas pelos humanos envolveu diversos fatores, tais como o deslocamento de pessoas no espaço, o crescimento demográfico e a transformação e incorporação física e simbólica de novas paisagens. Nosso objetivo aqui é compreender como se deram esses primeiros deslocamentos e o que estava em jogo nesse processo. As respostas, obviamente, não são simples, pois envolvem múltiplas escalas e dinâmicas distintas e por se tratar de um fenômeno complexo é fundamental iniciar pela definição de alguns conceitos chave.

1.1 O povoamento como processo: migração, dispersão e colonização

O termo povoar refere-se ao ato de ocupar, habitar, colonizar e se dispersar por uma região, comportando também a ideia de reprodução populacional e de preenchimento de espaços vazios e desabitados. Partindo dessa noção geral, trabalhamos aqui com a ideia de que o conceito de povoamento envolve um processo amplo, em termos espaciais e temporais, que comporta distintos momentos e movimentos de pessoas para novas áreas nunca ocupadas ou para locais previamente habitados por outras populações.

Apesar da ampla bibliografia consultada, não encontramos em nenhuma das referências analisadas uma definição específica sobre o termo povoamento. Em geral, as pesquisas sobre arqueologia do povoamento utilizam os termos migração, dispersão e colonização para se referirem aos tipos de movimentos de pessoas no espaço geográfico. Porém, esses conceitos raramente vêm acompanhados de uma definição e, muitas vezes, são utilizados de forma indistinta, como se fossem sinônimos, o que dificulta explorar seus potenciais explicativos.

O conceito de migração tem sido utilizado desde o início do século XX pelo histórico-culturalismo como um mecanismo para explicar a mudança cultural. No entanto, revisões recentes sobre o tema têm permitido ampliar a compreensão das implicações arqueológicas desse fenômeno (ANTHONY, 1990; BURMEISTER, 2000, 2017; CABANA; CLARK, 2011; CLARK, 1994; FIX, 1999; HACKENBECK, 2008; O'ROURKE, 2012). Uma migração envolve o deslocamento direcionado e intencional de pessoas de uma área para outra (com características ambientais similares ou não). Portanto, demanda a obtenção prévia de informações sobre os caminhos que serão percorridos e sobre o local de destino. Esse movimento ocorre em intervalos temporais breves e pode - ou não - ter consequências duradouras, resultando na incorporação de novos territórios.

Uma migração deve ser entendida como um processo que pode combinar movimentos de curta e longa distância, os quais geram correlatos arqueológicos distintos. Há diversos fatores relacionados às causas desse tipo de deslocamento, os quais são influenciados, mas não de forma restrita, por questões de ordem econômica e/ou política. Além disto, uma migração pode não resultar em abandono do local a partir do qual o movimento partiu, mantendo-se os laços sociais entre as comunidades migrantes e as que permaneceram, a partir de eventos de mobilidade populacional ocasional ou periódica (sazonal). Trabalhando com essa perspectiva, podemos pensar que a dinâmica de movimento de pessoas para as Américas não envolveu uma única migração, mas vários eventos de mobilidade populacional entendidos como movimentos intencionais de um lugar específico para outro distinto, mas previamente conhecido.

Um processo de dispersão populacional caracteriza deslocamentos em escalas espaço-temporal mais reduzidas que as migrações, bem como movimentos multidirecionais contínuos que envolvem distintas frequências, distâncias e composições sociais. Uma dispersão pode resultar na ocupação de novas áreas previamente não habitadas ou incidir sobre territórios já ocupados, desencadeando, nesse caso, variadas estratégias de negociação social que, eventualmente, podem causar outros deslocamentos populacionais (GAMBLE, 1993, 2013).

Deve-se ressaltar, no entanto, que tanto os fenômenos de migração, quanto os de dispersão, podem resultar em ocupações não duradouras, seja em função de um movimento de retorno para o local original de partida, seja pelo rápido deslocamento para um novo local ou mesmo pela extinção do grupo que migrou para novas terras (BEATON, 1991). As respectivas implicações disto são significativas para a formação do registro arqueológico, uma vez que permitem incorporar descontinuidades espaciais e/ou temporais como parte integrante da história de formação de um dado território.

O conceito de colonização, por sua vez, refere-se aos resultados duradouros de uma migração e/ou dispersão. Colonizar envolve um processo marcado, principalmente, pela intensificação das interações entre as populações humanas e as novas paisagens. É um processo diretamente relacionado às dinâmicas de conhecimento do ambiente, podendo envolver aumento demográfico, extensão da permanência da ocupação e manutenção da relação com a área de origem, a fim de garantir a viabilidade biológica do grupo (BORRERO, 1999, 2011, 2015a, 2015b). Consequentemente, o processo de colonização implica em uma série de etapas ou fases de apropriação dos novos territórios, o que, por sua vez, tem consequências diferenciadas no que se refere à formação do registro arqueológico (ZEDEÑO, 1997; ZEDEÑO; ANDERSON, 2010).

Uma colonização é um fenômeno de longa duração, que pressupõe uma larga escala geográfica e que abrange tanto áreas desocupadas e similares aos locais de origem, quanto o uso de novos nichos ecológicos. Processos de colonização podem se dar através de um aumento demográfico lento e gradual ou rápido e pontual, dependendo de fatores variados que deixam assinaturas arqueológicas distintas. Uma colonização de sucesso implica expansão demográfica e ocupação permanente de um local previamente não ocupado, deixando marcas claras no registro arqueológico. Por outro lado, uma colonização malsucedida ocorreria quando uma população migrante se torna extinta ou retorna a sua terra natal, deixando assinaturas arqueológicas ambíguas (BEATON, 1991; GAMBLE, 1993).

Quando os processos de colonização incidem sobre áreas já habitadas, podem desencadear distintos comportamentos. Disputas por territórios podem estimular a construção de fronteiras culturais ou derivar em situações de negociação de novas identidades (assimilação, hibridismo cultural, etnogênese). Por outro lado, tensões e assimetrias político-econômicas entre populações migrantes e autóctones podem traduzir-se em atos de violência, levando ao extermínio (etnocídio) ou ao deslocamento forçado (diáspora) (GAMBLE, 2013).

No caso do povoamento americano, temos evidências de ocupação humana em todos os biomas e macrorregiões ambientais do continente no início do Holoceno. Isso, no entanto, não é o mesmo que dizer em todos os lugares. Certamente, há lugares no interior desses biomas que demoraram muito tempo para serem visitados, assim como outros que foram ocupados, abandonados e reocupados posteriormente. Esse preenchimento paulatino dos espaços vazios também faz parte do processo de colonização de um território (BORRERO, 2015a).

1.2 Superando as barreiras do povoamento: movimento e conhecimento ambiental

Os humanos percebem o ambiente a partir de uma educação sensorial, que através da experiência ensina como se sentir em contato com o mundo e aprender a "verdade da vida" (INGOLD, 2000a, p. 24). Em uma ecologia da vida, o conhecimento do ambiente se dá em contextos de aplicação prática, consistindo em habilidades e sensibilidades que se desenvolvem através de uma longa experiência de sentir e viver em um lugar particular, cuja dinâmica se assemelha a uma "poética do pertencimento" (INGOLD, 2000a, p. 26). Para os caçadores coletores o conhecimento se dá pelo movimento, pela exploração e pela observação alerta dos sinais que o mundo revela. É através do movimento que se aprende as habilidades necessárias para uma percepção ativa e engajada dos componentes que compõem a paisagem, sejam estes humanos e não humanos, animados e inanimados, materiais e imateriais (INGOLD, 2000b).

O movimento de ocupação de novas terras pode assumir diferentes formas, dependendo das características do terreno a ser percorrido, da organização social, da forma de deslocamento e da existência de populações residentes ao longo do caminho e nos locais de destino. As barreiras para esses deslocamentos podem ser materiais ou imateriais, totais ou parciais, inibindo ou direcionando os movimentos entre áreas potencialmente favoráveis à ocupação humana. No entanto, independente das situações em jogo, as possibilidades de superação desses limites sempre envolvem processos de aquisição e transmissão de informação (ROCKMAN, 2003, 2009).

As barreiras para o povoamento de uma área podem estar associadas a distintos tipos de interação entre as populações migrantes e residentes. Um primeiro tipo de barreira envolveria o grau de compatibilidade cultural entre elas, a densidade demográfica e o tipo de sistema econômico predominante (caça e coleta ou agricultura), em sua relação à capacidade de suporte meio ambiental. Um segundo tipo, envolve aspectos de caráter social tais como disputas de territórios, impossibilidades culturais de compartilhamento de informações, bem como qualquer outra limitação derivada de aspectos sócio-políticos e econômicos. Por fim, destacam-se as barreiras de conhecimento, associadas à ausência de informações úteis previamente coletadas, ou ainda, qualquer tipo de limitação quanto às possibilidades de transferência de informações (ROCKMAN, 2003, 2009).

No caso do povoamento da América, a relação entre movimento e conhecimento gera questões específicas por envolver a dispersão de populações em áreas até então nunca habitadas por outros humanos (BARTON *et al.*, 2004; BORRERO, 2015b; GOLLEDGE, 2003; KELLY, 2003; MELTZER, 2004). Essas discussões têm tido como base a dinâmica comportamental de grupos caçadores coletores com baixa densidade demográfica, uma vez que essa seria a configuração básica das sociedades que empreenderam o processo de dispersão e povoamento em escala global no fim do Pleistoceno (GAMBLE, 1993, 2013; MELTZER, 2004).

O ato de conhecer um ambiente envolve incorporar pelo menos três níveis distintos de informações complementares às vivências cotidianas: locacional, limitante e social (ROCKMAN, 2003, 2009). A informação locacional seria a mais fácil de obter, pois envolve a pergunta básica: onde estão as coisas? Localização de fontes de água e matéria-prima e identificação da distribuição de plantas e animais são tipos de informação locacional que podem ser obtidos a partir da experiência direta no território. É possível construir um amplo repertório de informações locacionais ao longo da vida de uma pessoa. Porém, esse processo é mediado por diversos fatores como, por exemplo, a capacidade de memorizar direções e caminhos para localizar novamente determinados recursos quando for necessário.

Já informações limitantes envolvem o conhecimento quanto à periodicidade dos recursos (variações sazonais), à capacidade de suporte ecológico de uma área, à fertilidade do solo e à previsibilidade dos efeitos de eventos climáticos extremos. Esse tipo de conhecimento se refere tanto aos aspectos econômicos, voltados para obtenção de recursos, quanto às questões relacionadas à periodicidade dos deslocamentos e à escolha de locais para situar os assentamentos. Embora boa parte das informações limitantes possa ser obtida em intervalos de tempo relativamente curtos, há informações específicas quanto a esse tipo de conhecimento, cuja periodicidade pode ultrapassar gerações e ocasionar processos de mudança cultural. Por exemplo, quando ocorre exploração de novos terrenos, os limites na disponibilidade regular de matérias-primas podem levar à mudança na organização tecnológica. Dependendo das características geológicas locais, podem surgir novas formas de gerenciamento das matérias-primas (transporte, troca, estocagem) ou podem ocorrer inovações nas estratégias tradicionais de produção, uso e descarte dos artefatos, com abandono de sistemas técnicos que permanecem vigentes nos locais de origem das populações migrantes.

Por fim, a informação social envolve o processo de transformação dos novos ambientes em paisagens conhecidas. Uma paisagem não é apenas terra, natureza ou espaço, mas representa "o mundo como ele é conhecido por aqueles que nele vivem, que habitam seus lugares e percorrem os caminhos que os conectam", sendo incorporada pelas pessoas através do movimento e do desempenho das tarefas diárias (INGOLD, 2000c, p. 193). "Ao habitar uma paisagem através da incorporação de suas características em um padrão de atividades diárias, ela se torna em lar para os caçadores coletores" (INGOLD, 2000b, p. 57) e o ambiente – incluindo fauna e flora – entra diretamente na constituição dos seres humanos, não apenas como um meio de subsistência, mas também como uma fonte de conhecimento.

Esse conhecimento ambiental depende de uma temporalidade mais longa e se relaciona com dinâmicas distintas de obtenção e transmissão de informação. Envolve a seleção e a nomeação dos lugares (como feições topográficas naturais que se destacam na paisagem, por exemplo) que são incorporados às narrativas históricas transmitidas entre as gerações, transformando informações locacionais e limitantes em informação social. Há várias formas de conhecimento ambiental que podem ser codificadas e materializadas em práticas, histórias, mitos e objetos, permitindo que os indivíduos carreguem essas informações enquanto se deslocam pela paisagem. Ao mesmo tempo em que pode demorar para ser concebido, articulado e incorporado, esse conhecimento pode ser transmitido durante milênios e dificilmente se chega a uma nova região sem o apoio de algum tipo de (re)conhecimento prévio. No entanto, a forma como essas informações prévias serão utilizadas nas novas áreas só pode ser definida contextualmente e seu uso equivocado pode acarretar situações adversas em ambientes ainda pouco conhecidos (BINFORD, 1982; GOLLEDGE, 2003; KELLY, 2003; MELTZER, 2003, 2004; ROCKMAN, 2003; ZEDEÑO; STOFFLE, 2003).

Tendo em vista os riscos envolvidos, a dinâmica de construção de paisagens culturais ocorre por meio de fases distintas. Em uma fase pioneira, a familiarização com novos lugares se dá a partir de locais específicos, recorrentemente ocupados, cujas características, de alguma forma, facilitam a exploração de ambientes ainda pouco conhecidos. Ambientes como formações rochosas, cursos de rios ou outros marcos naturais, que se destacam na paisagem e guardam semelhanças aos locais de origem, facilitam a orientação, o reconhecimento e a memorização. Em função da baixa densidade demográfica associada aos momentos iniciais de povoamento, essa fase gera uma menor quantidade de registros arqueológicos que podem apresentar uma distribuição geográfica ampla. Uma fase de estabelecimento definitivo, por sua vez, é representada por ocupações mais recorrentes em lugares específicos da paisagem, refletindo em um aumento da densidade de sítios arqueológicos. Quanto mais tempo uma população está em um determinado lugar, mais diversificadas e intensas serão as formas de construção e demarcação das novas paisagens humanizadas, o que é atestado, por exemplo, pelos registros rupestres ou pelo manejo de plantas nativas. Por fim, o aumento demográfico pode estimular novas expansões territoriais, abrangendo bacias hidrográficas ou biomas específicos, como parte de um processo de construção social da paisagem, cuja estrutura geográfica se tornou familiar (BORRERO, 1999; DILLEHAY *et al.*, 2015; KELLY, 2003; MELTZER, 2003, 2004; ZEDEÑO, 1997; ZEDEÑO; ANDERSON, 2010; ZEDEÑO; STOFFLE, 2003).

1.3 Deslocando-se por uma área desconhecida: refletindo sobre modelos de movimento

Caçadores coletores tendem a conceber a paisagem "como uma superfície lembrada pelo nome dos lugares" (KELLY, 2003, p. 46). Esses 'mapas cognitivos' são construídos e memorizados através de histórias. Alguns lugares são nomeados por suas características físicas peculiares, outros têm potência espiritual, conectada aos ancestrais e ao tempo da criação do mundo. Também são conhecidos através de experiências pessoais, podendo ser constantemente visitados a partir de situações positivas (como a lembrança de caçadas de sucesso) ou totalmente evitados, por meio da evocação de sentimentos desagradáveis (como a recordação daqueles já falecidos). Nesse sentido, pode-se dizer que as paisagens são apreendidas como lugares conectados a diferentes narrativas transmitidas entre as gerações (INGOLD, 2015a; GOLLEDGE, 2003; KELLY, 2003).

Aprender uma paisagem nova leva tempo e alguns tipos de terreno são mais fáceis de conhecer do que outros, o que implica diferentes velocidades e dinâmicas de movimento em ambientes distintos. A facilidade com que uma paisagem pode ser aprendida está relacionada a determinados fatores geográficos (como topografia e vegetação) e ao tempo disponível para que as pessoas incorporem os novos lugares aos seus mapas cognitivos. Porém, quanto menos familiaridade se tem com uma área, mais proeminentes devem ser os 'marcos na paisagem' (*landmarks*), os quais são selecionados como pontos de referência para a navegação dos grupos em regiões pouco conhecidas, facilitando as ligações identitárias ao novo local (KELLY, 2003).

Um relevo acidentado auxilia também na memorização dos caminhos. Segundo Kelly (2003, p. 49):

> [...] pessoas entrando em um novo continente podem ter evitado áreas onde a topografia local poderia não estar conectada com esquemas topográficos mais amplos. Neste sentido, cadeias lineares de montanhas (ou suas encostas), grandes rios e linhas de costa podem ter proporcionado a topografia mais fácil de navegar e relacionar com outros lugares conhecidos.

Da mesma forma, a vegetação pode dificultar a permanência de novas paisagens na memória, ao camuflar ou obstruir feições topográficas mais destacadas, bem como interferir na navegação em função da noção de homogeneidade espacial. Em casos de paisagens planas com vegetação florestal predominante, os vales de rios seriam os marcos geográficos de maior destaque, correspondendo a vias primárias para a exploração pioneira de novos territórios (KELLY, 2003).

Outra estratégia complementar na colonização de novos territórios se refere à escolha por situar as ocupações pioneiras em grandes zonas ecológicas contínuas e bem delimitadas ou corredores ambientais, como áreas costeiras, florestas e savanas. Em função da larga escala dessas grandes zonas ecológicas (*megapathes*), haveria uma facilidade maior na aquisição e transferência de conhecimento conforme as pessoas se deslocam para novas áreas. A ideia é que quanto maior a similaridade ambiental entre a área de partida e a área de chegada, mais eficaz é a transferência de conhecimento e, portanto, mais fácil a aquisição, transmissão e reconhecimento das informações necessárias para a ocupação das novas áreas. Nesse sentido, grupos humanos entrando em novos territórios tenderiam a priorizar zonas ambientais contínuas e extensas, as quais desempenhariam o papel de rotas facilitadoras de dispersão populacional em novos territórios (BEATON, 1991; DIXON, 1999; LANATA *et al.*, 2008; VETH, 1989).

Quanto à dinâmica de deslocamentos associados ao processo de colonização de novos territórios, diversos autores têm sugerido modelos arqueológicos baseados em etnografias de caçadores coletores, visando representar possíveis estratégias para o movimento populacional em áreas desconhecidas (ANTHONY, 1990; BEATON, 1991; GAMBLE, 1993, 2013; ANDERSON; GILLAM, 2000). Esses padrões apresentam especificidades quanto ao processo de fissão dos grupos, distância de 'realocação', forma de deslocamento, subsistência e integração social. Também não envolvem abandono das áreas previamente ocupadas, uma vez que a manutenção do vínculo com os locais de origem do movimento parece ser essencial para a viabilidade reprodutiva do grupo (BEATON, 1991; BORRERO, 2015a, 2015b; GAMBLE, 2013).

Deslocamentos entre áreas não contíguas – deixando entre elas espaços não colonizados – caracterizam um modelo etnoarqueológico de movimento chamado de 'pulo do sapo' (*leap-frog model*) (Figura 1.1). Esse tipo de movimento resulta na possibilidade de ocupação de áreas extensas em menor intervalo de tempo (porém de forma esparsa) e sua realização associa-se à seleção de rotas reconhecíveis que facilitam os deslocamentos populacionais. Essa estratégia pressupõe a existência de pequenos grupos de 'batedores', os quais identificariam e percorreriam os caminhos previamente, definindo locais de parada e destino. Este modelo de ocupação descontínuo se relaciona a sociedades com uma subsistência baseada em um leque limitado de recursos, altamente produtivos e com localização específica. A dinâmica de deslocamento entre áreas é rápida, mudando-se de local conforme se esgotam os recursos e selecionando-se novas zonas ecológicas similares para ocupação, com espaços vazios entre os pontos de partida e chegada. O padrão arqueológico resultante assemelha-se a 'ilhas' de ocupação humana, associadas aos recursos almejados e separadas por extensões significativas de terrenos menos desejáveis e não ocupados (ANTHONY, 1990; BEATON, 1991; ROCKMAN, 2003).

Figura 1.1 – Modelo 'pulo do sapo' (*leap-frog model*)

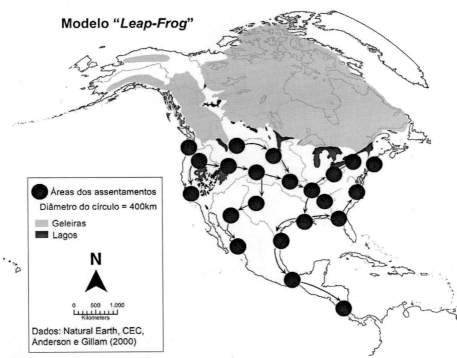

Fonte: adaptado de Anderson e Gillam (2000, p. 58) por Thiago Umberto Pereira (2021).

Movimentos populacionais para áreas contíguas caracterizam o modelo etnoarqueológico chamado de 'onda de avanço' (*wave of advance model*), também denominado modelo do 'colar de pérolas' (*string-of-pearls model*) (Figura 1.2). Sociedades com subsistência baseada em um leque mais amplo de recursos, com distribuição mais generalizada, tendem a fazer movimentos com menos frequência e com distâncias mais curtas. Os deslocamentos para novas áreas estariam relacionados a distintas práticas cotidianas, como, por exemplo, saídas de caça, visitas a vizinhos e obtenção de matérias-primas. Por sua vez, a mudança definitiva para uma nova área estaria associada ao crescimento populacional, seguido por uma fissão no grupo original que passa a ocupar uma área contígua, mantendo relações sociais com a comunidade de origem. Essa dinâmica seria estruturada com base nas relações de parentesco e envolveria uma coesão social mais intensa que a observada no modelo descontínuo 'pulo do sapo'. Por estar associado ao crescimento demográfico, um modelo contínuo de movimento resultaria em um maior número de sítios arqueológicos que tenderiam a sobreposição, dificultando a identificação dos locais relacionados aos primeiros momentos de ocupação de uma área (BEATON, 1991; HAZELWOOD; STEELE, 2003).

Figura 1.2 – Modelo do colar de pérolas (*String-of-pearls Model*)

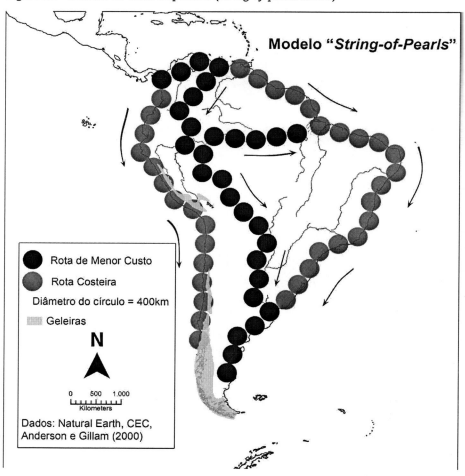

Fonte: adaptado de Anderson e Gillam (2000, p. 57) por Thiago Umberto Pereira (2021)

Anderson e Gillam (2000) sugerem dois possíveis cenários de movimentos populacionais associados ao povoamento da América, tomando como referência os caminhos de menor custo (sem barreiras geográficas), a localização dos sítios arqueológicos da transição Pleistoceno-Holoceno e a distribuição de recursos hídricos. O modelo descontínuo 'pulo do sapo' estaria associado à ocupação pioneira da América do Norte, relacionada inicialmente à caça de animais de grande porte e caracterizada por rápidos deslocamentos populacionais e baixa densidade demográfica. O modelo contínuo 'colar de pérolas' representaria as estratégias de colonização da América do Sul a partir do Holoceno inicial, associadas preferencialmente às rotas costeiras e aos sistemas fluviais, áreas com alta densidade de recursos e, consequentemente, maior concentração populacional.

Esses modelos apontam para a possibilidade de construção de expectativas arqueológicas em relação a uma hierarquização de escolhas, a qual se associa aos lugares ocupados por grupos humanos em terras pouco conhecidas. Indicam ainda a existência de uma diversidade de dinâmicas, além da subsistência, que afetam os deslocamentos, relacionadas a aspectos sociais e simbólicos que influenciam as formas de construção das paisagens humanas.

1.4 Conhecimento construído no caminho: horizontes em transformação e ideias em movimento

Pensar novas narrativas para uma arqueologia do povoamento da América envolve também considerar as dinâmicas de produção do conhecimento arqueológico. Explorar uma região, construir referências e reconhecer novas evidências pode ocupar o tempo de várias gerações de arqueólogos. Mas é somente a partir da contraposição das ideias construídas por diferentes pesquisadores que novas perguntas podem emergir como meio de transformação dos caminhos da pesquisa.

No presente estágio do conhecimento, uma das questões cruciais para pensar outros caminhos para a arqueologia do povoamento da América se relaciona às descontinuidades do registro arqueológico. Na maioria das vezes, sítios isolados no tempo e no espaço são encarados como pontos fora da curva e estas descontinuidades geram, normalmente, desconfiança. No entanto, descontinuidades podem (e devem) ser esperadas e integradas como constitutivas da dinâmica de colonização de terras nunca povoadas como é o caso das Américas (BEATON, 1991; BORRERO, 2016; BORRERO; FRANCO, 1997; BORRERO; MARTIN, 2018; BARBERENA *et al.*, 2017a).

Descontinuidades temporais podem ser entendidas como o resultado de eventos de colonização malsucedidos, os quais não levaram a uma ocupação efetiva de um dado local. Também podem derivar de eventos pioneiros de exploração de um território nunca antes ocupado e que envolveram um pequeno número de pessoas, acarretando impossibilidade de continuidade biológica. Mais do que lacunas cronológicas, as descontinuidades agregam movimento humano e complexidade aos modelos interpretativos sobre o povoamento de novas terras (BEATON, 1991).

Descontinuidades espaciais são elementos essenciais em modelos de movimento populacional descontínuos do tipo 'pulo do sapo' que, provavelmente, constituem a principal dinâmica de deslocamento em fases de exploração pioneiras de terras ainda pouco conhecidas. Nesse caso, as descontinuidades espaciais deveriam ganhar atenção para entendermos melhor a escolha dos locais nos quais estes sítios se encontram, pensando em sua relação com a dinâmica de conhecimento ambiental, da aprendizagem da paisagem e da construção de rotas em áreas pouco conhecidas ou habitadas.

Por fim, essas descontinuidades das ocupações pioneiras podem estar representadas por um registro arqueológico com um sinal tênue, produzido por grupos humanos caracterizados pela baixa densidade demográfica que, ao explorarem novas áreas, fazem uso circunstancial dos recursos mais facilmente disponíveis. A composição artefatual de sítios associados aos estágios pioneiros de povoamento de uma área ainda não habitada pode apresentar um registro marcado pela transferência de conhecimento entre áreas distantes. Por outro lado, também pode envolver o uso de matérias-primas exógenas, o que, nesse caso, acarreta questões sobre transportabilidade, versatilidade e intensificação da exploração de determinados recursos (BORRERO; FRANCO, 1997; BARBERENA *et al.*, 2017b; DILLEHAY *et al.*, 2015; FRANCO, 2002; MENDEZ *et al.*, 2018).

Por fim, quando o tema é a modelagem de rotas de povoamento, é preciso incluir a questão da aprendizagem da paisagem como elemento significativo na escolha dos locais ocupados. Pode haver escolhas que são guiadas pela apreensão cognitiva do espaço, vinculadas à construção de mapas mentais e narrativas que interligam os pontos chave das rotas de navegação no novo espaço. Nessa mesma perspectiva, a ocupação de locais com acesso mais restrito - e com menor visibilidade - pode estar relacionada a momentos do processo de povoamento em que já há um conhecimento mais detalhado da região, o que denota tempo de interação suficiente com as paisagens para construção de memórias compartilhadas entre as gerações (BORRERO; FRANCO, 1997; RADEMAKER *et al.*, 2014; STEELE; ROCKMAN, 2003).

Nosso objetivo com as discussões levantadas até aqui foi apontar rotas de conexão ainda pouco percorridas entre os caminhos conceituais da arqueologia do povoamento da América. Mas, para colocar essas ideias em movimento, é preciso mudar os horizontes, desbravar lugares incógnitos e tecer outras conexões. Novos inícios são necessários e para enfrentar os desafios da jornada que aqui se apresenta, buscamos inspiração nas palavras de Ingold (2015b, p. 219):

> É como peregrinos, portanto, que os seres humanos habitam a terra [...]. Mas, do mesmo modo, a existência humana não é fundamentalmente situada, [...], mas situante. Ela desdobra-se não em lugares, mas ao longo de caminhos. Prosseguindo ao longo de um caminho, cada habitante deixa uma trilha. Onde os habitantes se encontram, trilhas são entrelaçadas, conforme a vida de cada um vincula à de outro. Cada entrelaçamento é um nó, e, quanto mais essas linhas vitais são entrelaçadas, maior a densidade do nó.

Referências

ANDERSON, D., GILLAM, C. Paleoindian colonization of the Americas: implications from an examination of physiography, demography, and artefact distribution. *American Antiquity*, vol. 65, n. 1, p. 43-66, 2000.

ANTHONY, D. Migration in archaeology: the baby and the bathwater. *American Anthropologist*, vol. 92, n. 4, p. 895-914, 1990.

BARBERENA, R., MCDONALD, J., MITCHELL, P., VETH, P. Archaeological discontinuities in the Southern Hemisphere: a working agenda. *Journal of Anthropological Archaeology*, vol. 46, p. 1-11, 2017a.

BARBERENA, R., MÉNDEZ, C., PORRAS, M. Zooming out from archaeological discontinuities: the meaning of mid-Holocene temporal troughs in South American deserts. *Journal of Anthropological Archaeology*, vol. 46, p. 68-81, 2017b.

BARTON, C. M., SCHMICH, S., JAMES, S. The ecology of human colonization in pristine landscapes. *In:* BARTON, C. M., CLARK, G., YESNER, D., PEARSON, G.

(ed.). *The American Continents: a multidisciplinary approach to human biogeography.* Tucson: The Arizona University Press, 2004, p. 139- 161.

BEATON, J. Colonizing Continents: some problems from Australia and the Americas. *In:* DILLEHAY, T., MELTZER, D. (ed.). *The First Americans: search and research.* Boca Raton: CRC Press, 1991, p. 209-230.

BINFORD, L. The archaeology of place. *Journal of Anthropological Archaeology,* vol. 1, n. 1, p. 5-31, 1982.

BORRERO, L. The prehistoric exploration and colonization of Fuego-Patagonia. *Journal of World Prehistory,* vol.13, n. 3, p. 321-355, 1999.

BORRERO, L. The theory of evolution, other theories, and the process of human colonization of Americas. *Evolution: Education and Outreach,* vol. 4, n. 2, p. 218-222, 2011.

BORRERO, L. The process of human colonization of Southern South America: migration, peopling and "the archaeology of place". *Journal of Anthropological Archaeology,* vol. 38, p. 46-51, 2015a.

BORRERO, L. Moving: hunther-gatherers and the cultural geography of South America. *Quaternary International,* vol. 363, p. 126-133, 2015b.

BORRERO, L. Con lo mínimo: los debates sobre el poblamiento de America del Sur. *Intersecciones en Antropología,* vol. 16, p. 5-38, 2016.

BORRERO, L., FRANCO, N. Early Patagonian hunter-gatherers: subsistence and technology. *Journal of Anthropological Research,* vol. 53, n. 2, p. 219-239, 1997.

BORRERO, L., MARTIN, F. Archaeological discontinuity in Ultima Esperanza: a supra-regional overview. *Quaternary International,* vol. 473, p. 290-305, 2018.

BURMEISTER, S. Archaeology and migration: approaches to an archaeological proof of migration. *Current Anthropology,* vol. 41, n. 4, p. 539-567, 2000.

BURMEISTER, S. The archaeology of migration: what can, and should it accomplish? *In:* MELLER, H., DAIM, F., KRAUSE, J., RISCH, R. (ed.). *Migration and Integration from Prehistory to the Middle Age.* Halle (Saale): Landesmuseums für Vorgeschichte Halle, 2017, p. 57–68.

CABANA, G., CLARK, J. Migration in anthropology: where we stand. *In:* CABANA, G., CLARK, J. (ed.). *Rethinking Anthropological Perspectives on Migration.* Gainesville: Florida University Press, 2011, p. 3-15.

CLARK, G. Migration as an explanatory concept in Paleolithic Archaeology. *Journal of Archaeological Method and Theory,* vol. 1, n. 4, p. 305-343, 1994.

DIAS, A. S. Um requiém para Clovis. *Boletim do Museu Paraense Emílio Goeldi - Ciências Humanas,* vol. 14, n. 2, p. 459-476, 2019.

DILLEHAY, T. Probing deeper into first American studies. *PNAS,* vol. 106, n. 4, p. 971-978, 2009.

DILLEHAY, T. *et al.* New archaeological evidence for an early human presence at Monte Verde, Chile. *PLoS ONE,* vol. 10, n. 11, e0141923. DOI:10.1371/journal. pone.0141923, 2015.

DIXON, E. *Boats, Bones and Bisons:* archaeology and the first colonization of western North America. Albuquerque: University of New Mexico Press, 1999.

FAGUNDES, N. *et al.* Mithocondrial population genomics supports a single Pre--Clovis origin with a coastal route for the peopling of the Americas. *The American Journal of Human Genetics,* vol. 82, n. 3, p. 583-592, 2008.

FIX, A. *Migration and Colonization in Human Microevolution.* Cambridge/New York: Cambridge University Press, 1999.

FRANCO, N. Es possible diferenciar los conjuntos líticos atribuidos a la exploración de un espacio de los correspondientes a otras etapas del poblamiento? *Revista Werken,* n. 3, p. 119-132, 2002.

GAMBLE, C. *Timewalkers:* the prehistory of global colonization. London: Penguin Books, 1993.

GAMBLE, C. *Settling the Earth:* the archaeology of deep human history. Cambridge/New York: Cambridge University Press, 2013.

GOEBEL, T., WATERS, M., O'ROURKE, D. The late Pleistocene dispersal of modern humans in the Americas. *Science,* vol. 319, p. 1497-1502, 2008.

GOLLEDGE, R. Human wayfinding and cognitive maps. *In:* ROCKMAN, M., STEELE, J. (ed.). *Colonization of Unfamiliar Landscapes:* the archaeology of adaptation. London/ New York: Routledge, 2003, p. 25- 43.

GREENBERG, J., TURNER II, C., ZEGURA, S. The settlement of the Americas: a comparison of linguistic, dental and genetic evidence. *Current Anthropology,* vol. 27, n. 5, p. 477-497, 1986.

HACKENBECK, S. Migration in archaeology: are we nearly there yet? *Archaeological Review from Cambridge*, vol. 23, n. 2, p. 9-26, 2008.

HAYNES, C. V. Fluted projectile points: their age and dispersion. *Science*, vol. 145, p. 1408-1413, 1964.

HAZELWOOD, L., STEELE, J. Colonizing new landscape: archaeological detectability of the first phase. *In:* ROCKMAN, M.; STEELE, J. (ed.). *Colonization of Unfamiliar Landscapes: the archaeology of adaptation.* London/New York: Routledge, 2003, p. 203-221.

INGOLD, T. Culture, nature, environment: steps to an ecology of life. *In:* INGOLD, T. *The Perception of the Environment*: essays in livelihood, dwelling and skill. London/New York: Routledge, 2000a, p. 13-26.

INGOLD, T. Hunting and gathering as ways of perceiving the environment. *In:* INGOLD, T. *The Perception of the Environment*: essays in livelihood, dwelling and skill. London/New York: Routledge, 2000b, p. 40-60.

INGOLD, T. The temporality of the landscape. *In:* INGOLD, T. *The Perception of the Environment*: essays in livelihood, dwelling and skill. London/New York: Routledge, 2000c, p. 189-208.

INGOLD, T. Terra, céu, vento e tempo. *In:* INGOLD, T. *Estar Vivo*: ensaios sobre movimento, conhecimento e descrição. Petrópolis: Editora Vozes, 2015a, p. 179-192.

INGOLD, T. Contra o espaço: lugar, movimento, conhecimento. *In:* INGOLD, T. *Estar Vivo*: ensaios sobre movimento, conhecimento e descrição. Petrópolis: Editora Vozes, 2015b p. 215-229.

KELLY, R. Colonizations of new lands by hunter-gatherers: expectations and implications based on ethnographic data. *In:* ROCKMAN, M., STEELE, J. (ed.). *Colonization of Unfamiliar Landscapes*: the archaeology of adaptation. London/ New York: Routledge, 2003, p. 44-58.

LLAMAS, B. *et al.* Ancient mitochondrial DNA provides high-resolution time scale of the peopling of the Americas. *Science Advance*, vol. 2, n. 4, e1501385, 2016.

LANATA, J., MARTINO, L., ORSELLA, A., GARCIA-HERNST, A. Demographic conditions necessary to colonize new spaces: the case for early human dispersal in the Americas. *World Archaeology*, vol. 40, n. 4, p. 520-37, 2008.

MADSEN, D. A framework for the initial occupation of the Americas. *PaleoAmerica*, vol. 1, n. 3, p. 217- 250, 2015.

MARTIN, P. The discovery of America. *Science*, vol. 179, p. 969-974, 1973.

MELTZER, D. Lessons in landscape learning. *In:* ROCKMAN, M., STEELE, J. (ed.) *Colonization of Unfamiliar Landscapes: the archaeology of adaptation*. London/New York: Routledge, 2003, p. 222-241.

MELTZER, D. Modeling the initial colonization of the Americas: issues of scale, demography and landscape learning. *In:* BARTON, C. M., CLARK, G., YESNER, D., PEARSON, G. (ed.). *The Settlement of the American Continents: a multidisciplinary approach to human biogeography*. Tucson: The Arizona University Press, 2004, p. 123-137.

MENDEZ, C. *et al.* The initial peopling of Central Western Patagonia (southernmost South America): Late Pleistocene through Holocene site context and archaeological assemblages from Cueva de la Vieja site. *Quaternary International*, vol. 473, p. 261-277, 2018.

MORENO-MAYAR, V. *et al.* Early human dispersals within the Americas. *Science*, vol. 362, DOI:10.1126/ science.aav2621, 2018.

MOSIMANN, J. E., MARTIN, P. S. Simulating overkill by Paleoindians. *American Scientist*, vol. 63, n. 3, p. 304–313, 1975.

O'ROURKE, D. Why do we migrate? A retrospective. *In:* CRAWFORD, M., CAMPBELL, B. (ed.). *Causes and Consequences of Human Migration: An Evolutionary Perspective*. Cambridge/New York: Cambridge University Press, 2012, p. 27-536.

O'ROURKE, D., RAFF, J. The human genetic history of the Americas: the final frontier. *Current Biology*, vol. 20, n. 4, p. 202-207, 2010.

RADEMAKER, K. *et al.* Paleoindian settlement of the high-altitude Peruvian Andes. *Science*, vol. 346, p. 466-469, 2014.

ROCKMAN, M. Knowledge and learning in the archaeology of colonization. *In:* ROCKMAN, M., STEELE, J. (ed.). *Colonization of Unfamiliar Landscapes: the archaeology of adaptation*. London/New York: Routledge, 2003, p. 3-24.

ROCKMAN, M. Landscape learning in relation to evolutionary theory. *In:* PRENTISS, A. M., KUIJT, I., CHATTERS, J. (ed.). *Macroevolution in Human Prehistory*. New York: Springer, 2009, p. 51-71.

STEELE, J.; ROCKMAN, M. "Where do we go from here?" Modelling the decision-making process during exploratory dispersal. *In:* ROCKMAN, M., STEELE, J.

(ed.) *Colonization of Unfamiliar Landscapes: the archaeology of adaptation.* London/New York: Routledge, 2003, p. 130-143.

TAMM, E. *et al.* Beringian standstill and spread of Native American founders. *PLoS ONE,* vol. 2, n. 9, DOI:10.1371/journal.pone.0000829, 2007.

VETH, P. Islands in the interior: a model for the colonization of Australia's arid zone. *Archaeology in Oceania,* vol. 24, n. 3, p. 81-92, 1989.

WATERS, M., STAFFORD, J. Redefining the age of Clovis: implications for the peopling of the Americas. *Science,* vol. 315, p. 1122-1126, 2007.

ZEDEÑO, M. N. Landscape, land use, and the history of territory formation: an example from the Puebloan Southwest. *Journal of Archaeological Method and Theory,* vol. 4, n. 1, p. 67-130, 1997.

ZEDEÑO, M. N., ANDERSON, D. Agency and politics in hunter-gatherer territory formation. *Revista de Arqueologia,* vol. 23, n. 1, p. 10-29, 2010.

ZEDEÑO, M., STOFFLE, R. Tracking the role of pathways in the evolution of a human landscape: the St. Croix Riverway in ethnohistorical perspective. *In:* ROCKMAN, M., STEELE, J. (ed.). *Colonization of Unfamiliar Landscapes: the archaeology of adaptation.* London/New York: Routledge, 2003, p. 59-80.

A HUMANIDADE CONSTRUÍDA NO CAMINHO: POR UMA ARQUEOLOGIA DO POVOAMENTO GLOBAL

Adriana Schmidt Dias
Lucas Bueno

Por mais de um século, as políticas acadêmicas que dominaram os estudos sobre os primeiros americanos levaram a desvios e desencontros, criando cenários de enfrentamento e fronteiras narrativas dissonantes entre os acadêmicos do norte e do sul, do centro e da periferia (DIAS, 2019). Os enfoques histórico-culturalistas e neo-evolucionistas que dominaram estes estudos baseiam-se em ferramentas teóricas que neutralizam a compreensão das dinâmicas históricas, pouco investindo em interpretações mais sensíveis aos contextos locais (GNECCO; LANGEBAEK, 2006). No entanto, estas polêmicas perdem o sentido se as perguntas sobre o povoamento da América forem reformuladas a partir de uma perspectiva global. Mais do que uma rápida expansão territorial, o povoamento das Américas parece ter ocorrido através de uma contínua reinvenção a cada nova curva do caminho.

Seguindo os caminhos que partem da África, este capítulo procura analisar como nossa humanidade foi se construindo nas tramas da vida de caçadores coletores, cujas relações sociais com as paisagens se tecem através do movimento (INGOLD, 2000). Entendemos que o povoamento de um território envolve um processo amplo, em termos espaciais e temporais, que comporta distintos momentos e movimentos de pessoas para novas áreas nunca ocupadas ou para locais previamente habitados por outras populações. A partir do jogo de escalas entre o global e o local, busca-se compreender as dinâmicas populacionais colocadas em jogo em diferentes regiões do planeta que, em muitos casos, estão sendo conhecidas pela primeira vez pelos humanos.

2.1 Todos os caminhos começam na África: cenários dos primeiros povoamentos globais

Os primeiros caminhos em direção à nossa humanidade foram trilhados ao longo da grande falha tectônica do leste da África (*Rift Valley*), cuja diversidade ecológica fez florescer os múltiplos ramos da história evolutiva da linhagem hominínia. O aumento do volume cerebral que está associado à origem do gênero Homo tem como correlato biológico as gestações mais longas, a infância prolongada e a maior longevidade. Por sua vez, o processo de encefalização esteve acompanhado pelo aumento do volume corporal e pela redução do tamanho dos dentes e do intestino, indicando que a forma de apropriação do mundo mudou quando o fogo passou a fazer parte do repertório cultural, aumentando o aproveitamento energético dos alimentos e expandindo o espectro de exploração dos territórios. Por um lado, a anatomia cerebral do gênero *Homo* potencializou as habilidades para guardar e transmitir informações necessárias para manter os laços sociais entre grupos cada vez maiores. Por outro lado, a linguagem tornou possível amplificar as bases emocionais e os dispositivos de memória que conectavam pessoas dispersas por regiões geográficas cada vez mais amplas, através da oralidade, da circulação de objetos e, provavelmente, também da música (AIELLO; DUNBAR, 1993; AIELLO e WHEELER, 1995; DA-GLORIA, 2018; DUNBAR, 2003; GAMBLE, 2007, 2013; O'CONNELL *et al.*, 1999).

As evidências fósseis disponíveis são ainda limitadas, porém sugerem que o *Homo erectus* foi o primeiro a deixar a África, seguindo para o leste e alcançando a Geórgia há 1.850.000 anos (sítio Dmanisi), a China há 1.710.000 anos (sítio Yuanmou) e a Indonésia (sítio Sangarian) há 1.660.000 anos. Os caminhos em direção ao ocidente chegaram à Espanha há 1.200.000 anos (sítio Sima del Elefante) e à Inglaterra há 800.000 anos (sítio Happisburgh). Estas primeiras andanças para fora da África são chamadas na literatura arqueológica de evento 'Para Fora da África 1' (*Out of Africa 1*) e, de fato, acompanharam uma tendência de migração para novos territórios seguida por outros 13 gêneros de animais africanos entre 3 milhões e 800.000 anos atrás. No Pleistoceno, estas migrações seguiram uma província biogeográfica (*megapath*), associada às pradarias e savanas que se estendiam da Garganta de Olduvai, no leste da África, em direção ao sul da Ásia e que também incluía o vale do Jordão e o Cáucaso (ANTÓN *et al.*, 2014; BAILEY e KING, 2011; BOBE; BEHRENSMEYER, 2002; GAMBLE, 2013).

A partir do Pleistoceno médio (800.000-129.000 anos AP), a história evolutiva dos humanos e os ritmos das dispersões populacionais passaram a responder aos efeitos das variações climáticas dos eventos glaciais (ou 'ciclos de Milankovich'). Os estudos paleoclimáticos indicam que nos últimos 800.000 anos ocorreram nove episódios de resfriamento planetário, intercalados por dez períodos quentes e úmidos, que causaram aumento das calotas polares, queda dos níveis dos mares e exposição de massas continentais em cada ponta da Eurásia, agindo também sobre a produtividade dos biomas (Tabela 2.1).

Tabela 2.1 – Eventos populacionais do Pleistoceno médio (800.000-150.000 anos AP) e Pleistoceno final (150.000-14.000 anos AP), a partir da variação de isótopos de Oxigênio em colunas de gelos perenes (estágios OIS) e de sedimentos marinhos (estágios MIS)

Eventos Climáticos (anos AP)	Estágios OIS/MIS	Flutuações Climáticas (anos AP)	Eventos Populacionais
Inter-glacial (13.000-atual)	1	*Dryas* recente (12.700-11.500) *Dryas antigo* (14.100-14.200)	Povoamentos do Ártico e da Oceania.
Glacial (28.000-14.000)	2	EH* 1 (16.000) UMG** (20.000-18.000) EH 2 (24.000)	Extinção *Homo florensis*. Povoamentos da América.
Inter-glacial (60.000-29.000)	3	EH 3 (31.000) EH 4 (38.000) EH 5 (45.000) EH 6 (60.000)	Extinção *Homo neanderthalensis* e *Homo altai*. Povoamentos do *Homo sapiens* da Europa, do nordeste da Ásia e da Austrália (Sahul).
Glacial (73.000-61.000)	4	EH 7 (71.000)	Extinção *Homo erectus*. Povoamentos do *Homo sapiens* do sul da Ásia (Sunda) (*Out of África 4*).

Eventos Climáticos (anos AP)	Estágios OIS/MIS	Flutuações Climáticas (anos AP)	Eventos Populacionais
Inter-glacial (128.000-74.000)	5	EH 8 (76.000) EH 9 (85.000) EH 10 (105.000)	Povoamentos do *Homo sapiens* do Oriente Próximo (*Out of Africa 3*) e do *Homo neanderthalensis* da Ásia.
Glacial (190.000-129.000)	6	EH 11 (133.000)	
Inter-glacial (246.000-191.000)	7		Origem do *Homo sapiens* na África.
Glacial (284.000-247.000)	8		Origem do *Homo neanderthalensis* na Europa.
Inter-glacial (338.000-285.000)	9		
Glacial (355.000-339.000)	10		
Inter-glacial (434.000-356.000)	11		Origem do *Homo altai* na Ásia.
Glacial (475.000-435.000)	12		
Inter-glacial (502.000-476.000)	13		Povoamentos do *Homo heidelbergensis* da Europa.

Eventos Climáticos (anos AP)	Estágios OIS/MIS	Flutuações Climáticas (anos AP)	Eventos Populacionais
Glacial (536.000-503.000)	14		
Inter-glacial (580.000-537.000)	15		Povoamentos do *Homo heidelbergensis* da Ásia (*Out of Africa 2*).
Glacial (628.000-581.000)	16		Origem do *Homo heidelbergensis* na África.

* Eventos Dryas e Eventos Heinrich (EH) = eventos de flutuação climática e resfriamento global de curta duração, causados por grande liberação de água doce no Atlântico norte decorrente do derretimento das geleiras.

** Último Máximo Glacial (UMG) = período com média de temperatura global de 9ºC. Glaciares atingiram 25% da superfície dos continentes, recuando os níveis oceânicos globais em até 120 metros.

Fonte: adaptado de Bradley (2015, p. 219-269)

Durante os eventos glaciais, no sudeste da Ásia formava-se Sunda, área de 3,4 milhões de km² de terras emersas que conectavam o sul do continente às ilhas de Sumatra, Java e Bornéu. Sua paisagem era recortada por grandes rios sazonais e estava coberta por campos e savanas que dividiam as florestas tropicais, formando corredores de acesso para Sahul, paleocontinente formado por Austrália, Nova Guiné e Tasmânia (GAMBLE, 2013) (Figura 2.1).

Figura 2.1 – Paleocontinentes de Sunda e Sahul, com destaque para os sítios arqueológicos e prováveis rotas de povoamento no Pleistoceno

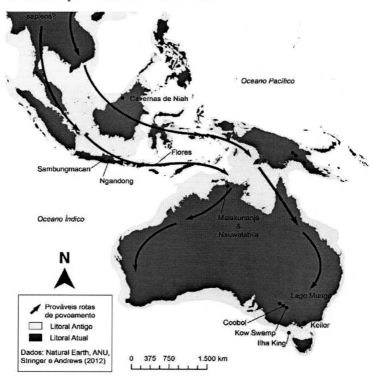

Fonte: adaptado de Stringer e Andrews (2012, p. 170) por Thiago Umberto Pereira (2021)

No nordeste da Ásia a descida dos mares fazia surgir a Beríngia, interligando Ásia e América. Com uma área de 1,6 milhões de km² de terrenos livres de gelo, a Beríngia era pontuada por lagos e vales de rios e coberta por mosaicos de paisagens que combinavam estepes, tundras e florestas. Por sua vez, no noroeste da Europa formava-se Doggerland, ponte continental que conectava Inglaterra à França. Durante as glaciações, aproximadamente 25% da massa continental do hemisfério norte estava coberta por geleiras, cuja extensão chegou a abranger uma área de 20 milhões de km². Em torno deste manto de gelo, estendiam-se as pradarias da 'estepe do mamute' que sustentavam uma fauna abundante de herbívoros gregários, incluindo mamutes, rinocerontes lanosos, bisões, auroques, renas e cavalos (GAMBLE, 2013) (Figura 2.2).

Figura 2.2 – Extensão das geleiras continentais e da 'estepe do mamute' durante o Último Máximo Glacial (20.000-18.000 anos AP)

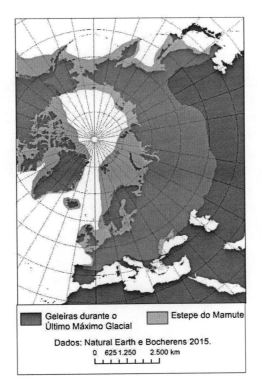

Fonte: adaptado de Bocherens (2015, p. 46) por Thiago Umberto Pereira (2021)

No interglacial MIS 13 (502.000-476.000 anos AP), a retração das geleiras continentais deu lugar a extensas pradarias (*megapaths*) que se estendiam do Mar do Norte ao Mar da China, aumentando o limite das ocupações humanas até 55º de latitude norte. Em interação com os ritmos de transformação destas paisagens, o *Homo heidelbergenses* protagonizou um segundo evento de migração populacional a partir da África (*Out of Africa 2*). A cronologia inicial deste segundo pulso em direção à Europa está bem documentada em sítios como Box Grove (500.000 anos AP), na Inglaterra, Sima de los Huesos (430.000 anos AP), na Espanha, e Schöningen (300.000 anos AP), na Alemanha. A ocupação destes lugares por milênios estava relacionada à produção de artefatos em sílex (bifaces Achelenses) e caça sazonal de cavalos e elefantes na primavera e verão, indicando que estes lugares faziam parte da memória coletiva e criadora das primeiras paisagens culturais da Eurásia, relacionados a movimentos de colonização pioneiros (GAMBLE, 2013; RICHTER; KRBETSCHEK, 2015; RODRÍGUEZ *et al.*, 2011; STOUT *et al.*, 2014).

Os estudos arqueogenéticos indicam que as andanças dos *Homo heidelbergensis* pelo globo deram origem a distintas linhagens, incluindo os Sapiens (280.000-230.000 anos AP) na África, os Denisovianos na Ásia (300.000 anos AP) e os Neandertais na Europa (250.000 anos AP). Dentre todos, fomos a única a sobreviver, mas por que isto aconteceu? Somos produto de uma revolução comportamental ou somos o resultado de uma história de interação com outras formas de humanidade que encontramos ao longo do caminho? (GAMBLE, 2007; STRINGER, 2012).

2.2 A humanidade construída no caminho: sobre os Sapiens e outros parentes

A origem de uma mente que pensa como a nossa pode ser documentada arqueologicamente pela transformação das coisas e do mundo em metáforas de identidade, materializadas em símbolos visuais e em tecnologias sociais envolvidas na produção, uso e circulação dos artefatos e ornamentos. Nossa mente transforma coisas em estoques simbólicos, cujo consumo se dá em estruturas de ação que criam laços entre pessoas distantes no espaço e no tempo (BARHAN; MITCHEL, 2008; D'ERRICO *et al.*, 2003; MCBREARTY; BROOKS, 2000).

A origem dos humanos 'anatomicamente modernos' (os Sapiens) é documentada no interglacial MIS 5 por restos esqueletais encontrados no Marrocos, no sítio Jebel Irhoud (286.000 anos AP) e na Etiópia, nos sítios Kibish Omo I (233.000 anos AP) e Herto (160.000-155.000 anos AP) (DA-GLORIA, 2018; RICHTER *et al.*, 2017; VIDAL *et al.*, 2022). Porém, os primeiros registros arqueológicos de comportamento cultural semelhante ao nosso estão localizados na costa da África do Sul, nos sítios Pinnacle Point (com datações entre 170.000 e 40.000 anos AP), Klasies River Mouth (com datações entre 125.000 e 75.000 anos AP) e Blombos Cave (com datações entre 100.000 e 68.000 anos AP). A cultura material encontrada nestes lugares indica que a tecnologia de propulsão (pontas de projétil) era utilizada na caça de búfalos e porcos selvagens, porém a base da subsistência estava associada à pesca e à coleta de plantas e moluscos.

Em Border Cave (datações entre 91.000 e 61.000 anos AP), distante quase 100 km para o interior, foi encontrado um esqueleto moderno bem preservado, em uma cova coberta com ocre e contendo conchas da costa do Índico. Este é o primeiro lugar a documentar a necessidade de construção de redes sociais que transcendem o tempo presente, conectando os vivos e os mortos através da circulação de bens simbólicos, primeiro indício da origem da mente moderna (BARHAN; MITCHEL, 2008; DA-GLORIA, 2018; D'ERRICO *et al.*, 2003; GAMBLE, 2007; MCBREARTY; BROOKS, 2000).

Os movimentos dos Sapiens através e para além da África deram-se no interglacial MIS 5 (128.000-74.000 anos AP) pelos 'corredores verdes' (*Sahel*) que se formavam em torno de grandes lagos e ao longo de cursos de rios perenes que existiam onde hoje estão os desertos do Saara e da Arábia. Foi se movendo através destes *megapaths* que interligavam o sul e o leste da África que os Sapiens colonizaram pela primeira vez o Oriente Médio (evento *Out of Africa* 3), processo atestado nos sítios Qafzeh (130.000 anos AP) e Skull (90.000 anos AP), em Israel, e Jebel Faya (125.000 anos AP), no Golfo Pérsico. Estes primeiros movimentos dos Sapiens para fora da África, no entanto, não tiveram continuidade e foram bloqueados por uma barreira humana formada pelos Neandertais, cujos territórios expandiam-se da Europa ocidental à Ásia central, compreendendo uma população estimada em torno de 70.000 pessoas (CONDEMI; SAVATIER, 2018; FABRE *et al.*, 2009; GAMBLE, 2013).

Os eventos climáticos da glaciação MIS 4 (73.000-61.000 anos AP) repercutiram na África com o aumento da aridez e os movimentos populacionais passaram a se orientar para a busca de refúgios ecológicos ao longo da linha do Equador, com queda demográfica e novos adensamentos populacionais surgindo no leste da África. De volta ao berço ancestral do Vale da Grande Fenda, as portas do mundo se abriram mais uma vez para os andarilhos africanos (evento *Out of Africa* 4). A diversidade genética de todos os humanos vivos hoje se origina desta população fundadora que não devia exceder mais de 10.000 pessoas (modelo RAO, de *Recent Africa Origin*) (BARHAN; MITCHEL, 2008; GAMBLE, 2007; REED; TISHKOFF, 2006; STRINGER, 2012).

A cronologia molecular sugere que o primeiro pulso populacional posterior a este 'gargalo evolutivo' seguiu em direção ao sul da Ásia, provavelmente pelas zonas costeiras, até atingir Sahul. Um segundo pulso populacional ocorreu no interglacial MIS 3 (60.000-29.000 anos AP), partindo de duas frentes: da Ásia central em direção às estepes do norte (e daí para a América) e do Oriente Médio em direção à costa Atlântica da Europa, ocupando os territórios tradicionais dos Neandertais (OPPE-NHEIMER, 2009, 2012) (Figura 2.3).

Figura 2.3 – Cronologia do processo de povoamento global pelos Sapiens, tomando por referência os dados arqueogenéticos e arqueológicos

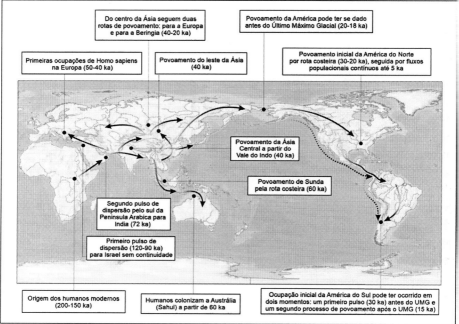

Fonte: adaptado de Oppenheimer (2012, p. 771) por Lucas Bond Reis (2021)

2.2.1 Os povoamentos do sul da Ásia (Sunda e Sahul)

Sugere-se que os movimentos populacionais que partiram da África no glacial MIS 4 (73.000-61.000 anos AP), deslocaram-se ao longo da costa da Arábia, seguindo um arco litorâneo que partia do Mar Vermelho em direção ao Oceano Índico. A partir de Sunda, fluxos migratórios teriam se direcionado para o norte, pela costa do Pacífico, até o litoral da China, e para o sul, chegando à Sahul. Estes movimentos populacionais para o sul da Ásia foram rápidos, o que é atestado pelas datações dos sítios Jwalapuram (71.000 anos AP), no sul da Índia, e Callao Cave (67.000 anos AP), em

Luzon, nas Filipinas, cuja ocupação indica as evidências mais antigas de navegação oceânica, já que esta ilha nunca esteve ligada ao continente. Os níveis dos mares entre 50 e 80 metros mais baixos que os atuais devido às condições climáticas mais secas ampliavam a cobertura dos biomas de savana, atraindo as primeiras ocupações dos Sapiens. Estas características ambientais foram intensificadas pelo 'inverno vulcânico' produzido pela erupção de Toba (71.000 anos AP), em Sumatra, possivelmente responsável pela redução das florestas e também das populações de *Homo erectus* ainda existentes na região, ficando restritas a bolsões nas ilhas de Java e Flores, o que também abriu o caminho para os Sapiens em direção à Sahul (AMBROSE, 1998; FIELD *et al.*, 2007; GAMBLE, 2013; OPPENHEIMER, 2009, 2012; ROEBROEKS; SORESSI, 2016; STRINGER, 2012).

A arqueogenética aponta para um crescimento demográfico no sul da Ásia no interglacial MIS 3 (60.000-29.000 anos AP), com uma população estimada em torno de 18.000 pessoas. Novos pulsos populacionais originam-se deste *pool* genético, colonizando a Ásia central e o paleocontinente de Sahul, cujo acesso se deu atravessando trechos de mar aberto de pelo menos 50 km. As interações sociais e biológicas entre os Sapiens e as populações nativas como os Denisovanos, na Sibéria, e os Neandertais, na Ásia central, estão documentadas pelas assinaturas arcaicas em até 5% do genoma das populações modernas da Papua-Nova Guiné e da Austrália (STRINGER; BARNES, 2015).

As datações mais antigas para as explorações pioneiras do norte da Austrália estão associadas aos sítios Madjedbebe (com datações entre 61.000 e 52.000 anos AP) e Nauwalabila (com datações entre 60.000 e 53.000 anos AP). Porém, uma colonização efetiva deu-se somente a partir de 50.000 anos AP, como é atestado por sítios distribuídos em diversas regiões do país, como é o caso de Lake Mungo (50.000-45.000 anos AP), no sudeste, Devil's Lair Cave (46.000-47.000 anos AP), no sudoeste, Parnkupirti (45.000-46.000 anos AP), na região central, e Carpenter's Gap (45.000 anos AP), no noroeste. A distribuição geográfica dispersa dos sítios mais antigos na Austrália sugere pelo menos duas rotas de povoamento pioneiro de Sahul: uma pelo norte, a partir da Península Bird's Head, na Papua-Nova Guiné, e outra pelo sul, a partir do Timor. Em ambos os casos, os movimentos populacionais seguiram preferencialmente as zonas costeiras por se tratar de ambientes de alta produtividade ambiental e fácil deslocamento (*megapaths*). Análises arqueogenéticas de um indivíduo sepultado em Lake Mungo demonstram que desde 40.000 anos AP, a Austrália não recebeu novos fluxos populacionais, embora só tenha se isolado geograficamente do sul da Ásia há 14.000 anos AP, com a subida dos níveis dos mares no fim do Pleistoceno (CLARKSON *et al.*, 2017; GAMBLE, 2013; HISCOCK, 2013; PELLEKAAN, 2013).

A Austrália é um dos continentes mais áridos da Terra, com extensos desertos no interior. A ampla dispersão geográfica das primeiras ocupações humanas indica que a conexão com a água foi o elemento chave para as explorações pioneiras de paisagens nunca habitadas. Ainda hoje, na cosmologia aborígine os rios são lugares sagrados, criados pelos ancestrais no 'Tempo do Sonho', conectando pessoas e lugares distantes, cujas histórias são contadas através da 'Trilha das Canções' que se estende para além das fronteiras regionais. Mais de 80% dos sítios arqueológicos australianos com datações anteriores a 30.000 anos AP estão a pelo menos 20 km de distância de cursos de águas permanentes, que serviam como 'corredores' interligando áreas de maior produtividade ambiental (refúgios ambientais). Nas áreas costeiras do sudoeste australiano, com clima mais úmido e abundância de recursos, a pressão demográfica estimulou o surgimento de redes simbólicas regionais entre 45.000 e 35.000 anos AP, caracterizadas pela distribuição de ornamentos feitos em conchas e em dentes de tubarões de determinadas espécies, e pela presença de cemitérios ao longo de vales de rios, indicando estratégias de legitimação e controle de uso do território ancestral. Por sua vez, as condições de aridez do Glacial MIS 2 (28.000-14.000 anos AP), ocasionaram pressão demográfica nas áreas de refúgio, resultando num aumento do processo de territorialização, expresso nas variações regionais dos estilos de arte rupestre (BEATON, 1991; HABGOOD; FRANKLIN, 2014; VETH, 1989; WILLIAMS *et al.*, 2013).

2.2.2 Os povoamentos da Eurásia

Os primeiros movimentos populacionais dos Sapiens para o norte da Eurásia enfrentaram negociações territoriais com as outras humanidades que viviam na 'estepe do mamute'. As fronteiras sociais entre nativos e migrantes parecem ter sido permeáveis, porém, as oscilações climáticas do interglacial MIS 3 (60.000-29.000 anos AP), marcado por vários episódios de frio intenso (Eventos Heinrich), e a presença cada vez maior de Sapiens no centro da Ásia, foram fatores que contribuíram para um paulatino decréscimo da população Neandertal até seu desaparecimento no início do glacial MIS 2. Os estudos arqueogenéticos indicam uma baixa diversidade genética entre os Neandertais no MIS 3, indício de um aumento da consanguinidade decorrente da restrição das redes de parentesco à longa distância. Igualmente, os euroasiáticos modernos apresentam de 1 a 4% de DNA arcaico, indicando que os intercruzamentos com os Neandertais ocorreram até pelo menos 60.000 anos atrás, o que seria explicado pela incorporação dos novos migrantes às redes de parentesco locais. Porém, estes estudos também sugerem que somente a hibridização entre mulheres Neandertais e homens Sapiens teriam gerado descendência fértil, incluindo aí trocas gênicas que teriam favorecido a adaptação aos ambientes frios setentrionais. À medida que as frentes Sapiens aumentavam em tamanho e avançavam continuamente para o oeste, a população Neandertal foi se retraindo até um último refúgio na Península Ibérica, onde deixaram de existir cerca de 28.000 anos atrás (CONDEMI; SAVATIER, 2018; FINLAYSON *et al.*, 2006; LALUEZA-FOX *et al.*, 2011; MENDEZ *et al.*, 2016; PAPAGIANNI; MORSE, 2013).

As primeiras ocupações Sapiens da Europa ocidental deram-se entre 50.000 e 40.000 anos AP, em uma fase quente e úmida de expansão das florestas mistas ao norte da bacia Mediterrânica (cultura Aurignaciense) (HUBLIN *et al.*, 2020). Estima-se que estas populações pioneiras teriam migrado do sudoeste da Ásia para o norte da Eurásia através do vale do Danúbio, ocupando territórios de caça de 200 a 300 km², preferencialmente em planaltos e vales, onde se concentravam as manadas de cavalos, auroques, renas e cervos. Os Sapiens chegaram à Sibéria entre 50.000 e 45.000 anos AP, dispersando-se dos Montes Altai à orla do Lago Baikal e daí para a China, ao redor de 40.000 anos AP (GRAF; BUVIT, 2017).

Uma mudança nos padrões de ocupação da Eurásia se deu entre 33.000 e 27.000 anos AP, acompanhando a baixa das temperaturas do EH4. Nas planícies da Europa central, dominadas pelas estepes, a mobilidade passou a se orientar pela caça do bisão e do mamute, abrangendo territórios de 100.000 km². A construção destas novas paisagens culturais foi potencializada pela domesticação dos cães há 30.000 anos atrás que foram integrados em múltiplas tarefas tais como localização e abate das presas, tração, proteção, e até mesmo, limpeza e aquecimento das casas (GAMBLE, 2013). Os laços culturais que integravam os amplos domínios que se estendiam na periferia das geleiras da Eurásia foram tramados pela economia simbólica do mamute (cultura Gravetense). Caçado no oriente, seu marfim e sua representação iconográfica dominavam o imaginário no ocidente, documentado pelas mais antigas manifestações artísticas da Europa ocidental, como a arte mobiliar dos sítios do Jura Suábico (com datações entre 40.000 e 35.000 anos AP), na Alemanha, e as pinturas rupestres da Caverna de Chauvet (com datações entre 33.000 e 24.000 anos AP), na França (DELLUC; DELLUC, 2010; FLOSS; CONARD, 2010; PETROGNANI, 2013).

Estima-se que no início do Glacial MIS 2, entre 30.000 e 20.000 anos AP, já viviam no norte da Eurásia em torno de 64.000 pessoas integradas por redes de parentesco à longa distância e explorando sazonalmente os recursos da 'estepe do mamute' (RAGHAVAN *et al.*, 2014). Às margens do Lago Baikal surgiram aldeias semi-sedentárias, com casas subterrâneas e cemitérios coletivos (Complexo Mal'ta), onde o mamute servia como alimentação, combustível e material de construção, sendo seu marfim usado para a confecção de diversos artefatos como agulhas, ornamentos, armas de arremesso, vasilhas e estatuária (GRAF; BRUVIT, 2017). Os registros mais antigos de ocupações humanas acima do círculo Ártico, no nordeste da Ásia, estão presentes no sítio Yana RHS (33.000 anos AP), situado a 71º de latitude norte, sendo a busca de marfim de mamute o principal motivo de sua localização em alta latitude (PITULKO *et al.*, 2013).

Outros locais do território da Europa ocidental eram ocupados durante os curtos verões para a caça sazonal de animais migratórios como as renas, os cavalos e os bisões. Lá, as profundas cavernas calcárias seguiam sendo usadas para rituais, tendo suas paredes pintadas com impressões de mãos 'em negativo' e figuras de animais (com datações entre 28.000 e 22.000 anos AP). Por sua vez, a produção e circulação de pequenas estatuetas femininas (as 'Vênus Paleolíticas') indicam que redes sociais à longa distância conectavam as pessoas, documentando uma geografia cultural do mundo glacial (GAMBLE, 2013; IAKOVLEVA, 2013).

Esta unidade cultural, no entanto, desapareceu no Último Máximo Glacial (20.000- 18.000 anos AP). No nordeste da Ásia, a Sibéria foi abandonada e as pessoas buscaram refúgio no leste da Rússia (Cultura Diuktai) e no sudeste da Ásia, ocupando as zonas costeiras da China e da Península de Hokkaido, no Japão. Na Bacia Mediterrânea, as populações buscaram um clima mais ameno no sul da França, na Cantábria Espanhola e no Oriente Médio (Cultura Solutrense). Após o Último Máximo Glacial, a melhoria das condições climáticas estimulou uma nova dispersão populacional para a Europa ocidental entre 17.000 e 13.000 anos atrás, relacionada ao crescimento demográfico expresso pelo surgimento do haplogrupo H, presente em 45% da atual população europeia. Neste último momento da Europa Glacial, a vida passou a se organizar em função da caça da rena, principal alimento e suporte material para a confecção dos artefatos e das habitações (Cultura Magdalenense). A produção de ornamentos, placas gravadas e esculturas em osso e chifre de rena têm sua função simbólica associada à mobilidade, aos contatos e às trocas, estabelecendo fronteiras e limites para as relações entre territórios vizinhos. De Chauvet (33.000 anos AP) à Lascaux (17.000 anos AP), os mais de 280 sítios rupestres conhecidos na Europa ocidental, seguem as mesmas regras de composição que expressam uma metafísica ancestral. No entanto, a mobilidade das pessoas nestas paisagens semióticas dava-se através de 'províncias gráficas', com predomínio em certas regiões de determinados signos abstratos, sobrepostos aos paineis figurativos (CLOTTES; LEWIS-WILLIAMS, 2001; VIALOU, 1996, 2015a, 2015b, 2016).

2.3 Construindo caminhos em lugares nunca habitados: as primeiras pessoas na América

O continente americano foi palco de múltiplos episódios de povoamento, com distintas cronologias, escolhas de caminhos e estratégias de apropriação das paisagens em transformação desde o final do Pleistoceno. O perfil genético que predomina atualmente entre os povos americanos teve origem entre 24.000 e 20.000 anos atrás, no nordeste da Ásia, a partir de uma população fundadora estimada entre 5.000 e 10.000 pessoas que se manteve isolada por pelo menos dois milênios, possivelmente na Beríngia (*Beringia Stand Still model*) (DA-GLORIA, 2019; GRAF; BURVIT, 2017; HOFFECKER *et al.*, 2016; KITCHEN *et al.*, 2008; RASMUSSEN *et al.*, 2014; TAMM *et al.*, 2007).

No Último Máximo Glacial as geleiras norte-americanas formavam um único bloco que se estendia do Pacífico ao Atlântico, impedindo a circulação de animais e pessoas para o interior do continente. Porém, este mesmo fenômeno climático fez com que os níveis oceânicos estivessem até 100 m abaixo dos atuais, ampliando as plataformas continentais. Por sua vez, a paleogeografia da costa do Pacífico e a extensão das correntes oceânicas quentes impediram que as geleiras avançassem para o litoral praticamente ao longo de toda a última glaciação (28.000-14.000 anos AP), com exceção de um curto período entre 20.000 e 19.000 anos atrás (DIXON, 2013; ERLANDSON; BRADJE, 2011; POTTER *et al.*, 2017). Desta forma, os cenários das primeiras migrações para a América do Norte teriam se dado mais provavelmente através de 'corredores ecológicos' costeiros que teriam favorecido o aumento demográfico e direcionado os movimentos pioneiros para áreas ainda desocupadas (WESTLEY; DIX, 2006).

2.3.1 Os primeiros povoamentos da América do Norte

Antes do Último Máximo Glacial as evidências da presença humana na América do Norte são discretas, mas têm se avolumado nos últimos anos (Figura 2.4). No sítio Vasequillo, localizado em Puebla (centro do México), possíveis impressões de pegadas humanas foram preservadas em um piso de cinzas vulcânicas consolidadas, datado em 40.000 anos AP. No Parque Nacional White Sands, no Novo México (no sudoeste dos EUA) também foram documentadas pegadas humanas fossilizadas em negativo em uma antiga orla de lago extinto, cujos sedimentos foram datados entre 21.100 e 22.900 anos AP (GONZÁLEZ *et al.*, 2006; BENNETT *et al.*, 2021). Às controvérsias sobre estes sítios com pegadas humanas, somam-se dezenas de jazidas paleontológicas que apresentam ossos de mamutes, cavalos e bisões com marcas que podem ter sido provocadas pela ação humana, mas sem a presença de artefatos ou outras evidências antropogênicas. Este é o caso de Bluefish Caves (24.000 anos AP), no território de Yukon, ao norte do Canadá, e dos sítios Miles Point (com datações entre 27.900 e 21.400 anos AP) e Oyster Cove (25.800 anos AP), situados na costa leste dos Estados Unidos (COLLINS *et al.*, 2013; GOEBEL *et al.*, 2008; MADSEN, 2015; MORLAN, 2003).

Uma exceção a este quadro é a caverna Chiquihuite, localizada em Zacatecas, no centro do México. As escavações do sítio identificaram uma coleção de 1.900 artefatos líticos unifaciais e bifaciais, elaborados em matéria-prima exótica, além de evidências micro-botânicas de manejo de palmáceas. Foram realizadas mais de 50 datações radiocarbônicas e em luminescência, estando a maior parte da coleção associada a datações entre 12.200 e 16.600 anos AP. Os níveis mais profundos do sítio estão datados entre 33.100 e 31.400 anos AP e apresentam associação com artefatos líticos, evidenciando muitas semelhanças com contextos arqueológicos sul-americanos com a mesma cronologia (ARDELEAN *et al.*, 2020; BOËDA *et al.*, 2021).

Após o Último Máximo Glacial, o litoral nordeste da Ásia e a Beríngia foram repovoados e os deslocamentos populacionais do final do Pleistoceno priorizaram as zonas costeiras de maior produtividade, associadas às 'florestas de algas' que seguem o arco do norte do Pacífico e sustentam cardumes de peixes e grande variedade de aves e mamíferos aquáticos (*Kelp Highway model*) (ERLANDSON; BRADJE, 2011). Porém, é limitado o número de sítios costeiros com datações entre 20.000 e 13.000 anos atrás do noroeste do Alasca ao norte da Califórnia, o que pode ser explicado pela destruição causada pela erosão e a instabilidade tectônica pós-glacial da região, bem como pela subida abrupta dos níveis oceânicos há 14.500 anos AP. Por sua vez, a ausência de barreiras naturais a oeste das Montanhas Rochosas pode ter direcionado e acelerado os fluxos populacionais para o sul, deixando registros escassos no interior devido à rapidez dos deslocamentos e à baixa densidade demográfica destas ocupações pioneiras. Destaca-se que vários sítios datados entre 13.000 e 12.000 anos AP são encontrados no delta de grandes rios como o Columbia e o Klamath, ricos em peixes como o salmão e o esturjão que promovem corredores migratórios para o interior, como é o caso de Cooper's Ferry, datado em 13.000 anos AP (ou ~16.000 anos calibrados), bem como na orla de antigos lagos Pleistocênicos que existiam no sudeste dos Estados Unidos, como é o caso de Paisley Caves, com datações por volta de 12.300 anos AP (ou ~14.300 anos calibrados). A ocupação destas zonas ecológicas distribuídas entre a Columbia Britânica e o México está associada a um horizonte cultural caracterizado por pequenas pontas de projétil pedunculadas (*Western Stemmed Tradition*) (DAVIS *et al.*, 2022; GRUHN; BRYAN, 2011; PEDLER; ADOVASIO, 2011; SHILLITO *et al.*, 2020).

Na Costa Atlântica dos Estados Unidos, sítios como Cactus Hill (com datações de 16.600 e 15.000 anos AP), na Virgínia, e Meadowcroft Rockshelter (com datações entre 15.200 e 12.000 anos AP), na Pennsylvania, evidenciam um processo antigo de expansão populacional em direção ao leste. A exploração do mamute estaria associada a estes movimentos pioneiros ao longo das bordas das geleiras americanas, como documentado pelos 35 sítios do Complexo Chesrow, localizados às margens do Lago Michigan, no Winsconsin, que apresentam ossos de mamutes com evidências de manipulação humana (marcas de percussão e cortes), com destaque para os sítios Schaefer (datações entre 12.600 e 10.900 anos AP) e Herbior (12.500 anos AP), únicos que apresentam associação com artefatos líticos elaborados sobre lascas. Partindo-se destas evidências, compreende-se o Complexo Clovis como uma resposta local às mudanças climáticas do final do Pleistoceno. Com datas entre 11.500 e 10.700 anos AP, a cultura Clovis surgiu no sudoeste das Grandes Planícies, especializando-se na caça de mamutes e mastodontes, bisões e renas e expandiu-se para o norte, através do corredor livre de gelo no interior das geleiras, e para o sul até a América Central. Contudo, sítios como Debra L. Friedkin e Gault, localizados no Texas, indicam que a colonização desta região há 13.500 anos atrás apresenta uma forte conexão cultural com a costa Pacífica (*Buttermilk Creek Complex*), indicando um quadro cultural muito mais complexo do que o modelo *Clovis First* inicialmente sugere (GRUHN; BRYAN, 2011; MADSEN, 2015; WATERS *et al.*, 2018).

Figura 2.4 – Sítios arqueológicos relacionados ao povoamento inicial da América

Fonte: elaborado por Thiago Umberto Pereira (2021) a partir do banco de dados do Laboratório de Estudos Interdisciplinares em Arqueologia da Universidade Federal de Santa Catarina (LEIA/UFSC)

2.3.2 Os primeiros povoamentos da América do Sul

O perfil genético dos povos originários da América do Sul estabeleceu-se entre 17.500 e 14.600 anos AP e os cálculos de distância genética entre as populações antigas e atuais sugerem trajetórias de colonização diversificadas (MORENO-MAYAR *et al.*, 2018; POSTH *et al.*, 2018). O *pool* genético dos primeiros sul-americanos permaneceu pequeno pelo menos até 12.000 anos atrás, com períodos prolongados de isolamento, possivelmente relacionados à barreira geográfica dos Andes e à ocupação diferencial de determinados biomas. A arqueogenética sugere que as linhagens fundadoras teriam se separado no Panamá, com uma população seguindo diretamente para o sul, pela costa do Pacífico, e outra se direcionando através dos extensos sistemas fluviais do leste do continente para a bacia amazônica, o planalto central brasileiro e altiplano central dos Andes (FEHREN-SCHMITZ *et al.*, 2011; ROTHHAMMER; DILLEHAY, 2009).

O ponto chave do processo de colonização inicial da América do Sul foi a flexibilidade adaptativa e a diversidade cultural. Nas áreas tropicais, economias generalistas baseadas no manejo de plantas, na pesca e na caça de amplo espectro deram suporte ao aumento demográfico e à regionalização, manifestada em uma ampla variedade de indústrias líticas e estilos de arte rupestre. Nas zonas temperadas do altiplano andino e do Cone Sul as primeiras pessoas estavam distribuídas por territórios amplos, porém em baixa densidade demográfica e concentradas em lugares com maior abundância de recursos, entremeados por vazios ocupacionais (BORRERO, 2015; BUENO; DIAS, 2015).

Até o momento, a ocupação humana mais antiga que documenta a rota de povoamento pelo litoral do Pacífico está relacionada ao sítio Monte Verde II, no sul do Chile, com datações entre 13.000 e 16.000 anos AP (ou ~18.000 anos calibrados), chegando as datações das camadas mais profundas ao valor de 30.000 anos AP (DILLEHAY *et al.*, 2015; DILLEHAY *et al.*, 2021). Com a retração das geleiras a partir de 14.000 anos AP (ou ~17.000 anos calibrados), é provável que os povoadores do Cone Sul tenham cruzado os Andes, abaixo de 38º de latitude sul, onde as altitudes são menores, colonizando preferencialmente certas zonas com maior concentração de água e recursos para caça, como é atestado no sul da Patagônia pelos sítios Piedra Museo (12.800 anos AP) e Cueva del Medio (12.700 anos AP) (MENDÉZ-MELGAR, 2013; PRATES *et al.*, 2013).

As estratégias de subsistência estavam voltadas à caça de guanacos (*Lama guanicoe*) e aves como a ema (*Rhea americana*) e o ñandu (*Pterocnemia pennata*) e em diversos lugares da região da Patagônia e do Pampa argentino encontram-se evidências de exploração de uma grande diversidade de espécies de megafauna pleistocênica, destacando-se toxodontes, preguiças gigantes, tatus gigantes e cavalos (BORRERO, 2006; MARTÍNEZ *et al.*, 2016; POLITIS *et al.*, 2014).

No Brasil, datações em torno de 25.000 anos AP (ou ~27.000 anos calibrados) para os sítios Abrigo Santa Elina, na Serra das Araras (Mato Grosso), e Toca do Sítio do Meio, Toca do Boqueirão da Pedra Furada, Vale da Pedra Furada e Tira Peia, na Serra da Capivara (Piauí), podem ser explicados como produtos de movimentos pioneiros antes do Último Máximo Glacial que não tiveram continuidade, considerando que estes locais só foram novamente ocupados no final do Pleistoceno (BOËDA *et al.*, 2016, 2021; LOURDEAU, 2019; VIALOU *et al.*, 2017).

Tendo em vista a diversidade de ecossistemas disponíveis, múltiplas rotas teriam sido possíveis para os primeiros colonizadores da América do Sul. Entre 12.000 e 8.000 anos atrás, o processo de construção de paisagens culturais na América do Sul abrangeu, simultaneamente, distintos ecossistemas, como a costa desértica do Pacífico, as pastagens de altitude (puna) do Altiplano, as florestas tropicais da Amazônia e da Mata Atlântica, as zonas alagadiças do Pantanal e do Chaco, as savanas tropicais do Planalto Brasileiro e as pradarias do Cone Sul. A partir do fim do Pleistoceno, observa-se o surgimento de uma grande diversidade regional de indústrias líticas, incluindo estilos regionais de pontas de projétil, como as dos tipos El Jobo (Venezuela), Paiján (Equador e Peru) e Rabo de Peixe (Chile, Argentina e Uruguai), além de uma grande variedade de estilos regionais de pontas triangulares, com ou sem pedúnculos, que se expandem do Altiplano Andino (Peru e Bolívia) à Costa Atlântica (Argentina, Uruguai e Brasil) (DILLEHAY, 2003).

Os dados paleoclimáticos indicam que os biomas tropicais na América do Sul não foram significativamente afetados pela aridez e pelo declínio das temperaturas durante o Último Máximo Glacial. Por sua vez, a estabilidade climática do Holoceno inicial (12.000-8.000 anos AP) foi acompanhada pela expansão e diversificação dos biomas tropicais oferecendo suporte para o crescimento populacional, como é atestado pelos sítios Caverna da Pedra Pintada (11.000 anos AP), no Pará, e Peña

Roja (com datas entre 9.200 e 8.100 anos AP), na Colômbia (LANATA *et al.*, 2008; MORA; GNECCO, 2003; ROOSEVELT, 1998).

Igualmente, padrões de subsistência baseados na pesca, no manejo de plantas e em um amplo espectro de caça também estão documentados na costa do Pacífico, nos sítios Huaca Prieta (com datas entre 12.600 e 9.200 anos AP), no norte do Peru, e Las Vegas (com datas entre 12.100 e 8.100 anos AP), no Equador (DILLEHAY *et al.*, 2012). No Altiplano peruano, as primeiras ocupações em altitudes entre 2.500 e 4.000 metros estão representadas nos sítios Tres Ventanas (10.000 anos AP), Guitarrero Cave (9.900 anos AP) e Asana (9.800 anos AP). Estes sítios estão associados à caça de camelídeos nas pastagens de altitude (puna), num momento em que a umidade era maior que a atual em função da presença de grandes lagos, cujo processo de dessecação ocorreu entre 8.500 e 6.000 anos atrás (ALDENDEFER; FLORES-BLANCO, 2011).

Por sua vez, no Planalto Brasileiro, o processo de povoamento das bacias hidrográficas do São Francisco, do Tocantins, do Araguaia e do Rio da Prata intensificou-se a partir de 11.000 anos AP. Baseando-se na exploração generalista das florestas e savanas tropicais, as dinâmicas populacionais do leste das Terras Baixas sul-americanas tornaram-se complexas e diversificadas, expressando-se em uma ampla gama regional de manifestações tecnológicas e artísticas (Tradição Itaparica, Complexo Lagoa Santa, Tradição Umbu), indicando um processo intenso de demarcação territorial (DIAS, 2004; BUENO *et al.*, 2013; BUENO; DIAS, 2015).

2.4 Algumas reflexões finais

A síntese que aqui esboçamos dos caminhos de dispersão humana pelo globo evidencia a importância de pensar que os processos de povoamento global no Pleistoceno envolveram múltiplas dinâmicas, pautadas por dispersão e retração, por disputas e negociações territoriais, por sequências de eventos de recolonização de regiões abandonadas, e por cenários paleoambientais e paleogeográficos em constante transformação. Essas dinâmicas de movimento apontam para a existência, em diferentes locais e momentos, de corredores e refúgios ambientais, de gargalos populacionais, de concentrações demográficas que foram, por sua vez, construindo nossa história genética através de trajetórias variadas e não previsíveis. Esta dinâmica de povoamento continuou em curso nas Américas durante muito tempo após a entrada dos primeiros humanos e não se esgotou no Pleistoceno. Certamente, há locais que permaneceram pouco habitados durante milênios e outros que foram ocupados, abandonados e novamente ocupados em outros momentos, o que nos possibilita dizer que as paisagens culturais da América foram construídas a partir de múltiplos eventos de povoamento.

Em escala global, o cenário do final do Pleistoceno é caracterizado por baixa densidade demográfica, com movimentos populacionais abrangendo territórios muito amplos. Isto leva a uma configuração do registro arqueológico com sítios dispersos, pouco densos e, só em alguns casos, com reocupações frequentes. Em geral, estes sítios estão associados a marcos naturais da paisagem, acarretando um acúmulo de vestígios em pontos específicos do espaço, entremeados por extensos vazios. Por sua vez, as dinâmicas de mobilidade e os correlatos arqueológicos de como seriam esses primeiros momentos de apropriação de novos territórios variam em termos conjunturais e contextuais. De acordo com a perspectiva de uma arqueologia do povoamento, a quantidade de sítios e a diversidade cultural identificados nas Américas após o Último Máximo Glacial são fenômenos que integram o crescimento demográfico em escala global. Portanto, um modelo comportamental geral (como o caso do modelo *Clovis First*) é incapaz de explicar como se deu a construção das paisagens culturais de todo o continente americano durante o processo de povoamento.

Ao abordar a questão da colonização original da América por uma ótica contextual, abrimos a possibilidade de refletir sobre fenômenos com alcances e significados variados. Com relação às cronologias, datações que apontam o início da ocupação de uma dada área só têm sentido como um recurso metodológico que situa eventos culturais locais em relação a dinâmicas globais de colonização. Também é fundamental incorporar a qualquer discussão sobre arqueologia do povoamento as descontinuidades do registro arqueológico que podem estar evidenciando etapas distintas do processo de formação das paisagens humanizadas.

Referências

AIELLO, L., DUNBAR, R. Neocortex size, group size, and evolution of language. *Current Anthropology*, vol. 34, n. 2, p. 184-193, 1993.

AIELLO, L., WHEELER, P. The expensive-tissue hypothesis: the brain and the digestive system in human and primate evolution. *Current Anthropology*, vol. 36, n. 2, p. 199-221, 1995.

ALDENDEFER, M., FLORES-BLANCO, L. Reflexiones para avanzar en los estudios del período Arcaico en los Andes Centro-Sur. *Chungara*, vol. 43, n. 1, p. 531-550, 2011.

AMBROSE, S. Late Pleistocene bottlenecks, volcanic winter and the differentiation of modern humans. *Journal of Human Evolution*, vol. 34, p. 623-621, 1998.

ANTÓN, S., POTTS, R., AIELLO, L. Evolution of early Homo: an integrated biological perspective. *Science*, vol. 344. DOI, 10.1126/science.1236828, 2014.

ARDELEAN, C. F. *et al.* Evidence of human occupation in Mexico around the Last Glacial Maximum. *Nature*, vol. 584, p. 87–92, 2020.

BAILEY, G., KING, G. Dynamic landscapes and human dispersal patterns: tectonics, coastlines, and the reconstruction of human habitats. *Quaternary Science Reviews*, vol. 30, p. 1533-1553, 2011.

BARHAN, L., MITCHEL, P. *The First Africans: African archaeology from the earliest toolmakers to most recent foragers.* Cambridge/New York: Cambridge University Press, 2008.

BEATON, J. Colonizing continents: some problems from Australia and the Americas. *In:* DILLEHAY, T., MELTZER, D. (ed.). *The First Americans: search and research.* Boca Raton: CRC Press, 1991, p. 209-230.

BENNETT, M. *et al.* Evidence of humans in North America during the Last Glacial Maximum. *Science*, vol. 373, p. 1528-1531, 2021.

BOBE, R., BEHRENSMEYER, A. K. The expansion of grassland ecosystems in Africa in relation to mammalian evolution and the origin of the genus Homo. *Palaeogeography, Palaeoclimatology, Palaeoecology*, vol. 207, p. 399– 420, 2002.

BOCHERENS, H. Isotopic tracking of large carnivore palaeoecology in the mammoth steppe. *Quaternary Science Reviews*, vol. 117, n. 1, p. 42-71, 2015.

BOËDA, E. *et al.* New data on a Pleistocene archaeological sequence in South America: Toca do Sítio do Meio, Piauí, Brazil. *PaleoAmerica*, vol. 2, n. 4, p. 286-302, 2016.

BOËDA, E. *et al.* The Chiquihuite Cave, a real novelty? Observations about the still-ignored South American prehistory. *PaleoAmerica*, vol. 7, n. 1, p. 1-7, 2021.

BORRERO, L. A. Paleoindians without mammoths and archaeologists without projectile points? The archaeology of the first inhabitants of the Americas. *In:* MORROW, J.; GNECCO, C. (ed.). *Paleoindian Archaeology: a hemispheric perspective.* Gainesville: University Press of Florida, 2006, p. 9-20.

BORRERO, L. A. Moving: hunter-gatherers and the cultural geography of South America. *Quaternary International*, vol, 363, p. 126-133, 2015.

BRADLEY, R. *Paleoclimatology: reconstructing climates of the Quaternary.* New York: Academic Press, 2015.

BUENO, L., DIAS, A. S., STEELE, J. A late Pleistocene/early Holocene archaeological ^{14}C database for South America and the Isthmus of Panama: palaeoenvironmental contexts and demographic interpretations. *Quaternary International*, vol. 301, n. 8, p. 74-93, 2013.

BUENO L., DIAS, A. S. Povoamento inicial da América do Sul: contribuições do contexto brasileiro. *Estudos Avançados*, vol, 83, p. 119-147, 2015.

CLARKSON, C. *et al.* Human occupation of northern Australia by 65,000 years ago. *Nature*, vol. 547, p. 306-310, 2017.

CLOTTES, J., LEWIS-WILLIAMS, D. *Los Chamanes de la Prehistoria.* Barcelona: Editorial Ariel, 2001.

COLLINS, M. *et al.* North America before Clovis: variance in temporal/spatial cultural patterns (27,000-13,000 cal yrs BP). *In:* GRAF, K.; KREATON, C.; WATERS, M. (ed.). *Paleoamerican Odyssey.* College Station: Texas A&M University, 2013, p. 521-539.

CONDEMI, S., SAVATIER, F. *Neandertal, Nosso Irmão: uma breve história do homem.* São Paulo: Vestígio, 2018.

DA-GLORIA, P. O que nos faz humanos? Bases empíricas e evolutivas das principais transições da linhagem hominínia. *Revista de Filosofia Moderna e Contemporânea*, vol. 6, n.1, p. 105-153, 2018.

DA-GLORIA, P. Ocupação inicial das Américas sob uma perspectiva bioarqueológica. *Boletim do Museu Paraense Emílio Goeldi - Ciências Humanas*, vol. 14, n. 2, p. 429-458, 2019.

DAVES, l. *et al.* Dating a large tool assemblage at the Cooper's Ferry site (Idaho, USA) to ~15,785 cal yr BP extends the age of stemmed points in the Americas. Science Advances, vol. 8, n. 51, DOI: 101126/sciadv.ad1248, 2022.

D'ERRICO, F. *et al.* Archaeological evidence for the emergence of language, symbolism, and music: an alternative multidisciplinary perspective. *Journal of World Prehistory*, vol. 17, n. 1, p. 1-70, 2003.

DELLUC, B., DELLUC, G. L'art pariétal. *In:* CLOTTES, J., PATOU-MATHIS, M. (dir.) *Les Aurignaciens: la culture des hommes modernes en Europe.* Paris: Éditions Errante. 2010, p. 215-235.

DIAS, A. S. Diversificar para poblar: el contexto arqueológico brasileño en la transición Pleistoceno-Holoceno. *Complutum*, vol. 15, p. 249-263, 2004.

DIAS, A. S. Um requiém para Clovis. *Boletim do Museu Paraense Emílio Goeldi - Ciências Humanas*, vol. 14, n. 2, p. 459-476, 2019.

DILLEHAY, T. Las culturas del Pleistoceno tardío de Suramérica. *Maguaré*, vol. 17, 15-45, 2003.

DILLEHAY, T. *et al.* A late Pleistocene human presence at Huaca Prieta, Peru, and early Pacific Coastal adaptations. *Quaternary Research*, vol. 77, p. 418–423, 2012.

DILLEHAY, T. *et al.* 2015 New archaeological evidence for an early human presence at Monte Verde, Chile. *PLOS One*, vol. 10, n. 11, doi.org/10.1371/journal. pone.0145471, 2015.

DILLEHAY, T., PINO, M., OCAMPO, C. Comments on archaeological remains at the Monte Verde Site Complex, Chile. *PaleoAmerica*, vol. 7, n. 1, p. 8-13, 2021.

DIXON, E. J. Late Pleistocene colonization of North America from Northeast Asia: new insights from large-scale paleogeographic reconstructions. *Quaternary International*, vol. 285, p. 57-67, 2013.

DUNBAR, R. The social brain: mind, language and society in evolutionary perspective. *Annual Review of Anthropology*, vol. 32, p. 163-181, 2003.

ERLANDSON, J., BRADJE, T. From Asia to the Americas by boat? Paleogeography, paleoecology, and stemmed points of the Northwest Pacific. *Quaternary International*, vol. 239, p. 28-37, 2011.

FABRE, V., CONDEMI, S., DEGIOANNI, A. Genetic evidence of geographical groups among Neanderthals. *PLOS One*, vol. 4, n. 4, doi.org/10.1371/journal. pone.0005151, 2009.

FEHREN-SCHMITZ, L. *et al.* El ADN antiguo y la historia del poblamiento temprano del oeste de Sudamérica: lo que hemos aprendido y hacia dónde vamos. *Boletín de Arqueología PUCP*, vol. 15, p. 17-41, 2011.

FIELD, J., PETRAGLIA, M., LAHR, M. The Southern dispersal hypothesis and the South Asia archaeological record: examination of dispersal routes through GIS analysis. *Journal of Anthropological Archaeology*, vol. 26, p. 88-108, 2007.

FINLAYSON, C. *et al.* Late survival of Neanderthals at the southernmost extreme of Europe. *Nature*, vol. 443, p. 850-853, 2006.

FLOSS, H., CONARD, N. J. L'art mobilier du Jura Souabe. *In:* CLOTTES, J., PATOU--MATHIS, M. (dir.). *Les Aurignaciens: la culture des hommes modernes en Europe.* Paris: Éditions Errante, 2010, p. 201-214.

GAMBLE, C. *Origins and Revolutions: human identity in earliest prehistory.* Cambridge/New York: Cambridge University Press, 2007.

GAMBLE, C. *Settling the Earth: the archaeology of deep human history.* Cambridge/New York: Cambridge University Press, 2013.

GNECCO, C., LANGEBAEK, C. Contra la tiranía del pensamiento tipológico. *In:* GNECCO, C., LANGEBAEK, C. (ed.). *Contra la Tiranía Tipológica en Arqueología: una visión desde Suramérica.* Bogotá: Universidad de los Andes, 2006, p. IX-XIV.

GOEBEL, T., WATERS, M., O´ROURKE, D. The late Pleistocene dispersal of modern humans in the Americas. *Science*, vol. 319, p. 1497-1502, 2008.

GONZÁLEZ, S. *et al.* Human footprints in Central Mexico older than 40,000 years. *Quaternary Science Reviews*, vol. 25, n. 3-4, p. 201-222, 2006.

GRAF, K., BUVIT, I. Human dispersal from Siberia to Beringia: assessing a Beringian Standstill in light of archaeological evidence. *Current Anthropology*, vol. 58, n. 17, p. 583-603, 2017.

GRUHN, R., BRYAN, A. A current view of the initial peopling of the Americas. *In:* VIALOU, D. (dir.). *Peuplements et Préhsitoire en Amériques.* Paris: CTHS, 2011, p. 17-30.

HABGOOD, P., FRANKLIN, N. Views from across the ocean: a demographic, social and symbolic framework for the appearance of modern human behavior. *In:* DENNELL, R., PORR, M. (ed.). *Southern Asia, Australia and the Search for Human Origins.* Cambridge/New York: Cambridge University Press. 2014, p. 148- 163.

HISCOCK, P. Occupying new lands: global migrations and cultural diversification with particular reference to Australia. *In:* GRAF, K., KREATON, C., WATERS, M. (ed.). *Paleoamerican Odyssey.* College Station: Texas A&M University, 2013, p. 3-11.

HOFFECKER, J., SCOTT, A. E., O´ROURKE, D. *et al.* Beringia and the global dispersal of modern humans. *Evolutionary Anthropology,* vol. 25, p. 64-78, 2016.

HUBLIN, J. *et al.* Initial Upper Paleolithic *Homo sapiens* from Bacho Kiro Cave, Bulgaria. *Nature,* vol. 581, p. 299–302, 2020.

IAKOVLEVA, L. L'art mobilier du Gravettien. *In:* OTTE, M. (dir.). *Les Gravettiens.* Paris: Éditions Errance, 2013, p. 237-270.

INGOLD, T. Hunting and gathering as ways of perceiving the environment. *In:* INGOLD, T. *The Perception of the Environment: essays in livelihood, dwelling and skill.* London/New York: Routledge, 2000, p. 40-60.

KITCHEN, A., MIYAMOTO, M., MULLIGAN, C. A three-stage colonization model for the peopling of the Americas. *PLOS One,* vol. 3, n. 2, doi.org/10.1371/journal.pone.0001596, 2008.

LALUEZA-FOX, C. *et al.* Genetic evidence for patrilocal mating behavior among Neandertal groups. *PNAS,* vol. 108, n. 1, p. 250-253, 2011.

LANATA, J. L. *et al.* Demographic conditions necessary to colonize new spaces: the case for early human dispersal in the Americas. *World Archaeology,* vol. 40, n. 4, p. 520–537, 2008.

LOURDEAU, A. A Serra da Capivara e os primeiros povoamentos sul-americanos: uma revisão bibliográfica. *Boletim do Museu Paraense Emílio Goeldi: Ciências Humanas,* vol. 14, n. 2, p. 367-398, 2019.

MADSEN, D. A framework for the initial occupation of the Americas. *PaleoAmerica,* vol. 1, n. 3, p. 217-250, 2015.

MARTÍNEZ, G. *et al.* Subsistence strategies in Argentina during the late Pleistocene and early Holocene. *Quaternary Science Review,* vol. 144, p. 51-69, 2016.

MENDÉZ-MELGAR, C. Terminal Pleistocene/early Holocene ^{14}C dates from archaeological sites in Chile: critical issues for the initial peopling of the region. *Quaternary International,* vol. 301, p. 60-73, 2013.

MCBREARTY, S., BROOKS, A. The revolution that wasn't: a new interpretation of the origin of modern behavior. *Journal of Human Evolution*, vol. 39, p. 453-563, 2000.

MENDEZ, F. *et al*. The divergence of Neandertal and modern human Y chromosomes. *American Journal of Human Genetics*, vol. 98, p. 728-734, 2016.

MORA, S., GNECCO, C. Archaeological hunter-gatherers in tropical forests: a view from Colombia. *In:* MERCADER, J. (ed.). *Under the Canopy: the archaeology of tropical rain forests*. New Brunswick: Rutgers University Press., 2003, p. 271-290.

MORENO-MAYAR, J. V. *et al*. Early human dispersals within the Americas. *Science*, 362:aav2621, 2018.

MORLAN, R. Current perspectives on the Pleistocene archaeology of Eastern Beringia. *Quaternary Research*, vol. 60, p. 123-132, 2003.

O'CONNELL, J. F., HAWKES, K., BLURTON-JONES, N. Grand mothering and the evolution of *Homo erectus*. *Journal of Human Evolution*, vol. 36, p. 461-485, 1999.

OPPENHEIMER, S. The great arc of dispersal of modern humans: Africa to Australia. *Quaternary International*, vol. 202, p. 2-13, 2009.

OPPENHEIMER, S. Out-of-Africa, the peopling of continents and islands: tracing uniparental gene trees across the map. *Philosophical Transactions of the Royal Society*, vol. 367, p. 770–784, 2012.

PAPAGIANNI, D., MORSE, M. *The Neanderthals Rediscovered: how modern science is rewriting their story*. London: Thames & Hudson, 2013.

PEDLER, D., ADOVASIO, J. The peopling of the Americas. *In:* VIALOU, D. (dir.). *Peuplements et Préhsitoire en Amériques*. Paris: CTHS, 2011, p. 55-67.

PELLEKAAN, S. Genetic evidence for the colonization of Australia. *Quaternary International*, vol. 285, p. 44- 56, 2013.

PETROGNANI, S. 2013 L'art des Gravettiens: continuité et originalité. *In:* OTTE, M. (dir.). *Les Gravettiens*. Paris, Éditions Errance, 2013, p. 209-214.

PITULKO, V. *et al*. Human habitation in Artic Western Beringia prior the LGM. *In:* GRAF, K., KREATON, C., WATERS, M. (ed.). *Paleoamerican Odyssey*. College Station: Texas A&M University. 2013, p. 13-44.

POLITIS, G., GUTIÉRREZ, M., SCABUZZO, C. (ed.). *Estado Actual de las Investigaciones en el Sitio Arqueológico Arroyo Seco 2 (Partido de Tres Arroyos, Provincia de Buenos Aires, Argentina)*. Olavarría: Universidad Nacional del Centro de la Provincia de Buenos Aires /INCUAPA, 2014.

POTTER, B. *et al.* Early colonization of Beringia and Northern North America: chronology, routes, and adaptative strategies. *Quaternary International*, vol. 444, p. 36-55, 2017.

POSTH, C. *et al.* 2018 Reconstructing the deep population history of Central and South America. *Cell*, vol. 175, p. 1-13, 20018.

PRATES, L., POLITIS, G., STEELE, J. Radiocarbon chronology of the early human occupation of Argentina. *Quaternary International*, vol. 301, p. 104-122, 2013.

RAGHAVAN, M. *et al.* Upper Paleolithic Siberian genome reveals dual ancestry of Native Americans. *Nature*, vol. 505, p. 87-91, 2014.

RASMUSSEN, M. *et al.* The genome of a late Pleistocene human from a Clovis burial site in Western Montana. *Nature*, vol. 506, p. 225-229, 2014.

REED, F., TISHKOFF, S. African human diversity, origins and migrations. *Current Opinion in Genetics & Development*, vol. 16, n. 6, p. 597-605, 2006.

RICHTER, D., KRBETSCHEK, M. The age of the Lower Paleolithic occupation at Schöningen. *Journal of Human Evolution*, vol. 89, p. 46-56, 2015.

RICHTER, D. *et al.* The age of hominin fossils from Jebel Irhoud. Morocco, and the origins of the Middle Stone Age. *Nature*, vol. 546, p. 293-296, 2017.

RODRÍGUEZ, J. *et al.* One million years of cultural evolution in a stable environment at Atapuerca (Burgos, Spain). *Quaternary Science Reviews*, vol. 30, p. 1396-1412, 2011.

ROEBROEKS, W., SORESSI, M. Neandertals revised. *PNAS*, vol. 113, p. 6372–6379, 2016.

ROOSEVELT, A. C. Paleoindian and Archaic occupations in the lower Amazon, Brazil: a summary and comparison. *In:* PLEW, M. (ed.). *Explorations in American Archaeology: essays in honor of Wesley Hurt*. Lanham: University Press of America, 1998, p. 165-191.

ROTHHAMMER, F., DILLEHAY, T. The late Pleistocene colonization of South America: an interdisciplinary perspective. *Annals of Human Genetics*, vol. 73, p. 540-549, 2009.

SHILLITO, L. M. *et al*. Pre-Clovis occupation of the Americas identified by human fecal biomarkers in coprolites from Paisley Caves, Oregon. Science Advances, vol. 6, n. 29, DOI: 10.1126/sciadv.aba6404, 2020.

STOUT, D. *et al*. Late Acheulean technology and cognition at Boxgrove, UK. *Journal of Archaeological Science*, vol. 41, p. 576-590, 2014.

STRINGER, C. 2012 *Lone Survivors: how we came to be the only humans on Earth*. London: St. Martin's Griffin, 2012.

STRINGER, C., ANDREWS, P. *The Complete World of Human Evolution*. London: Thames & Hudson, 2012.

STRINGER, C., BARNES, I. Deciphering the Denisovans. *PNAS*, vol. 121, p. 5542 5543, 2015.

TAMM, E. *et al*. Beringian Standstill and spread of native American founders. *PLOS One*, vol 9, doi.org/10.1371/journal.pone.0000829, 2007.

VETH, P. Islands in the interior: a model for the colonization of Australia´s arid zone. *Archaeology in Oceania*, vol. 24, n. 3, p. 81-92, 1989.

VIALOU, D. *Au Coeur de la Préhistoire: chasseurs et artistes*. Paris: Gallimard, 1996.

VIALOU, D. Des mammouths et des hommes. *L'anthropologie*, vol. 119, p. 355-363, 2015a.

VIALOU, D. Decorated sites and habitat: social appropriation of territories. *In:* BUENO-RAMÍREZ, P., BAHN, P. (ed.). *Prehistoric Art as Prehistoric Culture*. Oxford: Archaeopress Publishing, 2015b, p. 93-98.

VIALOU, D. Le quotidien de l'art. *In:* CLEYET-MERLE, J. J., GENESTE, J. M., MAN-ESTIER, E. (dir.). *Actes du Colloque 'L'art au Quotidian: Objets Ornés du Paléolithique Supérieur'*. Les Eyzies-de-Tayac: PALEO, 2016, p. 1-3.

VIALOU, D. *et al*. Peopling South America's center: the late Plesitocene site of Santa Elina. *Antiquity*, vol. 91, n. 358, p. 865-884, 2017.

VIDAL, C. *et al*. Age of the oldest known *Homo sapiens* from eastern Africa. *Nature*, vol. 601, p. 579-583, 2022.

WATERS, M. *et al.* Pre-Clovis projectile points at Debra L. Fiedkin site, Texas: implications for the late Pleistocene peopling of the Americas. *Science Advances*. vol. 4, n. 10, DOI: 10.1126/sciadv.aat4505, 2018.

WESTLEY, K., DIX, J. Coastal environments and their role in prehistoric migrations. *Journal of Maritime Archaeology*, vol. 1, n. 1, p. 9-28, 2006.

WILLIAMS, A. *et al.* Human refugia in Australia during the Last Glacial Maximum and terminal Pleistocene: a geospatial analysis of the 25-12 ka Australian archaeological record. *Journal of Archaeological Science*, vol. 40, p. 4612-4625, 2013.

CAMINHANDO ENTRE VALES E CHAPADAS: CONHECENDO E OCUPANDO O PLANALTO CENTRAL BRASILEIRO ENTRE O FIM DO PLEISTOCENO E O HOLOCENO INICIAL

Lucas Bueno
Andrei Isnardis
Antoine Lourdeau

O Planalto Central Brasileiro (referido ao longo deste texto como PCB) se estende por cerca de 1.500 km de sul a norte e 2.000 km de oeste a leste e é predominantemente ocupado por dois biomas: cerrado e caatinga (Figura 3.1). A parte central dessa região sempre teve um papel protagonista nas discussões sobre as ocupações humanas na América do Sul devido a seus numerosos sítios antigos e à própria antiguidade de sua arqueologia, que remonta a meados do século XIX (DA GLORIA et al., 2017).

Figura 3.1 – Mapa indicando a delimitação do Planalto Central Brasileiro usada como referência neste capítulo.

Fonte: elaborado por Andrei Isnardis

Para composição deste capítulo tomamos informações dispersas em artigos, teses e capítulos de livros e também alguns esforços de sínteses anteriores nos quais estivemos envolvidos (BUENO *et al.*, 2013; BUENO; ISNARDIS, 2018; DIAS; BUENO, 2013; LOURDEAU, 2015, 2019; LOURDEAU; PAGLI, 2014) para propor um modelo relativo ao processo de povoamento do Planalto Central Brasileiro entre final do Pleistoceno e Holoceno Inicial, definindo fases deste processo que refletiriam dinâmicas distintas de interação com a paisagem. Esta proposta está baseada nas informações disponíveis sobre distribuição de sítios, datações radiocarbônicas e composição das amostras, especialmente em conjuntos líticos, mas também em outros aspectos de sítios antigos, como grafismos rupestres, vestígios faunísticos, botânicos e bioantropológicos. Neste capítulo, procuramos articular as categorias de vestígios de modo a focar a discussão em três tópicos principais: tecnologia, mobilidade e território. A partir dessa perspectiva, tentamos reunir um conjunto de elementos que nos permita identificar e caracterizar fases no processo de povoamento e discutir as causas de mudanças e continuidade entre elas, abordando tópicos que não foram tratados em trabalhos anteriores.

A fim de introduzir alguns conceitos básicos para nossa discussão, devemos dizer que território, tal como o entendemos aqui, é uma área de experiência de vida, plena de possibilidades de recursos que não são naturalmente dados, mas culturalmente compreendidos. Um território é um sistema de lugares e caminhos conhecidos e plenos de significado, experimentados pelas pessoas que os vivenciam e que a ele estão significativamente ligadas (ZEDEÑO, 1997). Nós entendemos mobilidade como modos de viver e mover-se em um território que envolve gerir recursos, mas também experiências de vida e atribuição de significado a lugares e caminhos. Portanto, envolve escolhas culturais que são guiadas por percepções do ambiente, e não por atributos do ambiente em si (INGOLD, 2000; KNAPP; ASHMORE, 1999; ZEDEÑO, 2001). Finalmente, nós concebemos tecnologia como um conjunto de processos que compreende um grupo de escolhas culturalmente significativas que se efetiva através do uso e ocupação do espaço em relação com distribuição de recursos, assim como divisões de trabalho, hierarquia social, relações de gênero e idade e aspectos de identidades étnicas e pessoais (SIGAUT, 1991; LEMONNIER, 1992). Nesse sentido, entendemos que todas e cada uma das ações que compõem este processo são recheadas de significado social e simbólico (DOBRES, 1996, 2000). A abordagem tecnológica permite também uma aproximação das atividades humanas no tempo longo. Esta abordagem está ligada à ideia de que podem existir interligações entre os processos técnicos de diferentes sociedades contemporâneas umas das outras, mas também entre os processos técnicos de sociedades seguindo-se no tempo. Essa percepção diacrônica se traduz em função dos autores, em noções como as tendências (LEROI-GOURHAN, 1984), as linhagens (BOËDA, 2014; DEFORGES 1996; SIMONDON, 1958) ou as trajetórias tecnológicas (GRAS, 2003). Percebem-se assim evoluções, transições, rupturas, que permitem analisar como as atividades e os objetos a elas ligados se modificam e avaliar a importância das mudanças e das continuidades.

Ao mesmo tempo, a partir de uma abordagem contextual que interligue os três conceitos acima definidos, podemos abordar associações entre possíveis tendências e suas variações de significado cultural. Baseada nesses conceitos, nossa análise é focada nas relações entre pessoas e o mundo material em termos de recursos, seu gerenciamento e significação, tentando incorporar em nossa discussão as dimensões simbólicas e relacionais, evitando assim a prevalência de condições ambientais sobre as escolhas culturais.

Esses três conceitos – território, mobilidade e tecnologia – são essenciais para a discussão de Povoamento como um processo, tal como o definimos no capítulo 1 deste livro (BUENO; DIAS, no prelo). No caso do Planalto Central Brasileiro, nós empregamos a perspectiva de um lento processo de entrada e dispersão de grupos humanos desde o final do Pleistoceno, que poderia envolver diferentes ritmos e dinâmicas e incluir diferentes fluxos de populações. Por ritmos e dinâmicas queremos dizer que pode ter havido pulsos de crescimento populacional que envolveram áreas de tamanhos e configurações diversas. Mas incorporamos também a possibilidade de, durante o longo tempo associado a esse processo, haver momentos de rupturas significativas no âmbito populacional, incluindo aí possíveis extinções ou desaparecimento de grupos humanos cujo povoamento e colonização em novas áreas não se efetivou. Nesse sentido, rejeitamos a ideia de linearidade nesse processo, entendendo-o como multidirecional e multicomponencial, com movimentos de expansão e retração. Nossa hipótese é que essas variações de ritmo e dinâmica deixaram marcas no registro arqueológico, possibilitando a identificação de diferentes momentos ou fases nesse processo, como se tem discutido para outras áreas do continente americano (ANDERSON; GILAN, 2000; BARBERENA *et al.,* 2017; BEATON, 1991; BORRERO, 1999; BORRERO; MARTIN, 2017; KELLY, 2003; STEELE; ROCKMAN, 2003; ZEDEÑO; ANDERSON, 2010).

Partindo dos dados apresentados e discutidos em Bueno e Isnardis (2018), agregamos às quatro fases, definidas para o intervalo entre 13 – 7.000 cal AP, dados relacionados às ocupações Pleistocênicas, que indicam um recuo significativo em termos cronológicos para o início do processo. A incorporação dos dados referentes a ocupações Pleistocênicas cuja cronologia recua para além dos 14.000 cal AP, incluindo aí ocupações pré-UMG, não implica, necessariamente, na incorporação de todas as datas e contextos cujos dados cronológicos associam-se a este período. Esta incorporação está vinculada às discussões encaminhadas por autores como Borrero (2016) e Dillehay *et al.* (2015) a respeito da necessidade de não ser tão estritos, nem tão abertos, para não corrermos o risco de "jogar fora o bebê com a água do banho" (BUENO, 2019; DIAS, 2019). Conforme discutimos em Bueno e Dias (no prelo), os critérios de validação de contextos antrópicos com datas recuadas apresentam um paradoxo, pois entram em contradição com o que os modelos sobre povoamento inicial de novas áreas propõem em termos de formação do registro arqueológico. Nesse sentido, nossa intenção aqui é incorporar esses dados e colocá-los para dialogar com um contexto mais amplo em termos conceituais, espaciais e temporais e, a partir daí, criar hipóteses que possam ser testadas no registro arqueológico, construindo uma outra via para incorporação ou refutação desses contextos com datas anteriores aos 14.000 cal AP. Para encaminhar esta discussão, apresentaremos neste artigo as datas calibradas, o que altera o intervalo cronológico utilizado em Bueno e Isnardis (2018) e implica em mudanças interpretativas.

Quando exatamente este processo teve início permanece uma incógnita, uma vez que o primeiro sinal arqueológico não corresponde ao primeiro momento de ocupação (BORRERO, 2016; DILLEHAY, 2013; DILLEHAY *et al.*, 2015). Nos últimos anos, multiplicaram-se os estudos de caso relacionados a sítios com cronologia anterior a 14.000 cal AP, com novos dados arqueológicos, ambientais e genéticos reforçando a possibilidade de uma entrada inicial da América pela costa pacífica logo após o Último Máximo Glacial (UMG), por volta de 18/16.000 cal AP (DIXON, 2013; GRAF *et al.*, 2013). Essa possibilidade tem ganhado cada vez mais adeptos e alcançado consistência na apresentação dos dados e formulação de modelos (ANDERSEN; BISSET, 2015; BRAJE *et al.*, 2018, COLLINS *et al.*, 2013; DIAS, 2019). No entanto, a discussão sobre aspectos cronológicos está longe de terminar, uma vez que há sítios cujos dados indicam ocupações ainda mais antigas, vinculadas a um período pré-UMG (BOËDA *et al.*, 2013, 2016; BOURGEON *et al.*, 2017; COLLINS *et al.*, 2013; DILLEHAY, 1997; GRAF, *et al.*, 2013; LOWERY *et al.*, 2010; VIALOU *et al.*, 2017).

O contexto arqueológico do Planalto Central Brasileiro desempenha um papel importante nessa discussão, uma vez que apresenta um conjunto de datas provenientes de diferentes sítios que apontam para ocupações pré e pós-UMG. Nos dois casos, a maioria das datas anteriores aos 14.000 cal AP provém de sítios localizados na região da Serra da Capivara, no sudeste do Piauí. A única exceção é o sítio Santa Elina, com datas pré-UMG, localizado no oeste do Mato Grosso, nas bordas do Planalto, em zona de contato com a Planície Pantaneira. Tendo em vista o potencial deste contexto para as discussões relacionadas não só ao povoamento do PCB, mas das Américas como um todo, adotamos neste artigo a proposta de incorporar estes dados no sentido de agrupá-los em um contexto mais amplo.

De acordo com Bueno e Isnardis (2018), entre 13 e 7.000 AP, não calibrados, (o que corresponde, aproximadamente a 14 e 8.000 cal AP) teríamos as seguintes fases:

1. Povoamento inicial (correspondendo ao estágio "exploration", em Borrero (1999) e em Zedeño (1997) e a "exploration and staging", em Zedeño e Anderson (2010));

2. Consolidação de territórios articulados numa rede regional ("consolidation and settlement", em Zedeño (1997));

3. Fragmentação do arranjo regional ("fission", em Zedeño (1997));

4. A formação de novos arranjos caracterizados pela diversificação local ("use change, abandonment", em Zedeño (1997)).

Ao ampliarmos a faixa cronológica com a qual estamos trabalhando, entendemos que o momento referente ao período 20.000 a 14.000 cal AP (ou seja, após o UMG) integra e amplia essa fase relacionada ao povoamento inicial, enquanto, para os momentos anteriores ao UMG (com datas anteriores aos 20.000 cal AP), não está clara ainda a relação com as ocupações pós-UMG. De fato, as datações relativas às evidências arqueológicas pré-UMG apontam para dois hiatos cronológicos, ou seja, uma descontinuidade temporal. Um hiato data de aproximadamente 41.000 a 39.000 cal AP e outro de 20.000 a 19.000 cal AP, ou seja, em pleno UMG (Tabela 3.1). Já depois do UMG, não se observa mais hiato cronológico na escala do PCB, embora estes estejam presentes localmente.

Tabela 3.1 – Datações absolutas anteriores a 13.000 cal AP em sítios arqueológicos dc Planalto Central Brasileiro, distribuídas por sítio e método de datação

Nome do sítio	Intervalo datas C14 Cal AP	Intervalo datas LOE BC	Número de datas no intervalo	Referências
Sítios com datas para o período Pré-UMG				
Boqueirão da Pedra Furada	38.836 - 19.539		20	Parenti 2001
				Boeda et al 2016
Sítio do Meio	29.581 - 23.441		8	Pinheiro 2007
				Boeda et al 2016
Vale da Pedra Furada	34.548 - 21.875		10	Boeda et al 2014
				Boeda et al 2016
Tira-peia		22.000+-1.500	1	Lahaye et al 2013
Santa Elina	29.875 - 25.869		3	Vialou et al 2017
		27.800 - 25.100	3	
Sítios com datas para o período Pós-UMG até 13.000 cal AP				
Sítio do Meio	18.336 - 12.963		9	Pinheiro 2007
Vale da Pedra Furada	16.815 - 14.536			Boeda et al 2014
Tira-Peia		17.100 - 12.900	2	Lahaye et al 2013
Lapa do Boquete	13.347 - 12.416		2	Prous 1991
Lapa do Dragão	13.452 - 12.067		1	Prous et al 1996/19

Fonte: elaborado pelos autores com base nos dados disponibilizados nas referências citadas na tabela

Neste sentido para os contextos com datas mais recuadas que 20.000 anos cal AP, faremos uma síntese dos dados disponíveis procurando, quando possível, levantar hipóteses sobre as dinâmicas de povoamento às quais estes contextos podem estar relacionados. Por outro lado, dando continuidade ao que foi apresentado por Bueno e Isnardis (2018), inserimos com mais detalhes os dados referentes aos contextos cujas datas absolutas cobrem o intervalo 19-14.000 cal AP integrando-os às discussões propostas e associando os sítios deste intervalo ao que denominamos como "povoamento inicial".

3.1 PARÂMETROS GEOGRÁFICOS E DADOS PALEOAMBIENTAIS

O PCB pode ser genericamente definido como uma savana tropical. É caracterizado por três regimes climáticos: (a) sub-tropical sem sazonalidade; (b) semi- árido, com forte sazonalidade e longas fases secas; e (c) tropical com uma estação seca e uma estação úmida (LEDRU, 1993;

SALGADO-LABORIAU *et al.*, 1998). Em relação à cobertura vegetal, temos duas formações principais, em verdade, dois Biomas. Na área nordeste da região do Planalto Central Brasileiro predomina a Caatinga (com vegetação xerófila e caducifólia, arbórea-arbustiva ou arbórea), enquanto nas porções central e meridional prevalece o Cerrado - uma savana, com vegetação arbóreo- arbustiva, predominantemente perenifólia, com fitofisionomias significativamente diversas, indo de campo ou de vegetação entremeada a superfícies rochosas a matas de galeria (OLIVEIRA-FILHO; RATTER, 2003). Nas bordas do Planalto, o Cerrado faz fronteira com a Floresta Amazônica, bioma marcado pela alta umidade e espécies perenifólias, com o qual o Cerrado compõe uma sofisticada transição vegetacional. Além dessas grandes variações regionais, o Planalto Central Brasileiro também se diversifica, em termos de cobertura vegetal, de acordo com a altitude, topografia, solo e clima em menor escala. O último desses fatores cria nichos de alta biodiversidade que atrai tanto humanos quanto outros animais (Figura 3.2).

Figura 3.2 – Aspectos do Cerrado e da Caatinga: (A) o Cerrado, nas encostas da Serra do Lajeado, Tocantins; (B) afloramentos areníticos e a Caatinga, no Baixão da Vaca, na Serra da Capivara, Piauí; (C) afloramentos calcários recobertos pela Mata Seca, variante caducifólia do Cerrado, predominante no Vale do Peruaçu, Minas Gerais

Fonte: fotos de A. Isnardis de 2008, 2018, 2001 respectivamente

O principal rio que conecta essas formações vegetais é o Rio São Francisco, um rio perene e rica fonte de recursos aquáticos, com alta diversidade de ictiofauna. Com 2.700 km de comprimento, o rio tem mais de 168 tributários. Entre estes, os mais importantes se situam nos estados de Minas Gerais e Bahia. Com exceção do Rio Grande (no estado da Bahia), os tributários situados nas zonas semi-áridas de Caatinga são intermitentes, tornando-se secos nos períodos de baixa precipitação e renascendo em fluxos intensos de água na estação chuvosa.

As informações paleoambientais disponíveis para o PCB resultam primordialmente de estudos palinológicos e análises de sedimentos lacustres de localidades no Maranhão, Bahia, Goiás e Minas Gerais (AULER; SMART, 2001; BARBERI, 2001; DE OLIVEIRA *et al.*, 1999; LEDRU, 1993; LEDRU *et al.*, 1998, 2006; PESSENDA *et al.*, 2004; SALGADO- LABORIAU *et al.*, 1997) e em turfeiras na Serra do Espinhaço, em Minas Gerais (HORÁK-TERRA *et al.*, 2015; PINTO DA LUZ *et al.*, 2017).

Um dos aspectos identificados por quase todos esses estudos é o movimento da Zona de Convergência Intertropical como sendo o principal contribuinte para as variações na duração e intensidade dos episódios de clima mais seco no Brasil Central e Nordeste (BEHLING, 1998, 2002; DE OLIVEIRA *et al.*, 1999; LEDRU *et al.*, 1998; MARKGRAF *et al.*, 2000). De acordo com Ledru e colaboradores (1998), os movimentos e localização sazonais da Zona de Convergência Intertropical, combinado com a migração sazonal de massas polares através do Equador, produzem gradientes norte- sul em médias de temperatura no inverno e na duração da estação seca.

Durante o Pleistoceno tardio, além dessa dinâmica, dois principais fatores de escala continental influenciaram as condições climáticas da região: a expansão da cobertura de gelo no hemisfério Norte e nas Terras Altas Andinas, e o rebaixamento do nível do mar (SUGUIO, 1999). Esses fatores globais são as principais causas do contraste entre as dinâmicas paleoambientais entre o momento glacial do Pleistoceno e o interglacial do Holoceno.

Do início do Holoceno em diante, não há mais nenhum evento paleoambiental global ou continental nas áreas estudadas (BEHLING; HOOGHIEMSTRA, 2001; LEDRU; MOURGUIART, 2001). As mudanças são regionalizadas e diversas, e fatores como latitude, altitude, geologia, geomorfologia, condições pedológicas, cobertura vegetal e, mais recentemente, ação humana são os vetores fundamentais dos processos paleomabientais em cada área (BARBERI, 2001; HORÁK-TERRA *et al.*, 2015).

Na região Nordeste as informações paleoambientais fornecem evidência de uma variação cíclica entre condições úmidas e secas, durante o Pleistoceno final e o Holoceno inicial, causando expansão e contração do cerrado e das formações florestais. Tais variações apresentam diferentes padrões nas porções setentrionais e orientais dessa região. Enquanto há uma tendência geral de condições mais úmidas entre 15.000 e 10.000-9.000 AP para o setor setentrional (PESSENDA *et al.*, 2004; LEDRU *et al.*, 2006), há uma evidência de condições climáticas semi-áridas no decorrer do período do Último Glacial para o Holoceno inicial (42.000 - 8.500 AP), na porção oriental da região (BEHLING *et al.*, 2002). Durante esse período, contudo, há registros de uma série de intervalos curtos apontando para reversão climática que aparece no interior das terras como eventos de seca (registrado na Lagoa do Caço entre 12.800 e 11.000 cal AP) e eventos de umidade na costa (sendo o maior intervalo registrado no Ceará, entre 15.500 e 11.800 AP). Segundo Ledru (LEDRU *et al.*, 2006), esse fenômeno está relacionado a uma influência do Dryas recente no Hemisfério Sul.

Para a região Central há evidências de uma grande variabilidade local e oscilações climáticas no início do Holoceno. Resumimos aqui dados publicados para sete diferentes localidades: Lagoa Bonita, MG (BARBERI, 2001), Vereda das Águas Emendadas (SALGADO-LABORIAU, 1997), Cromínia (SALGADO-LABORIAU, 1997), Serra do Salitre, MG (LEDRU, 1993); Lagoa dos Olhos (BARBERI, 2001; SALGADO-LABORIAU, 1997), Lago do Pires (BEHLING, 1998); Pau de Fruta, MG (HORÁK-TERRA *et al.*, 2015; PINTO DA LUZ *et al.*, 2017). Em todos esses sete casos há evidências de condições mais frias e mais secas prevalecendo logo depois do Último Máximo Glacial, cerca de 19.000 - 13.000 AP. Em quatro desses sítios (Vereda das Águas Emendadas, Cromínia, Lagoa dos Olhos e Lago do Pires) há evidência de continuação desse clima seco e frio, em alguns casos indicando condições de aridez extrema (Águas Emendadas). Nesses sítios, as condições mais secas continuam dominando no decorrer do Holoceno, até 8.000, 7.000 ou 6.000 AP, de acordo com cada caso. Em três outros sítios (Lagoa Bonita, Salitre e Pau de Fruta) há evidência de uma mudança climática no Pleistoceno terminal no sentido de condições mais úmidas, favorecendo a expansão do Cerrado, em Lagoa Bonita, e de floresta, na Serra do Salitre. Contudo, essa tendência à maior umidade é interrompida por curtas e abruptas mudanças para condições mais secas, possivelmente representadas pela expansão da estação seca, como é o caso em Salitre, entre 11.000 e 10.000 AP, e na Lagoa Bonita, durante o Holoceno inicial.

Contudo, evidenciando a relevância das variações regionais, na porção meridional da Serra do Espinhaço (em Diamantina, no centro-norte de Minas Gerais), as análises da turfeira do Pau de Fruta mostram uma transição Pleistoceno-Holoceno e o Holoceno inferior marcados também pelo resfriamento, porém, por uma forte umidade. À medida em que se avança no Holoceno, entre 7.500 AP e 4.500 AP, vê- se o aquecimento, porém com clima úmido, que só experimentará ressecamento a partir de 4.500 (HORÁK-TERRA *et al.*, 2015).

Comparando os casos das regiões Nordeste e Central do Brasil, há evidências de um clima mais úmido prevalecendo no Nordeste durante o Pleistoceno final (ao menos em sua parte setentrional), enquanto no Brasil Central há uma tendência geral para condições bem áridas, porém com variações locais. Durante o Holoceno há uma tendência geral para condições mais úmidas em diferentes partes do Brasil Central, enquanto no Nordeste entra-se numa fase árida, embora florestas de galeria permaneçam nos vales dos rios principais. Ainda considerando que, no início do Holoceno, estejam havendo mudanças em cada região, em ambos os casos se está promovendo uma expansão dos ambientes de tipo savana/cerrado. Após 10.000 AP, há uma tendência de aquecimento e umidificação no Brasil Central e de aquecimento e ressecamento no Nordeste. Finalmente, no Holoceno médio, há registros de um evento de seca que mostra alguma variação cronológica ou inconsistências no tempo estimado de seu início e duração em ambas as regiões. Ainda que essa variação possa estar relacionada a questões metodológicas na análise dos dados de cada registro polínico e na interpretação de datas radiocarbônicas (ARAUJO *et al.*, 2003), elas também podem ser resultado de variações climáticas locais, relacionadas, por exemplo, à cobertura vegetal, tipo de solo e topografia no nível microrregional.

3.2 PLANALTO CENTRAL BRASILEIRO E OCUPAÇÕES PRÉ-ÚLTIMO MÁXIMO GLACIAL (PRÉ-UMG)

No Planalto, cinco sítios apresentam indícios arqueológicos anteriores ao UMG (Figura 3.3). Quatro deles encontram-se na Serra da Capivara, no sudeste do Piauí (Pedra Furada, Sitio do Meio, Vale da Pedra Furada e Tira-Peia) e o quinto, Santa Elina, no sul do Mato Grosso, localiza-se na margem oeste do Planalto (BOËDA *et al.*, 2014, 2016; LAHAYE *et al.*, 2013; PARENTI, 2001; VIALOU *et al.*, 2017). Cobrem um período entre 50.000 e 20.000 anos cal AP, mas com variação importante na intensidade de vestígios. Antes de 30.000 anos cal AP, as evidências concentram-se somente em Pedra Furada, com um hiato de vários milênios ao redor de 40.000 anos[1]. Já entre 30.000 e 20.000 anos, remanescentes de atividades antrópicas provêm dos cinco sítios[2]. Tendo em vista a especificidade destes sítios e os questionamentos que suscitam para discussões gerais sobre dinâmicas de povoamento não só do Planalto Central Brasileiro, mas da América (BUENO, 2019; DIAS, 2019; LOURDEAU, 2019), apresentaremos em maior detalhe o contexto de proveniência das amostras datadas e a composição dos conjuntos artefatuais de cada um desses sítios.

Figura 3.3 – Mapa com localização dos sítios e áreas, no Planalto Central Brasileiro, com ocupações datadas de antes do Último Máximo Glacial

Fonte: adaptado por Andrei Isnardis (2020) a partir de Bueno e Isnardis (2018)

---

[1] Fases PF1 e PF2

[2] Pedra Furada, fase PF3; Sitio do Meio, unidade inferior; Vale da Pedra Furada, camadas 7 e 5; Tira-Peia, camadas 8 e 7; Santa Elina, unidades III.4 e III.3.

O sítio Pedra Furada, localizado na Serra da Capivara, sudeste do Piauí, constitui um grande abrigo no paredão arenítico da imponente formação ruiniforme de tipo Cuesta, inserido na bacia do rio Piauí. Foi escavado em uma superfície total de 400 m² e uma profundidade de mais de 4 m. A sequência estratigráfica é principalmente pleistocênica. A cobertura holocênica tem menos de 1 m de espessura. O preenchimento sedimentar compõe-se de areia de desagregação do paredão, de placas de arenito caído e de seixos. Dada a descontinuidade das camadas à escala do abrigo, a estratigrafia arqueológica foi estabelecida a partir da cronologia relativa (sobreposições e proximidades) e absoluta (datas radiocarbônicas) das estruturas distribuídas ao longo da sequência. Trata-se de concentrações de pedras (seixos de quartzo e quartzito e placas de arenito) e estruturas de combustão, essas últimas determinadas pela presença de carvão, cinza e/ou pedras queimadas. Para o Pleistoceno, foram determinados três conjuntos cronoestratigráficos chamados de "fases Pedra Furada" 1, 2 e 3 (PF1, PF2, PF3) (PARENTI, 2001).

A fase PF1 foi datada de aproximadamente 50.000 a 35.000 anos AP não calibrados[3]. Corresponde à camada 10 do perfil de referência. Contém 17 estruturas de pedras, entre as quais 7 com evidências diretas de combustão (3 com carvão, 5 com pedras com queima identificada por TL). Associados à fase PF1, 125 vestígios líticos lascados foram encontrados, sendo 45 instrumentos sobre seixo lascado, 26 instrumentos sobre lasca, 21 núcleos sobre seixo, 31 lascas sem retoque, 1 fragmento e 1 estilha. Com exceção de 1 fragmento de calcedônia, todos os objetos provêm de materiais locais: seixos de quartzo e quartzito. O quartzo predomina nitidamente, o quartzito sendo principalmente representado por grandes peças (PARENTI, 2001).

A fase PF2 apresenta datações entre 36.300 e 29.000 anos cal AP e corresponde ao topo da camada 10 e às camadas 9 e 8 do perfil de referência. Das 48 estruturas de pedra encontradas para essa fase, 15 apresentam indícios diretos de combustão (todas com carvão e uma com pedra queimada identificada por TL). Foram coletadas 174 peças de pedra lascada sendo 46 instrumentos sobre seixo lascado, 25 núcleos sobre seixo, 66 lascas sem retoque, 25 instrumentos sobre lasca, 14 fragmentos. O uso das matérias primas corresponde ao da fase PF1: uma quase exclusividade do uso dos seixos locais, com uma nítida predominância do quartzo. A proporção de calcedônia aumenta levemente, representada por 2 lascas e 6 fragmentos (PARENTI, 2001).

---

[3] A calibração não é possível para datas tão remotas.

A fase PF3, que data de 25.500 a 20.500 cal AP, corresponde à camada 6 do perfil de referência. Nela, 17 concentrações de pedras foram encontradas, incluindo duas com indícios diretos de combustão (com carvão). A coleção lítica associada a esta fase compreende 89 artefatos líticos lascados sendo 19 instrumentos sobre seixo lascado, 20 núcleos sobre seixo, 27 lascas sem retoque, 12 instrumentos sobre lasca e 11 fragmentos. As proporções das matérias primas seguem as grandes linhas das fases anteriores, a calcedônia seguindo rara, mas cada vez mais presente, com 5 lascas, 1 instrumento sobre lasca e 3 fragmentos (PARENTI, 2001).

As matérias primas utilizadas nesse sítio são predominantemente de proveniência local. Os seixos provêm dos conglomerados de origem marinha no topo do paredão, a 70 m acima da base do abrigo. Sendo assim, os conglomerados não eram acessíveis diretamente no sítio, mas concentrações de seixos podem ser encontradas na proximidade do abrigo, em três "caldeirões", ao pé de grandes incisões verticais escavadas por quedas d'aguas temporárias, nas condições climáticas atuais. Nesses caldeirões, encontra-se toda a variedade dos seixos de quartzo e quartzito utilizados no sítio (PARENTI, 2001). A calcedônia, muito escassa nas camadas pleistocênicas de Pedra Furada, é de origem alóctone ao abrigo. A fonte mais próxima encontra-se a 2 km mais ao sul (RIODA *et al.*, 2011).

O sítio Vale da Pedra Furada, corresponde a um sítio a céu aberto situado na base do talude de acesso ao abrigo Pedra Furada, a 65 m do mesmo (BOËDA *et al.*, 2014a; PARENTI, 2015). Escavado em 30 m², o sítio apresenta uma sequência estratigráfica de 2,6 m de profundidade, com alternância de camadas arenosas (C8, C6, C4, C2) e de camadas com clastos (seixos rolados e placas de arenito) (C7, C5, C3) (BOËDA *et al.*, 2014a). Essas diferenças de composição sedimentar dependem das dinâmicas respectivas dos processos aluviais (um córrego passava no sítio desde as quedas d'água da Pedra Furada), e dos processos coluviais, desde a vertente norte do sítio.

Um total de 8 níveis arqueológicos pleistocênicos foram determinados no sítio (7c, 7b, 7a, 5a, 3d, 3c, 3b, 3a), quatro deles anteriores ao UMG. Para todos esses níveis, as bases tecnológicas são as mesmas: trata-se de seixos de quartzo e, em proporção menor, de quartzito que foram transformados diretamente em instrumentos, por retoque, ou que foram trabalhados, principalmente por debitagem bipolar sobre bigorna, em menor quantidade por percussão unipolar. Entre os instrumentos assim produzidos os tipos mais comuns são os raspadores com gume distal, *rostres*, raspadores convergentes, denticulados, bicos. Existe uma variabilidade das proporções desses processos de produção e desses tipos de instrumentos em função do nível arqueológico. As matérias primas usadas são as mesmas que as do BPF.

A camada 7 apresentou três níveis arqueológicos separados por sedimentos estéreis, com um total de 123 artefatos lascados, alguns com marcas de uso, e concentrações de carvão. Os dois primeiros níveis foram datados entre 27.600 e 22.300 cal AP (BOËDA *et al.*, 2014a). O mais profundo, 7c, contém uma grande lente de cinzas e carvões com 13 artefatos líticos ao redor. O nível 7b se apresenta como uma depressão central com bastante carvão. Foram encontrados 40 artefatos líticos. Três instrumentos foram analisados microscopicamente, sendo que, dois deles apresentam marcas correspondendo à atividade de corte de matéria animal, o outro tendo sido utilizado para cortar ou serrar matéria dura vegetal. Até a publicação de 2014 (BOËDA *et al.*, 2014a) sobre Vale da Pedra Furada, esses dois níveis tinham sido somente escavados em uma superfície de 1 m². O nível arqueológico superior, 7a, encontra-se na interface entre as camadas 7 e 6. Foi escavado em uma superfície de 6 m² e contêm uma importante quantidade de carvão, e blocos de arenito dispersos em todo o nível. Nenhum seixo de quartzo ou quartzito foi encontrado nesse nível, a não ser artefatos lascados. A coleção proveniente deste nível é composta por 70 vestígios líticos, entre os quais uma notável plaqueta de arenito de formato discoidal, com negativos de retiradas ao redor e marcas de picoteamento em sua superfície. Dois outros artefatos deram resultados nas análises traceológicas: um objeto utilizado para corte/percussão de matéria animal, e outro para raspar matéria dura vegetal (BOEDA *et al.*, 2016, 2014a).

A camada C5 contém um nível datado de 22.500 AP (5a), que foi escavado em uma superfície de somente 2 m². Proporcionou 17 artefatos líticos lascados. Segundo os autores, apresentou também blocos retangulares de arenito de grande tamanho, cuja presença não poderia ser explicada por processos naturais (BOËDA *et al.*, 2014a).

O Sitio do Meio, outro abrigo no ambiente arenítico da Cuesta, situado a 1,5 km a leste de Pedra Furada é de grandes dimensões (mais de 50 metros de comprimento) mas menos imponente que Pedra Furada. A estratigrafia da parte interna do abrigo é claramente dividida em dois grandes conjuntos por um evento de desabamento de blocos imponentes, de 1 m de espessura. O conjunto inferior, de 50 cm de espessura, entre a base rochosa e a camada de desabamento, é datado de 29 a 24.000 cal AP. O conjunto superior, de 2 m de espessura, entre a camada de desabamento e a superfície do abrigo, é datado de 17.500 a 6.000 cal AP (AIMOLA *et al.*, 2014; BOËDA *et al.*, 2016; MELO, 2007).

O conjunto inferior é composto de uma camada de areia e fragmentos de arenito oriundos da intemperização do teto do abrigo, e pequenos seixos de quartzo de origem coluvial. Nessa camada, encontraram-se mais de 1.500 peças líticas em 4 m², entre as quais uma centena de instrumentos (BOËDA *et al.*, 2016). Esses objetos são produzidos sobre lasca e sobre seixo. A matéria prima consiste principalmente em seixos de quartzo. Seixos de quartzito foram também usados como suportes para os maiores instrumentos. À diferença de Vale da Pedra Furada, o uso da percussão bipolar sobre bigorna é raro. Os núcleos são escassos, mas a maioria das lascas poderiam resultar das operações de façonagem dos seixos. As lascas e os seixos apresentam tamanhos relativamente similares. De dimensões reduzidas (até 3 cm), os dois servem de suportes para os mesmos instrumentos. Trata-se principalmente de instrumentos com gumes convergentes (bicos), denticulados, ou formando uma saliência correspondendo à parte ativa (*rostres*). Alguns instrumentos sobre seixos são de tamanho maior, até 10 cm.

As matérias líticas utilizadas nesse sítio, seixos de quartzo e quartzito, são de obtenção fácil na proximidade do abrigo, em cones de coluvião ou no próprio conglomerado, mais acessível do que em Pedra Furada. Marcas de uso foram observadas em certos instrumentos. Bicos têm no triedro da parte ativa marcas correspondendo à perfuração de material vegetal duro. Outros artefatos foram utilizados para raspar madeira ou osso, ou para atividade de processamento de carne.

O conjunto inferior apresentou poucas estruturas. Encontrou-se um alinhamento de blocos de arenito delimitando uma concentração de peças lascadas (BOËDA *et al.*, 2016) e duas manchas escuras e carvão esparso (MELO, 2007).

O sítio Tira-Peia encontra-se contíguo a uma parede vertical, em um pequeno maciço calcário, na planície à base da *Cuesta*, situado a 15 km em linha reta ao leste de Pedra Furada. Tem 20 m de comprimento. Foi escavado em uma superfície de 25 m² e uma profundidade máxima de 2,5

m. O sedimento é siltoso a argiloso, provavelmente de origem quartzítica, com presença de areia eólica. Esse preenchimento fino está intercalado na parte sul por níveis de placas e plaquetas de calcário correspondendo a episódios de desabamento. A homogeneidade textural e colorimétrica do sedimento dificultou o reconhecimento claro de diferentes camadas.

No entanto, leves variações de tonalidade permitiram distinguir 11 camadas, as duas inferiores sendo estéreis do ponto de vista arqueológico. Um total de 113 peças de pedra lascada foi descoberto durante as escavações, contando 35 instrumentos, 12 núcleos e 66 lascas. A matéria prima é composta principalmente por seixos de quartzo e arenito silicificado, acessível em terraços fluviais a pouco mais de 1 km. A disposição do material lítico lascado evidenciou vários momentos de deposição, confirmados por remontagens e pela distribuição das datas por Luminescência Opticamente Estimulada (LOE) (LAHAYE *et al.*, 2013; BOËDA *et al.*, 2013). Alguns raros restos de fauna foram reconhecidos durante a escavação, mas as péssimas condições de conservação não permitiram nenhuma identificação anatômica ou específica.

Na camada 8 foram coletadas treze peças líticas lascadas e na camada 9, duas. Incluem instrumentos sobre seixos e lascas de quartzo. Não há uma data direta para essas camadas, mas a sobreposição estratigráfica indica uma idade mais recuada que a camada 7.

A camada 7 continha 6 artefatos lascados e foi datada por LOE ao redor de 22.000 AP. Seixos com marcas de impacto bipolar fazem parte desse conjunto arqueológico. Instrumentos notáveis também são como um *rostre* sobre seixo de arenito silicificado, um raspador sobre lasca alongada de arenito, e uma peça bifacial única de quartzito, com secção quadrangular na base e triangular na parte apical.

As numerosas remontagens encontradas nos diferentes níveis desse sítio apontam para uma posição primária dos artefatos, sem importantes deslocamentos pós-deposicionais.

Trata-se de pequenas concentrações de artefatos, com alguns instrumentos e descartes de lascamento, cuja posição varia de um nível para outro. Podem ser interpretados como o resultado de paradas curtas, mas repetidas, no sítio.

O sítio Santa Elina, localizado na Serra das Araras (sul do Mato Grosso), a 1700 km em linha reta ao sudoeste da Serra da Capivara, corresponde a um longo abrigo de 20 metros de comprimento em uma falha de 3 a 4 metros de largura, em um maciço calcário (VILHENA VIALOU, 2005; VIALOU *et al.*, 2017). Foi escavado em uma superfície total de 80 m², atingindo uma profundidade máxima de 3,5 metros. O preenchimento sedimentar é composto de areia e blocos de calcário. Foi dividido em 4 grandes conjuntos estratigráficos, a partir da cor e da textura do sedimento. A unidade IV, a mais profunda, apresenta camadas silto-arenosas, sem nenhuma evidência arqueológica. A unidade III é subdivida em 4 camadas arenosas.

Na parte inferior (III (4) e (3)) encontrou-se um nível arqueológico composto de 200 ossos de *Glossotherium* e 330 artefatos líticos, em uma área de 12 m². Foi datado entre 27 e 25.000 cal AP por U/Th, LOE e 14C. Os ossos correspondem à parte anterior de um único individuo, jovem. A eles são associados milhares de osteodermas, sendo que dois deles apresentam marcas de abrasão e furo, interpretados como ornamentos. Ainda uma concentração de 49 osteodermas apresenta marca de quebra após a queima (VIALOU *et al.*, 2017; VILHENA VIALOU, 2003). O material lítico compõe-se principalmente de plaquetas e lascas de calcário retocadas (respectivamente 70 e 100 peças). Algumas lascas de sílex e quartzo se encontram também nesse nível, assim como 3 micro-plaquetas alongadas de sílex, retocadas. Os retoques costumam ser abruptos, lineares ou denticulados. As matérias primas utilizadas, apesar de envolverem um calcário local, não provêm das paredes do abrigo, correspondendo a uma fonte localizada a 50m deste. As fontes das outras matérias primas são distantes de até 2 km do sítio.

Na parte superior da unidade III (III (2) e (1)), datada de 27.000 cal AP por 14C, e na camada II (3), datada de 19.000 AP por LOE, encontram-se 60 lascas e fragmentos de calcário esparsos, sem associação com restos faunísticos.

A camada II (2), datada da transição Pleistoceno-Holoceno, corresponde a outro nível com vestígios líticos associados com restos de *Glossotherium*. As camadas subjacentes datam do Holoceno e são também ricas em remanescentes arqueológicos.

3.2.1 Hipótese

De acordo com os dados acima, podemos separar o conjunto de evidências em ao menos dois momentos distintos: um, entre 50 e 30.000 cal AP, cujos dados são provenientes de um único sítio; outro, entre 30 e 20.000 cal AP, que congrega contextos dos cinco sítios, distribuídos em duas regiões.

Dado o caráter único, excepcional e fragmentário dos dados disponíveis para este primeiro momento, entendemos que não há elementos suficientes para construção de hipóteses referentes à dinâmica de povoamento nas quais este sítio poderia estar envolvido. Para a Fase PF1, por exemplo, cuja duração é de cerca de 15 mil anos, há uma coleção de apenas 125 vestígios líticos. A grande proporção de instrumentos e núcleos, a ausência de qualquer outra categoria de vestígio, com exceção das estruturas de combustão, ou de informação contextual sobre a distribuição espacial e associativa desses vestígios criam dificuldades para elaboração de uma hipótese a respeito das atividades e comportamentos culturais vinculados à formação deste registro.

Com relação ao segundo momento, entre 30 e 20 mil anos AP, apesar das coleções serem relativamente exíguas, o intervalo cronológico ao qual se referem é menor do que o anterior e há uma certa correspondência entre os diversos sítios com relação a sua composição. Exceção deve ser feita ao Sítio do Meio em função de uma coleção com cerca de 1.500 peças líticas em apenas 4 m², com datas acima dos 20.000 anos. Esta configuração, por outro lado, encontra-se no outro extremo em termos de densidade de peças e, tendo em vista o contexto comparativo disponível pelos outros sítios, acaba por gerar uma série de perguntas com relação a questões metodológicas, amostrais e relativas ao processo de formação do sítio.

Um aspecto que perpassa todos estes contextos é a total predominância de matéria prima local. São absolutamente excepcionais os vestígios em matérias primas exógenas. Outro aspecto compartilhado é a baixa intensidade de transformação secundária dos suportes utilizados para confecção de artefatos. Embora seja difícil precisar, de um modo geral, os contextos vinculados a este horizonte cronológico nestes sítios parecem indicar ocupações fugazes, sendo marcados pela presença de estruturas de combustão, pelo uso de matérias primas locais envolvendo um uso circunstancial de artefatos, produzidos com baixo investimento e descartados no mesmo local. Se a ausência de outras categorias de vestígio, principalmente aqueles relacionados à subsistência, pode ser um aspecto decorrente da dinâmica fugaz das ocupações, não podemos deixar de mencionar que esses sítios estão em ambientes ácidos, o que dificulta a preservação de qualquer vestígio orgânico. Apesar de haver um conjunto de datas disponíveis para esse intervalo em cada sítio, a distância cronológica entre elas não é suficiente para indicar um uso continuado dos abrigos que nos possibilita pensar em uma relação de continuidade entre as ocupações identificadas.

Conforme indicamos nos capítulos iniciais deste livro, a configuração disponível atualmente para o contexto anterior ao UMG é marcada por descontinuidades. Mas são descontinuidades que, por outro lado, indicam um padrão – o de uso circunstancial de certos locais que indicam uma dinâmica de re-ocupação e abandono intercalados por longo período, possivelmente associada a uma situação de baixa densidade demográfica e amplos territórios. A exploração de matérias primas locais indica a existência de aspectos reconhecíveis na paisagem, os quais podem ter sido compartilhados ou reinventados nos diversos ciclos de ocupação desses sítios.

Por outro lado, as grandes linhas do sistema técnico relacionado à produção dos conjuntos líticos se mantêm ao longo da estratigrafia desses sítios. Notam-se, no entanto, diferenças diacrônicas, como o desenvolvimento das peças convergentes em Pedra Furada, depois do hiato (fase PF3), e a variação das proporções de tipos de instrumentos entre os níveis de Vale da Pedra Furada. É possível também constatar diferenças entre sítios: por exemplo, a predominância do uso da percussão bipolar em Vale da Pedra Furada ou a grande quantidade de instrumentos de pequenas dimensões em Sitio do Meio. A relativa estabilidade das técnicas de pedra lascada na Serra da Capivara durante 25.000 anos está de acordo com contextos cronologicamente contemporâneos. É o caso, por exemplo, do Paleolítico Superior europeu, onde um mesmo grande sistema técnico lítico baseado no conceito da debitagem laminar vai perdurar desde mais de 40.000 anos atrás até a transição Pleistoceno-Holoceno (BRACCO E MONTOYA, 2015). O mesmo pode ser observado no Sudeste asiático com o tecnocomplexo Hoabinhiense, que perdura de 40.000 até 4.000 anos AP (FORESTIER *et al.*, 2017).

Com tais características, os dois contextos (Serra da Capivara e Santa Elina) não nos permitem tecer conexões com outros locais nos territórios, nem mesmo com uma gestão de fontes de matéria-prima afastadas dos sítios. Em oposição ao que se encontrará na transição para o Holoceno, as matérias não demandaram deslocamentos para sua obtenção. A combinação da disponibilidade local das rochas empregadas e a simplicidade das indústrias sugerem comportamentos de soluções expeditas para demandas locais de atividades, associados a um contexto de baixa densidade demográfica, com um uso pouco frequente destes lugares. Como veremos, o contexto pós-UMG vai paulatinamente apresentar uma nova configuração.

3.3 POVOAMENTO DO PLANALTO CENTRAL BRASILEIRO PÓS-ÚLTIMO MÁXIMO GLACIAL

3.3.1 Exploração (19.000 – 13.000 AP calibrados)

De acordo com as informações hoje disponíveis, há evidências de sítios arqueológicos datados do Pleistoceno final pós-UMG no PCB atingindo datações que recuam a 19.000 cal AP. Embora a quantidade e qualidade dessas informações tenha sido incrementada nos dez últimos anos (BOËDA et al., 2013, 2014, 2016; LOURDEAU, 2019; VIALOU, 2003, 2005, 2011), essa cronologia ainda é objeto de debate (BOËDA et al., 2014; BORRERO, 2015, 2016). Conforme já comentamos, a incorporação dessas datas pode contribuir para uma ampliação significativa do intervalo cronológico com o qual temos trabalhado para pensar a dinâmica do povoamento da América e, portanto, deve ser cuidadosa e seriamente considerada.

Para o período entre 19.000 e 13.000 cal AP as amostras ainda são restritas, tanto em termos de número de sítios conhecidos, quanto em termos de sua distribuição espacial (Tabela 3.1 e Figura 3.4).

Figura 3.4 – Mapa indicando os sítios e áreas, no Planalto Central Brasileiro, com ocupações datadas do período entre 19.000 e 13.000 anos BP

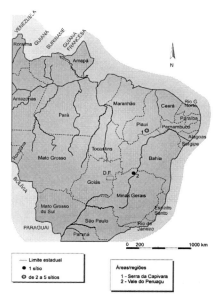

Fonte: mapa elaborado por Andrei Isnardis (2020)

Para esse intervalo cronológico, há sítios com evidências sólidas em três diferentes localizações do Planalto Central Brasileiro:

- Quatro sítios na região da Serra da Capivara, sul do Piauí – os abrigos Sítio do Meio (MELO, 2007; AIMOLA *et al.*, 2014), Tira-Peia (LAHAYE *et al.*, 2013) e Pedra Furada (PARENTI, 2001) e o sítio a céu aberto Vale da Pedra Furada (BOËDA *et al.*, 2014)

- Um abrigo no vale do rio Peruaçu, norte de Minas Gerais – Lapa do Boquete (PROUS, 1991; PROUS; FOGAÇA, 1999)

- Um abrigo da região de Montalvânia, norte de Minas Gerais – Lapa do Dragão (PROUS *et al.*, 1997).

As evidências se distribuem em dois momentos sucessivos. Um primeiro momento, entre 19.000 e 14.000 cal AP corresponde exclusivamente aos sítios da Serra da Capivara. O segundo, entre 14.000 e 13.000 cal AP, abrange dois abrigos do norte de Minas Gerais e constitui um hiato na sequência cronológica da Serra da Capivara.

Até o presente momento, essas três áreas (Peruaçu, Montalvânia e Serra da Capivara) definem a região com mais claros e confiáveis sinais de ocupação humana na transição Pleistoceno-Holoceno no PCB (BUENO *et al.*, 2013; LOURDEAU, 2019) – Figuras 3.5 e 3.6. Mesmo considerando que as informações sejam escassas, há alguns aspectos que sugerem uma composição similar do registro arqueológico entre elas.

No que se refere ao estabelecimento dos sítios, trata-se de locais inseridos em lugares proeminentes e fisicamente peculiares, que se destacam, sendo facilmente encontrados ou percebidos na paisagem a longa distância e, ao mesmo tempo, concentrando uma grande diversidade de recursos em seu entorno.

A Serra da Capivara apresenta um espetacular conjunto de relevo, com formas areníticas exuberantes e grandes (e morfologicamente variados) abrigos rochosos. Mais de cinco centenas de sítios arqueológicos foram ali encontrados até o momento, predominantemente em abrigos rochosos. As ocupações humanas ocorrem desde o início da fase aqui tratada (19.000 AP) até o século XXI (PESSIS *et al.*, 2014), ou, como propõem os pesquisadores que trabalham na área, desde antes do Último Máximo Glacial (GUIDON, 1986; GUIDON; DELIBRIAS, 1986; BOEDA *et al.*, 2013, 2014, 2015; PARENTI, 2001).

Figura 3.5 – Sítios com datações mais antigas, no norte de Minas Gerais (acima de 13.000 ou bem próximas a 13.000 AP): a Lapa do Boquete, no Vale do Peruaçu, e a Lapa do Dragão, em Montalvânia. (A) Afloramento da Lapa do Boquete com indicação de sua altura aproximada; (B) vista parcial da área abrigada da Lapa do Boquete; (C) e (D) vistas parciais da área abrigada da Lapa do Dragão (em Montalvânia); (E) perfil esquemático da Lapa do Dragão, que se implanta numa dolina de desabamento, com suas áreas abrigadas se distribuindo pelas bordas da dolina (RIBEIRO; PANACHUK, 1996/97, p. 414)

Fonte: fotos A e B de A. Isnardis (1992, 1995); C e D de R. Tobias Junior (2013). Elaborado por A. Isnardis (2021)

Figura 3.6 – Dois dos sítios com datações anteriores a 13.000 AP, na Serra da Capivara: Boqueirão da Pedra Furada e Sítio do Meio: (A) Vista parcial da área abrigada do Boqueirão da pedra Furada, todo volume abaixo da passarela foi escavado; (B) Vista parcial da área abrigada do Sítio do Meio; (C) Perfil de escavação, no Sítio do Meio, onde se pode ver camada de blocos areníticos desabados

Fonte: fotos de Andrei Isnardis (2017)

Já o monumental relevo cárstico do Vale do Rio Peruaçu reúne cerca de uma centena de sítios conhecidos, incluindo a Lapa do Boquete, que guarda uma ocupação datada em cerca de 14.000 cal AP[4]. Esse vale corre para o vale do São Francisco e, entre seus aspectos naturais, estão uma especial concentração de diversidade florística, distribuída em poucos quilômetros, e centenas de abrigos rochosos (que, no decorrer do Holoceno, seriam recobertos de muitos milhares de grafismos rupestres) (PROUS; RODET, 2009).

Essa semelhança no que se refere à configuração regional, com a implantação dos sítios em locais que se destacam na paisagem, nos leva à proposta de Robert Kelly no que se refere às escolhas dos grupos humanos que entram em ambientes ainda pouco conhecidos:

> Pessoas entrando num novo continente podem ter evitado áreas onde a topografia local não podia ser conectada a um esquema topográfico mais amplo. Nesse sentido, cadeias montanhosas lineares (e seu sopé), grandes rios e linhas costeiras podem prover uma topografia mais fácil para se navegar e se relacionarem com outros lugares conhecidos"[5] (KELLY, 2003, p. 49, tradução dos autores).

Entre 19.000 e 14.000 cal AP, para o Planalto Central Brasileiro, conhecem-se somente sítios na Serra da Capivara, todos ocupados também no período anterior, porém depois de um período sem ocupação, correspondente ao intervalo de intensificação das condições climáticas com o apogeu do UMG: Vale da Pedra Furada (camada 3), Sítio do Meio (unidade intermediária) e Tira-Peia (camada 6) (LOURDEAU, 2019).

Nessa região, o sistema técnico do período anterior perdura, em particular a importância do seixo como matéria prima e suporte de instrumentos. No entanto, observam-se algumas mudanças: a modificação dos volumes naturais é mais profunda em certos suportes de instrumentos, com sequências de lascamento mais longas. Pode-se falar de uma verdadeira formatação (façonagem). O uso das matérias primas tende também a se diversificar. Ao lado do quartzo e quartzito, aparecem sílex e arenito silicificado. Além de considerações puramente tecnológicas, isso pode ser

---

[4] Nos referimos aqui à data 12070 ± 170 C14, cód. laboratório CDTN 2403 (PROUS, 1991).

[5] People entering a new continent may have avoided areas where the local topography could not be connected to some larger topographic scheme. In this regard, linear mountain chains (or their foothills), major rivers, and coastlines might provide the easiest topography to navigate and to relate to other known places (Kelly, 2003: 49).

relacionado a um novo relacionamento das sociedades humanas com o espaço por elas ocupado e percorrido.

No sítio Vale da Pedra Furada há datas entre 19.000 e 15.000 anos cal AP. Estas datas provêm de amostras coletadas na camada 3, escavada em uma superfície de 2 m², contendo 4 níveis de clastos separados por lentes arenosa, cada um correspondendo a um nível arqueológico (C3a, b, c, d). Esses níveis apresentaram fragmentos de carvão, mas sem grandes concentrações. Os vestígios líticos totalizam 150 peças lascadas antrópicas (71 em 3d, 45 em 3c, 32 em 3b e 6 em 3a). Seguem as grandes tendências observadas nos níveis das camadas 7 e 5. Dois instrumentos do nível 3d apresentaram marcas microscópicas de uso: em um deles as marcas correspondiam a raspagem de matéria animal macia (como a pele), e no outro a perfuração de matéria dura animal (BOËDA *et al.*, 2014a).

Para o sítio do Meio, as datas mais antigas são provenientes do conjunto sedimentar superior do sítio, o qual é composto por numerosas camadas lenticulares de matriz arenosa, com datas entre 17.500 e 6.000 cal AP. Na parte inferior, os cascalhos e os seixos de quartzo são numerosos. Na parte superior, são bem mais escassos, mas os restos de carvão e cinza passam a compor uma parte importante do sedimento. Na base dele, logo acima da camada de desabamento, os níveis arqueológicos são datados entre 17.500 e 15.000 cal AP. Neles, foi encontrado um mínimo de 96 peças líticas lascadas de origem antrópica (AIMOLA *et al.*, 2014). Entre eles, constam 3 instrumentos sobre seixo, 8 instrumentos sobre lasca, 23 núcleos e 39 lascas. Em relação ao conjunto inferior, as matérias primas seguem exclusivamente de origem local, principalmente seixos de quartzo e quartzito. No entanto, um terço do material provém de plaquetas de siltito de origem local, identificados em veios do arenito que forma a parede do abrigo.

O sítio Tira-Peia apresenta datas para ocupação humana na camada 6, obtida por LOE, com 17.100 AP (BOËDA *et al.*, 2013; LAHAYE *et al.*, 2013). Esta camada corresponde ao nível mais rico em vestígios líticos, com 57 peças. Os instrumentos são sobre lascas e seixos de quartzo e arenito, mas também lascas de sílex. Entre os objetos notáveis, podemos citar um núcleo sobre um pequeno seixo de quartzo, no qual remontam 5 lascas, um instrumento sobre seixo de arenito silicificado com gume convergente e uma lasca de sílex com retoque lateral inverso denticulado.

Já para o final deste período, entre 14 e 13.000 cal AP, surgem ocupações no norte de Minas Gerais. Primeiramente no vale do Peruaçu e depois na região de Montalvânia. O abrigo rochoso Lapa do Boquete, escavado durante os anos de 1980 e 1990, tem uma consistente sequência cronológica, que inclui o Pleistoceno final e todo o Holoceno, assim como apresenta excelentes condições para a preservação de seu rico conjunto de vestígios arqueológicos orgânicos (ISNARDIS, 2019; PROUS, 1999; PROUS; RODET, 2009; RODET, 2006). Para o período entre 14.000 e 13.000 cal AP, há seis amostras de carvão coletadas em estruturas de combustão. Elas foram recuperadas nas camadas VII e VIII do sítio, que são muito ricas em materiais arqueológicos, com um significativo conjunto lítico e faunístico e fogueiras muito evidentes (KIPNIS, 2002A; RODET, 2006).

A indústria lítica desses níveis é composta de plano-convexos[6], raspadores laterais (gume retocado ao longo de um lado da lasca suporte), raspadores terminais (gume retocado disposto da porção distal da lasca suporte), lascas retocadas e núcleos (pouco frequentes). Está presente um conjunto não muito expressivo de lascas de debitagem e lascas de retoque e/ ou de reavivagem dos plano-convexos. Foram identificadas também lascas de retoque bifacial e um fragmento de ponta de projétil. Os elementos da cadeia operatória associada à produção de instrumentos padronizados ou não das camadas VII e VIII da Lapa do Boquete estão distribuídos de forma a apontar para complementaridade e continuidade entre seus materiais (FOGAÇA, 2001, 2003), estando majoritariamente presentes as etapas finais das cadeias operatórias de produção dos artefatos.

As características dos vestígios das indústrias líticas permanecem as mesmas para todo o período, como é também o caso do padrão de subsistência. Esse padrão envolve uma dieta de espectro amplo, com diferentes espécies de mamíferos de pequeno e médio porte, conforme Kipnis (2002), em que pesem as ponderações amostrais (ISNARDIS, 2019)[7].

O outro sítio para o qual há data que recai sobre este intervalo é a Lapa do Dragão, localizada em Montalvânia, nos limites setentrionais do estado de Minas Gerais, na bacia do Rio Cochá, bem próximo à divisa com a Bahia (ali traçada pelo Rio Carinhanha, afluente da margem esquerda do

---

[6] Definem-se aqui como "plano-convexos" artefatos com volume alongado obtidos por *formatação* unifacial da face convexa. Trata-se de suportes de instrumentos, com uma parte ativa em uma extremidade e eventualmente outras partes ativas na periferia da peça. O uso desses objetos não está bem definido ainda, mas dada a variabilidade importante dos volumes, dos tamanhos e das partes ativas, eles não eram destinados a uma função única

[7] A amostra está inteiramente constituída de materiais de abrigos, conforme crítica que pode ser vista em Isnardis (2019). O apresamento de mamíferos de bom porte (cervídeos) é registrado, porém esses não aparecem como vestígio alimentar nos abrigos.

São Francisco), a cerca de 90 km da Lapa do Boquete. Trata-se de um sítio com abrigos[8], formado por uma dolina de desabamento pouco profunda, em cujas bordas rochosas se formam duas áreas abrigadas principais, descontínuas, porém justapostas. Em 1977, três áreas foram escavadas em um dos abrigos, onde se identificaram dez camadas. Uma amostra de carvão coletada em uma fogueira no Nível VIII foi datada em 13.452 – 12.358 cal AP[9] (CDTN 1007)[10]. Este é o nível mais antigo com vestígios arqueológicos no sítio e nele se via um expressivo conjunto de material lítico. Tal conjunto mostra características tecnológicas similares àquelas descritas na Lapa do Boquete. Há diferentes raspadores, artefatos plano-convexos e evidência de lascamento bifacial, mas com uma clara dominância de lascamento unifacial. De acordo com Prous e colaboradores (1996/1997, p. 183), a alta diversidade tipológica, a proporção de lascas retocadas e o processo de lascamento bastante controlado são os principais aspectos distintivos da indústria da transição Pleistoceno-Holoceno, em comparação com o conjunto do Holoceno médio.

Vale destacar que parece não haver para esse período, nos sítios mencionados, materiais bioantropológicos, tampouco arte rupestre, mas, tendo em vista a antiguidade e as características do solo e do ambiente, é preciso considerar a possibilidade de viés amostral devido a fatores tafonômicos.

3.3.1.1 Hipótese

Baseados no contexto exposto, propomos que o período entre 20.000 e 13.000 cal AP corresponde a uma longa fase de exploração e mapeamento de uma paisagem escassamente ocupada, onde a Serra da Capivara e o Vale do Peruaçu, assim como o curso do São Francisco, funcionam como importantes marcadores nessa paisagem que está em processo de se tornar conhecida (KELLY, 2003). Dadas as marcadas mudanças climáticas e as variações que caracterizam o período, com uma alternância entre condições muito secas e períodos com intensa chuva sazonal, esses lugares poderiam ter sido vistos como pontos estratégicos em termos de disponi-

---

[8] Seria redutor tratá-la como um sítio 'em abrigo' ou 'sob abrigo', pois isso a descreve mal, uma vez que há um espaço contínuo entre as áreas abrigadas e aquelas desabrigadas que formam o fundo sedimentar (e com blocos) da dolina. Assim, usamos aqui o termo 'sítio com abrigo', como propusemos alhures (ISNARDIS, 2017), para fazer jus à distribuição do material e aos atributos do sítio

[9] SHCal13, Oxcal v.4.3.2, 89,8% probabilidade, média 12.858 cal AP.

[10] Calibrada em OxCal 4.3, curva SHCal13, 11503-10118, 95,4%.

bilidade de recursos, desempenhando um papel como pontos focais para organizar uma mobilidade logística. O mesmo pode ter acontecido com a área que corresponde à Serra Geral, que se desenvolve ao longo da divisa dos Estados de Goiás, Bahia e Tocantins. Segundo estudos biogeográficos realizados por Werneck e colaboradores (WERNECK *et al.*, 2012; WERNECK *et al.*, 2011; WERNECK, 2011), essa área teria constituído um importante refúgio de cerrado no final do Pleistoceno, o qual, em certos momentos, esteve interligado às savanas do norte e oeste da América do Sul. Com isso, ambos fatores - marcadores na paisagem e locais de concentração, estabilidade e diversidade de recursos - teriam contribuído para seleção destas áreas como pontos focais a serem continuamente ocupados pelas comunidades de caçadores-coletores durante essa fase e as subsequentes.

As características do registro arqueológico desses cinco sítios (três na Serra da Capivara e dois no norte de Minas Gerais) apresentam varia-ções ao longo do período. Os três sítios da Serra da Capivara com datas anteriores a 14.000 anos apresentam conjuntos artefatuais pautados principalmente pelo uso de seixos e matéria prima local, com baixa diver-sidade e quantidade de vestígios, provavelmente associados a ocupações fugazes, mas recorrentes. Já os sítios do norte de Minas Gerais, localizados no Peruaçu e em Montalvânia, sugerem uma fase ocupacional de grupos já com algum conhecimento da região (ROCKMAN, 2003). A reocupação contínua dos abrigos, a busca por variadas plantas e animais e o uso de matérias-primas líticas diversas mostram a existência de conhecimento prévio da distribuição de recursos e expressam um momento entre a exploração e a efetiva ocupação da região.

As mudanças relativas às indústrias líticas entre 20.000 e 13.000 cal AP são determinantes para o período seguinte. Ainda que discretas antes de 14.000 cal AP, as novidades na Serra da Capivara tanto no que se refere à procura de matérias primas, quanto a uma aparente vontade de maior domínio nas pedras, modificando substancialmente a organização estrutural de parte delas, inauguram a profunda reorganização do sistema técnico visível nos sítios do Norte mineiro entre 14.000 e 13.000 anos. Nesse sentido, a principal questão relativa às indústrias líticas e ocupa-ção espacial no Brasil Central durante esse período envolve a discussão referente à origem de um padrão tecnológico que se tornará amplamente difundido no momento seguinte e que corresponde ao que se chamou de Tradição Itaparica ou Tecno-complexo Itaparica (LOURDEAU, 2016, 2010).

Conforme mencionado acima, há indicadores que apontam para uma continuidade entre aspectos tecnológicos que aparecem de forma marcante nas indústrias do norte mineiro e nos sítios da Serra da Capivara. Conforme veremos adiante, sítios com conjuntos artefatuais com estas características começam a surgir entre 13-12.000 cal AP em Goiás, no Tocantins e na Serra da Capivara.

Articulando essas informações, propomos que esse fenômeno de compartilhamento tecnológico seja de origem local, representando um desenvolvimento intimamente associado a este período de exploração de um território ainda pouco habitado, por sobre o qual predomina vegetação do tipo cerrado. Tendo em vista o surgimento quase sincrônico de sítios localizados a distâncias relativamente grandes entre si, como é o caso entre Serranópolis e Serra da Capivara, ou entre Peruaçu e Miracema do Tocantins, propomos, como hipótese, que o Tecno- Complexo Itaparica tenha se originado numa área central que conecta as bacias hidrográficas pelas quais se distribuem os sítios mais antigos com conjuntos artefatuais que apresentam estas características. A área compreendida pela Serra Geral e pela porção ao sul da serra, entre o que hoje são os estados de Minas Gerais, Goiás, Bahia e Tocantins, corresponde a um divisor de águas entre as bacias do São Francisco, Tocantins e Paranaíba e poderia, portanto, ser essa área. Os elementos concretos de cronologia, porém, sinalizam o extremo norte de Minas Gerais como a primeira área a apresentar tais materiais.

A Serra Geral, conforme mencionamos acima, representou um refúgio de cerrado no final do Pleistoceno e durante o UMG esteve conectada com as Savanas ao norte – interligando áreas do Maranhão até a Colômbia - e as savanas do centro da América do Sul – interligando a extensão do PCB a oeste pelos Estados de Mato Grosso e Rondônia, conectados à Bolívia, Peru, Equador e Colômbia, formando juntos algo como arcos na parte sul e norte da região Amazônica.

O processo de expansão segundo o movimento definido como "pulo-do-sapo", relacionado à exploração de um *megapatch* – cerrado/savana – com seleção dos vales fluviais como eixo de deslocamento e de locais proeminentes na paisagem como pontos de referência e frequentes re-ocupações, poderia corresponder à dinâmica por trás da criação de extensas redes de contato formadas ao longo do período de exploração do PCB e associadas à rápida e ampla dispersão espacial alcançada pelo

Tecno-Complexo Itaparica no período seguinte (BUENO, 2007a; GUIDON, 1986; ISNARDIS, 2019; LOURDEAU, 2019, 2016, 2010; OLIVEIRA; VIANA, 1999; PROUS; FOGAÇA, 1999; RODET *et al.* 2011; SCHMITZ, 1980).

Nos últimos 10 a 15 anos, os conjuntos líticos que haviam sido associados à chamada "Tradição Itaparica" têm recebido mais atenção e têm sido foco de análises líticas detalhadas (BUENO, 2005; FOGAÇA, 2001, 2003, 2006; ISNARDIS, 2009; LOURDEAU, 2010, 2015; RODET, 2006). Com base nessas análises, poderíamos dizer que os esquemas de produção e objetivos de lascamento têm como alvo a obtenção de artefatos formatados unifacialmente em complementaridade funcional de instrumentos sobre lascas normatizados. Esses artefatos formatados unifacialmente têm diferentes e múltiplas partes ativas (em termos de delineamento, ângulo e extensão) combinadas numa só peça, sugerindo que sejam multifuncionais. São também caracterizados pela curadoria: são produzidos por antecipação ao uso e quase sempre apresentam sinais de sucessivas renovações (BUENO, 2005; FOGAÇA, 2001; LOURDEAU, 2017). Tais atributos, combinados à sua natureza multifuncional, suportam nossa interpretação de que eles são artefatos portáteis, viajando pela paisagem com as pessoas que os produziram, possivelmente associados a uma mobilidade logística, cujos pontos focais estão em locais que se destacam na paisagem e viabilizam acesso a uma diversidade de recursos (BUENO, 2007b). Esse sistema técnico, que se manifesta pela primeira vez na Lapa do Boquete – no estado atual da pesquisa –, vai se desenvolver em seguida por ampla área do PCB, marcador de um fenômeno que abrange todo esse vasto espaço.

3.3.2 Colonização (13.000 - 10.000 cal AP)[11]

Logo após 13.000 cal AP, temos um enorme crescimento no número de sítios e em sua distribuição espacial, ocupando todo o Planalto Central Brasileiro. Até o momento, temos 100 datas oriundas de 60 sítios para esse período (Figura 3.7 e Tabela 3.2). Entretanto, é bom lembrar que essa ocupação não foi homogênea e não cobriu todos os espaços que constituem o Planalto Central. Também nesse período, há lugares selecionados que mostram similaridades - ou, no mínimo, lugares que foram mais frequentemente ocupados de modo a gerar um sinal arqueológico de maior visibilidade (BUENO, 2011; DIAS; BUENO, 2013) - e outros lugares,

---

[11] Com a calibragem das datas mais antigas e mais recentes deste intervalo ele abrange um período entre 12.600 e 9.900 AP.

nos quais temos um registro arqueológico distinto, especialmente no que se refere à tecnologia, como é o caso de Lagoa Santa (BUENO, 2012; BUENO; ISNARDIS, 2016, MORENO DE SOUZA, 2014) e de parte do sertão nordestino, como nos sítios de Furna do Estrago (PE) (SCHMITZ, 2004), Pedra do Alexandre (RN), Mirador (RN) (MARTIN, 1997) e Abrigo do Pilão (BA) (BRYAN; GRUHN, 1993).

Nesta fase, a ocupação se estende a outros vales de grandes rios da região, como o Rio Tocantins e o Alto Paraná (Vale do Paranaíba) e inclui também diversos tributários dos rios principais (BUENO, 2007a; SCHMITZ *et al.*, 2004). É dada ainda especial atenção àqueles vales bem definidos que oferecem uma boa diversidade de caça e vegetais, e que mantêm disponibilidade de água durante todo o ano. Parece ser esse o caso de outras regiões que podemos conectar com esta segunda fase: Santa Elina, Serranópolis, Lajeado e Diamantina (BUENO, 2011; LOURDEAU, 2015; SCHMITZ *et al.*, 2004; ISNARDIS, 2009; PROUS *et al.*, 1996/1997; VIALOU, 2005). As notáveis similaridades na tecnologia lítica e na organização tecnológica entre essas áreas são o que nos leva a propor um fenômeno regional, cujas origens são certamente relacionadas à dinâmica de exploração que caracterizara a fase anterior.

A subsistência parece permanecer basicamente a mesma da segunda fase, baseada numa exploração generalista em que parecem predominar pequenos e médios mamíferos, frutos e aves (KIPNIS, 2003; ROSA, 2004), com algumas variações entre as regiões (ISNARDIS, 2019). Como apontado por Kipnis (2003), por Resende e Cardoso (2009) e por Rosa (2004), para diversos sítios datados deste período, há uma notável presença de vestígios botânicos, indicando a importância da coleta de plantas nos padrões de subsistência desses grupos. Como tem sido sublinhado em diversos artigos, com exceção de Santa Elina, são muito escassas as evidências de megamamíferos no registro arqueológico do Brasil Central, ainda que as informações cronológicas apontem para a coexistência dessa megafauna e da ocupação humana nas mesmas áreas e mesmos períodos[12] (HUBBE *et al.*, 2013; VIALOU *et al.*, 2017). Vestígios paleontológicos de grandes mamíferos hoje extintos e vestígios arqueológicos têm uma clara sobreposição de datas, neste período de 13.000 a 10.000 anos, porém se encontram quase sempre em sítios diferentes.

---

[12] Os sítios paleontológicos em que se vê a presença de grandes mamíferos hoje extintos têm recorrentemente datas que se sobrepõem às datas de ocupações humanas, mas, na quase totalidade dos casos, vestígios paleontológicos e vestígios arqueológicos contemporâneos estão em sítios diferentes, como acontece sobretudo na Serra da Capivara e na região de Lagoa Santa.

Figura 3.7 – Sítios e áreas, no Planalto Central Brasileiro, com ocupações datadas do período entre 13.000 e 10.000 anos AP

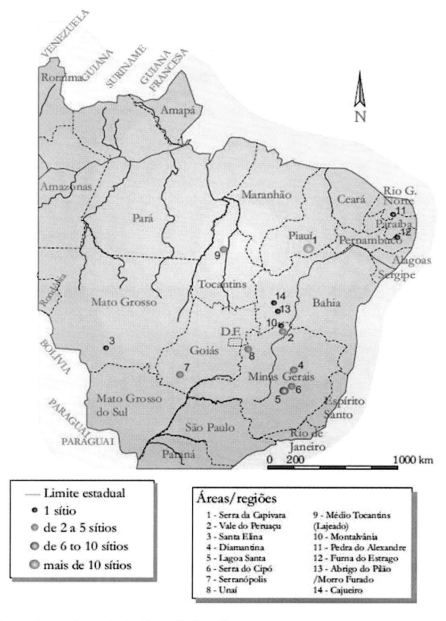

Fonte: elaborado por Andrei Isnardis (2020)

Tabela 3.2 – Distribuição das datações entre 13.000 e 10.000 AP, em intervalos de 500 anos

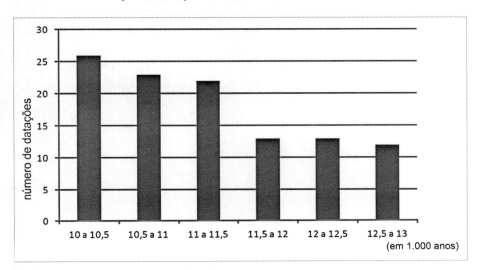

Fonte: elaborado pelos autores (2020)

No Planalto Central Brasileiro é possível identificar no interior das sequências operacionais aspectos da organização tecnológica lítica compartilhados entre áreas que estão a mais de 2.000 km de distância entre si (BUENO, 2005; RODET, 2006; FOGAÇA; 2001; LOURDEAU; PAGLI, 2014; PAGLI et al., 2016; LOURDEAU, 2010, 2015). As análises tecnológicas de sítios presentes em diferentes áreas do PCB demonstram uma forte coerência das produções líticas neste período. O elemento mais chamativo é a generalização da façonagem unifacial para a produção de instrumentos plano- convexos de estrutura análoga àqueles encontrados na Lapa do Boquete a partir de 14.000 cal AP. A quantidade dessas peças varia de um sítio ao outro, podendo atingir várias centenas, como em GO-JA-01 (região de Serranópolis, Goiás), mas os volumes simétricos e relativamente alongados, os modos de produção unifaciais, as características e a localização dos gumes ativos e o gerenciamento desses instrumentos ao longo do tempo parecem os mesmos em ampla área do Planalto Central Brasileiro. As similaridades não se limitam aos instrumentos plano-convexos. Esses artefatos são associados, em todos os sítios, a instrumentos sobre lasca, que respondem a necessidades funcionais complementares dos plano-convexos e têm uma vida útil mais curta. Uma parte importante desses instrumentos sobre lasca apresenta uma estrutura relativamente normatizada: um volume alongado com o lado abrupto oposto a um lado cortante. Assim, para além de um tipo específico de instrumento – o plano-convexo –, o que parece ter sido compartilhado em todo o PCB nesta época é um inteiro sistema técnico. Trata-se de um verdadeiro tecnocomplexo, que pode ser relacionado às produções técnicas associadas ao que se costumava chamar de Tradição Itaparica (LOURDEAU, 2015) – Figura 3.8.

Figura 3.8 – Artefatos unifaciais plano-convexos da transição Pleistoceno/Holoceno: (A) artefatos dos sítios Boqueirão da Pedra Furada e Toca do Pica-Pau, na Serra da Capivara (PI) (LOURDEAU; PAGLI, 2014; LOURDEAU, 2010); (B) peças da Lapa do Boquete, no Vale do Peruaçu (MG) (RODET, 2006); (C) peças dos sítios Miracema 1 e Lajeado 2, na região do Lajeado (TO) (BUENO, 2005); (D) artefatos do sítio GO-JA-01, na região de Serranópolis (GO) (LOURDEAU, 2010)

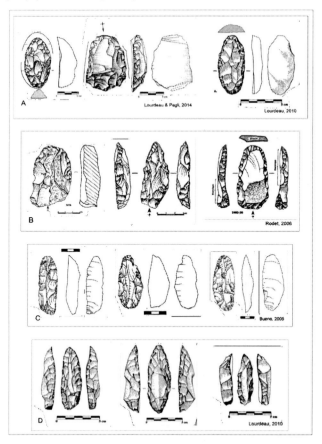

Fonte: elaborado por Andrei Isnardis

Para ilustrar as principais características desta fase, de modo a discutir estratégias de assentamento e o sistema de mobilidade, discutiremos mais de perto o caso da região do Lajeado, no vale do médio Rio Tocantins.

De acordo com os dados construídos nestes últimos quinze anos de pesquisas no médio vale do Rio Tocantins, temos uma sequência bem datada que começa próximo a 12.500 anos[13] antes do presente e continua até a atualidade, se incluímos na sequência a ocupação atual Xerente[14] da região (BUENO, 2007a; MORALES, 2005; BUENO *et al.*, 2016).

Para essa região as informações disponíveis provêm de sítios em abrigo e de sítios a céu aberto. Há seis sítios a céu aberto com uma clara sequência de datações do Holoceno inicial ao Holoceno médio e dois abrigos com datas para o mesmo intervalo (BUENO *et al.*, 2017, 2019).

As coleções recuperadas nos sítios a céu aberto consistem em vestígios líticos que estão majoritariamente relacionados à produção de artefatos unifaciais e somente a poucos bifaciais. Através de análises dos conjuntos líticos provenientes de sítios datados e sítios a céu aberto com o mesmo material arqueológico, foi possível propor uma associação entre conjuntos de sítios e, com isso, inferir características da organização tecnológica associada a estes sítios.

No Vale do Tocantins identificamos diferentes estratégias de aquisição de matéria-prima em relação a sua qualidade: as variedades de rocha mais finas são escolhidas para a produção dos artefatos façonados unifaciais, enquanto as rochas de variedades de qualidade inferior são usadas para se produzir ferramentas mais simples e lascas sem modificação. Quando olhamos as escolhas técnicas, podemos ver claramente uma articulação entre a produção de instrumentos façonados, instrumentos sem estrutura normatizada e descarte. Os artefatos formais unifaciais são feitos por uma cadeia operatória bem definida, que implica em escolhas técnicas específicas desde a seleção da matéria-prima, até o processo de reavivagem e abandono dos artefatos. Essas escolhas envolvem a seleção das mais finais e homogêneas matérias-primas, somente disponíveis nas grandes jazidas da região. Nesses sítios de obtenção de rochas, um lascamento prévio do núcleo é feito, produzindo lascas suporte que serão transportadas e lascadas em outras áreas. Tais suportes devem apresentar

---

[13] Data obtida para o sítio Miracema do Tocantins 1: 10520+-90 AP, calibrada em 12647 a 12050, SHCal13, Oxcal 4.3

[14] Os Xerente são um povo de língua da família linguística Jê (sua língua é muito próxima ao Akwẽ dos Xavante), que integra o grupo dos chamados Jê centrais.

dois lados alongados e paralelos, e devem ter espessura suficiente para permitir um contínuo processo de reorganização volumétrica durante seu ciclo de vida. Portanto, a produção desses artefatos envolve um contínuo processo de definição, delineamento e reavivagem de pequenos gumes em diferentes partes dos bordos desses artefatos. Eles foram possivelmente usados na produção e manutenção de outros conjuntos de artefatos feitos em osso e madeira, mas, no entanto, não dispomos de estudos traceológicos para testar essa hipótese, no caso do Tocantins. O processo de definir gumes a serem usados em diferentes atividades e a constante redefinição da parte passiva do artefato de modo a permitir seu encabamento ou sustentação na mão envolvem uma intensa reformulação da lasca- suporte original, em sua forma e volume (BUENO, 2007b). Assim, vemos no Lajeado o mesmo processo geral descrito por Fogaça (2001) para o Norte de Minas Gerais (Vale do Peruaçu), por Isnardis (2009) para o centro de Minas Gerais (Diamantina) e por Lourdeau (2015) para as regiões de Serranópolis e da Serra da Capivara.

A distribuição dos artefatos no interior dos sítios, a variabilidade da composição de seus gumes e dimensões, o uso e reavivagem como parte do processo de produção e o número desses artefatos nos levam a propor que provavelmente eram parte de 'caixas de ferramentas' transportadas junto às pessoas desses grupos, em diferentes tipos de movimentos; e que eram usados num leque de atividades envolvendo a aquisição de diferentes recursos. Nesse contexto, eram produzidos em antecipação ao uso - em termos de lugares de uso e atividades a serem desempenhadas. Portanto, estavam provavelmente relacionados a grupos humanos com um padrão de mobilidade acentuada no ambiente, em que havia um certo grau de imprevisibilidade no encontro de recursos (em termos de lugar e tempo) (BUENO, 2007b).

Outro aspecto dos trabalhos no vale do rio Tocantins é que foi possível ver diferenças entre sítios em termos de inserção ambiental e composição das coleções, aspecto este que associamos à variabilidade decorrente da implementação de uma mobilidade logística por parte dos grupos humanos que ocupavam a área neste período. De todo modo, foi possível identificar um recorrente uso dos mesmos lugares durante mais de um milênio, mostrando certa estabilidade na dinâmica territorial. A quantidade de sítios arqueológicos que encontramos ao longo do Rio Tocantins reforça o papel que o grande curso d'água parece ter tido durante esse período. Mais ainda, o registro arqueológico desse período sugere uma total estabilidade de ocupação da área, a manutenção de padrões de mobilidade e uma estratégia de organização tecnológica lítica que envolve mobilidade e sequência operacional que foi implementada para lidar com a imprevisibilidade de encontrar recursos no tempo e no espaço (BUENO, 2007a).

Baseado na informação disponível, propomos que as várias regiões do PCB onde encontramos conjuntos artefatuais com as características definidas acima foram ocupadas por grupos que compartilhavam comportamentos técnicos e modos específicos de territorialidade, envolvendo padrões de alta mobilidade e organização logística. Ao mesmo tempo, esse comportamento partilhado poderia ter permitido o trânsito entre territórios de distintos grupos, provavelmente envolvendo flexibilidade de fronteiras e a visitação por indivíduos de grupos de localidades distantes, assim como uma flexibilidade na constituição dos grupos.

O cenário de compartilhamento de diversos aspectos entre as ocupações das regiões do Peruaçu, de Serranópolis, da Serra da Capivara, do Lajeado e de outras áreas centro-brasileiras não implica em plena homogeneidade. Combina diversas semelhanças, como apresentamos, mas também algumas diferenças. Há variações regionais no modo como os abrigos rochosos são usados e no papel que eles parecem cumprir no modo de estruturação do território (ISNARDIS, 2019). As cavidades naturais não são espaço funerário em nenhuma dessas áreas – a não ser ocasionalmente na Serra da Capivara. Nessa região e no Peruaçu, os abrigos parecem funcionar como locais de acampamentos temporários, com recorrência e continuidade de seu uso, porém de frequência e intensidade restritas; enquanto, em Serranópolis, são muito mais intensamente usados e, no Lajeado, não apresentam sinais de ocupação. Entre tais áreas, há uma mesma sistemática na relação entre variedades de rocha e tipos de artefatos a serem produzidos com elas (buscam-se rochas muito aptas ao lascamento para os instrumentos sofisticados; aproveitam-se rochas de menor aptidão para artefatos mais simples), porém os sítios de obtenção das rochas e as etapas iniciais das cadeias operatórias estão distintamente distribuídos nas paisagens, em cada uma dessas regiões, de modo relacionado à natural disponibilidade dessa matérias-primas (em pontos específicos do cânion do Peruaçu, mas não nos abrigos; com algumas variedades nos abrigos e outras externas a eles, na Serra da Capivara; com as melhores variedades de rocha disponíveis nos próprios abrigos, em Serranópolis; com as melhores variedades de rocha dispostas em casca-lheiras ou afloramentos a céu abeto, no Lajeado). Esse quadro atesta um significativo compartilhamento, mas, para além das diferenças induzidas pelas geografias locais, aponta para a inclusão de uma certa diversidade da estruturação das paisagens, dentro de um conjunto compartilhado de estratégias. Um cenário de combinação de semelhanças, que inclui em si diferenças, nos possibilita manter em perspectiva a sofisticação das dinâmicas sociais e culturais atuantes nesse cenário. Não é possível sustentar que se tenha constituído um bloco uniforme de comunidades de caçadores-coletores, mas se pode propor que se teceu uma substantiva rede de compartilhamento (ISNARDIS, 2019) de experiências, percepções, conhecimentos e escolhas, com uma expressiva amplitude geográfica.

Porém, como mencionado anteriormente, há lugares, como Lagoa Santa, com um registro arqueológico desse mesmo período que não apresenta as mesmas características. De acordo com os extensos dados produzidos por Walter Neves e colaboradores (NEVES *et al.*, 2014), a cronologia obtida nessa área mostra um cenário muito claro. O conjunto de evidências relacionadas à ocupação humana em Lagoa Santa começa abruptamente em torno de 12.546 – 12.031 anos cal AP[15]. Logo após essa data, novos sítios começam a ser ocupados. Há muitas evidências em abrigos rochosos e em sítios a céu aberto, especialmente no entorno de uma das maiores lagoas cársticas da região, e montante de vestígios líticos cresce sensivelmente. Há também traços de uso de plantas e, finalmente, surgem alguns sepultamentos humanos de elabora-ção evidentemente sofisticada (DA-GLÓRIA *et al.,* 2016; STRAUSS *et al.* 2020).

O conjunto lítico associado a esse contexto é composto majoritaria-mente por lascas de cristal de quartzo, com uma baixa frequência de sílex concentrada nos níveis mais profundos. A grande maioria dos vestígios é de tamanho bem pequeno, menos de 4 cm de comprimento. A maior parte dos artefatos é informal, com um ou dois gumes pequenos bem definidos. Apesar de escassos, alguns artefatos mostram reavivamento e reuso. Há também evidência de encabamento, mesmo em ferramentas assim pequenas, que são lascadas sobretudo unifacialmente. Apesar do fato da matéria-prima ter sido provavelmente obtida em fontes locais, há informações mostrando a exploração de matérias-primas oriundas de 60 km de Lagoa Santa (BUENO 2010; BUENO; ISNARDIS, 2016; HURT, 1960; PUGLIESE, 2008; SOUZA, 2014)

---

[15] Nos referimos aqui a data obtida para o sítio Coqueirinho 10460 ± 60 AP (BUENO 2010).

Essas características da tecnologia lítica tendem a permanecer constantes no decorrer de dois milênios, mas há, entretanto, uma importante inovação tecnológica: todos os abrigos mais intensivamente escavados até agora (sistematicamente ou não) indicam a produção de um tipo de artefato polido: machados. Feitos em hematita ou em rochas ígneas, matérias-primas não comumente encontradas nas vizinhanças, eles representam o mais antigo registro para essa região, bem como para o Brasil, com datas que recuam a 11.000 anos cal AP (BUENO, 2010; PUGLIESE, 2008; SOUZA, 2014; SOUZA; ARAUJO, 2018).

Mas talvez o mais destacado aspecto da ocupação dessa área sejam as centenas de sepultamentos registrados em muitos desses abrigos, especialmente depois de 10.000 cal AP. Tais sepultamentos ocupam grandes áreas dos abrigos rochosos e indicam uma importante mudança no processo de manipulação e preparação dos corpos inumados (STRAUSS *et al.*, 2016). O uso dos abrigos como espaços funerários marca uma forte diferenciação no sentido atribuído às cavidades naturais comparado às outras áreas previamente discutidas (Peruaçu, Serra da Capivara, Serranópolis, Lajeado). Portanto, podemos propor que, na região de Lagoa Santa, houve uma outra estruturação do território, outros usos e sentidos para os abrigos e, por extensão, dos outros lugares conectados a eles.

Neves e colaboradores publicaram recentemente um artigo apresentando o que pode ser o mais antigo registro de grafismos rupestre para a região (NEVES *et al.*, 2012). Eles encontraram gravuras na base de um abrigo, recobertas por uma camada sedimentar datada, por diferentes técnicas, com data mínima de 10.500 cal AP[16]19. As figuras gravadas são estilisticamente similares a outras registradas nos abrigos da região. Esse caso da região de Lagoa Santa aponta que, ao menos ali, a assim chamada arte rupestre é parte da construção do significado dos lugares já nessa segunda fase de povoamento do Planalto Central.

3.3.2.1 Hipótese: mudança de padrões

Nos últimos séculos dessa segunda fase, identificamos algumas mudanças na tecnologia lítica. O principal aspecto desta mudança é a diminuição e, em alguns casos o total desaparecimento, dos tradicionais artefatos lascados unifacialmente que marcaram a fase anterior e boa parte desta.

---

[16] Data mínima de 9,370 ± 40 AP, calibrada em 10,700 - 10,500 AP (NEVES *et al.*, 2012).

Evidentemente, isso não ocorre no mesmo momento em todos os lugares no Brasil Central. Esse foi um processo de mudança que ocorreu entre 10.000 e 9.000 cal AP, ao menos em Serranópolis (SCHMITZ *et al.*, 2004), no Lajeado (BUENO, 2007a), no Peruaçu (FOGAÇA, 2001; RODET, 2006). Já na Serra da Capivara, mesmo se mudanças se iniciam a partir de 9.000 anos, a tecnologia muda profundamente somente a partir de 8.000 anos cal AP (LOURDEAU; PAGLI, 2014; PAGLI *et al.*, 2016). Essa perduração maior no Nordeste pode sugerir um processo de mudança diferente. Tais mudanças no que se refere à tecnologia lítica tem lugar entre 10.000 e 9.000 cal AP e se consolidam no milênio seguinte, conduzindo a um processo de regionalização. Para entendermos tal processo, talvez seja útil dirigir o olhar novamente para o número de datações e sítios no Brasil e, especificamente, para o Brasil Central durante esse período, como se pode ver na Figura 3.9. Um dos aspectos que podemos notar é que o intervalo entre 10.500 e 10.000 cal AP, um pouco antes dessas mudanças ocorrerem, temos o ponto mais alto do gráfico que indica o número de datações arqueológicas disponíveis. Se isso pode ser visto como correlacionado a uma questão demográfica, tais mudanças podem estar acontecendo logo após um incremento nos padrões demográficos que temos para o Planalto Central Brasileiro. Ou seja, nesta perspectiva, mudança tecnológica e territorial parecem aspectos associados à demografia.

Outro importante aspecto é que, baseado na distribuição espacial dos sítios, podemos identificar uma expansão geográfica das ocupações rumo à porção oeste do Planalto Central, onde se localizam as cabeceiras das maiores bacias hidrográficas do Brasil, viabilizando a conexão dessa área com os demais principais biomas brasileiros, que também experimentam, nesse mesmo período, uma intensificação no povoamento (Rio Paraguai com a região do Chaco e Rio Paranaíba, com a bacia do Paraná, ambos vinculados à Bacia do Prata, e Rios Xingu, Araguaia e Tocantins, vinculados à Bacia Amazônica) (BUENO *et al.*, 2013; BUENO; DIAS, 2015).

Como já apontamos, no começo do Holoceno há uma tendência ao aquecimento e umidificação do clima nessa área, que é quase integralmente coberta pelo Cerrado. Baseados nessa informação, propomos aqui que a combinação de incremento demográfico, intensificação de contatos culturais com fluxo de pessoas e informação, bem como incremento de disponibilidade de recursos podem ter contribuído para as mudanças que se veem na tecnologia lítica e nos grafismos rupestres, os quais certamente envolvem também mudanças nos padrões de mobilidade, organização social e territorialidade.

3.3.3 Regionalização e transição (10.000 – 8.000 cal AP)

Como observado acima, o que vemos durante o período de 10.000 a 8.000 cal AP é uma intensificação da variabilidade regional e, ao contrário da homogeneidade tecnológica e dos amplos territórios compartilhados, o cenário é dominado pela regionalização (Figura 3.9 e Tabela 3.3).

Figura 3.9 – Sítios e áreas, no Planalto Central Brasileiro, com ocupações datadas do período entre 10.000 e 8.000 anos AP

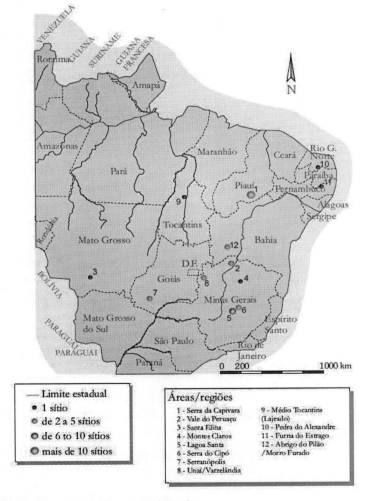

Fonte: elaborado por Andrei Isnardis (2020)

Tabela 3.3 – Distribuição das datações entre 10.000 e 8.000 AP, em intervalos de 500 anos

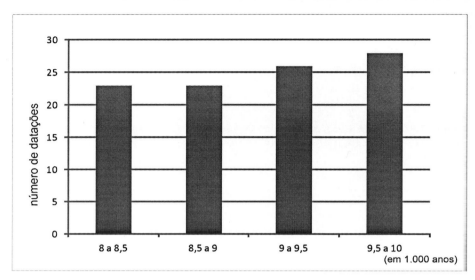

Fonte: elaborado pelos autores

Os conjuntos líticos são essencialmente generalizados, produzidos sobre matérias locais e sem "artefatos típicos". Parece que esses conjuntos regionais estão relacionados a organizações tecnológicas marcadas por estratégias expeditivas.

Infelizmente, há poucos projetos com abordagens regionais, mas esses mostram uma baixa variabilidade entre sítios e uma forte correlação com refugo primário nos sítios, o que poderia indicar a preferência por estratégias de tipo forrageiras. Entretanto, é importante mencionar que padrões de subsistência se mantêm, em termos dos vestígios faunísticos e florísticos, mesmo considerando-se o possível viés tafonômico.

Se olhamos mais de perto para essas regiões, os atributos distintivos entre as fases anteriores e esta terceira fase podem tornar-se mais claros

No Vale do Peruaçu, tanto Fogaça (2001), quanto Rodet (2006) sublinham que uma notável mudança tem lugar por volta de 10/9.000 cal AP. Nos abrigos rochosos do vale (todos os sítios desse período conhecidos no vale são abrigos), os artefatos plano-convexos produzidos por façonagem unifacial tornam-se raros ou desaparecem do registro arqueológico. As indústrias passam a ser compostas por conjuntos artefatuais produzidos sobre matérias-primas menos selecionadas (RODET, 2006).

compatíveis com fontes locais, sugerindo soluções expeditas (FOGAÇA, 2001), tais como variedades de rochas menos homogêneas, bem como cadeias operatórias mais curtas e não-padronizadas. Em Serranópolis, as mesmas observações gerais podem ser feitas, com evidências para esta a mudança por volta dos 10/9.500 cal AP (SCHMITZ, 1987; SCHMITZ *et al.*, 2004; LOURDEAU, 2010).

No médio vale do Tocantins, os sítios a céu aberto que haviam sido intensamente ocupados no período anterior, são então abandonados. Entre 9.500 e 7.000 cal AP só temos claras evidências de ocupação humana em sítios em abrigos, lugares que não guardam datações do período anterior. Assim, essa área representa um interessante caso de mudança de padrão de assentamento e, ao mesmo tempo, indica a permanência na região combinada ao abandono de certos locais e à incorporação de outros (BUENO *et al.*, 2017). Os artefatos plano-convexos façonados unifacialmente, que foram produzidos anteriormente, não são mais encontrados em sítios da área.

Na parte nordestina do PCB, mudanças podem ser observadas também, mas o processo parece diferente. Na Serra da Capivara, o período de 10.000 a 7.000 cal AP corresponde à maior quantidade de sítios anteriores ao Holoceno recente. Os primeiros sinais de mudança na tecnologia aparecem por volta de 9.000 cal AP. Alguns tipos de artefatos, que estavam presentes nos níveis pleistocênicos, não são mais encontrados nos sítios. Outros, como pontas de projétil bifacial ou peças unifaciais assimétricas, presentes no início do Holoceno, também faltam a partir desta data. No entanto, todos os elementos expostos anteriormente que caracterizam o tecnocomplexo Itaparica se mantêm até em torno de 8.000 cal AP, com algumas expressões regionais já notáveis no momento anterior, em particular a importância dos seixos como suportes. É depois desta data que se assiste a uma verdadeira ruptura técnica, comparável às mudanças observadas nas outras áreas do PCB pelo menos um milênio antes: uma renovação completa da estruturação do instrumental, sem normatização volumétrica aparente, e sem uso da façonagem (DA COSTA, 2017; LOURDEAU; PAGLI, 2014; LUCAS, 2016; PAGLI *et al.*, 2016).

O sítio Cajueiro, no sudoeste da Bahia, pode demonstrar outro sinal de um processo de mudança diferente no Nordeste. Nele foi encontrada uma indústria lítica original associada a uma data por volta de 8.000 cal AP (SCHMITZ *et al.*, 1996). Caracterizada pela debitagem preferencial de suportes alongados, essa produção difere tanto do tecnocomplexo Itaparica quanto das indústrias do Holoceno médio conhecidas em outras áreas (DA COSTA, 2017; RAMALHO, 2013).

A partir desses dados, podemos observar uma redução dos sinais de estratégias logísticas, que parecem ser substituídas por um sistema generalista de coleta de matérias-primas para as indústrias líticas. Mas essa substituição não é geral no Planalto Central. Além disso, diferentes objetivos em relação aos materiais líticos, diferentes maneiras de lidar com as rochas e artefatos se tornam perceptíveis. Em algumas áreas, não vemos mais uma forte normatização volumétrica dos artefatos, que é substituída por artefatos que parecem ser compostos conforme as necessidades ocasionais. Enquanto, em outras áreas, os artefatos multifuncionais previamente planejados continuam sendo produzidos e são ainda importantes. Não se trata, pois, apenas de uma mudança, mas sim de uma mudança rumo à diversidade.

É muito interessante notar que o contexto da região de Lagoa Santa que apresenta uma tecnologia lítica distinta, um grande número de sepultamentos, arte rupestre e artefatos polidos de pedra, mostra um processo de intensificação da ocupação durante o período agora em pauta, entre 10.500 e 8.000 cal AP, como ocorre para a Serra da Capivara (BUENO ISNARDIS, 2016). Como mencionamos acima, apesar das datações mais antigas para os abrigos da região de Lagoa Santa, a dinâmica de ocupação dessa região indica uma intensificação depois de 10.500 cal AP, bem como uma mudança nas atividades realizadas nesses lugares, especialmente os sepultamentos, em cada sítio (STRAUSS, 2010).

Durante esse período, vemos emergir a arte rupestre em lugares distantes entre si, no Planalto Central Brasileiro. As principais áreas para as quais temos datações consistentes para grafismos rupestres são o Peruaçu, a Serra da Capivara e a região de Lagoa Santa. Ao menos nessas três áreas podemos dizer que os abrigos tiveram seus suportes rochosos "inaugurados" durante essa fase, entre 10.000 e 8.000 cal AP (RIBEIRO, 2006; PESSIS *et al.*, 2014; NEVES *et al.*, 2012). Em que pese a escassez de dados, parece que, entre 10.000 e 9.000 cal AP encontram-se as primeiras manifestações gráficas rupestres também nos abrigos do Lajeado (BUENO *et al.*, 2017).

Na Toca dos Oitenta, um abrigo arenítico na Serra da Capivara, um nível sedimentar datado em cerca de 8.500 cal AP[17] cobre pinturas

---

[17] Datas entre 7840 e 7860 AP (PESSIS, 2003).

rupestres (PESSIS, 2003: 42). Na Lapa do Boquete, no Vale do Peruaçu, um bloco abatido (desabado do teto) foi coberto com incisões. Após este evento, foram efetuadas neste mesmo bloco gravações geométricas, estilisticamente similares a um dos mais antigos estilos do norte de Minas Gerais. O nível sedimentar sobre o qual o bloco se assenta tem datação de 10.500 cal AP e o nível que cobriu os grafismos foi datado de 8.600 cal AP[18] (RIBEIRO, 2006). Em ambos os casos, as condições estratigráficas são claras, bem estabelecidas, e as datas parecem confiáveis.

Conforme já apontamos para o momento precedente, na Lapa do Santo (município de Matozinhos), na região de Lagoa Santa, projeções a partir da estratigrafia, estabeleceram uma datação mínima entre 10.500 e 10.770 cal AP[19] para uma gravura recoberta por camada sedimentar, enquanto datações de 11.700 ± 800 AP e de 9.900 ± 700 foram obtidas para o sedimento da camada que recobria os grafismos na mesma unidade de escavação onde eles foram evidenciados. A figura é antropomorfa, de composição filiforme. Tal tema e estilo não se associa às figuras zoomorfas que viriam a dominar graficamente a região, no Holoceno, a não ser em contextos entendidos como bastante tardios (PROUS, 2019; BAETA, 2011).

Embora tenhamos essas evidências, a presença de grafismos rupestres nessa fase é ainda sutil. Eles não dominam os abrigos e não modificam a paisagem da maneira como fariam nos períodos posteriores. As figuras, especialmente as do Vale do Peruaçu, ocupam os suportes rochosos em pequeno número e seus temas e estilos são bastante simples e pouco específicos (Figura 3.10).

Ainda que com datações pouco seguras (veja a discussão a esse respeito feita por Ribeiro 2006), podemos dizer que as diferenças na arte rupestre no Brasil Central começam a se tornar claras já nessa fase. Ribeiro (2006) situa nos dois milênios desta terceira fase os primeiros estilos do Norte de Minas e do Sudoeste da Bahia. Os primeiros estilos nas paredes rochosas do Peruaçu se compõem de figuras antropomorfas monocromáticas e por grafismos "geométricos" (termo usado para designar as pinturas e gravuras não figurativas para nossa percepção), mais frequentemente também monocromáticas, tais como linhas paralelas simples, 'grades', grupos de figuras biomorfas quadradas ou redondas (RIBEIRO; ISNARDIS, 1996/1997; ISNARDIS, 2004).

---

[18]   Datas 9350 ± 80 e 7810 ± 80 AP (RIBEIRO, 2006).

[19]   Datas de 9370 ± 40 AP (Neves *et al.*, 2012).

Figura 3.10 – Grafismos rupestres antigos de regiões centro-brasileiras: (A) pinturas da Toca da Entrada do Pajaú, na Serra da Capivara, que correspondem ao estilo Serra Talhada, que Pessis (2003) atribui ao Holoceno inicial; (B) figuras mais antigas da Lapa do Caboclo, no Vale do Peruaçu, sem datação absoluta; (C) gravura da transição Pleistoceno/Holoceno, na Lapa do Santo, em Matozinhos; (D) gravuras em bloco desabado na Lapa do Boquete, no Vale do Peruaçu (MG), com datação do Holoceno inicial; (E) pinturas do primeiro momento de ocupação dos painéis na Lapa dos Desenhos, Vale do Peruaçu (MG), sem datação absoluta

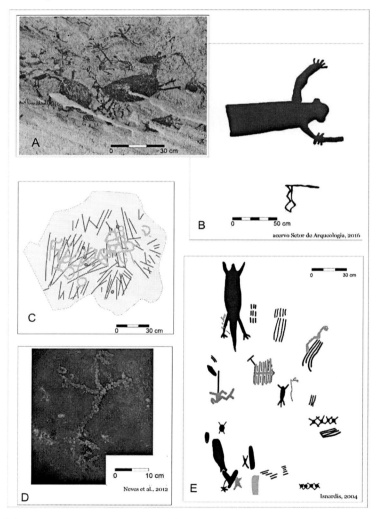

Fonte: (A) foto de A. Isnardis, 2018; (B) acervo do Setor de Arqueologia da UFMG, vetorização de M. Chanoca, 2016; (C) NEVES *et al.*, 2012, p. 2; (D) RIBEIRO, 2006; (E) ISNARDIS, 2004, p. 166)

Sem datações confiáveis, os primeiros grafismos rupestres de Goiás (nas regiões de Serranópolis e Caiapônia), compostos por linhas simples, figuras zoomorfas (a maioria sugestiva de lagartos) e figuras antropomorfas esquemáticas, não são muito diferentes dos estilos iniciais do Peruaçu (SCHMITZ, 1989, 1996, 2004; ISNARDIS, 2004). Mas seu desenvolvimento local vai tomar direções muito distintas nos séculos seguintes.

Em Unaí, Noroeste de Minas Gerais, uma região que não discutimos aqui até o momento, P. Seda (PROUS, 1991) obteve uma datação de cerca de 9.000 cal AP[20] para um nível sedimentar que cobriu fragmentos da parede pintada, fornecendo para esta uma datação mínima. Infelizmente, não temos representações específicas desses grafismos na literatura, mas a datação assinala o início da prática de grafar nos abrigos na fase de 10.000 a 8.000 cal AP.

Na Serra da Capivara, as datações apresentadas por Pessis (2002: 42), em torno de 8.500 cal AP[21], já se relacionam a figuras típicas do Sudeste do Piauí chamadas "Tradição Nordeste" (PESSIS, 2003; PESSIS et al., 2014). Nesse período os paredões da região são dominados pelas pinturas antropomorfas combinadas em arranjos muito sugestivos que parecem compor cenas. Para algumas pesquisadoras (PESSIS, 2003), esses temas permaneceram através dos milênios seguintes.

Se comparamos os temas e as características estilísticas dos conjuntos de grafismos nessas áreas, já podemos observar uma diversidade, mesmo considerando que ela não é tão intensa e evidente como nos milênios posteriores de ocupação dos abrigos.

Em Goiás, Minas Gerais, Piauí e Rio Grande do Norte há sepultamentos humanos em alguns sítios, com datas para o intervalo entre 10.000 e 8.000 cal AP, como por exemplo na Toca do Paraguaio, no Piauí (GUIDON, 1985; ALVIM; FERREIRA, 1985), na Pedra do Alexandre, no Rio Grande do Norte (Martin, 1995/1996), e no sítio Justino, em Sergipe (VERGNE, 2005). No entanto, Lagoa Santa parece ser a única área em que os abrigos naturais e lapas cumpriram intensamente o papel de espaço funerário.

W. Neves e colaboradores propuseram que o horizonte que compreende esta terceira fase corresponde ao período de chegada ao Planalto Central de novas populações com morfologia craniana mongolóide, uma vez que os sepultamentos posteriores a 8.000 anos cal AP mostram essa

---

[20] Data de 8160 AP (PROUS, 1991).
[21] Data de 7700 AP (PESSIS, 2002).

morfologia em quase todo o território brasileiro (NEVES; PUCCIARELL, 1991; NEVES *et al.*, 2014; NEVES *et al.*, 2013). A presença de uma nova morfologia pode ser tomada como um aspecto para se ter em conta no amplo leque de processos que poderia ter-se desenvolvido nessa terceira fase, quando as similaridades mais antigas se dissolvem num quadro de emergente regionalização.

Por outro lado, estudos recentes com dados paleogenéticos oriundos de sepultamentos humanos de Lagoa Santa e vários outros sítios das Américas contradizem essa hipótese, apontando para uma origem biológica única das primeiras populações americanas, que teriam chegado em um lapso de tempo relativamente reduzido (POSTH *et al.*, 2018; SCHEIE *et al.*, 2018). As diferentes morfologias cranianas poderiam então ser o resultado de microevoluções regionais em um processo de diversificação interno ao continente americano (GALLAND; FRIESS, 2016).

3.3.3.1 Hipótese

Está claro que, apesar do possível viés amostral, outra territorialidade se construiu nessa terceira fase. Ou mais: outras *territorialidades* se construíram. O uso (e significado) de sítios mudou. Quando se comparam as regiões durante esse período, as diferenças se tornam muito significativas. Em certas regiões, como o Planalto Cárstico de Lagoa Santa, as cavernas e abrigos assumem papel funerário. Os abrigos arqueologicamente conhecidos na região de Diamantina não apresentam vestígios arqueológicos (ISNARDIS, 2009). Na Serra da Capivara, este é o período de maior ocupação de abrigos (em termos de número de sítios). No Peruaçu, há muitos vestígios nos abrigos, mas os artefatos complexos unifaciais saem de cena. Na região de Serranópolis, o número de sítios ocupados aumenta e eles se tornam mais similares entre si.

Essa configuração parece reforçar as mudanças que se desenhavam no fim da fase anterior, consolidando o processo de regionalização, que resultou no desenvolvimento de novos conjuntos artefatuais e novas dinâmicas de uso do espaço. As mudanças na tecnologia, mobilidade e territorialidade marcam uma nova fase no processo de povoamento. Entre 10.000 e 8.000 cal AP, parece estar o fim da lenta e gradual ocupação do Planalto Central Brasileiro que começara nos finais do Pleistoceno, e que incluiu a construção de territórios amplos e compartilhados. Como observamos ao final do período anterior, as mudanças podem estar relacionadas a crescimento demográfico, a intensificação do fluxo de informações e a mudanças ambientais.

3.3.4 Fissão, abandono, arte rupestre e a formação do registro arqueológico: rumo ao Holoceno médio e à diversidade

Para finalizar nossa longa história, a partir de 8.000 cal AP, temos outro cenário se estabelecendo no Planalto Central Brasileiro. O que vemos é um decréscimo dos indícios arqueológico nessa macrorregião. O número de sítios e de datações decai abruptamente em muitas regiões centro-brasileiras (ARAUJO *et al.*, 2003; ARAUJO, 2014). Araujo e colegas (Araujo *et al.*, 2003), num artigo publicado vinte anos atrás, definiram esse padrão de sinal arqueológico baixo como o 'Hiato do Arcaico' (*Archaic Gap*). Nesse artigo, os autores apresentam uma revisão de informações paleo-climáticas para o Brasil Central e uma revisão das amostras de datações conhecidas para sítios arqueológicos nessa mesma região. Comparando esses dois leques de dados, eles apresentaram uma hipótese para explicar a quase ausência de sítios datados do Holoceno médio no Brasil Central. Na opinião desses autores, esse fenômeno poderia ser explicado por um processo de abandono regional, devido ao contexto paleoclimático marcado por uma intensificação de aridez, que deveria ter levado a um cenário de pouca disponibilidade hídrica.

Para exemplificar uma possível explicação alternativa àquela proposta por Araujo (ARAUJO *et al.*, 2003), podemos explorar, numa escala regional, o contexto arqueológico do Centro-Norte de Minas Gerais. A região inclui cinco áreas arqueológicas que têm sido foco de pesquisas por diferentes equipes ou pela mesma equipe em períodos diferentes. De Sul para Norte, temos: Lagoa Santa, Diamantina, Montes Claros, Unaí, Peruaçu e Montalvânia. Cerca de 600 km separam Lagoa Santa, no Sul, de Montalvânia, no Norte; de Unaí, no Noroeste de Minas Gerais, até Diamantina, na borda oriental da desse conjunto de áreas, a distância é de cerca de 400 km. Tais distâncias definem uma área de quase 300.000 km².

Usando um intervalo de 500 anos (para manter o método utilizado por Araujo e colaboradores) para distribuir as amostras datadas, o que emerge do gráfico é um "padrão de alternância". Os períodos de ocupação de cada área são intercalados entre si: quando uma área não tem datações, a área vizinha tem. Isso parece ser padrão ao menos para o período entre 8.000 e 5.000 cal AP, o que sugere que temos uma integração entre essas áreas, com algum tipo de circulação de seu "centro de gravidade" (DA-GLÓRIA; BUENO, 2018).

Ao longo desse mesmo período, as indústrias líticas de todas essas regiões compartilham alguns aspectos: são raros os artefatos formais; há o predomínio de utilização de matérias-primas disponíveis localmente; a maioria dos artefatos é de pequeno tamanho, com poucos bordos retocados e baixa frequência de reavivamento; os núcleos não mostram características específicas, indicando uma ausência ou uma minimização de planejamento prévio ao processo de lascamento; não há procura por tipos específicos de suporte, mas se produzem tipos específicos de gumes sobre suportes diferentes. Apesar de variações locais possivelmente devidas a especificidades das matérias-primas, é possível dizer que durante esse período há certa similaridade entre conjuntos líticos das áreas do centro e do norte mineiros.

Quando olhamos de perto essas áreas, podemos ver, além das similaridades nas indústrias líticas, diferentes modos de territorialidade. Em que pesem os aspectos mostrados acima, os vestígios da produção de artefatos líticos concentram-se no quartzo, que é muito ubíquo na paisagem. A prática de sepultar em cavernas e abrigos é abandonada, enquanto atividades do dia-a-dia seguem tendo lugar nesses espaços. Na região de Diamantina, entre aproximadamente 15 sítios escavados pelas equipes da UFMG e da UFVJM, em três foram obtidas datas entre 7.300 e 4.400 cal AP. As escavações nesses sítios foram conduzidas pelo Prof. Marcelo Fagundes e sua equipe da UFVJM (FAGUNDES, 2016; FAGUNDES *et al.*, 2017, 2018). Esses limitados casos indicam a presença humana na região no Holoceno médio, concentrando-se numa porção específica (as vertentes orientais da Serra do Espinhaço). A marcante ausência de níveis arqueológicos datados do Holoceno médio em todos os outros sítios escavados mostra uma notável mudança na organização tecnológica e nas estratégias de mobilidade. Antes de explicar essa ausência por meio de abandono local ou regional, queremos sublinhar que absolutamente todas as datas provêm de abrigos. Portanto, nós estamos olhando para uma ausência nesses locais particulares da paisagem. O que podemos realmente dizer é que os abrigos rochosos perderam o papel que desempenhavam nas ocupações anteriores; eles não mais desempenham uma função relevante na estratégia de mobilidade e na organização tecnológica – a não ser, pelo que conhecemos até o momento, os abrigos das vertentes orientais da Serra.

No Vale do Peruaçu e na região de Montalvânia, no extremo norte de Minas Gerais, após 8.000 cal AP, não há mais sinais dos artefatos plano-convexos ou de qualquer outro tipo de artefatos líticos padronizados. A densidade das peças líticas e dos demais materiais arqueológicos decai. Entretanto, os abrigos continuam a ser usados até o Holoceno superior. As indústrias líticas acentuam as características que havíamos destacado para o período anterior. A arte rupestre se torna mais frequente, intensa e mais distinta (quando comparada a outras regiões centro-brasileiras), mas datações seguras seguem sendo escassas (Figura 3.12).

Figura 3.12 – Grafismos rupestres temática e estilisticamente muito diversos, em diferentes regiões centro-brasileiras, possivelmente realizadas no Holoceno médio: Lapa do Caboclo de Diamantina (MG) (Adaptado de Baldoni, 2016, p. 132); sítio GO-JA-01, em Serranópolis (GO) (SCHMITZ, 1997, anexo); Toca do Vento, na Serra Branca (Parque da Serra da Capivara, PI) (foto de A. Isnardis, 2018); (D) Lapa dos Desenhos, no Vale do Peruaçu (MG) (foto de A. Isnardis, 2014)

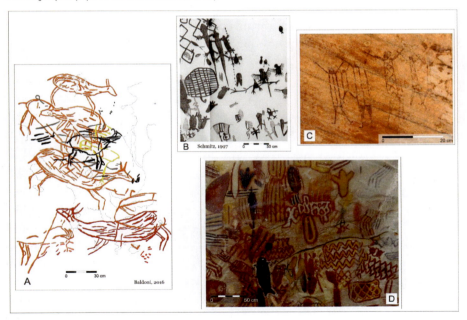

Fonte: elaborado por Andrei Isnardis, a partir de fotos de A. Isnardis 2018 (A, B, C) e 2014 (D)

Na região de Lagoa Santa (aí incluímos a vizinha Serra do Cipó, na extremidade meridional da Serra do Espinhaço), os pesquisadores apresentaram sólidas datações radiocarbônicas que indicam a composição de grafismos desde cerca de 6.300 cal AP[22]25 na Lapa Vermelha (LAMING-EMPERAIRE, 1979) até, pelo menos, 2.000 cal AP, no Grande Abrigo de Santana do Riacho (PROUS; BAETA, 1992/1993). Outra datação no mesmo sítio situa-se a 5.000 cal AP. Classificadas na bibliografia como "tradição Planalto", as pinturas mais antigas da região são dominadas por figuras zoomorfas monocrômicas (especialmente "cervídeos"), estando seguramente em voga durante o período entre as datações de Santana do Riacho (PROUS; BAETA, 1992/1993).

Significativas similaridades foram observadas entre os sítios da Serra do Cipó e de Diamantina (ISNARDIS, 2009; LINKE, 2014). Não apenas em termos de eleição dos temas, mas também em termos estilísticos e em termos de mudanças estilísticas (as figuras mais antigas da Serra do Cipó são similares às figuras mais antigas em Diamantina; o mesmo ocorrendo com as figuras mais recentes das duas áreas). Se assumimos o mesmo espectro cronológico para ambas as regiões, teremos a ocupação das paredes rochosas de Diamantina começando no mesmo período para o qual não temos níveis arqueológicos datados.

Para o Peruaçu e a região de Montalvânia, não temos datações de grafismos rupestres entre 8.800 e 3.800 cal AP (RIBEIRO, 2006). Mas esta última data, obtida em um abrigo do Peruaçu, provem de uma amostra direta de uma figura que corresponde ao último estilo da chamada "tradição São Francisco" e a primeira datação parece corresponder a seu primeiro estilo (RIBEIRO, 2006). Assim, seu desenvolvimento teria tido lugar no Holoceno médio, baseado nos dados até o momento construídos e disponíveis. Caracterizada por figuras policrômicas geométricas, abundantes e majoritariamente dispostas em suportes elevados e/ou amplos, a assim chamada "tradição São Francisco" domina as paredes rochosas no vale do Peruaçu. Tanto em aspectos temáticos quanto estilísticos, a tradição São Francisco é profundamente diferente das figuras que dominam as paredes de Diamantina, Lagoa Santa e Serra do Cipó.

Outro importante aspecto relacionado à arte rupestre no centro e norte de Minas Gerais é o fato de que parece que interações com ocupações anteriores das paredes dos abrigos são aspecto chave na composição dos painéis (ISNARDIS, 2004; RIBEIRO; ISNARDIS, 1996/97; LINKE; ISNARDIS, 2012; ISNARDIS, 2009; LINKE, 2014; LINKE *et al.*, 2020; TOBIAS JÚNIOR,

---

[22] Data de 5120 ± 130 AP

2013, 2010). Especialmente no Peruaçu e em Diamantina (onde a discussão foi mais desenvolvida), mas também em Jequitaí (entre a região de Diamantina e o Peruaçu) (TOBIAS JÚNIOR, 2010, 2013), em Montalvânia (RIBEIRO, 2006; SILVA, 2002; ALCANTARA, 2015), no sudoeste da Bahia (RIBEIRO, 2006), a continuidade através do Holoceno médio é um significativo componente da arte rupestre. Os sítios e os painéis são recursivamente pintados, no decorrer do tempo e dos desenvolvimentos locais dos estilos, conforme as análises cronoestilísticas indicam. O fenômeno sugere laços fortes com os lugares pintados, um forte senso de interação que envolve essas pessoas e seus territórios. Contudo, em cada região essas interações envolvem comportamentos diferentes, reforçando a forte diversidade cultural no Holoceno médio (para mais desenvolvimento da discussão, vide LINKE, 2008; ISNARDIS, 2004; ISNARDIS; LINKE, 2010; LINKE; ISNARDIS, 2012, LINKE *et al.*, 2020). Algumas similaridades podem ser encontradas nas áreas intermediárias entre Serra do Cipó/Diamantina e Peruaçu/Montalvânia, como em Jequitaí (TOBIAS JUNIOR., 2010), Monjolos (ALCANTARA, 2017; DIAS, 2017), Montes Claros (BUENO, 2013), assim como em áreas a Norte de Diamantina, nas referidas vertentes orientais do Espinhaço, como em Senador Modestino Gonçalves (Leite, 2016), Felício dos Santos (Greco, 2019). Os conjuntos gráficos rupestres dessas áreas apresentam algumas similitudes com as primeiras regiões, mas também especificidades locais. Eles mostram maneiras particulares de selecionar e combinar os temas compartilhados com outras regiões, integrando temas originais e compondo organizações espaciais específicas nos abrigos. À medida que as pesquisas avançam, a diversidade torna-se cada vez mais evidente.

As práticas funerárias são ainda desconhecidas para a maioria dos contextos centro-brasileiros, até a faixa dos 4.000 cal AP. A maior parte das informações para os primeiros milênios deste quarto período vem de abrigos, que parecem ter funcionado pontualmente como espaços funerários (PROUS; RODET, 2009). Entretanto, Neves aponta que a morfologia de quase todos os indivíduos conhecidos é mongolóide, similarmente às populações ameríndias contemporâneas e, mais ainda, claramente diferentes da morfologia dos indivíduos do início do Holoceno. O sítio Caixa D'Água de Buritizeiro, norte do estado de Minas Gerais, é uma importante exceção à escassez de sepultamentos no interior do Brasil durante os primeiros milênios desta quarta fase. Trata-se de um sítio a céu aberto em um antigo terraço do Rio São Francisco, que foi utilizado como espaço funerário por um longo período, entre 7.000 e 6.000 cal AP[23] (PROUS; RODET, 2009). Mas faltam ainda estudos detalhados da morfologia das dezenas de indivíduos sepultados ali.

3.3.4.1 Hipótese

Tendo por base essas interpretações e elementos, propomos que durante o Holoceno médio o que teríamos, ao menos para essa região centro-norte mineira, não seria um "abandono regional".

Se as pinturas e gravuras rupestres florescem no Holoceno médio e os sítios são fortemente marcados pela repintura dos suportes e pelas interações entre figuras mais recentes e mais antigas, não se sustenta a ideia de abandono regional. Talvez possamos trabalhar com a ideia de mudanças de territorialidade, com um diferente padrão de mobilidade e diferentes maneiras de conceber, usar e manter um território. Em lugar de pensar sobre abandono, podemos conceber tal processo como permanência, com algum tipo de dispersão de pequenas unidades sociais por regiões mais amplas, que, em certos momentos, reúnem-se em lugares específicos nessa grande região. A similaridade identificada na tecnologia lítica, essa integração entre áreas com arte rupestre distinta, a importância de reocupação de suportes e interação com ocupações precedentes, o padrão das amostras de datação que aponta para uma intercalação de intensidade de ocupação entre essas áreas; todos esses aspectos nos conduzem a propor a seguinte hipótese: durante o Holoceno médio, ao menos para o centro-norte de Minas Gerais, temos um processo de mudanças de territorialidade, que envolve não o abandono regional, mas a incorporação de áreas mais amplas num movimento de permanência que envolve integração, articulação de diferentes áreas através do espaço e do tempo.

3.4 Considerações finais e pesquisa futura

Neste capítulo, propusemos quatro distintos períodos relacionados a diferentes processos de povoamento do Planalto Central Brasileiro para uma cronologia pós- UMG. Esses períodos envolvem mudanças em tecnologia, territorialidade, mobilidade e arte rupestre. Como mencionamos,

---

[23] Não identificamos em nenhuma publicação sobre este sítio a indicação exata das datações obtidas, com apresentação do sigma e do laboratório onde foi realizada a datação. Todas as referências indicam "entre 5.100 e 6.000 anos", não calibrado.

há uma série de fatores que poderiam contribuir para essas mudanças: demografia, contato cultural, mudanças ambientais e diversificação cultural. De um ponto de vista teórico, propomos que tais aspectos devem ser considerados de forma integrada para construir uma interpretação sobre razões e sentidos relacionados a essas mudanças.

Também neste capítulo, apontamos as principais características do contexto arqueológico do Planalto Central Brasileiro associado a um contexto cronológico pré- UMG. Os dados disponíveis para este contexto têm-se avolumado nos últimos anos e uma ocupação entre 20 e 30.000 anos AP parece cada vez mais concreta, nos desafiando a repensar os modelos tradicionais sobre povoamento da América. Este contexto, no entanto, ainda está permeado por lacunas, ou melhor, descontinuidades, que podem tanto representar uma característica do processo em si, quanto questões amostrais, metodológicas. Neste sentido, apesar da relevância e importância deste contexto para discussão sobre os processos de povoamento da América e do Planalto Central Brasileiro, em específico, optamos por centrar a discussão no contexto pós- UMG, para o qual dispomos de mais dados que nos possibilitam levantar hipóteses sobre os aspectos que mencionamos no início do texto: tecnologia, mobilidade, território.

Baseados no que foi apresentado acima, podemos sintetizar esses quatro períodos ou fases como se segue:

Fase 1 – De 18.000 a 13.000 cal AP. No nível local, temos evidência de mobilidade logística sendo praticada associada, no nível regional, com territórios amplos sem fronteiras bem definidas, facilitando um intenso fluxo de pessoas, informação e bens; relacionada a uma fase de Exploração e Colonização (*sensu* Zedeño, 1997).

Fase 2 – De 13.000 a 10.000 cal AP. Ainda temos uma mobilidade logística no nível local, mais influenciada pela variabilidade sazonal do Cerrado, com crescimento demográfico no início da fase. Amplas áreas do Planalto são marcadas por um forte compartilhamento tecnológico. Rumo a seu final, podemos propor que um processo de regionalização começa a ter lugar no Planalto com um decréscimo das extensões territoriais e, apesar da fluidez dos grupos sociais com amplo compartilhamento de escolhas culturais, diferenças mais claras entre as regiões/áreas começam a se delinear no contexto arqueológico, possivelmente associadas a territorialidades distintas; esta poderia corresponder à fase de Assentamento (ZEDEÑO, 1997).

Fase 3 – De 10.000 a 8.000 cal AP. O amplo compartilhamento de organização tecnológica no Planalto Central Brasileiro se dissolve. Em seu lugar, escolhas tecnológicas e estratégias peculiares dominam a cena em cada região. A diversidade emerge e podemos ver diferentes tipos de mobilidade, outras territorialidades, que modificam o uso e o sentido das paisagens que se desenvolvem de diferentes maneiras em cada região. A arte rupestre torna- se parte da paisagem, porém ainda timidamente.

Fase 4 – Após 8.000 cal AP. A diversidade se amplia. Os grafismos rupestres se multiplicam e se tornam um forte componente das paisagens regionais. Alguns elementos de organização tecnológica são compartilhados entre as áreas, especialmente em Minas Gerais mas as indústrias líticas, funções de sítios e mobilidade são diversas ao longo do Planalto Central. Algumas áreas apresentam registros arqueológicos discretos ou perduram somente tipos específicos de vestígios (como os grafismos rupestres). Outras apresentam mudanças com relação à intensidade e dinâmica de ocupação, mas a presença humana é ainda clara e culturalmente diversa pelo Planalto Central Brasileiro.

Como explicar tais mudanças? Por que elas ocorreram?

Antes de mais nada é importante sublinhar que, embora seja possível propor essas mudanças baseado nas características do registro arqueológico, como apresentamos, nós ainda necessitamos que se produzam mais e melhores dados para construir um entendimento claro das razões que guiaram as escolhas feitas pelos povos que vivenciaram esses lugares no Brasil Central.

Como mencionamos, as mudanças identificadas na escala macrorregional a partir de 10.000 cal. AP ocorreram após um grande incremento na quantidade e na distribuição geográfica dos sítios. Como dissemos, isso poderia envolver mudanças na extensão dos territórios e seus limites, interação cultural intensificada e fluxo de informações entre grupos vivendo em lugares diferentes e crescimento demográfico, mas seguramente precisamos de melhores informações para entendermos como todas essas mudanças interagem umas com as outras.

Um aspecto notável no processo de ocupação do Planalto Central Brasileiro é que, apesar de todas essas mudanças, alguns lugares apresentam ocupações em todos os períodos. Certamente as escolhas feitas pelas pessoas que os habitaram, construíram e vivenciaram nessas diferentes fases não foram as mesmas.

Estudando a arte rupestre de alguns sítios do Vale do Peruaçu e da região de Diamantina, Linke, Isnardis e colaboradores identificaram processos de interação entre as figuras que ocuparam e reocuparam as paredes rochosas. Em ambas as regiões, as pinturas mais recentes foram dispostas nos suportes estabelecendo um intenso diálogo com as figuras mais antigas. No Peruaçu, novas pinturas são colocadas muito próximas às mais antigas de mesma temática; pinturas antigas são repintadas ou recebem um novo contorno (em uma nova cor); os espaços gráficos (os limites dos painéis), definidos pelo primeiro momento de pinturas de alguns dos grandes paredões, são mantidos (ISNARDIS, 2004, 2009). Em Diamantina, as interações são ainda mais radicais (claramente compondo um sistema diferentes de interações): novas pinturas são muitas vezes colocadas tocando os limites das figuras mais antigas; algumas vezes são colocadas dentro dos contornos das figuras precedentes ou as preenchem completamente; em muitos casos as novas pinturas não compõem figuras completas, elas são compostas parcialmente pelos traços que pertencem a figuras anteriores ou agregam novos elementos a estas, transformando-as (LINKE, 2008; ISNARDIS, 2009; LINKE; ISNARDIS, 2012; LINKE, 2014, LINKE *et al.*, 2020).

Colocando juntos todos esses aspectos, apresentamos a hipótese de que alguns lugares, uma vez selecionados como importantes marcadores na paisagem ajudaram a navegar pelos lugares inabitados ou ainda pouco conhecidos, como na fase 1, tornando-se mais e mais "Lugares de Gente" (MACHADO, 2012). Pelos vestígios materiais no solo e, especialmente, pelas pinturas e gravuras nas paredes, eles se tornam reconhecíveis como lugares ocupados, lugares que foram já vividos pelas pessoas, com as quais se poderia ter ou não engajamento direto ou mesmo reconhecimento. Na perspectiva de escala regional, poderíamos dizer que esses são lugares de temporalidades interrelacionadas, lugares que conectam pessoas através de diferentes tempos, lugares onde pessoas de diferentes tempos se engajam para sua construção continuada, realizando diferentes tipos de interação através das figuras pintadas nas paredes: negação, complementação, reiteração são todos aspectos que, curiosamente ou não, correspondem às mesmas ações que realizamos nos processos de construção de histórias e memórias (SANTOS-GRANERO, 2007).

Assim, o que tentamos construir é um entendimento para esse longo processo de exploração, colonização, assentamento e diversificação do Planalto Central Brasileiro, que não foca apenas um aspecto, nem categoriza o registro arqueológico ou explica de forma monocausal as mudanças que temos identificado. Estamos propondo que é necessário colocar juntos aspectos diversos e procurar explicações onde ambiente, demografia, tecnologia, subsistência e arte rupestre se combinam para o entendimento de histórias dinâmicas.

Referências

AIMOLA, G., ANDRADE, C., MOTA, L., PARENTI, F. Final Pleistocene and early Holocene at Sitio do Meio, Piauí, Brazil: stratigraphy and comparison with Pedra Furada. *Journal of Lithic Studies*, v. 1, n. 2, p. 5-24, 2014.

ALCANTARA, H. *Escolhas Gravadas: técnica e experiência. Uma análise das gravuras da Lapa do Posseidon, Montalvânia - norte do Sertão Mineiro.* 2015. (Monografia de graduação). Faculdade de Filosofia e Ciências Humanas, Universidade Federal de Minas Gerais, Belo Horizonte, 2015.

ALCANTARA, H. *Serras e caminhos na compreensão dos sítios de grafismos rupestres numa perspectiva de fluxos e paisagens.* 2017. (Dissertação Mestrado em Antropologia), Faculdade de Filosofia e Ciências Humanas, Universidade Federal de Minas Gerais, Belo Horizonte 2017.

ALVIM, M. C. M., FERREIRA, F. J. L. C. Os esqueletos do abrigo Toca do Paraguaio, município de São Raimundo Nonato, Piauí: estudo antropofísico. *Cadernos de Pesquisa. Serie Antropologia* v.3, n.4, p. 239-261, 1985.

ANDERSEN, D. G., BISSET, T. G., YERKA, S. J. The Late-Pleistocene human settlement of interior north America: the role of physiography and sea-level change. *In:* GRAF, K., KETRON, C. V., WATERS, M. R. (ed.). *Paleoamerican Odyssey.* College Station, Texas A&M University, 2013, p. 183-203.

ANDERSON, D., GILLAN, C. Paleoindian colonization of the America: implications from an examination of physiography, demography, and artifact distribution. *American Antiquity*, v.65, n.1, p. 43-66, 2001.

ARAUJO, A. G. M. Paleoenvironments and paleoindians in eastern south America. *In:* STANFORD, D., STENGER, A. (ed.). *Pre-Clovis in the Americas: International*

Science Conference Proceedings. Washington, Smithsonian Institution, 2014, p. 221-261.

ARAUJO, A., NEVES, W., PILO, L. B., ATUI, J. P. Holocene dryness and human occupation in Brazil during the "archaic gap". *Quaternary Research*, v.64, p. 298-307, 2003.

AULER, A., SMART, P. Late Quaternary Paleoclimatic in semi-arid northeastern Brazil from a U-series dating of travertine and water-table speleothems. *Quaternary Research*, v.55, p. 159-167, 2001.

BAETA, A. *Os grafismos rupestres e suas unidades estilísticas no Carste de Lagoa Santa e Serra do Cipó - MG*. 2011. (Tese de Doutorado em Arqueologia), Univeersidade de São Paulo, São Paulo, USP. 2011.

BARBERENA, R., MCDONALD, J., MITCHELL, P., VETH, P. Archaeological discontinuities in the southern hemisphere: A working agenda. *Journal of Anthropological Archaeology*, v.46, p. 1-11, 2017.

BARBERI, M. *Mudanças paleoambientais na região dos cerrados do Planalto central durante o Quaternário tardio*: o estudo da Lagoa Bonita. 2001 (Tese Doutorado em Geociências), Univeraidade de São Paulo, São Paulo, 2011.

BEATON, J. Colonizing continents: some problems from Australia and the Americas. *In:* DILLEHAY, T., MELTZER, D. (ed.). *The First Americans: Search and Research*. Boca Raton, CRC Press, p. 209-230, 1991.

BEHLING, H. Late quaternary vegetational and climatic changes in Brazil. *Revista de Paleobotânica e Palinologia*, v.99, n.1. p. 143-156, 1998.

BEHLING, H. South and southeast Brazilian grasslands during Late Quaternary times: a synthesis. *Palaeogeografia, Palaeoclimatololgia e Palaeoecologia*, v.17, p. 19-27, 2002.

BEHLING, H., HOOGHIEMSTRA, H. Neotropical savanna environments in space and time: late quaternary interhemispheric comparisons. *In:* MARKGRAF, V. (ed.). *Interhemispheric Climate Linkages*. New York, Academic Press, 2001, p. 307-324.

BEHLING, H., ARZ, H. W., PATZOLD, J., WEFER, G. Late Quaternary vegetational and climate dynamics in northeastern Brazil, inferences from marine core GeoB 3104-1. *Quaternary Sciences. Review*, v.19, p. 981-994, 2002.

BERNARDO, D. V., NEVES, W. A. Diversidade morfocraniana dos remanescentes ósseos humanos da Serra da Capivara: implicações para a origem do homem americano. *Fumdhamentos*, São Raimundo Nonato, v.8, p. 95-106, 2009.

BERRA, J. *A arte rupestre na Serra do Lageado, Tocantins*. 2003. (Dissertação Mestrado em Arqueologia), Universidade de São Paulo, São Paulo. 2003.

BINDÁ, N. H. *Representações do ambiente e territorialidade entre os Zo'é / PA*. 2001 Dissertação de Mestrado em Antropologia Social). Universidade de São Paulo, São Paulo, 2001.

BIRDSELL, J. B. Some predictions for the Pleistocene based on equilibrium systems among recent hunter-gatherers. *In:* LEE, R. B., DE VORE, I. (ed.). *Man the Hunter*. Chicago, Aldine, 1968, p. 229-240.

BITTENCOURT, A. L. V. Análise dos sedimentos dos abrigos. *In:* Schmitz, P. I., Rosa, A. O., Bittencourt, A. L. V. Arqueologia nos cerrados do Brasil Central: Serranópolis III. *Pesquisas-Série Antropologia*, n. 60, p. 265-286, 2004.

BOËDA, E. Deve-se recear as indústrias sobre seixo? Análise comparativa entre as indústrias pleistocênicas da Ásia Oriental e da América do Sul. *In:* LOURDEAU A., VIANA, S. A., RODET, M. J. (org.). *Indústrias líticas na América do Sul: abordagens teóricas e metodológicas*. Recife, UFPE, 2014, p. 11-36.

BOËDA, E., CLEMENTE-CONTE, I., FONTUGNE, M., LAHAYE, C., PINO, M. FELICE, G. D., GUIDON, N., HEOLTZ, S., LOURDEAU, A., PAGLI, M., PESSIS, A M., VIANA, S., DA COSTA, A., DOUVILLE, E. A new late Pleistocene archaeological sequence in South America: the Vale da Pedra Furada (Piauí, Brazil). *Antiquity* v.88, n.341, p. 927-941, 2014.

BOËDA, E., LOURDEAU, A., LAHAYE, C., FELICE, G., VIANA, S., CLEMENTE-CONTE, I., PINO, M., FONTGNE, M., HOELTZ, S., GUIDO N, N., PESSIS, A.-M., COSTA, A., PAGLI, M. The late pleistocene industries of Piauí, Brazil: new data. *In:* GRAF, K., KETRON, C., WATERS, M. (ed.). *Paleoamerican Odissey*. Center for the Study of the First Americans, Texas A&M University, p. 455-465, 2013.

BOËDA, E., ROCCA, R., COSTA, A., FONTUGNE, M., HATTE, C., CLEMENTE-COSTA, I., SANTOS, J., LUCAS, L., LOURDEAU, A., VILLAGRAN, X., GLUCHY, M., RAMOS, M., VIANA, S., LAHAYE, C., GUIDO N, N., GRIGGO, C., PINO, M., PESSIS, A. M., BORGES, C., GATO, B. New data on a pleistocene archaeological sequence in South America: Toca do Sítio do Meio, Piauí, Brazil. *PaleoAmerica*, v.2, n 4, p. 286-302, 2016.

BORRERO, L. A. The prehistoric exploration an colonization of Fuego-Patagonia. *Journal World PreHistory*, n.13, p. 321-355, 1999.

BORRERO, L. A. Ambiguity and debates on the early peopling of South America. *PaleoAmerica*, v.2, n.1, p. 11-21, 2016.

BORRERO, L. A. Con lo mínimo: los debates sobre el poblamiento de América del Sur. *Intersecciones Antropologicas*, n.16, p. 5-38, 2015.

BORRERO, L. A., MARTIN, F. Archaeological discontinuity in Ultima Esperanza: A supra-regional overview. *Quaternary International*, v.473, p. 5-38, 2017.

BOURGEON, L., BURKE, A., HIGHAM, T. Earliest Human Presence in North America Dated to the Last Glacial Maximum: New Radiocarbon Dates from Bluefish Caves, Canada. *PLoS ONE*, v.12, n.1, p. e0169486, 2017.

BRACCO, J.P.; MONTOYA, C. Le Paléolithique supérieur en Europe occidentale: de la construction des cadres classiques aux interrogations actuelles. *In:* GAGNEPAIN, J. (dir.), *La préhistoire de l'Europe occidentale: un bilan des connaissances à l'aube du Ille millénaire - travaux issus du colloque de Toulon* (Var) du 12 octubre 2005. Quison, Musée de Préhistoire des Gorges du Verdon, 2015, p. 75-86.

BRAJE T. J., DILLEHAY, T. D. ERLANDSSON, J. M., KLEIN, R. G.; RICK, T. C. Finding the first Americans. *Science*, v.358, n.6363, p. 592-594, 2017.

BRAJE, T., ERLANDSON, J.; RICK, T. C.; DAVIS, L.; DILLEHAY, T.; FEDJE, D.; FROESE, D.; GUSICK, A.; MACKIE, Q.; MCLAREN, D.; PITBLADO, B. Fladmark +40: what we have learned about a potential Pacif Coast peopling of the Americas? *American Antiquity*, v. 84, p. 1-21, 2019.

BRITT-BOUSMAN, C. Hunter-Gatherer Adaptations, economic risk and tool design. *Lithic Technology*, Abingdon-on-Times, v.18 n.1-2, p. 59-86, 1993.

BRYAN, A.; GRUHN, R. *Brazilian Studies*. Corvallis, Oregon State Univesity, 1993, 168 p.

BRYAN, A. L., GRUHN, R. Some difficulties in modeling the original peopling of the Americas. *Quaternary International*, v.109/110, p. 175-179, 2003.

BUENO, L. Arqueologia do Povoamento Inicial da América ou História Antiga da América: quão antigo pode ser um "novo Mundo". *Boletim do Museu Paraense Emílio Goeldi. Ciências Humanas*, v.14, n.2, p. 477-495, 2019.

BUENO, L. Tecnologia e Território no centro-norte mineiro: um estudo de caso na região de Montes Claros, MG, Brasil. *Revista Espinhaço*, v.2, n.2, p. 168-186, 2013.

BUENO, L. L'occupation initiale du Brésil dans une perspective macro- régionale: les cas des régions de l'Amazonie, du Nordeste et du centre du Brésil. *In:* VIALOU, D. (ed.), *Peuplements et Pre histoire en Amérique.* Paris, Éditions du Comite de travaux historiques et scientifiques, 2011, p. 209- 220.

BUENO, L. Tecnologia lítica, cronologia e sequência de ocupação: o estudo de um sítio a céu aberto na região de Lagoa Santa, MG. *Revista do Museu de Arqueologia e Etnologia*, v.20, p. 91-107, 2010.

BUENO, L. Resenha - Nossa Origem: o povoamento das Américas. *Revista Habitus*, v.2, p. 307-309, 2012.

BUENO, L. Variabilidade tecnológica nos sítios líticos do Lajeado, médio rio Tocantins. *Revista do Museu de Arqueologia e Etnologia.* Suplemento 4, p. 1-236, 2007a.

BUENO, L. Organização tecnológica e teoria do *design:* entre estratégias e características de performance. *In:* BUENO, L.; ISNARDIS, A. (org.). *Das pedras aos homens: tecnologia lítica na Arqueologia brasileira.* Belo Horizonte, Argumentum, 2007b, p. 67-94

BUENO, L. *Variabilidade tecnológica nos sítios líticos do Lajeado, médio rio Tocantins.* 2005, (Tese Doutorado em Arqueologia). Universidade de São Paulo, São Paulo, 2005.

BUENO, L., ISNARDIS, A. Peopling Central Brazilian Plateau at onset of Holocene Building territorial histories. *Quaternary International*, v.473, p. 144-160, 2018.

BUENO, L., ISNARDIS, A. Tecnologia Lítica em lagoa Santa no Holoceno Inicial. *In:* DA-GLÓRIA, P., NEVES, W., HUBBE, M. (org.). *Lagoa Santa. História das Pesquisas Arqueológicas e Paleontológicas.* São Paulo, Annablume, 2016, p. 120-135.

BUENO, L., BRAGA, A., BETARELLO, J. Abrigo do Jon e a dinâmica de ocupação do médio Tocantins ao longo do Holoceno. *Revista Especiaria—Cadernos de Ciências Humanas*, v.16 n.29, 115-149, 2017.

BUENO, L., DIAS, A. Povoamento Inicial da América do Sul: contribuições do contexto brasileiro. *Estudos Avançados USP*, v.29, n.83, p. 119-147, 2015.

BUENO, L., DIAS, A., STEELE, J. The Late Pleistocene/early Holocene archaeological record in Brazil: a geo-referenced database. *Quaternary International*, v.301, p. 74-93, 2013.

CALDERÓN, V. As tradições líticas de uma região do baixo médio São Francisco (Bahia). *In:* Calderón, V. *Estudos de Arqueologia e Etnologia.* Salvador, UFBA, 1983, p. 37-52.

CALDERÓN, V. Nota prévia sobre a arqueologia das regiões central e sudoeste do Estado da Bahia. PRONAPA, Resultados Preliminares do 2º ano, 1966-967. *Publicações Avulsas do Museu Paraense Emílio Goeldi*, v.10, p. 135-147, 1969.

COLLINS, M. B., STANFORD, D. J., LOWERY, D. L., BRADLEY, B. A. North America before Clovis: variance in temporal/Spatial cultural patterns (27,000-13,000 cal yr BP). *In:* GRAF, K., KETRON, C. V., WATERS, M.R. (ed.). *Paleoamerican Odyssey.* College Station, Texas A&M University, 2013, p. 521-539.

CUNHA, A. C. R. *Arqueologia e Geociências: análise diacrônica da gestão da matéria-prima no espaço pré-histórico da região de Diamantina, Minas Gerais, Brasil.* 2016-2017. (Tese Doutorado em Quaternário, Materiais e Cultura), Vila Real, Universidade de Trás-os-Montes e Alto Douro, 2016-2017.

CUNHA, E. Análise antropológica de 15 esqueletos da região do Parque Nacional da Serra da Capivara. *In:* PESSIS, ANNE-MARIE; MARTIN, GABRIELA; GUIDON, NIÈDE (org.). *Os biomas e as sociedades humanas na pré-história da região do Parque Nacional da Serra da Capivara, Brasil. v. IIA.* São Paulo, A&A Comunicação, 2014, p. 319-378.

DA COSTA, A. *Rupture technique et dynamiques d'occupation au cours de l'Holocène moyen au Brésil.* 2017. (Tese Doutorado em Pré-História), Nanterre, Universidade de Paris-Nanterre, 2017.

DA-GLORIA, P., NEVES, W., HUBBE, M., (ed.). *Archaeological and Paleontological Research in Lagoa Santa. The Quest for the First Americans.* Cham, Springer International Publishing. 2017.

DA-GLORIA, P., NEVES, W., HUBBE, M. (org.). Lagoa Santa: história das pesquisas arqueológicas e paleontológicas. São Paulo, FAPESP/Annablume, 2016.

DA-GLORIA, P., BUENO, L. Biocultural Adaptation and Resilience in the Hunter-Gatherers of Lagoa Santa, Central-Eastern Brazil. *In:* TEMPLE, D. H., STOJANOWSKI, C. (org.). *Hunter-Gatherer Adaptation and Resilience.* Cambridge, Cambridge University Press, 2018, p. 141-167.

DEFORGES, Y. Technologie et génétique de lóbjet industriel. Paris, Maloine, 1985, 196 p.

DE OLIVEIRA, P., BARRETO, A., SUGUIO, K. Late Pleistocene/Holocene climatic and vegetational history of the Brazilian caatinga: the fossil dunes of middle São Francisco River. *Palaeogeografia,. Palaeoclimatologia e Palaeoecologia* v.152, p. 319-337, 1999.

DIAS, A. Um Réquiem para Clovis. *Boletim do Museu Paraense Emílio Goeldi. Ciências Humanas,* v.14, n.2, p. 459-476, 2019.

DIAS, A., BUENO, L. The Initial colonization of South America Eastern Low- lands: brazilian archaeology contributions to settlement of America models. *In:* GRAF, K., KETRON, C., WATERS, M. (ed.). *Paleoamerican Odissey.* Center for the Study of the First Americans, Department of Anthropology, Texas A&M, 2013, p. 339-357.

DIAS, N. *Análise cronoestilística dos grafismos rupestres da Lapa da Fazenda Velha Mojolos, Minas Gerais.* 2017. (Monografia Bacharelado em Antropologia). Faculdade de Filosofia e Ciências Humanas, Universidade Federal de Minas Gerais. Belo Horizonte, 2017.

DILLEHAY, T. *et al.* New Archaeological Evidence for an Early Human Presence at Monte Verde, Chile. *PLoS ONE, v.*10, n.11, p.e0141923. doi:10.1371/journal. pone.0141923, 2015.

DILLEHAY, T. *A Late Pleistocene Settlement in Chile. The Archaeological Context and Interpretation. vol. 2.* Washington, Smithsonian Institution Press, 1997.

DILLEHAY, T. Entangled Knowledge: old trends and new thoughts in first South America studies. *In:* Graf, K., Ketron, C. V.; Waters, Michael R. (ed.). *Paleoamerican Odyssey.* College Station, Texas A&M University, 2013, p. 377-395.

DIXON, E. J. *Arrows and atlatls: A guide to the archaeology of Beringia.* National Park Service, Department of the Interior, 2013.

DOBRES, M. A. Early thoughts on technology and cultural complexity: peopling the relationship. *In:* MEYER, D., DAWSON, P., HANNA, D. (ed.). *Debating Complexity.* Calcary, University of Calgary, 1996, 224- 240p.

Dobres, M. A., *Technology and Social Agency: Outlining a Practice Framework for Archaeology,* Oxford/London/New York, Blackwell, 2000.

FAGUNDES, M. O Projeto Arqueológico Alto Jequitinhonha e Sítios arqueológicos, cultura material e cronologias para compreensão das ocupações indígenas holocênicas no Alto Vale do Rio Araçuaí, Minas Gerais - Brasil. *Revista Científica Vozes dos Vales,* v.10, p. 1-25, 2016

FAGUNDES, M., VASCONCELOS, A., AMARAL, M., LEITE, V., SILVA, A. Sítio Arqueológico Três Fronteiras No. 7. Um Abrigo do Holoceno Médio no Alto Araçuaí, Minas Gerais. *Clio. Série Arqueológica*, v.33, p. 14-59, 2018.

FAGUNDES, M. *et al.* O Sítio Arqueológico Sampaio, Alto Vale do Araçuaí, Felício Dos Santos, Minas Gerais: Paisagem, Cronologia e Repertório Cultural para Compreensão das Ocupações Humanas Antigas do Espinhaço Meridional. *Revista Espinhaço*, v.11, p. 65-76, 2017.

FOGAÇA, E., LOURDEAU, A. Uma abordagem tecno-funcional e evolutiva dos instrumentos plano- convexos (lesmas) da transição Pleistoceno/Holoceno no Brasil Central. *Fumdhamentos*, v.7, p. 260- 347, 2008.

FOGAÇA, E. Um objeto lítico: além da forma, a estrutura. *Canindé - Revista do Museu de Arqueologia de Xingó*, v.7, p. 11-35, 2006.

FOGAÇA, E. Instrumentos líticos unifaciais da transição Pleistoceno-Holoceno no Planalto Central do Brasil: individualidade e especificidade dos objetos técnicos. *Canindé-Revista do Museu de Arqueologia de Xingó*, v.3, p. 9-36, 2003.

FOGAÇA, E. *Mãos para o Pensamento: a variabilidade tecnológica de indústrias líticas de caçadores-coletores holocênicos a partir de um estudo de caso: as camadas VIII e VII da Lapa do Boquete (Minas Gerais, Brasil–12.000/10.500 B.P.).* 2001. (Tese Doutorado em História) Porto Alegre, Pontifícia Universidade Católica, 2001.

FOGAÇA, E., SAMPAIO, D. R., MOLINA, L. A. Nas entrelinhas da tradição: os instrumentos de ocasião da Lapa do Boquete (Minas Gerais-Brasil). *Revista de Arqueologia*, v.10, n.1, p. 71-88, 1997.

FOGAÇA, E. A Tradição Itaparica e as indústrias líticas pré-cerâmicas da Lapa do Boquete (MG- Brasil). *Revista do Museu de Arqueologia e Etnologia*, v.5, p. 145-158, 1995.

FORESTIER, H., SOPHADY, H., CALIBERTI, V. Le techno-complexe hoabinhien en Asie du Sud-est continentale: L'histoire d'un galet qui cache la forêt. Journal of Lithic Studies. V.4, n.2, p. 305-349, 2017.

GALLAND, M., FRIESS, M., A three-dimensional geometric morphometrics view of the cranial shape variation and population history in the new world. *American Journal of Human Biology*, v.28, n.5, p. 646- 661, 2016.

GRAF, K. E., KETRON, C. V., WATERS, M. R. (ed.). *Palaeoamerican Odissey*. College Station, Texas A&M University, 2013.

GRAS, A. Fragilité de la puissance: se libérer de lémprise technologique. Paris, Fayard, 2003, 312 p.

GRECO, W. *Espelho de Pedra: a estrutura emergente da arte rupestre nas matas do Alto Araçuaí, Felício dos Santos, MG.* 2019. (Dissertação Mestrado Interdisciplinar em Ciências Humanas). Diamantina, UFVJM, 2019.

GUÉRIN, C., FAURE, M. Les Cervidae (Mammalia, Artiodactyla) du Pléistocène supérieur-Holocène ancien de la région du Parc National Serra da Capivara (Piauí, Brésil). *Geobios*, V.42, n.2, p. 169-195, 2009.

GUIDON, N. O Pleistoceno superior e o Holoceno antigo no Parque Nacional da Serra da Capivara e seu entorno: as ocupações humanas. *In:* PESSIS, A. M., MARTIN, G., GUIDON, N. (org.). *Os biomas e as sociedades humanas na pré-históric da região do Parque Nacional da Serra da Capivara, Brasil. v. IIB.* São Paulo, A&A. Comunicação, 2014, p. 444-457.

GUIDON, N. A sequência cultural da área de São Raimundo Nonato, Piauí. *Revista Clio- Série Arqueológica*, v.3, p. 137-144, 1986.

GUIDON, N. A arte pré-histórica da área arqueológica de São Raimundo Nonato síntese de ez anos de pesquisa. *Revista Clio*, n. 2, p. 3-80, 1985.

GUIDON, N., DELIBIRAS, G. Carbon-14 dates point to man in the Americas 32.000 years ago. *Nature*, v.321, p. 769-771, 1986.

GROSS, D. R. Protein capture and cultural development in the Amazon Basin *American Anthropologist*, v.77, n.3, p. 525-549, 1975.

HECKENBerger, M. Estrutura, história e transformação: a cultura xinguana na *longue durée*, 1.000- 2.000 d.C. *In:* FRANCHETTO, B., HECKENBERGER, M. (org.) *Os povos do Alto Xingu: história e cultura.* Rio de Janeiro, EdUFRJ, 2001, p. 21-62.

HORÄK-TERRA, I. *et al.* Holocene climate change in central–eastern Brazil reconstructed using pollen and geochemical records of Pau de Fruta mire (Serra do Espinhaço Meridional, Minas Gerais). *Palaeogeography, Palaeoclimatology, Palaeoecology*, v.437, p. 117–131, 2015.

HUBBE, A.; HUBBE, M.; NEVES, W. The Brazilian megamastofauna of the Pleistocene/Holocene transition and its relationship with the aerly human settlement of the continent. *Earth-Science Reviews*, Vol. 118, p. 1-10, 2013.

HURT, W. The cultural complexes from the Lagoa Santa region, Brazil. *American Anthropologist*, v.62, p. 569-585, 1960.

HUBBE, M., OKUMURA, M., BERNARDO, D., NEVES, W. Cranial morphological diversity of early, middle and late Holocene Brazilian groups: implications for human dispersion in Brazil. *American Journal of Physical Anthropology*, v.114, p. 146-155, 2014.

INGOLD, T. *The Perception of the Environment. Essays on Livelihood, Dwelling and Skill.* London and New York, Routledge., 2000.

ISNARDIS, A. Na sombra das pedras grandes: as indústrias líticas das ocupações pré-coloniais recentes da região de Diamantina, Minas Gerais, Brasil. *Boletim do Museu Paraense Emílio Goeldi. Ciências Humanas*, v.12, n;3, p. 895-918, 2017.

ISNARDIS, A. Semelhanças, diferenças e rede de relações na transição Pleistoceno-Holoceno e no Holoceno inicial, no Brasil Central. *Boletim do Museu Paraense Emílio Goeldi. Ciências Humanas*, v.14, n.2, p. 399-427, 2019.

ISNARDIS, A. Pedras na areia. As indústrias líticas e o contexto horticultor do Holoceno Superior na região de Diamantina, Minas Gerais. *Revista Espinhaço*, v.2, n.2, p. 54-67, 2013.

ISNARDIS, A. Entre as pedras - as ocupações pré-históricas recentes e os grafismos rupestres da região de Diamantina, Minas Gerais. *Revista do Museu de Arqueologia e Etnologia*. Suplemento 10, p. 1-200, 2009.

ISNARDIS, A. *Lapa, parede, painel. A distribuição geográfica das unidades estilísticas de grafismos rupestres do Vale do Rio Peruaçu e suas relações diacrônicas (Alto-Médio São Francisco, Norte de Minas Gerais)*. 2004. (Dissertação Mestrado em Arqueologia), Universidade de São Paulo, São Paulo.2004.

ISNARDIS, A., LINKE, V. Paisagens construídas: a integração de elementos culturalmente arquitetados na transformação e manutenção da paisagem. *Revista de Arqueologia*, v.23, n.1, p. 42-58. 2010.

JACOBUS, A. Comparação dos vestígios faunísticos de alguns sítios arqueológicos (RS e GO). *Boletim do MARSUL*, v. 3, n. 3, p. 61-76, 1985.

ACOBUS, A.; SCHMITZ, P. I. Restos alimentares do sítio GO-JA-01, Serranópolis, Goiás. Nota prévia. São Leopoldo: Instituto Anchietano de Pesquisas, 1983.

JÁCOME, C. P. Dos Waiwai aos Pooco: fragmentos de história e arqueologia das gentes dos rios Mapuera (Mawtohrî), Cachorro (katxuru) e Trombetas (Kahu). 2017. Tese (Doutorado em Arqueologia) – Universidade de São Paulo, São Paulo, 2017.

KELLY, R. L. *The foraging spectrum: diversity in hunter-gatherer lifeways*. Washington: Smithsonian Institution Press, 1995.

KELLY, R. L. Colonization of new land by hunter-gatherers: expectations and implications based on ethnographic data. *In:* ROCKMAN, M.; STEELE, J. (ed.). *Colonization of Unfamiliar Landscapes*. London; New York: Routledge, 2003. p. 55-58.

KIPNIS, R. Padrões de subsistência dos povos forrageiros do Vale do Peruaçu. *Arquivos do Museu de História Natural e Jardim Botânico*, v. 19, p. 289-318, 2009.

KIPNIS, R. Foraging societies of Eastern Central Brazil: an evolutionary ecological study of subsistence strategies during the terminal Pleistocene and early/middle Holocene. 2002. Thesis (Doctorate in Philosophy) – University of Michigan, Ann Arbor, 2002.

KIPNIS, R. Long-term Land Tenure Systems in Central Brazil: evolutionary Ecology, Risk-Management, and Social Geography. *In:* FITZHUG, Ben; HABU, Junko (ed.). *Beyond foraging and collecting: evolutionary change in hunter-gatherer settlement systems*. New York: Kluwer Academic; Plenum Publishers, 2003. p. 181-230.

KNAPP, B.; ASHMORE, W. Archaeological landscapes: Constructed, Conceptualized, ideational. *In:* ASHMORE, W.; KNAPP, B. (ed.). *Archaeologies of Landscape Contemporary Perspectives*. Oxford: Blackwell Publishers, 1999. p. 1-30.

LAHAYE, C.; GUÉRIN, G.; BOËDA, E.; FONTUGNE, M. R.; HATTÉ, C.; FOROUIN M.; CLEMENTE-CONTE, I.; PINO, M. A.; FELICE, G. D.; GUIDON, N.; LOURDEAU A.; PAGLI, M.; PESSIS, A. M.; DA COSTA, A. New insights into a late-Pleistocene human occupation in America: the Vale da Pedra Furada complete chronological study. *Quaternary Geochronology*, v. 30, p. 445-451, 2015.

LAHAYE, C. *et al*. Human occupation in South America by 20,000 BC: the Toca da Tira-Peia site, Piauí, Brazil. *Journal of Archaeological Science*, v. 40, n. 6, p 2840-2847, 2013.

LAMING-EMPERAIRE, A. Missions archéologiques franco-brésiliennes de Lagoa Santa, Minas Gerais, Brésil - Le grand abri de Lapa Vermelha (P. L.). *Revista de Pré-História*, v. 1, p. 53-89, 1979.

LEDRU, M. P. Late quaternary environmental and climatic changes in Central Brazil. *Quat. Res.*, v. 38, p. 90-98, 1993.

LEDRU, M. P.; SALGADO-LABORIAU, M. L.; LORCHEISTER, M. L. Vegetation dynamics in southern and central Brazil during the last 10.000 yr. *Rev. Palaeobot. Palynol.*, v. 99, p. 131-142, 1998.

LEDRU, M. P. *et al.* Millenial-scale climatic and vegetation changes in a northern cerrado (northeast, Brazil) since the last glacial maximum. *Quaternary Sciences Review*, v. 25, p. 11110-11126, 2006.

LEDRU, M. P.; MOURGUIART, P. Late glacial vegetation records in the Americas and climatic implications. *In:* MARKGRAF, V. (ed.). *Interhemispheric Climate Linkages.* New York: Academic Press, 2001. p. 371-390.

LEE, R. B.; DE VORE, I. (ed.). *Man the Hunter.* Chicago: Aldine, 1968.

LEITE, V. Pinturas e flores na paisagem: análise espacial e intra-sítio em Campo das Flores, Vale do Araçuaí, Minas Gerais. 2016. Dissertação (Mestrado em Antropologia) – Universidade Federal de Minas Gerais, Belo Horizonte, 2016.

LEROI-GOURHAN, A. *Evolução e Técnicas. I – O homem e a matéria.* Lisboa: Edições 70, 1984.

LEMONNIER, P. *Elements for an Anthropology of Technology.* Ann Arbor: Museum of Anthropology, 1992.

LINKE, V. Os conjuntos gráficos pré-históricos do centro e norte mineiros: estilos e territórios em uma análise macro-regional. 2014. Tese (Doutorado em Arqueologia) – Universidade de São Paulo, São Paulo, 2014.

LINKE, V. Paisagens dos sítios de pintura rupestre da região de Diamantina. 2008. Dissertação (Mestrado em Geografia) – Universidade Federal de Minas Gerais, Belo Horizonte, 2008.

LINKE, V.; ISNARDIS, A. Arqueologia pré-histórica da região de Diamantina (Minas Gerais): perspectivas e síntese das pesquisas. *Arquivos do Museu de História Natural e Jardim Botânico*, v. 21, n. 1, p. 27-57, 2012.

LINKE, V. *et al.* Do fazer a arte rupestre: reflexões sobre os modos de composição de figuras e painéis gráficos rupestres de Minas Gerais (Brasil). *Boletim do Museu Paraense Emílio Goeldi. Ciências Humanas*, v. 15, n. 1, e20190017, 2020.

LOURDEAU, A. Vie et mort d'un support d'outil: chaînes opératoires de réaménagement des pièces façonnées unifacialement du technocomplexe Itaparica (Brésil Central). *Journal of Lithic Studies*, v. 1, n. 2, p. 87-105, 2017.

LOURDEAU, A. Industries lithiques du centre et du nord-est du Brésil pendant la transition Pléistocène-Holocène et l'Holocène ancien: la question du Technocomplexe Itaparica. *L'Anthropologie*, v. 120, n. 1, p. 1-34, 2016.

LOURDEAU, A. A Serra da Capivara e os primeiros povoamentos sul-americanos: uma revisão bibliográfica. *Boletim do Museu Paraense Emílio Goeldi. Ciências Humanas*, v. 14, n. 2, p. 367-398, 2019.

LOURDEAU, A. Lithic technology and prehistoric settlement in Central and Northeast Brazil: definition and spatial distribution of the Itaparica technocomplex. *PaleoAmerica*, v. 1, n. 1, p. 52-67, 2015.

LOURDEAU, A.; PAGLI, M. Indústrias líticas pré-históricas na região da Serra da Capivara, Piauí, Brasil. *In:* PESSIS, A. M.; MARTIN, G.; GUIDON, N. (org.). *Os biomas e as sociedades humanas na pré-história da região do Parque Nacional da Serra da Capivara, Brasil.* v. IIB. São Paulo: A&A Comunicação, 2014. p. 550-635.

LOURDEAU, A. Tecnologia lítica e primeiros povoamentos no Sudoeste do Estado de Goiás. *In:* MOURA, M. C. O.; VIANA, S. A. (org.). *A transversalidade do conhecimento científico.* Goiânia: Editora PUC-GO, 2013. p. 73-96.

LOURDEAU, A. Le technocomplexe Itaparica: définition techno-fonctionnelle des industries à pièces façonnées unifacialement à une face plane dans le centre et le nord-est du Brésil pendant la transition Pléistocène-Holocène et l'Holocène ancien. 2010. Thèse (Doctorat en Préhistoire) – Université Paris Ouest Nanterre, Nanterre, 2010.

LOWERY, D. L. *et al.* Late Pleistocene upland stratigraphy of the western Delmarva Peninsula, USA. *Quaternary Science Reviews*, v. 29, n. 11/12, p. 1472-1480, 2010.

LUCAS, L. de O. Mudanças técnicas entre o Holoceno inicial e médio: o caso da Toca do João Leite (PI). *Habitus*, v. 13, n. 2, p. 41-56, 2016.

MACHADO, J. Lugares de gente: mulheres, plantas e redes de troca no delta amazônico. 2012. Tese (Doutorado em Antropologia) – Universidade Federal do Rio de Janeiro, Rio de Janeiro, 2012.

MARKGRAF, V. *et al.* Paleoclimate reconstruction along the pole-equator-pole transect of the Americas (PEP 1). *Quaternary Science Review*, v. 19, p. 125-140, 2000

MARTIN, G. *Pré-História do Nordeste do Brasil.* Recife: UPFE, 1997.

MARTIN, G. O cemitério pré-histórico Pedra do Alexandre em Carnaúba dos Dantas, RN. *Revista Clio*, n. 11, p. 43-57, (1996).

MARTIN, G.; ROCHA, J. O adeus à Gruta do Padre, Petrolândia, Pernambuco: a tradição Itaparica de caçadores-coletores no médio São Francisco. *Clio - Série Arqueológica*, Recife, v. 1, n. 6, p. 31-44, 1990.

MELO, P. P. de. *A transição do Pleistoceno ao Holoceno no Parque Nacional Serra da Capivara- Piauí-Brasil: uma contribuição ao estudo sobre a antiguidade da presença humana no sudeste do Piauí*. 2007. Tese (Doutorado em História) – Universidade Federal de Pernambuco, Recife, 2007.

MORALES, W. *12.000 anos de ocupação: um estudo de arqueologia regional no médio curso do rio Tocantins, TO*. 2005. Tese (Doutorado em Arqueologia) – Universidade de São Paulo, São Paulo, 2005.

MORENO DE SOUZA, J. C. *Cognição e Cultura no Mundo Material: Os Itaparicas, os Umbus e os "Lagoassantenses"*. 2014. Dissertação (Mestrado em Arqueologia) – Universidade de São Paulo, São Paulo, 2014.

MOURA, R. T. Vertebrados da região do Vale do Peruaçu: análise da fauna de mamíferos. *Arquivos do Museu de História Natural e Jardim Botânico*, v. 19, p. 129-158, 2009.

NEVES, W. A.; HUBBE, M. Cranial morphology of early Americans from Lagoa Santa, Brazil: implications for the settlement of the New World. *Proceedings of the National Academy of Sciences*, v. 102, n. 51, p. 18309-18314, 2005.

NEVES, W.; GONZÁLEZ-JOSÉ, R.; HUBBE, M.; KIPNIS, R.; ARAUJO, A.; BLASI, O. Early Holocene skeletal remains from Cerca Grande, Lagoa Santa, Central Brazil, and the origins of the first Americans. *World Archaeology*, v. 36, n. 4, p. 479-501, 2004.

NEVES, W. A.; PROUS, A.; GONZÁLEZ-JOSÉ, R.; KIPNIS, R.; POWELL, J. F. Early Holocene human skeletal remains from Santana do Riacho, Brazil: implications for the settlement of the New World. *Journal of Human Evolution*, v. 45, n. 1, p. 19-42, 2003.

NEVES, W.; PUCCIARELLI, H. Morphological affinities of the first Americans: an exploratory analysis based on early South American human remains. *Journal of Human Evolution*, v. 21, p. 261-273, 1991.

NEVES, W.; HUBBE, M.; STRAUSS, A.; BERNARDO, D. Morfologia craniana dos remanescentes ósseos humanos da Lapa do Santo, Lagoa Santa, Minas Gerais, Brasil: implicações para o povoamento das Américas. *Boletim do Museu Paraense Emílio Goeldi. Ciências Humanas*, v. 9, p. 715-740, 2014.

NEVES, W. A.; HUBBE, M.; BERNARDO, D.; STRAUSS, A.; ARAÚJO, A.; KIPNIS, R. Early human occupation of Lagoa Santa, Eastern Central Brazil: craniometric variation of the initial settlers of South America. *In:* GRAF, K.; KETRON, C.; WATERS, M. (ed.). *Paleoamerican Odyssey.* College Station: Texas A&M University, 2013. p. 397-412.

NEVES, W.; ARAUJO, A.; BERNARDO, D.; KIPNIS, R.; FEATHERS, J. Rock art at the pleistocene/Holocene boundary in eastern south America. *PLoS One,* v. 7, n. 2, e32228, 2012.

OLIVEIRA, J. E.; VIANA, S. A. O Centro-Oeste antes de Cabral. *Revista USP,* v. 44, p. 142-189, 1999.

OLIVEIRA-FILHO, A.; RATTER, J. Vegetation physiognomies and Woody Flora of the cerrado Biome. *In:* OLIVEIRA, P.; MARQUIS, R. (ed.). *The Cerrados of Brazil Ecology and Natural History of a Neotropical Savanna.* New York: University of Columbia Press, 2003.

OLMOS, F.; BARBOSA, M.; FÁTIMA, R.; ANDRADE, R. M. G. de. Biodiversidade no Holoceno: a Fauna. *In:* PESSIS, A. M.; MARTIN, G.; GUIDON, N. (org.). *Os bioma e as sociedades humanas na pré-história da região do Parque Nacional da Serra da Capivara, Brasil.* v. IIA. São Paulo: A&A Comunicação, 2014. p. 206-252.

PAGLI, M.; LUCAS, L. de O.; LOURDEAU, A. Proposta de sequência tecnocultura da Serra da Capivara (Piauí) do Pleistoceno final ao Holoceno recente. *Caderno do CEOM,* v. 29, n. 45, p. 243-267, 2016.

PARENTI, F.; FAURE, M.; DA LUZ, F.; GUÉRIN, C. Pleistocene faunas and lithic industries in the Antonião Rockshelter (Coronel José Dias, Piauí, Brazil): studying their association. *Current Research in the Pleistocene,* v. 19, p. 89-91, 2002.

PARENTI, F. *Le gisement quaternaire de Pedra Furada (Piauí, Brésil): stratigraphie, chronologie, évolution culturelle.* Paris: Editions Recherche sur les Civilisations, 2001

PARENTI, F. Old and new on the same site: putting Vale da Pedra Furada into a wider context. A comment to Lahaye *et al.* 2015. *Quaternary Geochronology,* v. 30, p. 48-53, 2015.

PARENTI, F. *Le gisement quaternaire de la Pedra Furada: Stratigraphie, chronologie, évolution culturelle.* 1993. Thèse (Doctorat en Archéologie Préhistorique) – École des Hautes Études en Sciences Sociales, Paris, 1993.

PESSENDA, L. C.; RIBEIRO, A.; GOUVEIA, S.; ARAVENA, R.; BOULET, R.; BENDAS-SOLLI, J. A. Vegetation dynamics during the late Pleistocene in the Barreirinhas region, Maranhão State, northeastern Brazil, based on carbon isotopes in soil organic matter. *Quaternary Research*, v. 62, p. 183-193, 2004.

PESSIS, A. M., MARTIN, G., GUIDON, N. (org.). 2014 *Os biomas e as sociedades humanas na pré-história da região do Parque Nacional da Serra da Capivara, Brasil. v. IIA-IIB.* São Paulo, A&A Comunicação. Pessis, A. M. 2003 *Imagens da Pré-História: Parque Nacional Serra da Capivara.* São RaimundoNonato, FUNDHAM.

PESSIS, A. Do estudo das gravuras rupestres no ordeste do Brasil. *Revista Clio*, n.15, p. 25-44, 2002.

PEYRE, E.; GRANAT, J.; GUIDON, N. Dentes e crânios humanos fósseis do Garrincho (Brasil) e o povoamento antigo da América. *Fumdhamentos*, v. 8, p. 63-69, 2009.

PINTO DA LUZ, C.; HORÁK-TERRA, I.; CHRISTÓFARO, A.; VIDAL-TORRADO, P. Pollen record of a tropical peatland (Pau de Fruta) from the Serra do Espinhaço Meridional, Diamantina, state of Minas Gerais - angiosperms eudicotyledons. *Revista Brasileira de Paleontologia*, v. 20, n. 1, p. 3-22, 2017.

POSTH, C. *et al.* Reconstructing the Deep Population History of Central and South America. *Cell*, v. 175, p. 1-13, 2018.

PROUS, A. As primeiras populações do estado de Minas Gerais. *In:* TENÓRIO, Maria Cristina (org.). *Pré-História da Terra Brasilis.* Rio de Janeiro: UFRJ, p. 101-114, 1999.

PROUS, A. Santana do Riacho Tomo I. *Arquivos do Museu de História Natural e Jardim Botânico da UFMG*, v. 12, p. 1-18, 1991b.

PROUS, A. *Arqueologia Brasileira.* Brasília: Editora UnB, 1992.

PROUS, A. *Arqueologia Brasileira. A pré-história e os verdadeiros colonizadores.* Cuiabá: Archaeo; Carlini & Caniato Editorial, 2019.

PROUS, A. Histórico das pesquisas no Alto Médio São Francisco e problemática geral. *Arquivos do Museu de História Natural*, v. 17/18, p. 1-7, 1996-1997.

PROUS, A.; BAETA, A. Elementos de cronologia, descrição de atributos e tipologia. *Arquivos do Museu de História Natural e Jardim Botânico da UFMG*, v. XIII, p. 241-332, 1992/1993.

PROUS, A.; RODET, M. J. Introdução. *Arquivos do Museu de História Natural e Jardim Botânico*, v. 19, p. 11-19, 2009.

PROUS, A.; FOGAÇA, E. Archaeology of the Pleistocene-Holocene boundary in Brazil. *Quaternary International*, v. 53/54, p. 21-41, 1999.

PROUS, A.; SCHLOBACH, M. Sepultamentos pré-históricos do Vale do Peruaçu -MG. *Revista do Museu de Arqueologia e Etnologia*, v. 7, p. 3-21, 1997.

PROUS, A.; RIBEIRO, L. (org.). A arqueologia do Alto-médio São Francisco: região de Montalvânia. *Arquivos do Museu de História Natural*, v. 17/18, 1996/1997.

PROUS, A.; COSTA, F.; ALONSO, M. Arqueologia da Lapa do Dragão. *Arquivos do Museu de História Natural*, v. 17/18, p. 139-210, 1996-1997.

PROUS, A.; LIMA, M. A.; FOGAÇA, E.; BRITO, M. E. A indústria lítica da camada III da Lapa do Boquete, Vale do rio Peruaçu, MG (Brasil). *In:* CONGRESSO DA ASSOCIAÇÃO BRASILEIRA DE ESTUDOS DO QUATERNÁRIO, 3., Belo Horizonte Anais [...]. Belo Horizonte: ABEQUA, 1992. p. 342-362.

PUGLIESE, F. Os Líticos de Lagoa Santa: um estudo sobre organização tecnológica de caçadores-coletores do Brasil Central. 2008. Dissertação (Mestrado em Arqueologia) – Universidade de São Paulo, São Paulo.

RAMALHO, J. B. O Artesanato da Pedra Lascada no Sítio Cajueiro, Correntina, BA Tecnologia Lítica. 2013. Dissertação (Mestrado em Arqueologia) – Universidade Federal de Sergipe, Aracaju.

RESENDE, E.; CARDOSO, J. Vestígios vegetais: arqueobotânica e técnicas tradicionais de armazenamento. *Arquivos do Museu de História Natural e Jardim Botânico*, v. 19, p. 231-260, 2009.

RIBEIRO, L. Os significados da similaridade e do contraste entre estilos de arte rupestre: um estudo regional das gravuras e pinturas do Alto-Médio São Francisco 2006. Tese (Doutorado em Arqueologia) – Universidade de São Paulo, São Paulo

RIBEIRO, L.; ISNARDIS, A. Os Conjuntos Gráficos do Alto-Médio São Francisco (vale do Rio Peruaçu e Montalvânia) - caracterização e sequências sucessórias *Arquivos do Museu de História Natural e Jardim Botânico da UFMG*, v. 17/18, p 243-285, 1996/1997.

RIODA, V.; CANDELATO, F.; MOTA, L.; PARENTI, F. Jazidas de rochas silicosas na área do Parque Nacional Serra da Capivara (Piauí, Brasil): primeiros dados geoarqueológicos. *Revista do Museu de Arqueologia e Etnologia*, Vol. 21, p. 103-113, 2011

ROBRAHN-GONZALEZ, E.; DE BLASIS, P. Pesquisa Arqueológicas no Médio Vale do Rio Tocantins: o resgate no eixo da UHE Luis Eduardo Magalhães. *Revista de Arqueologia*, v. 10, n. 1, p. 7-50, 1997.

ROCKMAN, M. Knowledge and learning in the archaeology of colonization. *In:* ROCKMAN, M.; STEELE, James (ed.). *Colonization of unfamiliar landscapes: the archaeology of adaptation.* London: Routledge, p. 3-24, 2003.

RODET, M. J. Étude technologique des industries lithiques taillées du Nord de Minas Gerais, Brésil, depuis le passage Pléistocène/Holocène jusqu'au contact (XVIIIème siècle). 2006. Thèse (Doctorat en Préhistoire) – Université Paris Nanterre, Nanterre.

RODET, M. J.; DUARTE-TALIM, D.; BASSI, L. F. Reflexões sobre as primeiras populações do Brasil Central: "Tradição Itaparica". *Habitus*, v. 9, n. 1, p. 81-100, 2011.

ROSA, A. Assentamentos pré-históricos da região de Serranópolis: análise dos restos faunísticos. *In:* SCHMITZ, P. I.; ROSA, A. O.; BITTENCOURT, A. L. V. *Arqueologia nos cerrados do Brasil Central: Serranópolis III.* Pesquisas-Série Antropologia, v. 60, p. 221-264, 2004.

SAHLINS, M. A sociedade afluente original. *In:* SAHLINS, M. *Cultura na Prática.* Rio de Janeiro: Ed UFRJ, p. 105-151, 2007.

SALGADO-LABOURIAU, M. L.; BARBERI, M.; FERRAZ-VICENTINI, K.R.; PARIZZI, M.G. A dry climatic event during the late Quaternary of tropical Brazil. *Review of Paleobotany and Palynology*, Vol. 99, n. 2, p. 115-129, 1998.

SALGADO-LABORIAU, M. L.; CASSETI, V.; FERRAZ-VICENTINI, K. R.; MARTIN, L.; SOUBIES, F.; SUGUIU, K.; TURCQ, B. Late quaternary vegetational and climatic changes in cerrado and palm swamp from central Brazil. *Palaeogeography, Palaeoclimatology, Palaeoecology*, v. 128, p. 215-226, 1997.

SANTOS-GRANERO, F. Time is disease, Suffering, and oblivion: Yanesha Historicity and the Struggle against temporality. *In:* FAUSTO, C.; HECKENBERGER, M. (ed.). *Time and Memory in Indigenous Amazonia. Anthropological Perspectives.* Gainnesville: University Press of Florida, p. 47-73, 2007.

SCHEIB, C. L. *et al.* Ancient human parallel lineages within North America contributed to a coastal expansion. *Science*, v. 360, p. 1024–1027, 2018.

SCHIFFER, M.; SKIBO, J. The Explanation of Artifact Variability. *American Antiquity*, v. 62, n. 1, p. 27-50, 1997.

SCHMITZ, P. I. O estudo das indústrias líticas: o PRONAPA, seus seguidores e imitadores. *In:* BUENO, L.; ISNARDIS, A. (org.). *Das pedras aos homens: tecnologia lítica na arqueologia brasileira.* Belo Horizonte: Argumentum, p. 21-31, 2007.

SCHMITZ, P. I. Os grupos de sítios: a indústria lítica. *In:* SCHMITZ, P. I.; ROSA, A. O.; BITTENCOURT, A. L. V. *Arqueologia nos cerrados do Brasil Central: Serranópoli: III.* Pesquisas - Série Antropologia, v. 60, p. 15-210, 2004.

SCHMITZ, P. I. Caçadores-Coletores do Brasil Central. *In:* TENÓRIO, M. C. (org.) *Pré-História da Terra Brasilis.* Rio de Janeiro: Editora UFRJ, p. 89-100, 1999.

SCHMITZ, P. I. *Serranópolis II: as pinturas e gravuras dos abrigos.* São Leopoldo Instituto Anchietano de Pesquisas, 1997.

SCHMITZ, P. I. Prehistoric hunters and gatherers of Brazil. *Journal of World Prehistory,* Vol. 1, n. 1, p. 53-126, 1987.

SCHMITZ, P. I.; ROSA, A. O.; BITTENCOURT, A. L. V. *Arqueologia nos cerrados dc Brasil Central: Serranópolis III.* São Leopoldo: Instituto Anchietano de Pesquisas v. 60, 2004.

SCHMITZ, P. I.; BARBOSA, A. S.; MIRANDA, A. F. de; RIBEIRO, M. B.; BARBOSA M. de O. Arqueologia nos Cerrados do Brasil Central-Sudoeste da Bahia e Leste de Goiás: o Projeto Serra Geral. *Pesquisas - Série Antropologia,* v. 52, 1996.

SCHMITZ, P. I.; BARBOSA, A. S.; JACOBUS, A. L.; RIBEIRO, M. B. Arqueologia nos cerrados do Brasil Central: Serranópolis I. *Pesquisas - Série Antropologia,* v 44, p. 9-208, 1989.

SCHMITZ, P. I. A evolução da cultura no sudoeste de Goiás. *In:* SCHMITZ, P. (org.). *Estudos de arqueologia e pré-história brasileira em memória de Alfredo Teodorc Rusins.* Pesquisas - Série Antropologia, v. 31, p. 41-84, 1980.

SIGAUT, F. Un couteau ne sert pas à couper mais en coupant. Structure, fonction-nement et fonction dans l'analyse des objets. *In: 25 ans d'études technologiques en Préhistoire. XIe Rencontres Internationales d'Archéologie et d'Histoire d'Antibes.* Juan-les-Pins: Éditions APDCA, p. 21-34, 1994.

SIGAUT, F. TECHNOLOGY. IN: INGOLD, T. (ed.), *companion encyclopedia of anthropology.* Routledge, London and New York, 1994, P. 420-459.

SILVA, M. C. Os grafismos rupestres do Abrigo do Posseidon: desordem e cro-no-estilística na arte rupestre do alto-médio São Francisco (MG). Dissertação (Mestrado em História) – Universidade Estadual de Campinas, Campinas, 2002.

SIMONDON, G. *Du mode d'existence des objets techniques.* Paris: Éditions Aubier-Montagne, 1958.

SOUZA, J. C. M. de; ARAUJO, A. G. de M. Microliths and polished stone tools during the Pleistocene-Holocene transition and early Holocene in South America: the Lagoa Santa lithic industry. *PaleoAmerica*, v. 4, n. 3, p. 219-238, 2018.

STEELE, J.; ROCKMAN, M. Where do we go from here? Modelling the decision-making process during exploratory dispersal. *In:* ROCKMAN, M.; STEELE, J. (ed.). *Colonization of Unfamiliar Landscapes: the Archaeology of Adaptation*. London: Routledge, p. 130-143, 2003.

STRAUSS, A. As práticas mortuárias dos primeiros americanos. Um estudo de caso: o sítio arqueológico Lapa do Santo. Dissertação (Mestrado em Ciências Biológicas) – Universidade de São Paulo, São Paulo, 2010.

STRAUSS, A.; RODRIGUES, I.; BAETA, A.; VILLAGRAN, X.; *et al.* The archaeological record of Lagoa Santa (East-Central Brazil): from the Late Pleistocene to historical times. *In:* Auler, S.; Pessoa, P. (ed.). Lagoa Santa Karst: Brazil's iconic Karst Region. NY, Springer, 2020, p. 227-281.

SUGUIO, K. *Geologia do quaternário e mudanças ambientais*. São Paulo: Oficina de Textos, 1999.

TOBIAS JÚNIOR, R. A Arte Rupestre de Jequitaí entre práticas gráficas padronizadas e suas manifestações locais: interseções estilísticas no sertão mineiro. Dissertação (Mestrado em Antropologia) – Universidade Federal de Minas Gerais, Belo Horizonte, 2010.

TOBIAS JÚNIOR, R. Arte rupestre de Jequitaí/MG: suas relações internas em oposição ao contexto arqueológico do Centro Norte Mineiro. *Revista Espinhaço*, v. 2, n. 2, p. 132-146, 2013.

VERGNE, M. C. Arqueologia do Baixo São Francisco: estruturas funerárias do Sítio Justino - região de Xingó, Canindé do São Francisco, Sergipe. Tese (Doutorado em Arqueologia) – Universidade de São Paulo, São Paulo, 2005.

VIALOU, Á. Santa Elina rockshelter, Brazil: evidence of the coexistence of man and Glossoterium. *In:* MIOTTI, L.; SALEMME, M.; FLEGENHEIMER, N. (ed.). *Where the South Winds Blow*. Texas: Texas A&M University Press, p. 21-28, 2003.

VIALOU, Á. *Pré-História do Mato Grosso: Santa Elina*. São Paulo: Edusp, 2005.

VIALOU, Á. Occupations humaines et faune éteinte du Pleistocène au centre de l'Amérique du Sud: l'abri rupestre Santa Elina, Mato Grosso, Brésil. *In:* VIALOU, D. (ed.). *Peuplements et Préhistoire en Amérique*. Paris: Éditions du Comité des Travaux Historiques et Scientifiques, p. 193-208, 2011.

VIALOU, D.; BENABDELHADI, M.; FEATHERS, J.; FONTUGNE, M.; VILHENA VIALOU, Á. Peopling South America's centre: the late Pleistocene site of Santa Elina. *Antiquity*, v. 91, n. 358, p. 865-884, 2017.

VILHENA VIALOU, Á. (org.). *Pré-história do Mato Grosso: Santa Elina*. São Paulo: EdUSP, 2005.

VILHENA VIALOU, Á. Santa Elina rockshelter, Brazil: evidence of the coexistence of man and Glossotherium. *In:* MIOTTI, L.; SALEMME, M.; FLEGENHEIMER, N. (ed.). *Where the South Winds Blow: ancient evidence of paleo South Americans*. Austin: Texas A&M University Press, p. 21-28, 2003.

WERNECK, F. P. The diversification of eastern South American open vegetation biomes: historical biogeography and perspectives. *Quaternary Sciences Review*, v. 30, p. 1630–1648, 2011.

WERNECK, F. P.; COSTA, G. C.; COLLI, G. R.; PRADO, D.; SITES Jr., J. W. Revisiting the historical distribution of Seasonally Dry Tropical Forests: new insights based on palaeodistribution modelling and palynological evidence. *Global Ecology and Biogeography*, v. 20, p. 272–288, 2011.

WERNECK, F. P.; NOGUEIRA, C.; COLLI, G. R.; SITES Jr., J. W.; COSTA, G. C. Climatic stability in the Brazilian Cerrado: implications for biogeographical connection of South American savannas, species richness, and conservation in a biodiversity hotspot. *Journal of Biogeography*, v. 39, n. 9, p. 1696-1706, 2012.

WIESSNER, P. Risk, reciprocity and social influences on! Kung San economies *In:* LEACOCK, E.; LEE, R. (ed.). *Politics and history in band societies*. Cambridge: Cambridge University Press, p. 61-84, 1982.

WIESSNER, P. *Hxaro: a regional system of reciprocity for reducing risk among! Kung San*. Thesis (Doctorate in Anthropology) – University of Michigan, Ann Arbor, 1977.

ZEDEÑO, M. N. Landscape, land use, and the history of territory formation: an example of the Puebloan Southwest. *Journal of Archaeological Method and Theory*, v. 4, n. 1, p. 67-103, 1997.

ZEDEÑO, M. N. On what people make of places. *In:* SCHIFFER, M. (ed.). *Social Theory in Archaeology*. Salt Lake City: The University of Utah Press, p. 97-111, 2000.

ZEDEÑO, M. N.; ANDERSON, D. T. Agência e Política na Formação Territorial de Caçadores-Coletores. *Revista de Arqueologia*, v. 23, n. 1, p. 10-29, 2010.

A ANTIGUIDADE DA PRESENÇA HUMANA NA AMAZÔNIA: BALANÇO DAS PESQUISAS E SUAS IMPLICAÇÕES PARA A ARQUEOLOGIA BRASILEIRA

Claide de Paula Moraes

É mais comum ouvir falar dos sítios arqueológicos amazônicos relacionados a períodos pré-coloniais mais recentes: as grandes aldeias da Amazônia deixaram marcos permanentes de sua presença, como as extensas áreas de terra preta, os aterros, tesos e *mounds* e as grandes valas que podem ser defensivas ou formar estruturas geométricas de função ainda pouco conhecida. Deste período, o que mais chama a atenção, certamente, são as elaboradas cerâmicas de formas complexas, ricamente ornamentadas com apliques, incisões e pinturas. Menos comum é saber que essa história pré-colonial é mais profunda, e que as implicações dos dados arqueológicos amazônicos podem ser importantes para entender os primeiros povoamentos do território brasileiro e das Américas como um todo.

Neste capítulo, apresento uma revisão de dados arqueológicos disponíveis sobre a Amazônia para discutir as ocupações antigas. Antes de abordar essa complexa história, é importante desconstruir algumas afirmações feitas sobre a presença humana na região, em especial, sobre a ideia de homogeneidade amazônica, com a qual estamos mais acostumados.

4.1 Colonialismo, degeneração e uma floresta sem passado

Os primeiros arqueólogos trabalhando na Amazônia dividem a região, basicamente, em dois compartimentos, sendo 98% a floresta de terra firme e 2% as áreas de várzea (MEGGERS, 1971, p. 38). Definidas essas proporções, algumas premissas orientaram as primeiras buscas por sítios arqueológicos e, desta forma, os sítios recentes, de visibilidade maior, predominam no conhecimento a respeito do passado amazônico e a cerâmica assume o papel de principal vestígio arqueológico amazônico. Ricamente elaboradas, as cerâmicas amazônicas logo alimentam a ideia de que civilizações avançadas, com tecnologias sofisticadas seriam responsáveis por sua feitura (NETTO, 1870). O contraponto comparativo eram as sociedades indígenas que, no século XIX, período mais efervescente dessas construções interpretativas, já haviam sofrido impactos significativos e operado muitas mudanças necessárias à manutenção de sua sobrevivência diante do cenário colonial que se apresentava. A ruptura entre o período das belas cerâmicas arqueológicas e a condição dos povos indígenas da época foi ignorada, talvez pela falta de informação sobre as consequências dos séculos de contato e pelo extermínio das populações nativas promovido pela máquina colonial. Além disso, os principais exemplos que temos de populações indígenas desse período são, justamente, as que estavam mais próximas dos centros de colonização da região.

Pensando a partir deste pano de fundo, fica mais fácil contextualizar a obra de Karl Frederich Philip von Martius, *O Estado de Direito entre os Autóctones do Brasil* (1982). Nessa obra, Martius apresenta a ideia de degeneração cultural e coloca os indígenas como representantes de um dos últimos estágios do processo civilizacional. Com isso, a ciência do século XIX serve como alento e justificativa para o genocídio promovido pelo colonialismo. Os vestígios arqueológicos ganham um papel importante, pois eles seriam a prova material de que sociedades avançadas e prósperas já haviam ocupado os mesmos lugares que os indígenas daquele período. Ao propor uma origem externa dessas sociedades avançadas, a naturalização do colonialismo também se cristaliza. Martius descreve os estágios da degeneração de maneira a convencer o leitor de que, na ausência do colonialismo, o tempo se encarregaria de extinguir as populações indígenas.

Os primeiros esforços de síntese arqueológica da Amazônia seguem fielmente as ideias de Martius. Os achados da Ilha de Marajó e da então Guiana Brasileira, pesquisados por Ferreira Pena, Emílio Goeldi, Ladislau Netto, entre outros, apresentam os vestígios arqueológicos do baixo Amazonas com a premissa de que eram sofisticados demais para ter origem local (BARRETO, 1992). Sobre uma peça de cerâmica encontrada no lago Arary, Ladislau Netto afirma o seguinte:

> Esta curiosa antigualha, que foi achada n'uma ibicuára perto do lago Arary, na ilha de Marajó, é feita de argilla mui fina e recommenda-se particularmente pela delicada pintura que a adorna, a qual consta de linhas pretas, rectas, quebradas e

> parallelas ou unindo-se em angulo recto sobre fundo branco. Nenhuma tribu das que há tres séculos são conhecidas no Brazil seria capaz de fabricar objectos tão perfeitos como este corioso adorno ou alavio de recato ou talvez de superstição. O indivíduo que o fabricou era mais do que um intelligente filho de nossas florestas — era quasi um artista da civilização moderna, era um espírito em que se conserva vão idéas não pouco desenvolvidas e quiçá um sentimento notável da arte asiática (NETTO, 1870, p. 251-252).

A antropologia norte-americana e a arqueologia amazônica foram fortemente influenciadas pelas ideias de Martius (NOELLI; FERREIRA, 2007). Além do degeneracionismo cultural, Martius sugeriu no texto "Os índios (a raça cor de cobre) e sua história como parte da história do Brasil" que só nas terras altas ('países elevados', em suas palavras) se encontrariam vestígios das antigas civilizações americanas (MARTIUS, 1982, p. 58). Na organização do *Handbook of South American Indians* (LOWIE, 1948), de Julian Steward, e na arqueologia desenvolvida por Meggers e Evans no Brasil, essas ideias foram seguidas, desenvolvidas e reafirmadas em diversas publicações.

Se a origem dos povos amazônicos é externa e se eles são a degeneração do que foram antes, não há antecedentes de sua existência nesse território. Portanto, a arqueologia desenvolvida até 1980 não dedicou esforços para procurar sítios antigos. Ainda assim, evidências de alguns sítios potencialmente antigos surgiam em um local ou outro da Amazônia. Betty Meggers admite a possibilidade de que a presença dos humanos na Amazônia pode ser muito antiga, mas suas afirmações desencorajam esforços para pesquisar tais evidências:

> O malogro em descobrir vestígios igualmente tão antigos na Amazônia não implica, forçosamente, que a região tenha sido evitada pelo homem primitivo. Há explicações plausíveis como alternativa. Em primeiro lugar, a ausência de pedras apropriadas explica provavelmente o fato de que instrumentos e armas foram feitos de madeira e de outros materiais passíveis de rápida desintegração sob os efeitos da umidade. Em segundo lugar, somente o estabelecimento humano com muitos anos de duração acarreta modificações no solo capazes de revelar sua localização; os acampamentos de curta duração não deixam vestígios. Em terceiro lugar, a contínua oscilação do leito do rio e as aluviões anuais dificilmente permitiriam que os terrenos da várzea que

haviam sido adequados para a ocupação humana alguns milênios atrás ainda hoje estivessem intatos. Em quarto lugar, a densa vegetação que encobre a superfície do solo esconde qualquer artefato que por acaso tenha permanecido no local (MEGGERS, 1987, p. 64-65).

Do ponto de vista ecológico, a mesma premissa é defendida por Donald Lathrap:

> Para grupos com tecnologia e sistema social bem adaptados à caça cooperativa nos campos abertos, a floresta tropical não teria sido um ambiente atraente para ocupação permanente ou uso intensivo. Seria de se esperar que a maioria das áreas de vegetação mais aberta, incluindo os planaltos de leste do Brasil, os Llanos da Venezuela e Colômbia, e partes das terras altas da Guiana estivessem ocupadas antes que grupos com uma orientação especificamente de caça tentassem uma penetração direta na bacia Amazônica. De fato, não há evidência arqueológica direta de que tal penetração tenha ocorrido (LATHRAP, 1968, p. 26, tradução nossa).

Em outro texto, Meggers (1990) afirma que, nos contextos arqueológicos amazônicos, apenas a cerâmica é abundante e duradoura no registro. Curiosamente, logo nos meus primeiros trabalhos em um dos sítios arqueológicos mais importantes da Amazônia, o sítio Porto, na cidade de Santarém (Pará), constatei que os vestígios de artefatos líticos lascados são mais abundantes do que os cerâmicos (MORAES *et al.*, 2014). Mesmo que o legado teórico de Meggers já tenha sido duramente criticado (NOELLI; FERREIRA, 2007; SCHAAN, 2007; ROOSEVELT, 1991), na parte prática, principalmente nos trabalhos de campo, pouco mudou na metodologia implementada durante o PRONAPA e o PRONAPABA. Os cortes estratigráficos de 1 x 1 m, escavados em níveis artificiais de 10 cm, ainda são adotados na maior parte dos trabalhos arqueológicos executados na Amazônia. Como essa metodologia foi desenvolvida com foco em sítios cerâmicos, a maior parte das pesquisas que detectou sítios antigos só o fez porque os locais coincidiam com sítios cerâmicos mais recentes. O que é mais preocupante é que, com o avanço de grandes obras de impacto permanente, como hidrelétricas e mineradoras, em diversos lugares da Amazônia, muitos sítios antigos podem estar sendo destruídos sem sequer serem identificados. Portanto, conclui-se que a pouca quantidade de sítios antigos conhecidos na Amazônia se deve mais ao viés metodológico das pesquisas do que propriamente a uma maior dificuldade na detecção ou preservação desses vestígios antigos.

As distintas tradições teóricas que inauguraram a arqueologia profissional no Brasil criaram dois Brasis arqueológicos (ver: BARRETO, 1999). O título de um dos capítulos do livro *História dos Índios no Brasil*, "As ocupações pré-históricas do Brasil (excetuando a Amazônia)" de autoria de Niéde Guidon (1992), é bastante elucidativo nisso. Não se trata de uma deficiência da autora como pesquisadora, mas do fato de não serem frequentes os diálogos entre os que desenvolvem pesquisas dentro da Amazônia e fora dela. Como a Amazônia tem várias nacionalidades, parece estar dentro da normalidade apresentá-la sem nenhuma. Mas, como discutir arqueologia brasileira excetuando a Amazônia? Se considerarmos a definição legal de Amazônia, estamos falando de quase 60% do território brasileiro.

4.2 Muitas Amazônias

A Bacia Amazônica possui cerca de 7,5 milhões de km², dos quais cerca de 5,5 milhões são considerados Floresta Amazônica. Na arqueologia, estamos acostumados a pensar esta vastidão territorial como uma unidade homogênea, porém, a diversidade amazônica é muito maior que a divisão entre terra firme e várzea. Um ponto de diversidade muito significativo na Amazônia está relacionado com os rios. Uma classificação proposta por Harald Sioli (1950) divide os rios da Amazônia em três categorias: águas brancas, águas pretas e águas cristalinas. Os rios de águas brancas ou barrentas recebem esse nome em função da carga de sedimentos que transportam em suas águas. São rios que nascem nos Andes — como o próprio Amazonas, o Madeira e o Juruá. Muitos dos rios de águas cristalinas também têm suas nascentes fora da Amazônia, como o Xingu, o Tapajós e o Aripuanã, que nascem no Planalto Central Brasileiro. Muitos dos que nascem na própria Amazônia têm águas escuras devido à acidez e à decomposição da vegetação de matas de regiões alagadiças, conhecidas como igapós. como é o caso do Rio Negro. A diversidade das águas tem relação com a litologia dos locais das nascentes e por onde percorrem. Ou seja, os solos desses lugares são diversificados e, portanto, a vegetação e a fauna aquática também o são.

Um dos pontos que apoiaram o desinteresse na procura de evidências de ocupações antigas na floresta tropical foi a afirmação de que há uma ausência de rochas adequadas para a produção de ferramentas (MEGGERS,

1971). Isso teria, por um lado, diminuído o interesse das populações antigas pela região e, por outro lado, limitado as possibilidades de reconhecimento dos vestígios perecíveis por parte dos arqueólogos. De fato, em grandes porções do território Amazônico, principalmente na planície aluvial do rio Amazonas, existem poucos afloramentos rochosos. Mas essa não é a realidade de toda a Amazônia. Enquanto o rio Amazonas é navegável em toda a extensão brasileira, a maior parte de seus afluentes é encachoeirado sendo que estas áreas, além de pontos estratégicos para atividades de pesca e coleta de fauna aquática, são fontes de coleta de matéria-prima lítica para a produção de ferramentas lascadas, polidas e brutas. Na bacia do rio Tapajós, por exemplo, existe uma grande diversidade litológica, com dezenas de cachoeiras e inúmeros pontos de afloramento nas margens. Mesmo no baixo curso, já com influências da porção sedimentar do rio Amazonas, os afloramentos ainda são visíveis e, nas praias que surgem no período de vazante, podem ser coletados seixos de volume e matéria-prima adequados para a produção de ferramentas líticas.

Além dos afloramentos nos cursos dos rios, existem diversos pontos com afloramentos no interior que formam abrigos e cavernas (Figura 4.1 - A). Sabemos que os abrigos naturais não são prerrogativas para a existência de sítios de ocupações antigas, mas são pontos onde a facilidade de identificar vestígios da presença humana favorece o trabalho dos arqueólogos. Pouco investimento foi feito na Amazônia para o mapeamento de abrigos naturais que podem conter evidências da presença humana, mas, de acordo com os dados fornecidos pelo Centro Nacional de Pesquisa e Conservação de Cavernas[24](CECAV), existem mais de 4.000 abrigos e cavidades conhecidas na região norte do Brasil, sendo que só no estado do Pará são mais de 2.600 registros.

Em muitos lugares, as feições ruiniformes dos afloramentos, a dinâmica da sedimentação e o embasamento rochoso próximo à superfície alteram completamente as feições paisagísticas da Amazônia. No município de Monte Alegre, no Pará, a vegetação se assemelha muito a cerrados e campos abertos do Planalto Central Brasileiro (PASTANA, 1999) (Figura 4.1 - B). Fazendo limite com essa paisagem nos municípios vizinhos de Santarém (Alenquer, Óbidos e Oriximiná), a várzea do rio Amazonas pode ter mais de 100 km de extensão do leito principal do rio (Figura 4. 1 - C).

---

[24] http://www.icmbio.gov.br/cecav/index.php?option=com_icmbio_canie&controller=pesquisa&itemPesq=true. Acesso em: 11 jan. 2019.

A menos de 200 km, seguindo para o noroeste, temos a típica floresta densa, comumente descrita como floresta de terra firme (Figura 4.1 - D).

Camuflados embaixo desse tapete verde, as ocorrências de afloramentos e abrigos continuam mesmo distante dos principais rios. Traçando uma linha reta de cerca de 500 km para o sudeste de Monte Alegre, temos outra região com uma grande concentração de abrigos e cavidades — a de Carajás, no Pará. Santos e colaboradores (2016) classificam a vegetação da região em seis tipos distintos. Essa região também apresenta áreas com vegetação bastante diferenciada — um destaque significativo é a presença de vegetação xerofítica nas áreas de canga, formando paisagens rupestres arbustivas e campos abertos (Figura 4.1 - E).

O conhecimento acumulado por povos indígenas nesses diferentes ambientes demonstra classificações infinitamente mais sofisticadas que as propostas de compartimentações dos biomas amazônicos. Um estudo apresentado por Shepard e colaboradores (2001) com os Matsigenka da Amazônia Peruana demonstra que eles classificam pelo menos 69 tipos distintos de habitats dentro de seu território. Esse sistema complexo envolve o reconhecimento de diferenças na vegetação, topografia, hidrologia, tipos de solos, distúrbios, fauna, entre outros. Quando comparados através dos métodos da ciência ocidental, duas parcelas classificadas como equivalentes pelos indígenas apresentam também equivalências do ponto de vista botânico (SHEPARD *et al.*, 2001, p. 7). Esses exemplos pontuais reforçam a ideia de que a diversidade do mosaico amazônico, de sua história e de seus usos é muito mais significativa que a dicotomia terra firme/várzea.

Figura 4.1 — A) Gruta Labirinto do Cuititeiro, Monte Alegre, Pará. B) Vegetação típica da região de Monte Alegre, vista a partir da Serra da Lua. Ao fundo está o Rio Amazonas. C) Vista aérea da várzea do Rio Amazonas nas proximidades do município de Alenquer, Pará. D) Vista aérea de uma floresta densa no município de Oriximiná, Pará. E) Vegetação de canga na região de Carajás, Pará.

Fontes: A) e B) Fotos de Claide Moraes (2012). C) Foto de Claide Moares (2015); D) Maps Apple (2020); E) Foto Marcos Magalhães (2020).

4.3 Sobre os sítios antigos da Amazônia

Desde a publicação da revisão dos dados sobre sítios antigos da Amazônia brasileira apresentada por Bueno (2010), o número de sítios arqueológicos conhecidos não mudou significativamente. No entanto, alguns dos caminhos apontados como promissores, como a revisão dos dados e as novas investidas sobre sítios e regiões já conhecidos, ampliaram muito as possibilidades interpretativas. Talvez o maior ganho nesse sentido na arqueologia amazônica dos últimos anos tenha sido um crescente otimismo no tocante à preservação dos contextos arqueológicos antigos e, em particular, dos vestígios orgânicos (faunísticos e botânicos) que têm ampliado a forma de compreensão das características dessas ocupações. Apesar de haver poucos sítios, a representatividade geográfica deles (na Colômbia, na Bolívia, no Suriname e no Brasil, em lugares como Mato Grosso, Baixo Amazonas, Carajás, Amazônia Central, Roraima e Rondônia) mostra uma evidência sólida da presença humana antiga na Amazônia (Figura 4.2).

Figura 4.2 – Principais sítios arqueológicos antigos na Amazônia: 1) Abrigo do Sol; 2) Caverna da Pedra Pintada; 3) vários sítios em Carajás; 4) Cerro Azul; 5) Peña Roja; 6) Isla del Tesoro; 7) Sambaqui Monte Castelo; 8) Sambaqui de Taperinha; 9) Dona Stela; 10) sítios na Savana Sipaliwini; 11) Arara Vermelha; 12) Teotônio; 13) sítio no rio Jamari.

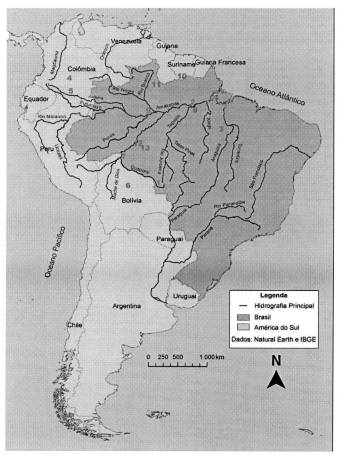

Fonte: adaptado pelo autor das referências bibliográficas abaixo analisadas. Mapa elaborado por Thiago Umberto Pereira (2020)

4.3.1 Abrigo do Sol

O sítio arqueológico mais antigo da Amazônia e um dos primeiros descobertos é o Abrigo do Sol, escavado por Eurico Miller por volta de 1970. Esse sítio, localizado em território Nambiquara, na Chapada dos

Parecis, Mato Grosso, é praticamente desconsiderado quando se trata da antiguidade da ocupação humana na Amazônia, já que quase nenhuma informação foi publicada a respeito das pesquisas que Miller desenvolveu durante os três anos de trabalhos de campo. Curiosamente, esse sítio foi estudado pois, ao ser levado pelos Nambiquara até o abrigo, Jesco Puttkamer (fotógrafo e cinegrafista que acompanhou e documentou várias expedições de contato com povos indígenas brasileiros, tornando-se colaborador do Instituto Goiano de Pré- História e Antropologia) pensou ter encontrado os vestígios das lendárias amazonas. Fascinado com o tema, logo tratou de fazer contato com arqueólogos dispostos a estudar o sítio (RESENDE, 2013). Eurico Miller, que assumiu a tarefa, não dedicou muitos esforços para a divulgação dessas pesquisas, para além de algumas informações e datas sobre o sítio em dois artigos e em sua dissertação de mestrado (MILLER, 1983, 2009a, 2010). Ainda assim, faltam informações mais detalhadas sobre as indústrias líticas e a sequência estratigráfica do sítio. Miller (2010) ainda apresenta duas datações muito antigas para este sítio, de 14.470 e 19.400 anos AP, sendo a última proveniente de uma amostra coletada entre 610 e 620 cm. Assim, a publicação mais detalhada disponível a respeito do sítio Abrigo do Sol é um artigo de divulgação apresentado na revista *National Geographic* (PUTTKAMER, 1979), que traz fotos de uma grande escavação desenvolvida por Miller durante as etapas de campo ocorridas em 1974, 1975 e 1977. Segundo o texto, as sondagens atingiram camadas a mais de 8 metros de profundidade. O texto também informa que foram coletadas cerca de 8.500 peças líticas, além de grande número de fragmentos cerâmicos nas camadas mais próximas da superfície. As ilustrações também dão conta do fato de que o sítio é rico em gravuras, o que ainda não havia sido publicado.

Em 2010, durante minha pesquisa de doutorado, Miller cedeu um banco de dados com centenas de datas inéditas para todos os sítios pesquisados por ele na Amazônia. Como pode ser visto na Tabela 4.1, foram datadas 25 amostras do sítio Abrigo do Sol. Sem acesso às coleções ou à documentação de campo, é difícil saber o que significam as datas invertidas na estratigrafia e quais contextos estão sendo datados. No entanto, se pensarmos na quantidade de material arqueológico e na longa sequência, esse sítio deveria ser reavaliado antes de ser desconsiderado. Fernanda Costa Resende (2013), em uma tentativa de recuperar informações primárias dos cadernos de campo e documentação imagética produzida por Jesco Puttkamer (com o auxílio de Eurico Miller), desenvolveu com o material uma pesquisa que aponta vários caminhos promissores. Um dado interessante que ela levanta e que não foi explorado em outras publicações é o fato de as escavações terem evidenciado blocos gravados em estratigrafia, com possíveis datas de até 11.000 anos. Carente de maiores confirmações, se estiver correta, essa pode ser uma das evidências mais antigas de arte rupestre no Brasil.

Tabela 4.1 – Quadro de datas radiocarbônicas inéditas, organizado por Eurico Miller, apresentando as amostras datadas no sítio Abrigo do Sol

Ano	Unidade	Área escavada	Nível	Datação radiocarbônica
1974	M-12	2x2	210-220	115 ± 55 (SI-3105)
1974	M-15	2x2	240-250	1.890 ± 65 (SI-3735)
1977	N-12	2x2	670-680	1.940 ± 160 (SI-3483)
1977	N-12	2x2	550-560	5.730 ± 60 (SI-3478)
1977	11-N	2x2	350-360	5.750 ± 60 (SI-3473)
1977	12-N	2x2	360-370	6.130 ± 65 (SI-3105)
1977	M-12	2x2	600-620	6.470 ± 100 (N-3062)
1977	M-12	2x2	500-520	6.730 ± 85 (N-3057)
1977	M-12	2x2	560-580	6.900 ± 65 (SI-3741)
1977	M-12	2x2	580-600	7.130 ± 85 (N-3061)
1977	N-12	2x2	380-390	7.190 ± 70 (SI-3474)
1977	M-12	2x2	540-560	7.695 ± 65 (SI-3740)
1977	N-12	2x2	630-640	7.875 ± 85 (SI-3481)
1977	N-12	2x2	400-410	7.970 ± 75 (SI-3475)
1977	N-12	2x2	490-500	8.930 ± 100 (SI-3736)
1977	N-12	2x2	650-660	9.115 ± 160 (SI-3482)
1977	O-13	2x2	350-360	9.245 ± 120 (SI-3739)
1977	N-12	2x2	580-600	9.370 ± 70 (SI-3479)
1977	O-13	2x2		9.410 ± 120 (N-3227)
1977	N-12	2x2	530-540	9.775 ± 70 (SI-3737)
1977	N-12	2x2	500-520	10.405 ± 100 (SI-3476)

Ano	Unidade	Área escavada	Nível	Datação radiocarbônica
1977	N-12	2x2	540-550	12.300 ± 95 (SI-3477)
1977	O-12	2x2	560-580	14.470 ± 450 (SI-3738)
1974	O-13	2x2	530-540	14.700 ± 195 (N-2359)
1977	N-12	2x2	600-620	19.400 ± 1.100 (SI-3480)

Fonte: adaptado dos arquivos pessoais não publicados, organizados e cedidos por Eurico Miller ao autor em 2010

4.3.2 A região de Monte Alegre

O segundo sítio mais antigo da Amazônia é a Caverna da Pedra Pintada ou Gruta do Pilão, como foi primeiramente nomeado (Figura 4.3 - A). Por estar localizado muito próximo do Rio Amazonas, no município de Monte Alegre, Pará, o sítio é conhecido desde as viagens dos naturalistas no século XIX. Wallace, Charles Hartt e Katzer são alguns dos que mencionaram os sítios da região (PEREIRA, 2003). A Caverna da Pedra Pintada é parte de um complexo de sítios com pinturas rupestres, além de outros sítios a céu aberto com terra preta, cerâmica e lítico. Nos anos 1920, Curt Nimuendajú foi o primeiro a fazer descrições mais detalhadas sobre os paineis rupestres e alguns dos contextos arqueológicos da área. Na ocasião, desenhou também um mapa, registrando vários dos locais com vestígios arqueológicos, onde encontramos a Caverna da Pedra Pintada, descrita como Casa de Pedra (NIMUENDAJÚ, 2004, p. 149).

No final dos anos 1980, Edithe Pereira iniciou um estudo da arte rupestre da região, identificando vários sítios arqueológicos (PEREIRA, 1992, 1996, 2003). Contudo, é só com a divulgação dos primeiros resultados do trabalho de Anna Roosevelt e sua equipe, em meados dos anos 1990 (ROOSEVELT *et al.*, 1996), que uma primeira sequência cronológica é estabelecida para a Caverna da Pedra Pintada. A equipe coordenada por Roosevelt escavou um contexto apresentando uma sequência de ocupação duradoura, com grande concentração de vestígios líticos e sementes carbonizadas. Um quadro apresentando 56 datações radiocarbônicas não calibradas, todas com mais de 10.000 anos — sendo as duas mais antigas de 11.110 ± 310 e 11.145 ± 135 anos AP — gerou um grande debate sobre hipóteses pré-Clóvis para o povoamento das Américas (ROOSEVELT *et al.*, 1996, p. 380-381).

Conforme discutido por Bueno (2010, p. 556), esse foi também um dos poucos sítios amazônicos onde, de fatos, uma indústria lítica associada à produção de pontas de projétil bifaciais pode ser constatada. Além disso, artefatos unifaciais também estavam presentes no material recuperado. Roosevelt e equipe também utilizaram os dados das coleções botânicas, faunísticas e vestígios possivelmente associados à arte rupestre para propor que os povos antigos da Amazônia se diferenciavam substan-cialmente dos caçadores especializados da cultura Clóvis. Sua cultura e seu modo de vida estariam baseados na produção de um conjunto muito mais variado de instrumentos, na criação de arte rupestre de estilo local e em uma dieta muito mais diversificada, também com plantas e animais típicos da Amazônia (ROOSEVELT *et al.*, 1996).

Entretanto, grande parte das coleções provenientes do sítio foram levadas para os Estados Unidos e nunca retornaram ao Brasil. Esse impor-tante acervo se tornou praticamente inacessível para outros pesquisadores. Em 2012, Edithe Pereira organizou uma equipe para dar continuidade às pesquisas na região de Monte Alegre, estando os trabalhos ainda em anda-mento. Tenho a oportunidade de participar dessa equipe e, em 2014, junto a Cristiana Barreto, coordenei uma nova escavação na Caverna da Pedra Pintada. Nosso principal objetivo era constituir uma coleção de referência deste sítio que pudesse estar disponível para estudo em uma instituição brasileira. Com os novos dados, pudemos confirmar a sequência cronológica identificada pela equipe de Roosevelt e esboçar uma sequência cronológica mais detalhada para a arte rupestre (PEREIRA; MORAES, 2019). Vestígios possivelmente associados à arte rupestre estão presentes em todos os períodos da ocupação do sítio. Diferenças técnicas e estilísticas dos motivos pintados sugerem que diferentes momentos compõem os painéis rupestres, com intensificação da produção de pinturas em períodos mais recentes (PEREIRA; MORAES, 2019). Apesar de ainda não contarmos com outro sítio com cronologia equivalente à da Caverna da Pedra Pintada, a continuidade das pesquisas ampliou o número de sítios conhecidos na região. Alguns dados preliminares permitem dizer que existem outros sítios associados à ocupação da Pedra Pintada, pois só uma parte do processo de confecção das ferramentas foi executada no sítio (PEREIRA *et al.*, 2016).

Em 2016, Christopher Davis publicou um trabalho sugerindo que um dos sítios rupestres da região, o Painel do Pilão, apresenta cronologia equivalente à Caverna da Pedra Pintada (DAVIS, 2016). Tive oportunidade de revisar a coleção de material lítico proveniente do sítio e não pude identificar materiais que possam ser associados a qualquer atividade antrópica e sugiro, portanto, que esses dados devem ser vistos com cautela.

4.3.3 Carajás

Dentre os locais mencionados neste capítulo, a região de Carajás, Pará, é a que apresenta o maior número de pesquisas arqueológicas e, consequentemente, o maior número de sítios antigos identificados. Até o momento, 21 sítios arqueológicos apresentam datas não calibradas entre 7.000 e 10.000 anos AP (MAGALHÃES *et al.*, 2016). Vários dados sobre a região de Carajás já são conhecidos há bastante tempo. Quando iniciou as pesquisas nos anos 1980, a equipe liderada por Mário Simões descobriu sítios antigos importantes, como a Gruta do Gavião, que apresentava datas próximas a 8.000 anos AP (MAGALHÃES *et al.*, 2016, p. 269). Os dados mais recentes trazem informações bastante interessantes, por exemplo, sobre a existência de sítios novos, como a Gruta da Capela, que apresentou uma sequência cronológica com sete datações próximas dos 10.000 anos AP (datas não calibradas) (MAGALHÃES *et al.*, 2016, p. 297). Os quase 70 sítios com cronologia construída através de datações radiocarbônicas sistematizados por Marcos Magalhães e colaboradores (2016, p. 296-308) mostram que desde 10.000 anos AP até o presente, não existe nenhum intervalo significativo sem evidência da presença humana em Carajás. Isso demonstra que, mesmo diante de possíveis mudanças climáticas ocorridas no Holoceno, a região sempre se manteve atrativa para os humanos. Outro dado interessante é que os sítios com datas mais recuadas que 7.000 anos não se restringem às áreas naturalmente abrigadas, uma vez que também há sítios a céu aberto entre os mais antigos da região.

Sobre as indústrias líticas desse período antigo, na região de Carajás, predominam artefatos de pequeno porte, sem forma definida e lascados principalmente através de percussão direta com percutor duro, sendo muito significativa também a percussão sobre bigorna. A principal matéria-prima explorada é o quartzo, e sugere-se que a disponibilidade volumétrica de matéria-prima e sua performance não permitiriam a confecção de artefatos elaborados. No entanto, um dos artefatos encontrados no sítio a céu aberto Esperança II é justamente uma ponta bifacial em quartzo hialino, com datas de 5.440 ± 30 anos AP (MAGALHÃES *et al.*, 2016, p. 284-285; MAIA e RODET, 2018). Destaca-se ainda que as pesquisas recentes têm evidenciado, em vários locais da Amazônia, a presença de pontas bifaciais em contexto arqueológico. Contudo, pontas de projétil descontextualizadas não podem ser tomadas *a priori* como uma evidência de ocupação antiga, conforme sugere Bueno (2010, p. 557).

Outra informação interessante vinda da região de Carajás está relacionada aos dados paleobotânicos. Alguns vestígios presentes nos próprios contextos arqueológicos e, principalmente, as características da vegetação atual no entorno dos sítios vêm demonstrando concentrações de espécies úteis aos humanos, em particular os caminhos de acesso aos sítios arqueológicos, que mostram sinais de alteração antrópica pela concentração de certas espécies (SANTOS *et al.*, 2016). Santos e colaboradores (2016) mencionam 49 espécies, catalogadas em quatro fisionomias distintas da região (floresta, vegetação xerofítica, área inundada com palmeiras e campos naturais), classificadas como utilidade medicinal, alimentícia, tóxica, atrativo de caça, material, ritualística e combustível.

4.3.4 Amazônia Colombiana

Os dados iniciais de uma pesquisa desenvolvida por Gaspar Morcote-Rios em um abrigo chamado Cerro Azul, localizado no município de San José del Guaviare, na bacia do rio Guayabero, apresentaram datas contemporâneas às da região de Monte Alegre (MORCOTE-RIOS *et al.*, 2017). Apesar da distância, as semelhanças não são meramente cronológicas. Trata-se de uma das poucas regiões amazônicas onde pinturas rupestres puderam ser identificadas em grandes concentrações, em diversos abrigos sob rocha e paredões rochosos. As escavações mostram grande concentração de peças líticas lascadas, restos faunísticos e botânicos, com uma estratigrafia que apresenta uma sequência de ocupação ininterrupta. Até o momento, os pesquisadores apresentaram apenas duas datações absolutas, sendo a dos níveis iniciais da ocupação uma data não calibrada de 10.360 ± 40 anos AP (MORCOTE-RIOS *et al.*, 2017).

Sendo um dos pioneiros na análise de microvestígios botânicos na Amazônia, Morcote-Rios traz dados botânicos interessantes a respeito do sítio. As análises de restos botânicos carbonizados e fitólitos apontam para um uso expressivo de palmeiras de diferentes fisionomias da paisagem. Macrovestígios de sementes carbonizadas foram recuperados em grande quantidade; entre eles estão, por exemplo, *E. precatória* (açaí) e *O. bataua* (patauá). Os fitólitos também confirmaram a expressiva ocorrência de palmeiras, com destaque para a identificação em nível de espécie de *M. Flexuosa* (buriti) (MORCOTE-RIOS *et al.*, 2017, p. 76-77).

Outro destaque importante das pesquisas de Morcote-Rios na Amazônia colombiana é o sítio Peña Roja, na margem do rio Caquetá. Esse sítio a céu aberto apresentou várias datas não calibradas entre 8.000 e 9.000 anos AP, sendo a mais antiga uma data de 9.250 ± 140 anos AP (MORCOTE-RIOS *et al.*, 2014). Mais uma vez, destaca-se o fato de que os vestígios mais recorrentes no sítio são evidências botânicas, tanto macro quanto micro vestígios. Novamente, predominam as palmeiras, mas aparecem também tubérculos, plantas frutíferas e inclusive cultivares como o milho. Entre as palmeiras estão várias espécies de *Astrocarium*, como o tucumã, além de *Attalea racemosa* (babaçu), *Euterpe precatória* (açaí), *Oeoncarpus bacaba* (bacaba), *Oenocarpus bataua* (patauá), *Mauritia flexuosa* (buriti), entre várias outras.

4.3.5 Llanos Bolivianos

Aqui inserimos uma outra categoria de sítios que mostra o tamanho da diversidade das estratégias de ocupação humana na Amazônia. Nos Llanos de Mojos, região da Bolívia semelhante ao pantanal brasileiro, foi identificado o que pode ser um dos sambaquis mais antigos da América do Sul. O sítio Isla del Tesoro é um aterro artificial construído, principalmente, com conchas e algumas camadas de terra em uma área sazonalmente alagada, formando na paisagem atual uma ilha de floresta que se destaca em uma área de campo. Numa abordagem amparada principalmente por estudos de amostras de sedimento, com método de prospecção com sondagens de maior profundidade, Lombardo e colaboradores (2013) construíram uma cronologia com datas recuando até 9.420 ± 50 anos AP (não calibradas) para evidências da presença humana numa região onde não existe afloramentos de matéria-prima lítica, a não ser a longas distâncias. Evidências de restos faunísticos de moluscos, répteis, aves, peixes e mamíferos foram documentados na sequência estratigráfica. Nos níveis mais recentes foram encontrados restos humanos, pontas confeccionadas em osso e fragmentos cerâmicos. Outro dado interessante que ajuda a confirmar a presença humana nas camadas mais antigas vem das análises químicas dos sedimentos, pela constatação da presença de um esteroide (coprostanol) indicativo de concentração de fezes humanas (LOMBARDO *et al.*, 2013, p. 5).

Em 2020 a mesma equipe ampliou significativamente as informações sobre os sítios da região, demonstrando que os mapas sobre as ocupações antigas da Amazônia ainda possuem muito para ser adicionado (LOMBARDO *et al.*, 2020). Utilizando sensoriamento remoto, os pesquisadores identificaram mais de 6,5 mil ilhas de floresta na parte sazonalmente alagada dos Llanos. Os trabalhos de campo revelaram que mais de 4.000 dessas feições podem ter sido construídas artificialmente. Nestes sítios foram evidenciados vestígios de plantas domesticadas como abóbora e mandioca, com datas de mais de 10.000 anos, além de vestígios de milho com data calibrada de 6.850 anos AP.

4.3.6 Outros Sambaquis Amazônicos

Na Amazônia brasileira também foram documentados sambaquis com cronologias antigas em duas regiões distantes do litoral (onde essa forma de ocupação só surge em períodos mais tardios). No início dos anos 1980, Eurico Miller escavou o Sambaqui Monte Castelo, próximo à foz do rio Branco com o rio Guaporé (Rondônia), perto da fronteira com a Bolívia. O sítio tem cronologia com datas antigas, atingindo 8.350±80 anos AP, próximo dos 7 m de profundidade (datas não calibradas) (MILLER 2009a, 2009b; PUGLIESE, 2018). Miller (2009b, p. 113) destaca evidências de consumo de plantas como frutas, raízes e sementes, entre elas, arroz silvestre, além de gastrópodes, caranguejos e uma grande diversidade de peixes. Vários mamíferos, aves, quelônios e répteis também estão presentes. Segundo Miller (2009b, p. 114), por volta de 4.000 anos AP, surge, nas camadas desse sambaqui, a evidência de uma indústria cerâmica elaborada, denominada fase Bacabal. Para Miller, essa seria uma evidência de conexão dessas populações com áreas externas à Amazônia.

Recentemente, as pesquisas foram retomadas em Monte Castelo e os novos dados sugerem uma intensa utilização das palmeiras (PUGLIESE, 2018). Além disso, as novas escavações indicam que a cerâmica nesse sambaqui pode ser mais antiga do que o proposto por Miller, com datas próximas dos 8.000 anos. A análise de micro vestígios do sítio sugere que uma variedade de arroz amazônico pode ter sido domesticada nessa região (HILBERT *et al.*, 2017).

Localizado na margem direita do rio Amazonas, no município de Santarém (Pará), a mais de 600 km do litoral, está o Sambaqui de Taperinha (Figura 4.3 - B). Na margem oposta, um pouco a jusante estão os sítios de Monte Alegre. No século XIX, Charles Hartt promoveu escavações no Sambaqui de Taperinha e coletou algumas amostras. No final dos anos 1980, Anna Roosevelt datou uma concha proveniente destas amostras e obteve uma datação de 5.705±80 anos AP (não calibrada). Com esta informação, promoveu novas escavações no sítio e obteve datas ainda mais recuadas para o contexto, chegando a 7.090±80 anos AP (ROOSEVELT *et al.*, 1991). Roosevelt e colaboradores informaram que, além dos vestígios faunísticos diretamente ligados à construção do sítio e/ou alimentação (moluscos, quelônios e peixes, principalmente), foram encontrados alguns poucos artefatos líticos brutos e algumas lascas, bem como cerâmica que, segundo as informações estratigráficas, teriam uma cronologia tão antiga quanto a do próprio sítio. Estas passaram então a ser uma das evidências mais antigas de cerâmica nas Américas. No entanto, apesar destas evidências, a produção de cerâmica só ganhou popularidade no interior da Amazônia por volta dos 3.000 anos (NEVES *et al.*, 2014).

4.3.7 As campinaranas da Amazônia Central

Nas proximidades do encontro entre os rios Negro e Solimões, grandes manchas de vegetação bem menos densas do que as das florestas são frequentes. Essas áreas são conhecidas como campinaranas, cuja vegetação cresce em espessas camadas de areia quase sem matéria orgânica associada. Por esta razão, esses locais também são conhecidos como areais e são frequentemente minerados para uso da areia na construção civil, nos centros urbanos próximos (RAPP PY-DANIEL *et al.*, 2011).

No município de Iranduba, durante os trabalhos do Projeto Amazônia Central, foram identificados 22 desses areais com a presença de material lítico lascado. Os trabalhos de escavação foram intensificados no sítio Dona Stela (Figura 4.3 - C), onde foram recuperados uma ponta de projétil bifacial inteira e alguns fragmentos de outras pontas, além de artefatos plano-convexos e grande quantidade de lascas associadas à produção destes artefatos. A matéria-prima foi buscada fora do sítio, visto que não existia disponibilidade de rochas nos areais. No caso do sílex, a proveniência é, provavelmente, de longa distância, pois fontes não são conhecidas nas proximidades de Manaus. Algumas amostras de carvão associadas em estratigrafia com o material lítico foram datadas, apresentando uma sequência de ocupação entre 1.750±40 e 9.460±50 anos AP (COSTA, 2009; NEVES, 2012). Embora mais recente, o conjunto lítico do sítio apresenta afinidades com a indústria, identificadas nas escavações da Caverna da Pedra Pintada. Ambas demonstram a produção de pontas bifaciais e artefatos plano-convexos, bem como evidências de uso de percussão macia e pressão para a formatação e acabamento dos artefatos formais.

Figura 4.3. A) Caverna da Pedra Pintada, Monte Alegre, Pará. B) Conchas aflorando no Sambaqui de Taperinha, Santarém, Pará. C) Escavação no sítio Dona Stela, Iranduba, Amazonas. D) Painel com gravuras rupestres e sondagem com estrutura de pedras exposta durante a escavação do sítio Arara Vermelha.

Fontes: A) Foto Claide Moreas (2014). B) Foto Anne Rapp Py-Daniel (2020). C) Arquivos do *Projeto Amazônia Central* (2004). D) Foto Claide Moraes (2014).

4.3.8 Savana Sipaliwini

No Suriname, vários sítios considerados oficinas foram documentados na região da savana Sipaliwini, descritos como concentrações de material lítico em superfície. Boomert (1980) menciona 29 sítios nessa categoria, porém a proveniência desses materiais não está claramente documentada. Os vestígios seriam caracterizados por pontas bifaciais de variadas morfologias, tamanhos e matérias-primas, incluindo quartzo, calcedônia, jaspe e sílex. São descritos ainda outros artefatos como raspadores plano--convexos, *choppers*, facas e machados (ROOSEVELT, 1992, p. 52). Rostain (2008) menciona uma cronologia de 10.000 anos AP para estes contextos.

4.3.9 Arara Vermelha (Roraima)

Em 2014, fiz parte de uma equipe coordenada por Raoni Valle para escavar o sítio Arara Vermelha, um sítio com grande concentração de gravuras rupestre, previamente documentado (Figura 4.3 – D) (VALLE, 2012). Trata-se de um abrigo granítico de dimensões muito reduzidas, implantado na parte amazônica de Roraima, no município de São Luiz do Anauá. Fizemos duas sondagens: uma dentro e outra fora do abrigo. Ambas apresentaram baixa quantidade de artefatos líticos e cerâmicos, porém havia uma considerável concentração de carvões. A sondagem interna apresentou uma estrutura com pedras não modificadas pela ação humana, mas claramente não pertencente às paredes do abrigo, tendo sido cuidadosamente organizada por ação antrópica. Associados a esta estrutura, foram evidenciados carvões e raros fragmentos cerâmicos e líticos. A cerâmica estava restrita aos níveis mais próximos da superfície. Por limitação logística, não conseguimos finalizar a sondagem interna que, certamente apresentará mais evidências de ação humana do que pudemos registrar até o momento.

Sete datações radiocarbônicas foram realizadas com carvões provenientes da sequência estratigráfica de ambas as sondagens. Os resultados mostram que o local foi visitado em diversas ocasiões, num intervalo significativo de tempo, sendo a datação mais antiga uma data não calibrada de 8.450±30 anos AP. Como as escavações ainda não foram finalizadas, o contexto apresenta potencial para uma cronologia ainda mais antiga e os trabalhos no sítio serão continuados em uma pesquisa de doutorado prevista para os próximos anos (VALLE, 2017).

4.3.10 Rios Jamari e Madeira (Rondônia)

Durante as pesquisas de salvamento arqueológico nas obras de construção da hidroelétrica de Samuel, no rio Jamari, Miller escavou três sítios pré-cerâmicos a céu aberto, sendo que um deles apresentou estratigrafia com 90 centímetros de profundidade, sendo associado pelo autor à fase Itapipoca (sítios Itapipoca, Monte Cristo e Cachoeirinha). Segundo o autor, o material é constituído de lascas, percutores, raspadores laterais terminais e núcleos esgotados, e as datações radiocarbônicas indicaram uma cronologia entre 8.230±100 e 6.970±60 anos AP (datas não calibradas) (MILLER et al., 1992).

Finalmente, temos o sítio Teotônio, situado nas proximidades da cachoeira de mesmo nome, no rio Madeira, também estudado nos anos 1970 e 1980 por Miller, em 2009 pela Scientia Consultoria e, atualmente, pelo Laboratório de Arqueologia dos Trópicos (ARQUEOTROP) da Universidade de São Paulo, por meio de diversas linhas de pesquisa (ALMEIDA, 2013; MONGELÓ, 2015). A cachoeira do Teotônio, até a construção da Hidrelétrica de Santo Antônio, era um lugar de pesca abundante e fácil (MONGELÓ, 2015). Esse fator, provavelmente, foi um dos principais influenciadores do estabelecimento de populações humanas neste local. O sítio possui uma ocupação anterior ao processo de formação de terra preta, seguido de um pacote espesso dessa terra uma das mais antigas da Amazônia, e uma ocupação posterior de grupos ceramistas (MONGELÓ, 2015, p. 87).

Jennifer Watling e colaboradores (2018), após estudos sistemáticos do sítio, apresentaram uma cronologia com datas até 8.460±30 anos AP e demonstraram, a partir dos estudos de restos botânicos recuperados nas escavações, que o cultivo de plantas domesticadas e o manejo de variedades silvestres estão presentes no repertório alimentar das populações caçadoras-pescadoras desde os períodos iniciais de ocupação do sítio. Estudos paleoetnobotânicos das ocupações mais antigas demonstraram a presença de fitólitos, grãos de amido e macro vestígios carbonizados de mandioca, abóbora, feijão, pequiá, castanha, goiaba e uma série de palmeiras. Abóbora e feijão são plantas exóticas, que demonstram que há mais de 6.000 anos já existiam redes de relações de longa distância envolvendo contato com populações de fora da Amazônia (WATLING et al., 2018).

4.4 Discussão

Felizmente, as pesquisas arqueológicas na Amazônia se ampliaram muito nos últimos anos e as limitações do levantamento que fizemos, somadas ao ineditismo de algumas dessas pesquisas, ainda reservam muitas informações para o futuro. Vale destacar também que além dos dados apresentados aqui, existem relatos e publicações mencionando pontas de projétil encontradas — isoladas ou fora de contexto — em diversas partes da Amazônia (MEGGERS; MILLER, 2003; ROOSEVELT *et al.*, 2002). A Bacia do Tapajós é uma das localidades onde se encontram várias dessas pontas e no mesmo local, também são frequentes informações sobre artefatos de madeira encontrados submersos no rio, em função da intensa atividade garimpeira. Nenhum trabalho de arqueologia subaquática foi realizado para avaliar o potencial desse tipo de evidência. Entretanto, uma análise e datação de uma amostra desses artefatos, empreendida por Lisboa e Coirolo (1995), demonstrou grande potencial. As peças descritas como propulsores, borduna, lança e antropomorfo apresentaram, segundo os autores, uma datação radiocarbônica de 5.000 anos AP. As peças foram confeccionadas em madeira extremamente dura: maçaranduba (*Manilkara* aff. *bidentata*) e pau-ferro (*Zollernia paraensis*).

Mesmo que sejam poucos os dados arqueológicos aqui analisados, diante da vastidão da Amazônia, o cenário atual deve ser encarado de forma positiva em comparação com os antecedentes de pesquisa mencionados no início. Existem dados sólidos e diversificados a respeito da ocupação humana na Amazônia, pelo menos desde a transição Pleistoceno-Holoceno. Observando o mapa representado na figura 4.2, podemos verificar que ambientes diversificados, com disponibilidade de recursos tecnológicos e alimentares distintos, já estavam ocupados entre 9.000 e 10.000 anos AP. Se nesse período os humanos apresentam conjuntos artefatuais e estratégias de assentamentos variadas (e correlações tecnológicas podem ser traçadas para algumas regiões), sugere-se que não estejamos lidando com as primeiras levas de povoamento. Se mesmo em ambientes com extrema dinâmica geomorfológica e paisagística, como é o caso dos Llanos de Mojos, os sinais da presença humana estão sendo evidenciados, é porque estas atividades eram significativamente intensas e, portanto, necessariamente devem apresentar antecedentes mais antigos. Isso indica que mesmo que dados e contextos de datas mais antigas sejam raros e, em alguns casos, frágeis, sua probabilidade é altamente significativa. Por exemplo, a Caverna da Pedra Pintada apresenta evidências nos níveis ocupacionais mais antigos de consumo de plantas e animais de ambientes distintos, associados a uma paisagem altamente diversificada. Para adquirir conhecimento suficiente para tal exploração mais uma vez é de se esperar que existam antecedentes mais antigos (ROOSEVELT *et al.*, 1996).

A variedade dos sítios e vestígios já identificados na Amazônia nos desafia a repensar nossas estratégias de pesquisa, identificação, coleta e análises arqueológicas. Os dados botânicos, contrariando as premissas de impossibilidade de preservação, têm se tornado um dos grandes potenciais para entender o papel que os humanos tiveram na própria formação da floresta (das várias florestas) amazônica (s) como conhecemos hoje. Dados genéticos indicam a existência de vários centros antigos e independentes de domesticação de plantas na Amazônia (CLEMENT *et al.*, 2015). Os dados arqueológicos também mostram que vários recursos externos foram introduzidos desde muito cedo. Essas são constatações importantes para que lembremos: as fronteiras paisagísticas que criamos para nossas pesquisas fazem muito mais sentido, na maioria das vezes, para as administrações políticas dos Estados atuais, do que, de fato, para entender a profunda história de formação e relação entre estes ambientes e os humanos.

Os dados botânicos propõem que, mesmo sendo a Amazônia uma floresta extremamente biodiversa, uma série de poucas espécies botânicas são hiper dominantes. Segundo Steege e colaboradores (2013), existem cerca de 16.000 espécies de árvores na Amazônia, porém pouco mais de 200 espécies representam mais da metade das árvores que dominam a paisagem amazônica, sendo que grande parte das espécies dominantes são palmeiras. A primeira planta em frequência é o açaí (*Euterpe precatória*) e na lista das 15 espécies mais frequentes, pelo menos oito são plantas úteis para os humanos. Nos sítios arqueológicos antigos onde foram realizados estudos de restos botânicos, as palmeiras sempre aparecem em destaque. Isso levanta as seguintes questões: plantas úteis e palmeiras são hiper dominantes na Amazônia por que foram manejadas, favorecidas e distribuídas pelos humanos em processos muito antigos? Ou os humanos foram atraídos para a Amazônia devido à oferta e hiper dominância já existentes dessas plantas úteis?

Quando se consolidam as evidências de vida sedentária na Amazônia por volta de 3.000 anos AP, as aldeias e os artefatos cerâmicos presentes nesse contexto mostram que as populações locais se mantiveram interconectadas por algum tipo de laço em áreas geográficas muito extensas. Esses laços provavelmente se devem a redes de relações de longa distância que, possivelmente, também estariam presentes nos primeiros momentos das ocupações humanas na Amazônia. Em *Tristes Trópicos*, quando Claude Lévi-Strauss tenta apresentar para o público francês o exotismo de suas incursões pelo interior do Brasil nos anos 1950, ao descrever os preparativos de sua viagem de Cuiabá rumo à linha telegráfica que abria caminho para o norte, levando-o depois ao encontro com os Nambiquara (que anos depois ajudariam Miller a escavar o Abrigo do Sol), ele narra com espanto:

> Em Cuiabá, detesta-se a linha [telegráfica]; há várias razões para isso. Desde a fundação da cidade no século XVIII, os raros contatos com o Norte faziam- se indo em direção do curso médio do Amazonas, por via fluvial. Para conseguirem seu estimulante predileto, o 'guaraná', os moradores de Cuiabá lançavam pelo Tapajós expedições de canoa que duravam mais de seis meses. O 'guaraná' é uma massa dura de cor marrom, preparada quase exclusivamente pelos índios Maué à base de sementes esmagadas de um cipó: *Paullinia sorbilis*. Um salaminho compacto dessa massa é ralado na língua de osso do peixe 'pirarucu', guardada numa bolsa de couro de veado. Esses pormenores têm sua importância, pois o emprego de um ralador metálico ou de outro couro faria a preciosa substância perder suas virtudes. [...] Entretanto, as virtudes do 'guaraná' justificavam todo o trabalho e os esforços. (LÉVI-STRAUSS, 1996, p. 245).

Mas qual é a profundidade histórica deste caminho? Uma linha reta entre Cuiabá e o baixo Tapajós, onde estavam os Maué, marca aproximadamente 1.400 km. O caminho certamente era mais tortuoso e longínquo, e não foram os cuiabanos que o construíram.

Botânicos, geneticistas e arqueólogos certamente têm muito o que discutir a este respeito. Precisamos ampliar nosso olhar para além do que convencionalmente é definido como artefato e sítio arqueológico, e os botânicos precisam considerar mais o papel dos humanos como parte integrante da natureza. Mas, além disso, muito da velha arqueologia ainda precisa ser feita. Tarefas que não dependem de equipamentos sofisticados e para as quais estamos treinados há décadas ainda precisam ser feitas em vários contextos. Muitas das sugestões apontadas por Bueno (2010) certamente continuam válidas. É preciso pensar na dinâmica do tempo e nos impactos disso para a formação da Amazônia em diferentes períodos. Além disso, é preciso pensar em quais são as validades de suas fronteiras para o que estudamos.

Referências

ALMEIDA, F. O. DE. *A Tradição Polícroma no Alto Rio Madeira*. Tese de doutorado defendida no Programa de Pós-graduação em Arqueologia, Museu de Arqueologia e Etnologia, Universidade de São Paulo, São Paulo, 2013.

BARRETO, C. A construção de um passado pré-colonial: uma breve história da arqueologia no Brasil. *Revista USP*, vol. 44, p. 32-51, 1999.

BARRETO, M. V. História da pesquisa arqueológica no Museu Paraense Emílio Goeldi. *Boletim do Museu Paraense Emílio Goeldi - Série Antropologia*, v. 8, n. 2, p 203-294, 1992.

BOOMERT, A. The Sipaliwini Archeological Complex of Surinam: a summary *New West Indian Guide*, v. 54, n. 2, p. 94-107, 1980.

BUENO, L. A Amazônia brasileira no Holoceno inicial: tecnologia lítica, cronologia e processos de ocupação. *In:* PEREIRA, E., GUAPINDAIA, V (org.). *Arqueologic Amazônica – Volume 2*. Belém: Museu Paraense Emílio Goeldi, 2010, p. 545-560

COSTA, F. W. S. *Arqueologia das Campinaranas do Baixo Rio Negro: em busca dos pré-ceramistas nos areais da Amazônia Central*. Tese de doutorado defendida no Programa de Pós-graduação em Arqueologia, Museu de Arqueologia e Etnologia Universidade de São Paulo, São Paulo, 2009.

CLEMENT, C. R. *et al*. The domestication of Amazonia before European conquest *Proceedings of the Royal Society B: Biological Sciences*, v. 282, n. 1812, DOI: 10.1098, rspb.2015.08132015, 2015.

DAVIS, C. S. Solar-aligned pictographs at the paleoindian site of Painel do Pilão along the Lower Amazon River at Monte Alegre, Brazil. *PloS ONE*, v. 11, n. 12, DOI 10.1371/journal.pone.0167692, 2016.

GUIDON, N. As ocupações pré-históricas do Brasil (excetuando a Amazônia) *In:* CUNHA, M. C. DA. *História dos Índios no Brasil*. São Paulo: Companhia das Letras, 1992, p. 37-52.

HILBERT, L. *et al*. Evidence for mid-Holocene rice domestication in the Americas *Nature, Ecology & Evolution*, v. 1, n. 11, p. 1693-1698, 2017.

LATHRAP, D. The "hunting" economies of the Tropical Forest zone of South America: Aan attempt at historical perspective. *In:* LEE, R. B., DEVORE, I. (org.). *Man the Hunter.* New York: Routledge, 1968, p. 23-29.

LÉVI-STRAUSS, C. *Tristes Trópicos.* São Paulo: Cia. das Letras, 1996.

LISBOA, P., COIROLO, A. Notas sobre implementos indígenas com madeira de 5.000 anos da microrregião do Tapajós, Pará. *Boletim do Museu Paraense Emílio Goeldi - Série Botânica,* v. 11, n. 1, p. 7-17, 1995.

LOMBARDO, U. *et al.* Early and middle Holocene hunter-gatherer occupations in Western Amazonia: the hidden shell middens. *PloS ONE,* v. 8, n. 8, DOI: 10.1371/journal.pone.0072746, 2013.

LOMBARDO, U. *et al.* Early Holocene crop cultivation and landscape modification in Amazonia. *Nature,* vol. 581, p. 190-193, 2020.

LOWIE, R. H. (org.). *Handbook of the South American Indians* (Vol. 3) - *The tropical forest tribes: the peoples, both horticulturalist and hunters and gatherers, of the tropical jungles and savannas and the subtropical areas of the amazon basin, Matto Grosso, Paraguay, and the Brazilian Coast.* Washington: Smithsonian Institution - Bureau of American Ethnology Bulletin, v. 3, n. 143, 1948.

MAGALHÃES, M. P. *et al.* Carajás. *In:* MAGALHÃES, M. P. (org.). *Amazônia Antropogênica.* Belém: Museu Paraense Emílio Goeldi, 2016, p. 259-308.

MAIA, R. R., RODET, M. J. A tecnologia lítica, o ambiente e os antigos grupos humanos de Carajás: sítio Capela. *In:* MAGALHÃES, M. P. (org.). *A humanidade e a Amazônia: 11 mil anos de evolução histórica em Carajás.* Belém: Museu Paraense Emílio Goeldi, 2018, p. 133-159.

MARTIUS, K. F. P. VON. *O Estado do Direito entre os Autóctones do Brasil.* Belo Horizonte: Editora Itatiaia, 1982.

MEGGERS, B. J. *Amazonia: man and culture in a counterfeit paradise.* Chicago: Aldine, 1971.

MEGGERS, B. J. *Amazônia: a ilusão de um paraíso.* Belo Horizonte: Editora Itatiaia, 1987.

MEGGERS, B. J. Reconstrução do comportamento locacional pré-histórico na Amazônia. *Boletim do Museu Paraense Emílio Goeldi,* v. 6, n. 2, p. 183-203, 1990.

MEGGERS, B. J., MILLER, E. T. Hunter-gatherers in Amazonia during the Pleistocene-Holocene transition. *In:* MERCADER, J. (org.). *Under the Canopy: the archaeology of tropical rain forests.* New Brunswick: Rutgers University Press, 2003, p. 291-316.

MILLER, E. T. 1983 *História da Cultura Indígena do Alto-Médio Guaporé (Rondônia e Mato Grosso).* Dissertação de Mestrado defendida no Programa de Pós-graduação em História, Pontifícia Universidade Católica do Rio Grande do Sul, Porto Alegre, 1983.

MILLER, E. T. 2009a A cultura cerâmica do Tronco Tupi no alto Ji-Paraná, Rondônia, Brasil: algumas reflexões teóricas, hipotéticas e conclusivas. *Revista Brasileira de Linguística Antropológica*, v. 1 n. 1, p. 35-136, 2009a.

MILLER, E. T. Pesquisas arqueológicas no Pantanal do Guaporé: a seqüência seriada da cerâmica da Fase Bacabal. *In:* MEGGERS, B. J. (org.). *Arqueologia Interpretativa - O Método Quantitativo para o Estabelecimento de Sequências Cerâmicas: Estudo de Caso.* Porto Nacional: UNITINS, 2009b, p. 103-117.

MILLER, E. T. Arqueologia na Amazônia brasileira, no sudoeste da Amazônia, de Rondônia ao Rio Grande do Sul: dos "fatos" de ontem e do presente. *In:* Socidedade de Arqueologia Brasileira (SAB) (org.). *Anais do XV Congresso da Sociedade de Arqueologia Brasileira – Simpósios.* Belém: Sociedade de Arqueologia Brasileira, 2010, p. 45-61.

MILLER, E. T. Algumas culturas ceramistas do noroeste do Pantanal do Guaporé à encosta e altiplano sudoeste do Chapadão dos Parecis; origem, difusão/migração e adaptação do noroeste da América do Sul ao Brasil. *Revista Brasileira de Linguística Antropológica*, Brasília, v. 5, n. 2, p. 335-383, 2013.

MILLER, E. T. *et al. Arqueologia nos Empreendimentos Hidrelétricos da Eletronorte: resultados preliminares.* Brasília: Eletronorte, 1992.

MONGELÓ, G. Z. *O Formativo e os modos de produção:* ocupações pré-ceramistas no alto Rio Madeira—RO. Dissertação de mestrado defendida no Programa de Pós-graduação em Arqueologia, Museu de Arqueologia e Etnologia, Universidade de São Paulo, São Paulo, 2015.

MORAES, C. DE P., LIMA, A. M. A., SANTOS, R. A. DOS. Os artesãos das Amazonas: a diversidade da indústria lítica dos Tapajó e o muiraquitã. *In:* ROSTAIN, S. (ed.). *Antes de Orellana: Actas del 3r Encuentro Internacional de Arqueología Ama-*

zónica. Quito: Estudio Francés de Estudios Andinos/Facultad Latinoamericana de Ciencias Sociales, 2014, p. 133-140.

MORCOTE-RIOS, G.; MAHECHA, D., FRANKY, C. Recorrido en el tiempo: 12000 años de ocupación de la Amazonia. *In:* UNIVERSIDAD NACIONAL DE COLOMBIA. *Universidad y Território – vol. 5, tomo 1.* Bogotá: Universidad Nacional de Colombia, 2017, p. 66-93, 2017.

MORCOTE-RIOS, G., BOCANEGRA, F. J. A., SICARD, T. L. Recolectores del Holoceno temprano en la floresta amazónica colombiana. *In:* ROSTAIN, S. (ed.). *Antes de Orellana: Actas del 3r Encuentro Internacional de Arqueología Amazónica.* Quito: Estudio Francés de Estudios Andinos/Facultad Latinoamericana de Ciencias Sociales, 2014, p. 39-50.

NETTO, L. *Investigações históricas e scientíficas sobre o Museu Imperial e Nacional do Rio de Janeiro: acompanhadas de uma breve noticia de suas collecções e publicadas por ordem do Ministerio da Agricultura.* Rio de Janeiro: Instituto Philomatico, 1870.

NEVES, E. G. *Sob os Tempos do Equinócio: oito mil anos de história na Amazônia Central (6.500 AC—1.500 DC).* Tese de Livre Docência defendida no Programa de Pós-graduação em Arqueologia, Museu de Arqueologia e Etnologia, Universidade de São Paulo, São Paulo, 2012.

NEVES, E. G. *et al.* A Tradição Pocó-Açutuba e os primeiros sinais visíveis de modificações de paisagens na calha do Amazonas. *In:* ROSTAIN, S. (org.). *Amazonía: Memorias de las Conferencias Magistrales del 3er Encuentro Internacional de Arqueología Amazónica.* Quito: Ministerio Coordinador de Conocimiento y Talento Humano/IKIAM, 2014, p. 137-158.

NOELLI, F. S., FERREIRA, L. M. A persistência da teoria da degeneração indígena e do colonialismo nos fundamentos da arqueologia brasileira. *História, Ciências, Saúde-Manguinhos,* v. 14, n. 4, p. 1239-1264, 2007.

NIMUENDAJÚ, C. *In pursuit of a past Amazon: archaeological researches in the Brazilian Guyana and in the Amazon region.* Göteborg: Elanders Infologistik, 2004.

PASTANA, j. M. N. *Diagnóstico do Potencial Ecoturístico do Município de Monte Alegre.* Belém: Companhia de Pesquisa de Recursos Minerais, 1999.

PEREIRA, E. S. Análise preliminar das pinturas rupestres de Monte Alegre (PA). *Boletim do Museu Paraense Emílio Goeldi - Série Antropologia,* v. 8, n. 1, p. 5-24, 1992.

PEREIRA, E. S. *Las Pinturas y los Grabados Rupestres del Noroeste de Pará - Amazonia - Brasil.* Tese de Doutorado defendida no Programa de Pós-graduação em Arqueologia e Pré-história, Universitat de València, València, 1996.

PEREIRA, E. S. *Arte Rupestre na Amazônia*. Belém: Museu Paraense Emílic Goeldi, 2003.

PEREIRA, E. S., MORAES, C. P. A cronologia das pinturas rupestres de Monte Alegre – revisão histórica e novos dados. *Boletim de Ciências Humanas do Museu Goeldi – Série Ciências Humanas*, vol. 14, n. 2, p. 327-341, 2019.

PEREIRA, E. S. *et al. Relatório Final do Projeto Ocupação Pré-Colonial de Monte Alegre - PA*. Belém: CNPQ/IPHAN, 2016.

PUGLIESE Jr., F. A. *A História Indígena Profunda do Sambaqui Monte Castelo: um ensaio sobre a longa duração da cerâmica e das paisagens no sudoeste amazônico* Tese de Doutorado defendida no Programa de Pós-graduação em Arqueologia. Museu de Arqueologia e Etnologia, Universidade de São Paulo, São Paulo, 2018.

PUTTKAMER, W. J. VON. Man in the Amazon: stone age present meets stone age past. *National Geographic*, v. 155, n. 1, p. 60-82, 1979.

RAPP PY-DANIEL, A. *et al.* Ocupações pré-ceramistas nos areais da Amazônia Central. *Revista do Museu de Arqueologia e Etnologia*, v. 11, p. 43- 49, 2011.

RESENDE, F. E. C. P. *MT-GU-01 Sítio Abrigo do Sol - A recuperação dos dados de uma escavação em um acervo audiovisual e diários de campo*. Trabalho de Conclusão de Curso de Bacharelado em Arqueologia, Pontifícia Universidade Católica de Goiás, Goiânia, 2013.

ROOSEVELT, A. C. *Moundbuilders of the Amazon: geophysical archaeology on Marajó Island, Brazil*. San Diego: Academic Press, 1991.

ROOSEVELT, A. C. Arqueologia Amazônica. *In:* CARNEIRO DA CUNHA, M. (org.). *História dos Índios no Brasil*. São Paulo, Companhia das Letras, p. 53-86, 1992.

ROOSEVELT, A. C. *et al.* Eighth millennium pottery from a prehistoric shell midden in the Brazilian Amazon. *Science*, v. 254, p. 1621-1624, 1991.

ROOSEVELT, A. C. *et al.* Paleoindian cave dwellers in the Amazon: the peopling of the Americas. *Science*, v. 272, p. 373-384, 1996.

ROOSEVELT, A. C., DOUGLAS, J., BROWN, L. The migrations and adaptations of the first Americans: Clovis and pre-Clovis viewed from South America. *In:* JABLONSKI, N. (ed.). *The First Americans: The Pleistocene colonization of the New World*. California: University of California Press, 2002, p. 159- 236.

ROSTAIN, S. The archaeology of the Guianas: an overview. *In:* SILVERMAN, H., ISBELL, W. H (org.). *The Handbook of South American Archaeology*. New York: Springer, 2008, p. 279-302.

SANTOS, R. D. S. *et al.* Estudos botânicos realizados em Carajás e as perspectivas para uma abordagem etnobiológica e paleoetnobotânica. *In:* MAGALHÃES, M. (org.). *Amazônia Antropogênica*. Belém: Museu Paraense Emílio Goeldi, 2016, p. 199-214.

SCHAAN, D. P. Uma janela para a história pré-colonial da Amazônia: olhando além -e apesar- das fases e tradições. *Boletim do Museu Paraense Emílio Goeldi - Série Ciências Humanas*, v. 2, n. 1, p. 77-89, 2007.

SHEPARD Jr, G. H. *et al.* Rainforest habitat classification among the Matsigenka of the Peruvian Amazon. *Journal of Ethnobiology*, v. 21, n.1, p. 1-38, 2001.

SIOLI, H. Das wasser im Amazonasgebiet. *Forsch*, v. 26, n. 21/22, p. 274-280, 1950.

STEEGE, H. T. *et al.* Hyperdominance in the Amazonian Tree Flora. *Science*, v. 342, DOI: 10.1126/science.1243092, 2013.

VALLE, R. B. M. *Mentes Graníticas e Mentes Areníticas: fronteira geo-cognitiva nas gravuras rupestres do baixo Rio Negro, Amazônia Setentrional.* Tese de Doutorado defendida no Programa de Pós-graduação em Arqueologia, Museu de Arqueologia e Etnologia, Universidade de São Paulo, São Paulo, 2012.

VALLE, R. B. M. Projeto Pedra do Sol - datação relativa e contextualização arqueológica de gravuras rupestres na Amazônia brasileira – Roraima. *Relatório técnico preliminar e caderno de imagens*. Santarém: CNPq/IPHAN, 2017.

WATLING, J. *et al.* Direct archaeological evidence for Southwestern Amazonia as an early plant domestication and food production center. *PloS ONE*, v.13, n.7, DOI: 10.1371/journal.pone.0199868, 2018.

A PONTA DO ICEBERG: DIVERSIDADE CULTURAL E INDÚSTRIAS LÍTICAS BIFACIAIS DO SUL DO BRASIL NO HOLOCENO INICIAL

Adriana Schmidt Dias
Antoine Lourdeau

No imaginário arqueológico sobre os primeiros americanos pouca atenção tem sido dedicada a pensar o processo de colonização como uma história profunda de construção de paisagens culturais. Por décadas, as conexões entre populações pioneiras da América do Norte e da América do Sul foram buscadas através da proximidade tipológica entre artefatos diagnósticos, deixando pouco espaço para uma arqueologia de "paleoíndios sem mamutes e arqueólogos sem pontas de projétil" (BORRERO, 2006, p. 9). Porém, mais do que uma rápida expansão territorial a partir de um horizonte cultural homogêneo, as pesquisas arqueológicas recentes têm indicado que o processo de povoamento do continente deu-se através de uma reinvenção constante ao longo do caminho.

A desconstrução do paradigma *Clovis First* permitiu rever as cronologias de povoamento da América de forma mais compatível aos parâmetros do nordeste da Ásia. Mesmo antes do Último Máximo Glacial (20.000-18.000 anos AP), fluxos populacionais entre os continentes eram possíveis, mas estes eventos teriam deixado registros arqueológicos descontínuos e discretos (MADSEN, 2015). Por sua vez, os cálculos de distância genética entre as populações Ameríndias antigas e atuais reforçam a ideia de que distintas rotas foram usadas na colonização da América do Sul. De acordo com estes modelos, o *pool* genético permaneceu pequeno até pelo menos 12.000 anos AP, com períodos prolongados de isolamento, possivelmente relacionados às barreiras geográficas e às distintas adaptações aos biomas regionais. Partindo da distribuição atual dos haplogrupos sul-americanos, sugere-se que as linhagens fundadoras teriam se separado no Panamá, com uma população dirigindo-se para o sul pela costa Pacífica, e outra seguindo através dos sistemas fluviais do interior em direção à bacia Amazônica, ao Planalto Brasileiro e ao Altiplano Central dos Andes (FEHREN-SCHMITZ *et al.*, 2011; ROTHHAMMER; DILLEHAY, 2009; POSTH *et al.*, 2018).

As dinâmicas populacionais destes episódios de povoamentos pioneiros se deram de formas variadas e os elementos-chave deste processo foram a flexibilidade adaptativa e a diversidade cultural. Os contextos arqueológicos datados entre 13.000 e 11.000 anos atrás indicam estratégias de colonização regionalizadas, porém com um substrato marcadamente dominado por indústrias líticas unifaciais, baseadas na exploração de seixos e outras matérias-primas encontrados nas imediações dos sítios (BORRERO, 2015). É no milênio seguinte, entre 11.000 e 10.000 anos atrás que surgem na América do Sul diferentes indústrias líticas caracterizadas pela produção de instrumentos bifaciais, onde se destacam as pontas de projétil de diferentes tipos. A distribuição regional de distintos estilos de pontas de projétil já no Holoceno inicial denota um mosaico complexo de práticas culturais que se originou *in situ*, sugerindo um processo de territorialização intenso, associado ao progressivo adensamento demográfico (DILLEHAY, 2000; GRUHN, 2005; GRUHN; BRYAN, 1998).

Contudo, a variação dos tipos de pontas de projétil sul-americanas é somente "a ponta visível do iceberg" (PERLÈS, 1992, p. 223). Muito da variabilidade observada ocorre ao longo do processo de produção dos artefatos líticos: a modalidade de exploração da matéria-prima, o esquema conceitual que é subjacente à manufatura dos instrumentos, os métodos e técnicas de produção e, finalmente, o gerenciamento dos conjuntos de artefatos. Como a variabilidade não é exclusivamente tipológica, mas simultaneamente conceitual, social e econômica, seus fatores causais também são múltiplos (PERLÈS, 1992).

Neste capítulo iremos aprofundar esta discussão para as indústrias líticas bifaciais do sul do Brasil que incluem pontas de projétil no seu repertório de instrumentos, reunidas na arqueologia brasileira pelo conceito Tradição Umbu. Inicialmente, iremos discutir a origem das indústrias bifaciais na América do Sul. Partindo destes antecedentes faremos um estudo comparativo entre os resultados de projetos de pesquisa que desenvolvemos em duas áreas 'clássicas' para a definição da Tradição Umbu no Brasil meridional: as regiões hidrográficas do Uruguai e do Guaíba. Para além da tipologia das pontas bifaciais, nosso objetivo aqui é discutir as possibilidades analíticas que os estudos tecnológicos oferecem para problematizar questões sobre a construção de territórios e o estabelecimento de fronteiras culturais no processo de povoamento inicial do Cone Sul-americano.

5.1 As indústrias líticas bifaciais e os primeiros povoamentos da América do Sul

A questão das indústrias bifaciais é um elemento central na história das pesquisas sobre os processos de povoamento do continente americano, o que é explicado por dois fatores principais. Em primeiro lugar, tem-se a tendência a opor, dentro de uma dicotomia estrita, 'indústrias (ou tecnologias) bifaciais' e 'indústrias (ou tecnologias) unifaciais' (DILLEHAY, 2000), cujo corolário implícito é a ideia de que as tecnologias unifaciais seriam mais arcaicas, simples ou expedientes do que as bifaciais, exemplificado pelo debate sobre a existência de um estágio 'pré-pontas de projétil' nas Américas (KRIEGER, 1964). Em segundo lugar, o foco sobre a bifacialidade deve-se à perspectiva filogenética e difusionista com a qual se abordou (e ainda se aborda) a tipologia das pontas de projétil, um tema preponderante nos estudos das indústrias líticas americanas como em nenhum outro continente. Esta fixação é uma herança histórico-cultural dos primeiros tempos da arqueologia do povoamento das grandes planícies da América do Norte, onde "a reconstrução da relação cultural, das cronologias e da mobilidade humana no passado para a colonização do continente [...] tem estado profundamente arraigada em considerações tipológicas das pontas de projétil" (SELLET, 2011, p. 98).

Além da evidência etimológica (unifacial é um objeto trabalhado em uma face e bifacial em duas), existem maneiras muito diferentes de entender esses dois termos nos estudos sobre tecnologia lítica. Para alguns arqueólogos, os qualificativos de unifacial e bifacial podem ser usados para qualquer objeto lítico, independentemente de sua categoria técnica. Nesse entendimento amplo, tanto um núcleo, quanto um instrumento, poderiam ser bifaciais. Para outros, estes termos somente devem ser utilizados para caracterizar modificações efetuadas sobre suportes destinados a serem utilizados como instrumentos, no final do processo de produção. Assim, não se pode falar de núcleos unifaciais ou bifaciais, e sim de núcleos com retiradas efetuadas em uma, duas ou mais superfícies de debitagem. É essa segunda opção que estamos utilizando aqui, para evitar confusões entre processos com naturezas e finalidades distintas.

Um determinado suporte destinado a se tornar um instrumento pode ser modificado por atividades com objetivos diferentes. Pode-se reunir essas modificações em duas grandes categorias: a *façonagem* e o retoque. São comumente consideradas como processos de mesma natureza (modificação do suporte), mas de intensidade diferente, sendo a *façonagem* mais abrangente que o retoque. Na verdade, do ponto de vista tecnológico, a diferença maior entre essas duas noções situa-se mais ao nível da natureza do processo do que na sua intensidade. A *façonagem* é um meio de <u>produção</u> do suporte do futuro instrumento e as modificações impactam a estrutura do suporte inicial (seja ele natural ou lasca) de maneira a instalar o volume do instrumento final. Já o retoque consiste em uma modificação localizada desse volume final (seja ele natural, lasca ou suporte *façonado*), sem consequências na sua estrutura, destinada a tornar esse suporte plenamente funcional.

Sendo assim, entende-se a importância decisiva de se especificar de forma clara que tipo de "bifacialidade" ou "unifacialidade" estamos falando. Isso pode ser ilustrado a partir de exemplos tipológicos gerais: um *chopper*, um *raspador* ou um *plano-convexo* compartilham a unifacialidade, enquanto um *chopping-tool*, um *biface*, ou uma ponta de projétil compartilham a bifacialidade. Percebe-se logo, pela limitação provocada por esses agrupamentos 'não naturais', que a bifacialidade não é um critério tão decisivo, quanto o fato de as modificações serem de *façonagem* ou de retoque.

Para complicar um quadro já não simples, existe entre muitos arqueólogos que trabalham com contextos americanos uma tendência em usar a noção de 'artefato unifacial' para falar de instrumentos retocados (não *façonados*) e de 'artefato bifacial' para se referir a instrumentos produzidos por *façonagem*. Tal distorção deve-se, provavelmente, ao fato de que na tecnologia lítica, em geral, os retoques unifaciais são mais comuns que os bifaciais, e das *façonagens* bifaciais serem mais comuns que as unifaciais.

Para superar estas limitações, sugere-se o uso de expressões como 'instrumento bifacial' ou 'instrumento unifacial' exclusivamente para caracterizar objetos cujo volume foi obtido por *façonagem* bifacial. A bifacialidade pode se dar de diferentes formas. Pode ocorrer uma presença pontual, onde o recurso à *façonagem* bifacial limita-se à produção de um determinado tipo de artefatos (por exemplo, quando só as pontas de projétil são produzidas por *façonagem* bifacial, caso bastante comum no contexto sul-americano). Também pode ocorrer de forma exclusiva (o que é raro), quando a *façonagem* bifacial apresenta-se como o único recurso técnico utilizado para produção do volume do conjunto dos instrumentos.

As indústrias líticas mais antigas do noroeste da América do Sul apresentam as complexidades acima apontadas, tendo sido relegadas a um segundo plano nos debates sobre o povoamento da América, justamente por não se enquadrarem nos parâmetros esperados pelo modelo *Clovis First*. O sítio Taima-taima, situado no vale do rio Pedregal, na Venezuela, apresenta uma série de datações entre 13.390 e 9.600 anos AP, associadas a um local de abate de mastodonte, no qual quatro pontas de projétil bifaciais foram encontradas em associação direta com a pélvis e a tíbia de um espécime jovem. Trata-se das pontas El Jobo, com formato bicônico e estreito e secção arredondada, encontradas em abundância em sítios de superfície nesta região. Porém, Taima-taima e El Vano (10.710 AP) são os únicos sítios conhecidos até o presente com datações contextuais para este tipo de pontas de projétil. Já na Savana de Bogotá, em altitudes em torno de 2.500 m, estão os sítios El Abra 2 (com datações entre 12.400 e 9.025 anos AP), Tibitó (11.740 anos AP) e Tequendama, (com datações entre 10.920 e 9.740 anos AP). Suas indústrias líticas são compostas por lascas e núcleos com retoques unifaciais mínimos nas bordas, gerando artefatos multifuncionais (classificados como pertencentes à 'Tradição de Artefatos de Borda Retocada' ou *Edge-trimmed Tool Tradition*). A arqueo-fauna associada a El Abra 2 e Tequendama representa atividades de caça de amplo espectro, associada ao consumo de cervídeos (*Mazama americana* e *Odocuileus virginianos*), tatus (*Dasyphus* sp.), coelhos (*Silvilagus* sp.) e várias outras espécies de pequenos roedores. Por sua vez, no sítio Tibitó, localizado em uma zona pantanosa, foram encontrados uma variedade de ossos de mastodontes e cavalos extintos, também associados a vestígios de caça de cervídeos, mas sem pontas de projétil (ACEITUNO *et al.*, 2013; GRUHN, 2005; GRUHN; BRYAN, 1998).

No Peru e no Equador, padrões de subsistência antigos baseados na pesca, no manejo de plantas (tais como pimenta, abóbora, abacate, amendoim) e em um amplo espectro de caça estão documentados nas planícies aluviais costeiras, em sítios como Huaca Prieta (com datações entre 12.610 e 9.230 anos AP) e Las Vegas (com datações entre 12.130 e 8.170 anos AP). As indústrias líticas destes sítios estão representadas por resíduos de lascamento sobre seixos de origem local, também usados como percutores e moedores (DILLEHAY *et al.*, 2012, 2017; STOTHERT; SANCHÉZ-MOSQUERA, 2011). No Holoceno inicial, uma continuidade desta relação entre as ocupações do interior e do litoral está documentada pelo Conjunto Cultural Paiján, no norte do Peru. Centenas de sítios, com datações entre 11.014 e 8.730 anos AP, foram identificados entre os vales dos rios Zaña e Casma, próximos a sistemas de quebradas que separam as encostas dos Andes, onde o contexto ecológico é diversificado. As altitudes variam entre 200 e 1.000 m e as distâncias da costa entre 10 e 90 km, indicando um sistema de alta mobilidade longitudinal e transversal (BRICEÑO, 2011). A subsistência estava associada ao consumo de múltiplos recursos, incluindo além da caça de animais silvestres, a pesca de espécies que habitam lagunas e estuários de rios tropicais, como a tainha (*Mugil cephalus* e *Mugil curema*), a corvina (*Micropogonias altipinnis*) e o bagre (*Cathorops manglarensis*). Os artefatos considerados diagnósticos são as pontas de projétil Paiján, que são bifaciais e pedunculadas, com corpo triangular e ápice afilado. Porém, as indústrias líticas também apresentam uma grande variedade de instrumentos unifaciais produzidos com matérias-primas locais, com destaque para os artefatos plano-convexos (*lesmas*), além de moedores, trituradores, batedores e bigornas (BÉAREZ *et al.*, 2011).

Na Amazônia brasileira, a importância da exploração dos recursos florestais e aquáticos no Holoceno inicial é atestada nas primeiras ocupações da Caverna da Pedra Pintada (com datações entre 11.145 e 10.000 anos AP), situada na confluência dos rios Tapajós e Amazonas. Além de macro vestígios carbonizados de plantas, com destaque para as castanhas-do-pará e para os frutos de palmáceas, há evidências que os recursos aquáticos traziam aportes significativos para a dieta, destacando-se o consumo de tartarugas, anfíbios e peixes como a traíra (*Hoplias malabaricus*), a piranha (*Serrasalmus* sp) e o pirarucu (*Arapima gigas*). Neste sítio foi encontrada uma coleção abundante de vestígios de lascamento, derivada da produção de artefatos por *façonagem* e instrumentos com retoque unifacial e bifacial, dentre os quais destacam-se fragmentos de pontas de projétil bifaciais (ROOSEVELT, 1998; SHOCK; MORAES, 2019).

Quanto aos primeiros povoamentos do Cone Sul-americano, as datações mais antigas estão associadas ao sítio Monte Verde II, no sul do Chile. O sítio situa-se em uma área pantanosa que conservou uma sequência de episódios de ocupação datados entre 16.000 e 9.320 anos AP (DILLEHAY *et al.*, 2015). Os níveis que foram objeto de escavações mais amplas apresentaram duas pontas El Jobo, datadas de 12.000 anos AP, e uma ponta Paiján, datada de 9.000 anos AP. Os conjuntos líticos, porém, estão representados, majoritariamente, por restos de debitagem sobre seixos, instrumentos unifaciais, morteiros, percutores e bolas de arremesso (boleadeiras) (DILLEHAY *et al.*, 2015, 2019). Os restos arqueofaunísticos estão associados à exploração de mastodontes. No entanto, o sítio apresentou um grau extraordinário de preservação de vestígios de plantas de distintas zonas ecológicas, usadas como alimento (frutos, tubérculos, algas), medicamento, combustível e matéria-prima para confecção de estruturas habitacionais e artefatos, incluindo armas de arremesso em madeira (DILLEHAY *et al.*, 2008). Esse padrão era, certamente, comum em outros contextos contemporâneos no Chile onde há evidências de exploração de mastodontes, mas com condições distintas de preservação, como é o caso de Tágua-tágua (10.190 anos AP) (DILLEHAY, 2000).

As pesquisas arqueológicas nas regiões da Patagônia e do Pampa indicam datações entre 12.890 e 8.000 anos AP para cerca de 70 sítios arqueológicos (LOPEZ-MAZZ, 2013; MENDÉZ, 2013; PRATES *et al.*, 2013). Os padrões de consumo eram caracterizados pela caça de guanacos (*Lama guanicoe*) e as aves não voadoras como o nhandu (*Pterocnemia pennata*) e a ema (*Rhea americana*) (MARTÍNEZ *et al.*, 2016). O manejo de diferentes espécies de megafauna está documentado nesta região em pelo menos 30 sítios com datações da transição Pleistoceno-Holoceno, mas sua importância na subsistência é "ainda difícil de determinar e objeto de debate" (PRATES *et al.*, 2013, p. 118). Em termos gerais, as indústrias líticas caracterizam-se por tecnologias expedientes, adequadas a situações de alta mobilidade, com uso de matérias-primas locais e produção de instrumentos unifaciais e bifaciais transportáveis. Matérias-primas exóticas e de alta qualidade eram usadas para a produção de pontas de projétil bifaciais, com corpo lanceolado e base de pedúnculo expandida, por vezes com acanaladura. Estas pontas são chamadas de 'Rabo de Peixe' (*fishtail points*) ou pontas Fell, em função do sítio homônimo onde foram encontradas na década de 1920, em associação com vestígios de megafauna, documentando, pela primeira vez, a presença humana pleistocênica na América do Sul (BORRERO, 1999, 2008; DILLEHAY, 2000). Embora estas pontas tenham sido encontradas em diferentes contextos arqueológicos na América do Sul, até o presente somente 42 foram registradas em estratigrafias datadas entre 11.000 e 9.500 anos AP para 12 sítios situados entre a Terra do Fogo e o Uruguai. Estudos comparativos entre coleções de pontas de superfície e em estratigrafia apontam um *design* comum, com uma grande diversidade em termos de tamanho, sequência de produção e método de preparação da base do pedúnculo (com ou sem acanaladura)

(POLITIS, 1991). No entanto, a ampla circulação de matérias-primas no espaço geográfico e a forma de implantação dos sítios na paisagem indicam estreitas redes sociais conectando as primeiras pessoas que viveram nestes amplos territórios (FLEGENHEIMER *et al.*, 2003, 2013).

No Altiplano Andino, as ocupações humanas mais antigas nas pastagens de altitude (puna), estão datadas entre 10.900 e 9.500 anos AP. Os sítios distribuem-se entre 3.000 e 4.000 m de altitude e apresentam uma grande variedade regional de pontas de projétil bifaciais, caracterizada por formas triangulares, sub-triangulares e foliáceas ("Tradição dos Andes Centrais"). A subsistência estava associada à caça de camelídeos (guanacos e vicunhas), chinchilídeos e cervídeos e à coleta de uma grande variedade de vegetais como tubérculos, feijões, pimentas, cactáceas e frutas (CAPRILES; ALBERRACÍN-JORDÁN, 2013; ALDENDEFER; FLORES-BLANCO, 2011; YACOBACCIO; MORALES, 2011). Sistemas de mobilidade complementares entre Altiplano e Costa Central do Pacífico estão datados a partir de 11.000 anos atrás, voltados à exploração de mangues de rios para coleta de moluscos (*Mesodesma donacium*), além da caça de aves e mamíferos marinhos e da pesca durante o verão (RADEMAKER *et al.*, 2013; JACKSON *et al.*, 2011). No entanto, uma ocupação costeira estável da costa Pacífica só está documentada a partir de 9.830 anos AP, no sítio Quebrada de los Burros, quando se passa a praticar a pesca de uma ampla variedade de espécies de peixes pelágicos (*i.e.*, que vivem em cardumes, na superfície de mar aberto), implicando em uma diversificação de modos de captura (anzois, redes, armadilhas). Crustáceos, gastrópodes e bivalves também passam a ser consumidos, com destaque para a espécie pata de burro (*Concholepa concholepa*), bem como era praticada a caça de camelídeos, cervídeos e aves que habitavam as lagunas e banhados da região. Os conjuntos líticos encontrados em Quebrada de los Burros atendem a estas distintas demandas, apresentando instrumentos unifaciais e bifaciais, dentre os quais incluem-se também pontas bifaciais foliáceas, cuja tipologia é similar a dos Andes Centrais para a mesma cronologia (LAVALLÉE *et al.*, 1999).

A subida dos níveis oceânicos, entre 10.000 e 8.000 anos atrás, modificaram as paisagens culturais do extremo sul do continente, estimulando uma grande diversificação regional. Com a formação do Estreito de Magalhães e do delta do rio da Prata, houve um rearranjo populacional na Patagônia e no Pampa. Entre 9.000 e 8.000 anos atrás estão documentados novos episódios de colonização de lugares nunca habitados ou há muito abandonados, sendo as indústrias líticas caracterizadas por pontas de projétil triangulares e boleadeiras, bem como pela produção de pinturas rupestres na bacia do alto rio Deseado (ASCHERO, 2012; BORRERO, 2008; PRATES *et al.*, 2013). No Altiplano, as mudanças ambientais geraram um processo de dessecação e de desertificação entre 8.500 e 6.000 anos atrás, refletindo-se em uma intensificação na ocupação da costa (ALDENDEFER; FLORES-BLANCO, 2011). Já no Planalto Sul-brasileiro e no nordeste da Argentina, regiões associadas à Bacia do Rio da Prata, há um aumento de umidade entre 10.200 e 7.300 anos AP. Nestas áreas, onde até então predominavam ambientes de pradaria, passam a se expandir os biomas de florestas tropicais (Mata Atlântica) em direção ao litoral Atlântico, cuja linha de costa se estabiliza a partir de 4.500 atrás (BUENO *et al.*, 2013; HADLER *et al.*, 2013).

A Bacia do Prata é composta pelas bacias dos rios Paraguai, Paraná e Uruguai e representa a via mais provável de circulação e expansão para o leste das frente de povoamento pioneiras do centro da América do Sul, em direção à costa Atlântica (BUENO *et al.*, 2013; BUENO; DIAS, 2015). Os rios da bacia do Paraguai nascem no Planalto brasileiro e alimentam o sistema de cheias sazonais das planícies alagadiças do centro da América do Sul (Pantanal brasileiro e Chaco boliviano). A bacia do Paraná interliga o centro do continente à costa Atlântica, estendendo-se por boa parte do sudeste do Brasil e nordeste da Argentina, em associação ao bioma Mata Atlântica, segunda maior floresta tropical da América do Sul. O rio Uruguai tem suas nascentes no sul do Planalto Brasileiro, a menos de 100 km da costa Atlântica, fluindo em direção oeste, para se juntar ao Paraná e formar o delta do Rio da Prata. A região entre os rios Paraná e Uruguai fornece água aos biomas de pradarias das planícies do Cone Sul-americano, os Pampas úmidos e secos, que, com suas florestas de galeria, estendem- se por uma área de 700.000 km².

As ocupações humanas mais antigas do Planalto Sul-brasileiro estão associadas à Tradição Umbu e apresentam indústrias bifaciais, com pontas de projétil de diferentes tamanhos e formas, destacando-se as pedunculadas e com corpo triangular e as foliáceas ou lanceoladas, em associação com raspadores terminais, *choppers*, trituradores, bigornas com concavidades ('quebra-coquinhos'), afiadores líticos e artefatos polidos como boleadeiras e machados (MEGGERS; EVANS, 1977). A distribuição geográfica destas indústrias segue, principalmente, as bacias hidrográficas dos rios Uruguai e Paraná, ocupando os biomas de Pampa na Campanha Gaúcha e os domínios da Mata Atlântica do Planalto Sul-brasileiro. Centenas de sítios arqueológicos com pontas de projétil da Tradição Umbu foram registrados no Rio Grande do Sul, em Santa Catarina, no Paraná, no Mato Grosso do Sul e em São Paulo, bem como em alguns lugares do Planalto Central brasileiro em áreas de transição ecológica com o cerrado. Estes contextos culturais apresentam variações regionais, observadas na morfologia das pontas de projétil e na organização da tecnologia, sinalizando estratégias de demarcação territorial através da cultura material. No entanto, até o presente apenas em torno de 40 sítios associados à Tradição Umbu foram datados (totalizando uma amostra de 82 datações, a maioria no Rio Grande do Sul) estendendo-se a cronologia destas ocupações entre 11.000 e 300 anos AP (BUENO; DIAS, 2015; DIAS, 2007a, 2012; OKUMURA; ARAÚJO, 2016, 2017)

É importante salientar que no Brasil o conceito de Tradição foi usado nos anos 1960 e 1970, inicialmente, para descrever conjuntos técnicos que se distribuem com persistência temporal e que poderiam apresentar relação com unidades linguísticas. Já o termo fase foi o conceito usado para sinalizar a relação espaço temporal entre conjuntos de artefatos e padrões de assentamento, em um ou mais sítios, representando possíveis comunidades autônomas. A metodologia empregada para medir as semelhanças materiais dos elementos definidores de uma fase foi a seriação, sendo que as fases que compartilhavam os mesmos atributos foram reunidas em Tradições (DIAS, 2007b). A Tradição Umbu recebeu esta denominação a partir da primeira fase definida através de seriação de pontas de projétil associadas à estratigrafia e às datações radiocarbônicas do sítio RS-LN-01: Cerrito Dalpiaz, abrigo sob rocha situado na Serra do Umbu, no Rio Grande do Sul (MILLER, 1969). Até 1980 foram definidas 22 fases para a Tradição Umbu, porém somente 12 apresentaram datações absolutas. A maioria foi definida a partir dos trabalhos de campo no Rio Grande do Sul e descrevem, principalmente, o padrão de implantação dos sítios no espaço regional e os principais tipos de artefatos, com ênfase nas pontas de projétil bifaciais (DIAS, 1994). Inicialmente, sugeriu-se que a variação dos tipos de pontas seria um indicador espaço-temporal relevante para estas fases (MILLER, 1969; RIBEIRO, 1972a). No entanto, estudos subsequentes demonstraram que a maior variação entre as tipologias das pontas de projétil das fases da Tradição Umbu obedecia mais a critérios geográficos, do que cronológicos (MILLER, 1974; SCHMITZ, 1981).

Os sítios mais antigos da Bacia do Prata com pontas de projétil bifaciais associam-se ao médio e alto curso do rio Uruguai. No Uruguai, pontas pedunculadas e de corpo triangular estão associados aos sítios K-87: Tigre, datado entre 11.355 e 8.690 anos AP, e Pay Paso 1, com datas entre 10.930 e 8.570 anos AP (LOPEZ-MAZZ, 2013; SUÁREZ, 2015; SUÁREZ *et al.*, 2018). No sudoeste do Rio Grande do Sul, as datações mais antigas estão associadas aos sítios Laranjito, com datações entre 10.985 e 10.240 anos AP, e Milton Almeida, com datação de 10.810 anos AP (MILLER, 1987; DIAS; JACOBUS, 2003).

As primeiras ocupações da bacia do alto Paraná estão representadas nos sítios Capelinha e Batatal I, em São Paulo, com datas entre 9.850 e 9.050 anos AP. Estes sítios são sambaquis fluviais construídos, principalmente, com carapaças de gastrópodes terrestres (*Megalobulimus* sp.) e localizam-se no vale do rio Ribeira do Iguape, uma das principais vias de conexão entre o Planalto e o litoral Atlântica. Estes sítios apresentam pontas bifaciais pedunculadas, associadas à exploração de fauna da Mata Atlântica, correspondendo também a evidência mais antiga deste tipo de prática construtiva com fins funerários para o Brasil (FIGUTI *et al.*, 2013; PENIN, 2005).

A relação da Tradição Umbu com os biomas de Mata Atlântica ao longo do Holoceno está também documentada na região nordeste do Rio Grande do Sul, abrangendo as bacias formadoras da Região Hidrográfica do Guaíba (bacias dos rios Jacuí, Vacacaí, Pardo, Pardinho, Taquari, Caí, Sinos e Gravataí). A paisagem desta região evoluiu, a partir de mudanças climáticas graduais, de um mosaico de campos e florestas no Holoceno inicial, associados aos vales dos rios e às encostas, para uma cobertura florestal ombrófila densa no Holoceno médio. As ocupações humanas mais antigas na área apresentam uma forte conexão com os ambientes florestais e estão documentadas nos sítios em abrigo sob rocha Garivaldino (com datações entre 9.430 e 7.250 anos AP), no vale do rio Taquari, Sangão (com datações entre 8.790 e 4.610 anos AP), no vale do rio dos Sinos, e Pilger (com datações entre 8.430 e 3.000 anos AP), no vale do rio Caí (BUENO *et al.*, 2013; DIAS, 2012).

O panorama apresentado até aqui evidencia uma grande diversidade cultural e uma ampla variedade tecnológica já no Holoceno inicial, resultante da história dos diferentes processos de povoamento dos biomas sul-americanos. As pontas de projétil, inevitável *input* para abordar as produções bifaciais no continente, confirmam essa variedade. Presentes em boa parte da América do Sul a partir da transição Pleistoceno-Holoceno, elas apresentam mais diferenças regionais, do que variações cronológicas. A principal exceção parece ser o caso das pontas rabo de peixe encontradas sem contextualização cronológica também no Chile, no Peru no Equador e no Brasil. No entanto, os critérios de classificação destas pontas (em geral, baseados na morfologia do corpo e do pedúnculo ou na presença de acanaladura), diagnosticam mais tentativas de diálogo com o modelo de povoamento *Clovis First* do que estratégias de mobilidade populacional associadas aos processos de povoamento inicial do Cone Sul-americano (ver: MORROW; MORROW, 1999; JOHNSON *et al.*, 2006 JACKSON, 2006; BRADLEY, 2015).

Outra questão que devemos considerar é que, em alguns casos, à *façonagem* bifacial estava destinada exclusivamente à produção das pontas de projétil, sendo o resto do instrumental produzido de outra forma, a partir de suportes naturais (seixos), sobre lasca ou mesmo sobre suportes produzidos por *façonagem* unifacial. Em outros casos, pela produção bifacial se obtinha não somente pontas, mas também uma diversidade de suportes de instrumentos com amplo leque de funcionalidades potenciais. A *façonagem* bifacial aparece, nesses casos, como uma escolha preponderante na maneira de apropriar a matéria-prima e idealizar os processos de produção do instrumental.

Partindo dessas considerações, entende-se a necessidade fundamental de levar em consideração, de forma mais detalhada, os modos de produção e os objetivos de lascamento de cada indústria analisada, de forma a entendê-la como um sistema técnico. O desenvolvimento de um conhecimento mais fino da diversidade tecnológica e a contextualização desses sistemas técnicos permitirão avanços consistentes no entendimento dos processos de povoamento da América do Sul. Partindo destas premissas, a seguir demonstraremos as possibilidades dessa proposta a partir da comparação entre dois estudos de caso no sul do Brasil, abrangendo os vales dos rios Uruguai e Caí.

5.2 Construindo territórios culturais no Holoceno inicial: estudos de caso no vale dos rios Uruguai e Caí

5.2.1 O vale do rio Uruguai na transição Pleistoceno-Holoceno e no Holoceno inicial:

Em um grande meandro do rio Uruguai, chamado localmente 'volta grande', encontra-se a área de foz do rio Chapecó, delimitando a fronteira entre Rio Grande do Sul e Santa Catarina. Nessa parte bastante encaixada do vale, o rio corre em altitudes entre 230 e 220 m. Em 2006, as pesquisas arqueológicas relacionadas à construção da UHE Foz do Chapecó revelaram dois sítios líticos a céu aberto (ACH-LP-01 e ACH-LP-03) associados às barrancas do rio, com resíduos de debitagem laminar e de *façonagem*, datados entre 8.270 e 6.990 anos AP (9.209 e 7.786 cal AP) e atualmente destruídos pela construção da barragem (CALDARELLI, 2010; HOELTZ; BRÜGGEMAN, 2011; HOELTZ *et al.*, 2015; LOURDEAU *et al.*, 2014). As pesquisas na área tiveram continuidade a partir de 2013, sob coordenação de Antoine Lourdeau, Mirian Carbonera e Marcos César Pereira Santos, tendo sido escavados desde então dois novos sítios, ACH-LP-07: Linha Policial 7 e RS-URG-01: Uruguai 1 (LOURDEAU *et al.*, 2016, 2017; SANTOS, 2018) (Figura 5.1 e Tabela 5.1).

Figura 5.1 – Mapa de distribuição dos sítios da transição Pleistoceno-Holoceno e do Holoceno inicial do vale do rio Uruguai no território brasileiro, mencionados no texto

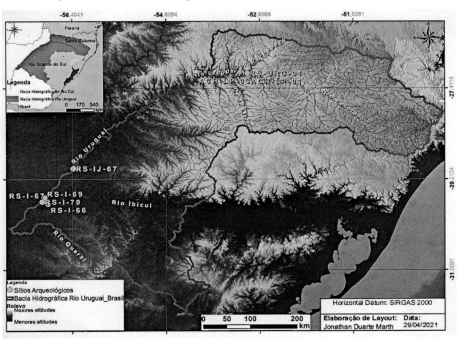

Fonte: adaptado pelos autores, a partir das referências da tabela 5.1. Mapa elaborado por Jonathan D. Marth (2021)

Tabela 5.1 – Datações radiocarbônicas dos sítios arqueológicos brasileiros do Holocenc inicial do vale do rio Uruguai mencionados no texto. Calibração obtida através do programa OxCal (2σ, SHCal 2020)

Sitio	Coordenadas	Datação ^{14}C (AP)	Data calibrada (Cal AP)		Número Laboratório	Fonte
			Intervalo	Mediana		
ACH-LP-01: Linha Policial 1	UTM 297.708E 6.996.689N	8270 ± 70 8370 ± 60	[9420-9019] [9485-9130]	9209 9343	Beta 236423 Beta 236422	Caldarelli, 2010
ACH-LP-03: Linha Policial 3	UTM 298.030E 6.997.845N	6990 ± 70 7260 ± 60	[7939-7625] [8177-7937]	7786 8037	Beta 236421 Beta 236420	Caldarelli, 2010
ACH-LP-07: Linha Policial 7	53°02'24" O 27°07'48" S	9865 ± 50 9450 ± 45 8840 ± 40 8585 ± 40 7160 ± 40	[11332-11161] [10992-10502] [10148-9609] [9599-9462] [8021-7846]	11230 10641 9835 9522 7949	Gif 13158 Gif 13159 Gif 13113 Gif 13112 Gif 13161	Lourdeau et al., 2016
RS-URG-01: Uruguai 1	53°02'38" O 27°07'24" S	9260 ± 40 8880 ± 40 8750 ± 30 7830 ± 40	[10510-10247] [10158-9711] [9889-9546] [8692-8427]	10383 9941 9653 8565	Beta 438986 Beta 452037 Beta 421975 Beta 452036	Santos, 2018

Sítio	Coordenadas	Datação ^{14}C (AP)	Data calibrada (Cal AP)		Número Laboratório	Fonte
			Intervalo	Mediana		
RS-I-69: Laranjito	56°56'12" O 29°34'44" S	10985 ± 100	[13080-12745]	12899	SI 2630	Miller, 1987
		10800 ± 150	[13092-12198]	12734	N 2523	
		10400 ± 110	[12615-11788]	12217	N 2521	
		10240 ± 80	[12440-11346]	11875	SI 3106	
		10200 ± 125	[12443-11271]	11795	N 2522	
		9620 ± 110	[11201-10589]	10922	SI 2631	
RS-I-66: Milton Almeida	56°52'00" O 29°40'17" S	10810 ± 275	[13292-11882]	12696	SI 2622	Miller, 1987
RS-IJ-67: Pessegueiro	56°23'05" O 28°59'51" S	9855 ± 130 9595 ± 175 8585 ± 115	[11719-10772] [11270-10301] [9905-9151]	11247 10880 9542	SI 3749 SI 2637 SI 2636	Miller, 1987
RS-I-67: Touro Passo 1	56°52'51" O 29°40'05" S	9840 ± 105 9230 ± 145	[11632-10782] [10994-9909]	11217 10392	N 2519 SI 2625	Miller, 1987
RS-I-70: Imbaá 1	56°58'50" O 29°38'92" S	9120 ± 340	[11200-9480]	10259	SI 2632	Miller, 1987

Fonte: adaptado pelos autores a partir das referências mencionadas na tabela

O sítio ACH-LP-07: Linha Policial 7 situa-se na margem direita do rio Uruguai, no município de Águas de Chapecó (Santa Catarina). O sítio é composto por depósitos coluviais e aluviais finos, com pouca variação sedimentar, e ocupa a margem de uma ampla plataforma, 10 m acima do nível do rio. O nível de erosão é alto devido à construção da barragem, mas atinge de forma mais intensa a parte superior do depósito, de composição areno-argilosa, deixando exposta a camada inferior argilosa e mais compacta, que forma uma margem baixa, próxima ao rio Os materiais arqueológicos estão distribuídos em superfície ao longo de 400 m da margem e as escavações concentraram-se em duas áreas No setor 1 foram escavadas, na margem baixa, duas sondagens e mais uma área contínua de 12 m², até uma profundidade de 1,5 m. A 50 m è nordeste, foi posicionado um segundo setor das escavações, associado à plataforma alta e abrangendo, também, uma área de 12 m², até uma profundidade de 70 cm (CARBONERA *et al.*, 2018; LOURDEAU *et al.* 2016; SANTOS, 2018).

Devido a homogeneidade sedimentar, sem variação expressiva de coloração e textura, durante as escavações de ambos os setores, os conjuntos arqueológicos foram delimitados a partir de sua distribuição espacial horizontal e vertical e da sua relação com os carvões datados. No setor 1, entre a superfície e a profundidade de 70 cm, encontra-se a maioria dos vestígios arqueológicos, datados entre 9.450 e 8.585 anos AP (10.640 e 9.520 cal AP). Nele foram encontrados mais de 500 vestígios líticos, entre os quais nove instrumentos retocados e dez núcleos debitados por técnica unipolar e bipolar (estes sobre quartzo), além de numerosos fragmentos de carvão. As matérias-primas estão representadas por arenito silicificado, basalto, sílex, calcedônia e quartzo, encontradas nas proximidades, em posição primária (afloramentos) ou secundária (seixos no leito do rio). Os esquemas de produção dos suportes dos instrumentos são variados, destacando-se a debitagem laminar, com a produção de suportes alongados normatizados, de espessura reduzida. A posição dos retoques ou das marcas de uso indica uma preferência de uso lateral das peças, com gumes retilíneos ou levemente convexos. Negativos alongados são visíveis nas faces superiores das lâminas, indicando que os núcleos deste tipo foram preparados, exclusivamente, para esta forma de debitagem, tendo estes sido encontrados até o presente somente em superfície, em áreas erodidas pelo rio. Estes núcleos apresentam plano de percussão em uma das extremidades, a partir do qual as lâminas são produzidas em sentido unidirecional e semi-rotativo, com percutores de pedra e orgânicos (macios). Outros esquemas de debitagem produzem lascas com diferentes características volumétricas regulares, algumas com mais de 10 cm de comprimento e espessura constante e reduzida, com retoques laterais e diferentes possibilidades de uso. Também estão presentes lascas de redução de instrumentos bifaciais (*façonagem*), que incluem neste conjunto uma ponta de projétil bifacial triangular, com aletas e pedúnculo, e o fragmento do ápice de uma peça bifacial grande (LOURDEAU *et al.*, 2014, 2016, 2017) (Figura 5.2). Na base deste setor, foi identificado ainda, em uma área de menos de 2 m², outro conjunto artefatual datado em 9.865 anos AP (11.230 cal AP), composto por oito peças líticas em sílex, além de carvões dispersos. O tamanho reduzido desse conjunto não permite uma boa caracterização tecnológica (LOURDEAU *et al.*, 2016).

No setor 2 do sítio ACH-PL-07 foi escavada uma urna funerária Guarani, com um nível lítico ao redor. As datas radiocarbônicas obtidas nos carvões do setor indicam dois momentos ocupacionais: um ao redor de 500 anos AP e outro de 7.160 anos AP (7.950 cal AP). Sugere-se que a data mais antiga está associada ao nível lítico, enquanto a mais recente seria produto da intervenção Guarani, que invadiu o nível antigo no momento do enterramento da urna (LOURDEAU *et al.*, 2016). O nível lítico inclui mais de 1.000 vestígios. As matérias-primas predominantes são o basalto e o sílex, sendo também utilizados o arenito silicificado, a calcedônia e o quartzo. Os núcleos estão ausentes e não foram observados indícios de produção de lâminas. A maioria das lascas identificadas possuem tamanho pequeno e médio, indicando variação dos esquemas operatórios em relação às matérias-primas: o basalto e arenito foram explorados por técnica unipolar, a partir de sequências de debitagem unidirecionais com percutor de pedra, e a calcedônia e o quartzo foram exploradas a partir de debitagem por técnica bipolar, sobre bigorna. Foram identificadas 30 lascas retocadas, com modificações limitadas ao gume ou à parte preensiva, sem transformação do volume original da lasca. Dentre os artefatos, identificou-se também dois fragmentos de pontas de projétil e seis peças bifaciais, sendo duas de grande tamanho (CARBONERA *et al.*, 2018; LOURDEAU *et al.*, 2016; SANTON, 2019).

Figura 5.2 – Artefatos líticos do nível principal do setor 1, datado entre 9.450-8.585 AP (10.640-9.520 cal AP), do sítio Linha Policial 7, na área da Foz do Chapecó

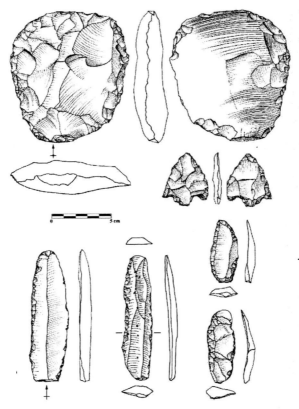

Fonte: adaptado de Lourdeau et al. (2016)

O sítio RS-URG-01: Uruguai 1 está na margem esquerda do rio Uruguai, na frente do sítio ACH-PL-07, porém no município de Alto Alegre, Rio Grande do Sul. O sítio situa-se numa vertente mais íngreme, no início do meandro da 'volta grande', onde a curva do rio delimita um 'anfiteatro' natural, sendo a parte central relativamente plana. Neste local foi escavado um setor de 20 m² até uma profundidade de 2,5 m. O pacote sedimentar do sítio também é uniforme, possuindo um componente argilo-arenoso vinculado aos depósitos do Holoceno médio e recente. As camadas superficiais estão associadas à ocupação Guarani, também identificada no setor 2 do sítio ACH-PL-07, e as ocupações de caçadores coletores estão representadas em dois distintos níveis ocupacionais. No nível IIId, com datações de 9.260 a 8.750 anos AP (10.380 a 9.650 cal AP) foram encontrados em torno de 600 vestígios com a mesma cronologia e variedade de matérias-primas do setor 1 do sítio ACH-PL-07, associados a numerosos fragmentos de carvão e pelo menos 200 pequenos fragmentos arqueofaunísticos. Destacam-se as lascas unipolares e bipolares de tamanho médio e pequeno, as lâminas e as lascas de redução de bifaces pequenos e grandes (*façonagem*), além de três núcleos. Entre os instrumentos, foram identificadas sete peças retocadas, sendo um grande biface e duas pontas de projétil triangulares, com pedúnculo e aletas. O nível IIIc, com datação de 7.830 anos AP (8.565 cal AP), apresenta-se mais erodido e com uma concentração menor de artefatos. Dentre as 53 peças identificadas, na maioria lascas de tamanho médio, duas apresentaram retoque, destacando-se um fragmento de ponta de projétil (SANTOS, 2018).

Em suma, apesar da ausência de estruturas, a partir das concentrações de materiais e da possibilidade de remontagens de peças, sugere-se que os sítios líticos da foz do Chapecó se caracterizam por uma sucessão de micro níveis arqueológicos, formados por ocupações curtas e repetidas às margens do rio. As primeiras ocupações são discretas e caracterizadas por poucas evidências de debitagem do sílex nos níveis ocupacionais datados de 9.865 anos AP (11.230 cal AP) no sítio LP-07. Uma ocupação mais densa e recorrente está atestada entre 9.500 e 8.500 AP (10.600 e 9.500 cal AP) para ambas as margens do rio Uruguai, caracterizadas por repetidas instalações, atividades curtas e cadeias operatórias fragmentadas no espaço. Nesta cronologia, os sítios LP-7 e URG-01 apresentam sistemas técnicos complexos, com um amplo painel de esquemas operatórios: debitagem de lascas de diferentes tamanhos, redução bifacial (*façonagem*) de peças grandes e pequenas, incluindo neste caso pontas de projétil, destacando-se, principalmente, a debitagem de lâminas que só corre neste período. No nível ocupacional datado de 7.160 anos AP (8.000 cal AP) no setor 2 do sítio LP-07 observa-se lascas de tamanho pequeno e médio, indicando variação dos esquemas operatórios em relação às matérias-primas, sendo o basalto e arenito explorados por debitagem com técnica unipolar e a calcedônia e o quartzo a partir de debitagem com técnica bipolar, além de lascas retocadas (sem transformação do volume original), fragmentos de pontas de projétil e peças bifaciais grandes. No sítio URG-01, os níveis ocupacionais desta cronologia estão erodidos, mas também indicam a presença de lascas médias, associadas a um fragmento de ponta de projétil.

As cronologias de ocupação pioneira do médio rio Uruguai são compatíveis à foz do Chapecó, tendo sido documentadas a partir de pesquisas intensivas em dois sítios no Uruguai, na fronteira adjacente com o Brasil, coordenadas por Rafael Suárez. Estudos paleoclimáticos têm apontado que esta região de pampa, passou a apresentar clima úmido e temperado no Holoceno inicial, o que favoreceu a expansão de florestas subtropicais nas galerias dos rios Uruguai e Quaraí, concentrando espécies arbustivas e arbóreas (SUÁREZ, 2017). As escavações de 22 m² no sítio Tigre, acompanhadas de um conjunto de 20 datações, revelaram uma coleção de 1.219 peças, associadas a uma estratigrafia complexa composta de seis unidades estratigráficas. A Unidade 1, que representa a primeira ocupação do sítio, tem datações entre 11.355 e 11.315 anos AP (13.220 e 13.185 cal AP), associadas a um pequeno conjunto de lascas e a um biface. A maior parte do conjunto lítico, correspondendo a 1.060 peças em arenito silicificado e calcedônia, está concentrada na Unidade 2, com datações entre 10.955 e 10.400 anos AP (12.830 e 12.245 cal AP) e 10.075 e 9.615 anos AP (11.520 e 10.930 cal AP). Vários tipos de artefatos bifaciais e lascas retocadas estão associados a estas datações, com destaque para as pontas de projétil pedunculadas e de corpo triangular, classificadas pelo autor em uma proposta de tipologia local como pontas 'Tigre', e os pequenos bifaces assimétricos de formato lanceolado, com 5 cm de comprimento (SUÁREZ *et al.*, 2018).

As escavações de uma área de 114 m² no sítio Pay Paso 1 revelaram uma estratigrafia complexa, com distintos componentes ocupacionais associados a uma coleção de 1.390 peças e um conjunto de 32 datações O componente 1, datado entre 10.930 e 10.500 anos AP (12.795 e 12.540 cal AP), apresentou um conjunto artefatual de 400 peças líticas, com predomínio para resíduos de debitagem de calcedônia e arenito silicificado destacando-se 47 instrumentos, dentre os quais cinco lâminas retocadas No componente 2, datado entre 10.205 e 10.115 anos AP (11.815 e 11.660 cal AP), a densidade de materiais é menor, totalizando em torno de 200 peças associadas a duas pontas de projétil pedunculadas, classificadas como do tipo 'Tigre'. Os resíduos de lascamento no sítio tornam-se abundantes no componente 3, datado entre 9.585 e 8.570 anos AP (10.920 e 9.535 cal AP), totalizando mais de 900 vestígios de debitagem e em torno de 40 instrumentos. O conjunto de pontas de projétil apresenta variações no formato da base do pedúnculo (côncavo) e das aletas, sendo classificadas na tipologia regional como 'pontas Pay Paso'. Neste nível também foram recuperados vestígios arqueobotânicos de frutas, como o araçá e a tala, e vestígios arqueofaunísticos de ratão do banhado (*Myocastor coypus*) e ema (*Rhea americana*), bem como de peixes, como a piava (*Leporinus* sp.), sugerindo que estes lugares às margens do rio Uruguai foram escolhidos para ocupações curtas, porém recorrentes ao longo de milênios, voltados para a pesca sazonal (SUÁREZ, 2015, 2017).

Os conjuntos de sítios Uruguaios apresentam similaridade aos encontrados na localidade de Touro Passo, no Rio Grande do Sul, pesquisados entre 1972 e 1978 pelo Programa Paleoíndio (PROPA), coordenado por Eurico Miller. As pesquisas de campo realizadas naquele momento permitiram a localização de 24 sítios arqueológicos e a definição de feições crono-estratigráficas e paleontológicas (Formação Touro Passo), associados à transição Pleistoceno-Holoceno (BOMBIM, 1976; MILLER, 1987). A ocupação mais antiga estaria relacionada à fase Ibicuí, documentada pelo sítio RS-I-50: Lajeado dos Fósseis, com uma datação de 12.770 anos AP, associada a 12 peças líticas, na maioria lascas e *choppers*, e a um crânio de *Glossotherium*. Outros dois sítios líticos sem pontas de projétil (RS-Q-2: Passo da Cruz 2 e RS-I-107), com datações aferidas entre 12.690 e 11.010 anos AP, também foram reunidos à fase Ibicuí (MILLER, 1987). A revisão destes contextos deposicionais, no entanto, indica tratar-se de locais que registram eventos de redeposição de fósseis e materiais líticos, sendo as datações realizadas sobre testemunhos de carvão natural (MILDER, 1995).

Os outros 21 sítios localizados pelas pesquisas de Miller e Bombim nas barrancas dos rios Uruguai, Ibicuí e Quaraí foram incluídos na fase Uruguai. Para esta fase foram realizadas 18 datações radiocarbônicas entre 11.555 e 8.585 anos AP, associadas a 10 sítios arqueológicos (MILLER, 1987). A revisão da documentação de campo indica uma cronologia concretamente associada somente para cinco sítios desta fase (RS-I-66: Milton Almeida, RS-I-67: Touro Passo I, RS-I-69: Laranjito, RS-I-70: Imbaá I e RS-Ij-67: Pessegueiro), com 13 datações entre 10.985 e 8.585 anos AP (12.900 e 9.540 cal AP). Deste conjunto, as maiores coleções líticas estão associadas aos sítios Milton Almeida, datado de 10.810 anos AP (12.696 cal AP), com 4.174 peças líticas, além de dez pontas de projétil, cinco pré-formas e duas boleadeiras, para uma área escavada de 95 m²; e o sítio Laranjito, datado entre 10.985 e 9.620 anos AP (12.900 e 10.920 cal AP), com 559 peças líticas, três pontas de projétil e quatro pré-formas, para uma área escavada de 84 m² (DIAS; JACOBUS, 2003). Por sua vez, as coleções líticas da fase Uruguai são conhecidas em maior detalhe somente pelo estudo de uma amostra de 166 peças do sítio Laranjito. Predominam neste conjunto os resíduos de lascamento de arenito silicificado e quartzito, sendo os núcleos explorados por técnica unipolar processados a partir de três métodos distintos de debitagem: piramidal, discoidal e de plataformas opostas. Dentre os 25 instrumentos analisados, além das pontas de projétil pedunculadas e das pré-formas, destacam-se as lascas com retoque e os artefatos obtidos por *façonagem* unifacial e bifacial (MORENO DE SOUSA, 2017).

Entre 2012 e 2014, estudos geoarqueológicos na localidade do Touro Passo, coordenado por Viviane Pouey Vidal e Adriana Schmidt Dias, permitiram a identificação de novos sítios datados da transição Pleistoceno-Holoceno na área, bem como a confirmação da associação primária dos sítios Milton Almeida e Laranjito com o membro Lamítico da Formação Touro Passo. Datada entre 10.470 e 9.903 anos AP (12.296 e 11.248 cal AP), esta formação apresenta concreções de $CaCO_3$ na sua parte superior, formando capas resistentes aos processos erosivos decorrentes das inundações e do plantio de arroz na área (VIDAL, 2018, 2019).

5.2.2 O Vale do rio Caí na transição Pleistoceno-Holoceno e no Holoceno Inicial

A bacia hidrográfica do rio Caí caracteriza-se por vales fluviais, colinas e morros testemunhos, associados às zonas de transição entre as florestas da borda do Planalto Meridional e os campos da Depressão Central Gaúcha. Entre os anos 1960 e 1980, foi identificada nesta área uma alta densidade de sítios com pontas de projétil bifaciais, dentre os quais 35 estão em abrigos sob rocha, situados entre o médio rio Caí e as nascentes do arroio Santa Cruz, afluente da margem esquerda do rio Taquari. A cronologia de ocupação caçadora coletora da bacia do rio Caí está documentada por 13 datações radiocarbônicas, distribuídas entre 9.430 e 630 anos AP (10.700 e 580 cal AP) para cinco sítios em abrigo sob rocha (Tabela 5.2) (DIAS; NEUBAUER, 2010; RIBEIRO 1972a, 1974, 1975; RIBEIRO; RIBEIRO, 1999; SCHMITZ, 2010; SCHMITZ GOLDMEIER, 1983).

Tabela 5.2 – Datações radiocarbônicas dos sítios arqueológicos do Holoceno inicial no vale do médio rio Caí. Calibração obtida através do programa OxCal (2σ, SHCal 2020)

Sítio	Coordenadas	Data ^{14}C (AP)	Data calibrada (Cal AP)		Número Laboratório	Fonte
			Intervalo	Mediana		
RS-C-12: Virador 1	51°33'06" O 29°64'44" S	630 ± 205	[958-145]	581	SI 1201	Ribeiro, 1975
RS-C-14: Bom Jardim Velho	51°28'82" O 29°61'29" S	5655 ± 140 745 ± 115	[6746-6016] [903-506]	6425 657	SI 1199 SI 1198	Ribeiro, 1972a
RS-C-61: Adelar Pilger	51°39'59" O 29°56'00" S	8430 ± 50 8150 ± 50 6150 ± 50 3000 ± 40	[9530-9281] [9275-8780] [7161-6803] [3325-2966]	9421 9063 6993 3125	Beta 260455 Beta 262456 Beta 227856 UGA 02017	Dias e Neubauer, 2010
RS-217: Pedro Fridolino Schmitz	51°35'82" O 29°49'96" S	7800 ± 50 1400 ± 40	[8639-8418] [1345-1177]	8533 1275	Beta 204345 Beta 211727	Schmitz, 2010
RS-TQ-58: Garivaldino Rodrigues	51°64'06" O 29°58'44" S	9430 ± 360 8290 ± 130 8020 ± 150 7250 ± 350	[11833-9627] [9534-8785] [9282-8454] [8977-7427]	10698 9226 8850 8067	Beta 44739 Beta 32183 Beta 33458 Beta 44740	Ribeiro e Ribeiro, 1999

Fonte: adaptado pelos autores a partir das referências mencionadas na tabela

Pelo menos seis sítios associados à Tradição Umbu no médio rio Caí apresentam gravações rupestres por alisamento e picoteamento, onde predominam os motivos geométricos. Destacam-se o abrigo sob rocha RS-C-12: Virador I, com um painel de 13 x 2 m, e o sítio RS-T-14:

Morro do Sobrado, com painel elaborado sobre um lajedo de 3,2 x 4,9 m. Em outros abrigos, registrou-se a presença de gravações, isoladas ou formando conjuntos, ocupando pequenas superfícies entre 10 e 20 cm, como os sítios RS- C-14: Bom Jardim Velho e RS-TQ-58: Garivaldino. Por sua vez, a comparação com outros sítios rupestres da Depressão Central associados ao vale do Jacuí, sugere estilos regionais distintos (RIBEIRO 1972a, 1972b, 1975, 1991) (Figura 5.3).

Figura 5.3 – Sítios rupestres do médio vale do rio Caí: a) Pedro Augusto Mentz Ribeiro em trabalho de campo no sítio Virador 1 em 1969, com detalhe do painel principal; b) detalhe painel de petróglifos do sítio Morro do Sobrado

Fonte: adaptado de foto de acervo do Museu Arqueológico do Rio Grande do Sul (MAR-SUL) e de figuras em Ribeiro (1972b, p. 12; 1991, p. 129)

Entre 2004 e 2009 novas pesquisas de campo foram desenvolvidas nesta região pelo "Projeto Arqueológico do Rio Caí" (PACA), sob coordenação de Adriana Schmidt Dias. As prospecções abrangeram uma área de 300 km² na qual encontram-se 12 sítios em abrigo sob rocha associados à Tradição Umbu e um lajedo com petroglifos (Figura 5.4). O objetivo deste projeto era analisar problemáticas relativas à funcionalidade dos sítios arqueológicos da Tradição Umbu, a partir da análise de sua organização espacial interna e do estudo diacrônico de seus componentes culturais, bem como estabelecer parâmetros para estudar a evolução das paisagens regionais.

Pelas condições de preservação estratigráfica foi escolhido para escavações o abrigo sob rocha RS-C-61: Adelar Pilger, situado na localidade de Morro Peixoto, município de Harmonia. Este abrigo situa-se em uma encosta arenítica, voltado para a várzea do rio Caí, do qual dista 150 m.

Suas dimensões são 20 m de abertura, por 8,9 m de profundidade e altura da aba de 4,6 m. As escavações abrangeram uma área de 6 m² e uma profundidade de 2,3 m, tendo-se realizado o registro tridimensional das peças e estruturas identificadas, bem como das variações das camadas naturais. Todos os sedimentos foram peneirados em malha de 2 mm e amostras remanescentes nas peneiras foram lavadas e novamente peneiradas, a fim de resgatar micro vestígios líticos, arqueofaunísticos e arqueobotânicos.

Figura 5.4 – Mapa de distribuição de sítios da Tradição Umbu na área pesquisada pelo Projeto Arqueológico do Vale do Rio Caí (PACA), vale do médio rio Caí

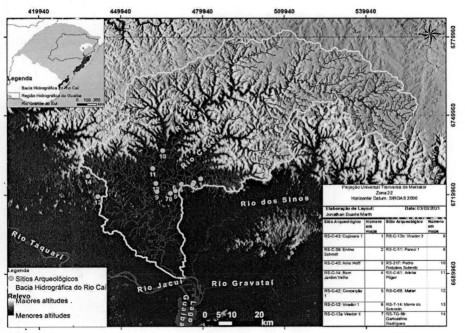

Fonte: adaptado pelos autores, a partir das referências da tabela 5.2. Mapa elaborado por Jonathan D. Marth (2021)

Até os 60 cm de profundidade, as escavações revelaram a presença de aterros artificiais recentes (camadas I e II), com composição sedimentar arenosa e compacta, realizados pelos proprietários do abrigo para eliminar o desnível original do piso e minimizar a ação da erosão, uma vez que o lugar vem sendo utilizado como curral e depósito por muitas décadas. O piso original do abrigo foi identificado entre 60 e 70 cm de profundidade (camada III), caracterizando-se por uma composição arenosa de coloração vermelho amarelada (5YR 4/6), com alta concentração de placas e blocos de arenito desprendidos do teto. A camada IV é composta predominantemente por sedimentos endógenos relacionados à matriz areno-argilosa do abrigo, cujas variações texturais indicam distintos episódios climáticos com fatores de turbação natural baixos, restritos a uma galeria de tatu que afetou a parede norte da área escavada até a profundidade de 150 cm. A camada IVa (entre 70 e 105 cm), datada em 3.000 anos AP (3.125 cal AP) é areno-argilosa, de coloração marrom forte (7,5 YR 4/6), apresentando estruturas de combustão e cinzas abrangendo toda a área escavada, com alta concentração de restos arqueofaunísticos. As camadas IVb (105 e 125 cm) e IVc (125 e 150 cm), apresentam uma composição areno-argilosa de coloração marrom forte (7,5 YR 4/6), associada a episódios sedimentares argilosos de coloração marrom avermelhada (5YR 5/3), indicando eventos de cheias do rio Caí. As estruturas de combustão seguem presentes, passando a apresentar carapaças de bivalves fluviais (*Dyplodon* sp.) e gastrópodes terrestres (*Megalobulimus oblongus*). A camada IVd (150 e 190 cm) está datada em 6.150 anos AP (6.990 cal AP) e apresenta a mesma composição da anterior, distinguindo-se pelo desaparecimento das estruturas de combustão e pela abundância de resíduos de debitagem, entre as profundidades de 160 e 200 cm, incluindo também a presença de pontas de projétil. Nesta camada, a parede do fundo do abrigo torna-se aparente na porção oeste da zona escavada, o que influenciou a alteração de posição das áreas de atividade. A camada V (190 e 220 cm) tem datações entre 8.430 e 8.010 anos AP (9.420-9.060 cal AP), realizadas sobre concentrações de carvões distribuídos sobre o piso arenítico do abrigo. Os sedimentos são arenosos, de granulação fina e coloração marrom (7,5 YR 4/3), predominando a presença de resíduos de lascamento (DIAS; NEUBAUER, 2010).

A associação predominante de restos arqueofaunísticos na periferia das estruturas de combustão na área central do sítio Pilger aponta para um padrão de descarte primário relacionados a atividades domésticas recorrente neste lugar por pelo menos 3.000 anos. Por sua vez, os vestígios líticos foram descartados, predominantemente, junto à parede do abrigo nos dois primeiros milênios de ocupação do sítio, indicando descarte secundário e/ou áreas de atividade específica fora da área de preparação e consumo de alimentos. Estes padrões de uso do espaço intra-sítio são semelhantes a sítios da mesma natureza e cronologia pesquisados no alto rio dos Sinos (DIAS, 2003, 2007a).

O estudo de uma amostra da coleção de arqueofaunas de mamíferos do sítio Pilger indicou estratégias de caça generalistas, com preferência pelos veados mateiro (*Mazama americana*) e campeiro (*Ozotocerus bezoarticus*), capivaras (*Hydrochoerus hydrochaeris*) e preás (*Cavia aperea*). Também eram caçados tatus (*Dasypus hibridus, Dasypus novemcinctus* e *Cabassous tatouay*) e diversos táxons de carnívoros, como o gato do mato grande (*Leopardo geoffroyi*), o gato maracajá (*Leopardus wiedii*), o jaguarundi ou gato mourisco (*Leopardus yagouaroundi*), o graxaim do mato (*Cerdocyon thous*) e o quati (*Nasua nasua*) (JACOBUS; ROSA, 2013). Se somarmos a esta amostra, as coleções de arqueofaunas dos sítios RS-C-14 e RS- TQ-58, observamos uma ampliação do espectro de caça para o vale do rio Caí, que inclui também porcos do mato (*Pecari tacaju* e *Tayassu pecari*) e macacos (*Cebus nigritus* e *Alouatta guariba*), além de uma maior variedade de roedores, como o ratão do banhado (*Myocastor coypus*), a paca (*Cuniculus paca*), a cutia (*Dasyprocta azarea*) e o coelho (*Sylvilagus brasiliense*). Nestes sítios também estão registrados a presença de carnívoros como a jaguatirica (*Leopardo pardalis*), o lobo-guará (*Chrysocyon brachyuru*), o furão (*Galictis cuja*), o zorrilho (*Conepatus chinga*), a lontra (*Lontra longicaudis*) e o mão pelada (*Procyon cancrivorus*) (JACOBUS; ROSA, 2013; ROSA; JACOBUS, 2009; ROSA, 2009).

Análises da coleção de pequenos mamíferos (marsupiais e roedores) do sítio Pilger indicaram que os táxons com menos de 150 g são produto de ação predatória de corujas. Sua distribuição estratigráfica, por sua vez, aponta para um predomínio de táxons de áreas abertas no Holoceno inicial, passando a abundar os táxons de floresta e ambientes aquáticos (banhados) a partir do Holoceno médio. Já os táxons de roedores com peso entre 150 g e 1 kg (Cricetídeos e Caviomorfos), apresentam marcas de alteração térmica e corte, indicando técnicas de cozimento diretamente sobre as brasas (HADLER *et al.*, 2016; FERNÁNDEZ *et al.*, 2019).

A assembleia de aves do sítio Pilger apresenta fragmentos de ovos de ema (*Rhea americana*), indicando consumo sazonal no período de nidificação (primavera e verão). Também foram documentados o consumo de perdizes e inambus (Tinamidae), papagaios (Psitacidae), saracuras (Rallidae), pombas (Columbidae), biguás (*Phalacrocorax brasilianus*) e jacus (*Penelope* sp.). O consumo de répteis também está registrado, com destaque para os lagartos (*Tupinambis merianae*) e cágados (*Chrysemis* sp) (JACOBUS; ROSA, 2013; ROSA, 2009).

Por sua vez, a pesca também passa a ser uma estratégia econômica importante a partir do Holoceno médio no sítio Pilger, tendo sido consumidos pelo menos 12 táxons distintos de peixes, com peso médio variando entre 1 e 5 kg. Destaca-se a presença de espécies que apresentam migração reprodutiva nos períodos mais quentes do ano (entre outubro e janeiro) (RICKENS, 2015). A partir do Holoceno médio, a coleta de moluscos também passou a desempenhar um fator significativo na subsistência, predominando no sítio Pilger a coleta de marisco-do-junco (*Diplodon koseritzi*), enquanto nas coleções dos sítios RS-C-14 e RS-TQ-58 predominam os gastrópodes terrestres (*Megalobulimus oblongus*) (JACOBUS; ROSA, 2013).

A indústria lítica do sítio Pilger é composta por 12.700 peças, na maioria associada a resíduos de lascamento em arenito silicificado e calcedônia e fragmentos naturais em basalto, com fratura térmica. Todas as matérias-primas são de origem local, estando disponíveis na forma de seixos nas imediações do abrigo. As variações da localização das áreas de atividade na zona escavada ao longo do tempo afetaram a distribuição estratigráfica das peças líticas. Os resíduos de lascamento e os artefatos em arenito e calcedônia predominam entre o Holoceno inicial e médio, sendo descartados junto à parede do abrigo em contexto secundário. Entre 6.000 e 3.000 anos AP (7.000 e 3125 cal AP) predominam na coleção os seixos de basaltos com fraturas térmicas, associados em contexto primário às fogueiras. A maioria dos vestígios líticos estão representados por lascas pequenas (menos de 2,5 cm) em arenito silicificado e basalto, debitadas por técnica unipolar e características de redução de biface (*façonagem*), além de microlascas (menos de 1 cm) e fragmentos de lascas. Evidências de lascamento por técnica bipolar estão representados por lascas e pequenos núcleos em calcedônia e quartzo. Dentre os instrumentos, foram identificadas 45 lascas com retoque, 19 hematitas com marcas de raspagem ou polimento para extração de pigmentos, 11 pontas de projétil (sendo cinco pedunculadas em arenito e seis lanceoladas em calcedônia), sete pré-formas, um micro-raspador (elaborado a partir de reaproveitamento de um fragmento de pedúnculo), três instrumentos bifaciais e um unifacial elaborados sobre lascas unipolares, além de três percutores (sendo um também usado como bigorna) e um quebra-coquinho (Figura 5.5) (DIAS; NEUBAUER, 2010).

A comparação com a indústria lítica do sítio RS-C-43: Capivara 1 indica similaridades quanto à organização tecnológica, havendo variações quanto aos índices de descarte que provavelmente se relacionam com as diferenças de tamanho das áreas de escavação, porém podem refletir também variações da função dos sítios no sistema de assentamento regional (variações inter-sítio). A coleção do sítio Capivara é composta por 146.994 peças, associados a uma área de 49 m² de escavação, na maior parte representada por resíduos de lascamento associados ao processamento unipolar do arenito e do basalto, predominando as microlascas (com menos de 1 cm) e as lascas unipolares pequenas (menos de 2,5 cm) características de redução de biface (façonagem). Também estão presentes lascas e núcleos bipolares de calcedônia e quartzo, indicando-se que estas estratégias de redução ocorriam no abrigo, enquanto a debitagem unipolar se dava nos locais de obtenção das matérias-primas. A coleção de instrumentos apresenta 84 lascas retocadas e/ou com desgaste de borda, 404 pontas de projétil, 135 pré-formas, 52 instrumentos bifaciais e unifaciais elaborados sobre lasca, 10 micro-raspadores pedunculados, 28 percutores, quatro polidores, uma boleadeira e um machado polido (DIAS, 1994, 2007a).

Figura 5.5 – Pontas de projétil bifaciais associadas à Camada IVd do sítio RS-C-61: Adelar Pilger, com datações entre 8.150 e 6.150 AP (9.000-7.000 cal AP)

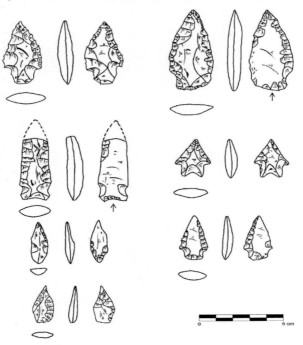

Fonte: elaborado por Adriana Schmidt Dias

Quanto à variação tipológica das pontas de projétil, as pequenas formas lanceoladas e sem pedúnculo estão presentes nos sítios Pilger e Capivara e são produzidas pelo retoque direto ou bifacial da porção distal de lascas bipolares de calcedônia, mantendo-se o talão, em geral, sem alteração. As pontas pedunculadas e de corpo triangular são produzidas, principalmente, a partir de lascas unipolares ou pré-formas (bifaces triangulares), sendo o retoque distribuído de forma contínua e regular com extensão invasora e ângulo de inclinação semi-abrupto. As variações morfológicas das pontas pedunculadas estão relacionadas a forma da base do pedúnculo (reta ou convexa/bifurcada) e ao contorno das bordas (retas ou serrilhadas) (DIAS, 1994, 1996; DIAS; NEUBAUER, 2010).

Comparando-se os conjuntos de pontas de projétil do vale do rio Caí e do vale do rio dos Sinos não se observa uma variação cronológica significativa na distribuição dos tipos na estratigrafia dos sítios, sugerindo que as diferenças de tamanho e desenho de borda respondem a diferentes etapas da história de vida das peças (reativação por quebra de pedúnculo ou ápice) (DIAS, 1996, 2007a). Já o estudo estatístico da morfometria das pontas do sítio RS-TQ-58 indica estabilidade ao longo do tempo quanto a escolha das matérias-primas, das estratégias tecnológicas e das formas das pontas bifaciais (OKUMURA; ARAÚJO, 2014; MORENO DE SOUSA, 2019). Por sua vez, a comparação estatística entre as coleções de pontas dos sítios Pilger, Garivaldino, Bom Jardim Velho e Fridolino Schmitz demonstra grande homogeneidade, sugerindo tratar-se de coleções produzidas por uma mesma matriz cultural (OKUMURA; ARAÚJO, 2015, 2017).

5.3 Considerações Finais

A partir dos estudos de caso aqui analisados para o sul do Brasil, observamos que o potencial dos estudos tecnológicos pode variar em função do grau de preservação dos sítios, das técnicas de escavação, do tamanho das amostragens obtidas no trabalho de campo, dos contextos de deposição natural, do sistema de assentamento dos sítios nas paisagens e da natureza dos recursos à disposição das populações pretéritas. Contudo, serão os enfoques teóricos empregados nas pesquisas que determinam o valor explicativo dado a determinados documentos materiais, como é o caso do papel das pontas de projétil para explicar as estratégias de colonização de novos territórios.

Uma análise crítica dos dados relativos à tecnologia lítica das primeiras ocupações da América do Sul demonstra que a centralidade das análises nas pontas de projétil não favorece o pleno entendimento da variabilidade cultural, reforçando apenas a dicotomia "bifacial/unifacial" que impede revelar os desenvolvimentos técnicos em toda sua complexidade. A presença de pontas de projétil nos sítios do Holoceno inicial é comum, mas a quantidade e a representatividade delas dentro do conjunto arqueológico varia consideravelmente. As diferenças tipológicas são importantes, mas como acabamos de ver, essas variações morfológicas não são, necessariamente, reveladoras do ponto de vista cultural ou mesmo cronológico. Para plena compreensão dos conceitos tecnológicos que regiam as produções das sociedades estudadas, faz-se necessária uma abordagem sistêmica, que procure entender as articulações entre todas as categorias de artefatos, e não somente os que a nossa subjetividade faz chamar de 'elaborados'.

Ainda quanto a variação formal, o registro etnográfico aponta que as estratégias de manufatura, uso e descarte das pontas de projétil estão associadas à disponibilidade de recursos, sejam as matérias-primas disponíveis para sua confecção, sejam os tipos de presas almejadas (SELLET, 2011). Por exemplo, para os Xikrin Kayapó do Brasil central, a escolha da matéria-prima é um dos aspectos mais importantes na confecção da flecha e está na base das escolhas que compõem toda a cadeia operatória. O tamanho e peso da ponta dependem da matéria-prima, levando a variações na forma de amarração e nas escolhas de outros materiais usados na confecção de cada parte constituinte da flecha, bem como do arco. Para os Xikrin, pontas com a mesma forma, mas produzidas em matérias-primas diferentes, podem ser utilizadas em diferentes planejamentos de caça, dependendo do dano que se queira causar na presa e do tipo de organização social envolvido nesta atividade (caça individual, em grupos, de tocaia, de perseguição) (BUENO, 2003). Em outras situações, como entre os! Kung San do sul da África, as variações das formas das pontas de projétil são um instrumento ativo de comunicação de identidade social e individual, porém incidem somente sobre alguns atributos do artefato, como a forma da base do pedúnculo ou das aletas (WIESSNER, 1983, 1989). Outros estudos baseados em modelos etnoarqueológicos sugerem que a variabilidade morfológica das pontas de projétil pode estar relacionada ainda a habilidade do lascador, podendo as variações de tamanho e forma ser explicada pela produção destes artefatos por aprendizes e crianças (NEUBAUER, 2018; POLITIS, 1998).

A grande variedade das indústrias líticas sul-americanas no Holoceno inicial sinaliza que os processos de povoamento foram caracterizados por diversificação cultural e flexibilidade adaptativa. As alterações climáticas e paisagísticas, relacionadas à subida dos níveis dos mares e o aumento da umidade, vêm acompanhadas de estratégias de territorialização expressas na diversidade das indústrias líticas (estilos tecnológicos). Neste momento, a pesca e o manejo de plantas são estratégias econômicas importantes tanto na costa do Pacífico, quanto na Amazônia. Por sua vez, a caça e a coleta generalista sustentam as ocupações pioneiras nas paisagens temperadas do Cone Sul, nas pradarias úmidas do Altiplano e nos sistemas fluviais da Bacia do Prata.

As indústrias líticas bifaciais no Planalto Sul-brasileiro apresentam já nos momentos pioneiros de povoamento uma ampla dispersão regional, abrangendo no Holoceno inicial as bacias dos rios Paraná e Uruguai o que implica em estratégias de expansão populacional rápida, ligadas aos sistemas fluviais. A partir do Holoceno inicial as condições climáticas benignas, associada à expansão dos sistemas florestais, contribuíram para atrair e fixar estas populações que passaram a apresentar diferenças regionais marcadas. No vale do rio Uruguai, além da produção de pontas bifaciais pedunculadas de corpo triangular, as ocupações pioneiras já por volta de 10.500 anos AP apresentam estratégias tecnológicas variadas e regionalizadas, com destaque para a produção de lâminas nos sítios da foz do Chapecó e de variadas estratégias de debitagem no médio rio Uruguai. Por se tratar de sítios fluviais, no entanto, os aspectos tafonômicos locais determinam as condições de preservação das evidências. Porém em termos gerais, observa-se uma série de ocupações curtas e repetidas às margens dos rios, voltadas à exploração complementar dos recursos das florestas de galeria e das pradarias, bem como da pesca. Além disto no alto e médio rio Uruguai, as sequências estratigráficas locais revelam claras mudanças na tecnologia ao longo do tempo.

Na região nordeste do Rio Grande do Sul, a diversidade morfológica das pontas de projétil está relacionada a diferentes cadeias operatórias utilizadas para gerenciar as matérias-primas locais, não apresentando evidências de variações cronológicas significativas ao longo do Holoceno. Além das cadeias operatórias, a variação morfológica das pontas de projétil pode também estar sinalizando variações funcionais, tendo em vista o amplo espectro de exploração da fauna da Mata Atlântica. No vale do rio Caí observa- se uma grande diversidade de táxons de mamíferos sendo consumidos ao longo do Holoceno e a partir do Holoceno médio os peixes, os moluscos e as aves também passam a desempenhar um papel importante nas subsistências. A diversidade das estratégias econômicas a partir de 9.500 anos AP são mais evidentes nos sítios em abrigo sob rocha que apresentam boas condições de preservação das áreas de atividade doméstica e de vestígios arqueofaunísticos.

O caso da Tradição Umbu ilustra bem as dificuldades decorrentes de uma concentração exagerada em apenas um aspecto da cultura material compartilhado pelos caçadores coletores do sul do Brasil: a produção de pontas de projétil. Esta semelhança, porém, é apenas a 'ponta do iceberg'. Uma comparação entre áreas, como a aqui realizada, revela que, aprofundando o entendimento das atividades técnicas, a implícita unidade de uma tradição tecnológica tende a fragmentar-se em uma infinidade de sistemas técnicos diferenciados que contam a história profunda da construção das paisagens culturais sul-americanas.

Agradecimentos

Esse capítulo foi escrito no âmbito do projeto "O povoamento inicial da América a partir do contexto arqueológico brasileiro", financiado pelo programa de cooperação Capes-Cofecub (nº 840/2015). Nossa gratidão aos companheiros de jornada Águeda e Denis Vialou, Lucas Bueno, Andrei Isnardis, Claide Moraes e Marylène Patou-Mathis. A autora gostaria de dedicar este trabalho aos amigos André Jacobus (*in memorian*) e Sirlei Hoeltz, fonte constante de incentivo e inspiração. Também gostaria de registrar a admiração pelo imenso trabalho investido na formação dos acervos aqui analisados aos Professores Eurico Theofilo Miller (*in memorian*), Pedro Augusto Mentz Ribeiro (*in memorian*) e Pedro Ignácio Schmitz. Agradece também ao CNPq, à FAPESP e à FAPERGS pelos financiamentos dos projetos que coordenou entre 2000 e 2015 nos vales rios dos Sinos, Caí e Uruguai (RS) e pelo apoio institucional do Museu Arqueológico do Rio Grande do Sul (MARSUL) e da Universidade Federal do Rio Grande do Sul (UFRGS). O autor gostaria de também agradecer a Sirlei Hoeltz, querida colega que o trouxe para as terras do sul, assim como os incansáveis companheiros de campo Mirian Carbonera e Marcos César Pereira Santos, com quem compartilha a coordenação do projeto "Povoamentos Pré-históricos do Alto Rio Uruguai (POPARU)" que recebe financiamento do *Ministère de l'Europe et des Affaires Etrangères* da França e que integra-se no projeto *PREHISTROPIC-Emergence(s)-Ville de Paris*, bem como a todos os numerosos colaboradores e voluntários que tornam essa pesquisa possível. Agradece também as instituições implicadas, especialmente o CEOM da Unochapecó.

Referências

ACEITUNO, F. J. *et al.* The initial human settlement of Northwest South America during the Pleistocene/Holocene transition: synthesis and perspectives. *Quaternary International*, vol. 301, p. 23-33, 2013.

ALDENDEFER, M., FLORES-BLANCO, L. Reflexiones para avanzar em los estudios del Período Arcaico en los Andes Centro-Sur. *Chungara*, vol. 43, n. 1, p 531-550, 2011.

ASCHERO, C. Las escenas de caza en Cueva de las Manos: una perspectiva regional (Santa Cruz, Argentina). *In:* CLOTTES, J. (dir.). *L'Art Pléistocène dans le Monde - Actes du Congrès IFRAO*. Tarascon-sur-Ariège: Société Préhistorique Ariège-Pyrénées, 2012, p. 807-823.

BÉAREZ, P. *et al.* Les Paijaniens de la Pampa de los Fósiles (nord du Pérou, 11000-8000 BP): pêcheurs, chasseurs ou opportinistes? *In:* VIALOU, D. (dir.). *Peuplements et Préhistoire en Amériques*. Paris: Édition CTHS, 2011, p. 233-246.

BOMBIM, M. Modelo paleoecológico evolutivo para o neoquarternário da região da Campanha-Oeste do Rio Grande do Sul (Brasil): a Formação Touro Passo, seu conteúdo fossilífero e a pedogênese pós-deposicional. *Comunicações do Museu de Ciências da PUCRS*, Vol. 15, p. 1-90, 1976.

BORRERO, L. A. The prehistoric exploration and colonization of Fuego-Patagonia *Journal of World Prehistory*, vol. 13, n. 3, p. 321-355, 1999.

BORRERO, L. A. Paleoindians without mammoths and archaeologists without projectile points? The archaeology of the first inhabitants of the Americas. *In* MORROW, J., GNECCO, C. (ed.). *Paleoindian Archaeology: a hemispheric perspective* Gainesville: University Press of Florida, 2006, p. 9-20.

BORRERO, L. A. Early occupations in the Southern Cone. *In:* SILVERMAN, H. ISBELL, W. (ed.). *The Handbook of South American Archaeology*. New York: Springer, 2008, p. 59-77.

BORRERO, L. A. Moving: hunter-gatherers and the cultural geography of South America. *Quaternary International*, vol. 363, p. 126-133, 2015.

BRADLEY, B. The two Cs: Cola de Pescado and Clovis. *PaleoAmerica*, vol. 1, n. 2, p. 127-130, 2015.

BRICEÑO, J. Últimos descobrimentos del Paijanenese en la parte alta de los valles de Chicama, Moche e Virú, norte del Perú: nuevas perspectivas sobre los primeiros cazadores-recolectores en los Andes de Sudamérica. *Boletín de Arqueología PUCP*, vol. 15, p. 165-203, 2011.

BUENO, L. M. R. Estilo, forma e função: das flechas Xikrin aos artefatos líticos. *Revista do Museu de Arqueologia e Etnologia*, vol. 13, p. 211-226, 2003.

BUENO, L., DIAS, A. S. Povoamento inicial da América do Sul: contribuições do contexto brasileiro. *Estudos Avançados*, vol. 29, n. 83, p. 119-147, 2015.

BUENO, L. M. R., DIAS, A. S., STEELE, J. The late Pleistocene early Holocene archaeological record in Brazil: A geo-referenced database. *Quaternary International*, vol. 301, p. 74-93, 2013.

CALDARELLI, S. B. *Projeto de Arqueologia Preventiva AHE Foz do Chapecó SC/RS: relatório final.* Florianópolis: Scientia Consultoria Científica, 2010.

CAPRILES, J., ALBERRACÍN-JORDÁN, J. The earliest human occupation in Bolivia: a review of the archaeological evidence. *Quaternary International*, vol. 301, p. 46-59, 2013.

CARBONERA, M. *et al.* Uma deposição funerária Guarani no alto rio Uruguai, Santa Catarina: escavação e obtenção de dados dos perfis funerário e biológico. *Boletim do Museu Paraense Emílio Goeldi-Ciências Humanas*, vol. 13, n. 3, p. 625–644, 2018.

DIAS, A. S. *Repensando a Tradição Umbu através de um Estudo de Caso.* Dissertação de Mestrado defendida no Programa de Pós-graduação em História, Pontifícia Universidade Católica do Rio Grande do Sul, Porto Alegre, 1994.

DIAS, A. S. Estudo da representatividade de pontas de projétil líticas enquanto marcadores temporais para a Tradição Umbu. *In:* KERN, A. A. (org.) *Anais da VIII Reunião Científica da Sociedade de Arqueologia Brasileira.* Porto Alegre: Edipucrs, 1996, p. 309-332.

DIAS, A. S. *Sistemas de Assentamento e Estilo Tecnológico: uma proposta interpretativa para a ocupação pré-colonial do alto vale do rio dos Sinos, Rio Grande do Sul.* Tese de doutorado defendida no Programa de Pós-graduação em Arqueologia, Museu de Arqueologia e Etnologia, Universidade de São Paulo, São Paulo, 2003.

DIAS, A. S. Da tipologia à tecnologia: reflexões sobre a variabilidade das indústrias líticas da Tradição Umbu. *In:* BUENO, L., ISNARDIS, A. (org.). *Das Pedras aos Homens: tecnologia lítica na arqueologia brasileira.* Belo Horizonte: Argentum Editora, 2007a, p. 33-66.

DIAS, A. S. Novas perguntas para um velho problema: escolhas tecnológicas como índices para o estudo de fronteiras e identidades sociais no registro arqueológico *Boletim do Museu Paraense Emílio Goeldi – Ciências Humanas,* vol. 2, n. 1, p. 59-76, 2007b

DIAS, A. S. Hunter-gatherer occupation of South Brazilian Atlantic Forest: paleoenvironment and archaeology. *Quaternary International,* vol. 256, p. 12-18, 2012.

DIAS, A. S., JACOBUS, A. L. Quão antigo é o povoamento do sul do Brasil? *Revista do CEPA,* vol. 27, n. 38, p. 39-68, 2003.

DIAS, A. S., NEUBAUER, F. Um estudo contextual da organização tecnológica do sítio RS-C-61: Adelar Pilger (Rio Grande do Sul, Brasil). *Cazadores-recoletores del Cono Sur: Revista de Arqueología,* vol. 4, p. 187-206, 2010.

DILLEHAY, T. *The Settlement of the Americas: a new prehistory.* New York: Basic Books, 2000.

DILLEHAY, T. *et al.* Monte Verde: seaweed, food, medicine, and the peopling of South America. *Science,* Vol. 320, p. 784-785, 2008.

DILLEHAY, T. *et al.* A late Pleistocene human presence at Huaca Prieta, Peru, and early Pacific coastal adaptations. *Quaternary Research,* vol. 77, p. 418-423, 2012.

DILLEHAY, T. *et al.* New archaeological evidence for an early human presence at Monte Verde, Chile. *PLOS One,* vol. 10, n. 11, DOI: 10.1371/journal.pone.0141923, 2015.

DILLEHAY, T. *et al.* Simple technologies and diverse food strategies of the late Pleistocene and early Holocene at Huaca Prieta, Coastal Peru. *Science Advances,* vol. 3, n. 5, DOI: 10.1126/sciadv.1602778, 2017.

DILLEHAY, T. *et al.* New excavations at the late Pleistocene site of Chinchihuapi I, Chile. *Quaternary Research,* vol. 92, n. 1, DOI: 10.1017/qua.2018.145, 2019.

FEHREN-SCHMITZ, L., *et al.* El ADN antiguo y la historia del poblamiento temprano del oeste de Sudamérica: lo que hemos aprendido y hacia dónde vamos. *Boletín de Arqueología PUCP,* vol. 15, p. 17-41, 2011.

FERNÁNDEZ, F. *et al.* Holocene small mammals hunted by owls and humans in southern Brazil: taphonomic evidence and biological significance. *Boreas,* vo . 48, p. 953-965, 2019.

FIGUTI, L., PLENS, C., DE BLASIS, P. Small sambaquis and big chronologies: shell mound building and hunter-gatherers in neotropical Highlands. *Radiocarbon*, vol. 55, n. 2-3, p. 1215-1221, 2013.

FLEGENHEIMER, N. *et al.* Long distance tool stone transport in the Argentine Pampas. *Quaternary International*, vol. 109-110, p. 49-64, 2003.

FLEGENHEIMER, N., MIOTTI, L., MAZZIA, N. Rethinking early objects and landscapes in the southern cone: fishtail points concentrations in the Pampas and northern Patagonia. *In:* GRAF, K., KETRON, C., WATERS, M. (ed.). *Paleoamerican Odyssey*. College Station: Texas A&M University, 2013, p. 359-376.

GRUHN, R. The ignored Continent: South America in models of earliest American prehistory. *In:* BONNICHSEN, R., LEPPER, B., STANFORD, D., WATERS, M. (ed.). *Paleoamerican Origins: beyond Clovis*. Texas College Station: A&M University Press, 2005, p. 199-208.

GRUHN, R., BRYAN, A. A reappraisal of the edge-trimmed tool tradition. *In:* PLEW, M. (ed.). *Explorations in American Archaeology: essays in honor of Wesley Hurt*. Lanham: University Press of America, 1998, p. 37-53.

HADLER, P., DIAS, A. S., BAUERMANN, S. Multidisciplinary studies of Southern Brazil Holocene: archaeological, palynological and paleontological data. *Quaternary International*, vol. 305, p. 119-126, 2013.

HADLER, P. *et al.* Diversidade de pequenos mamíferos (*Didelphimorphia* e *Rodentia*) do Holoceno do nordeste do Estado do Rio Grande do Sul, Brasil: implicações taxonômicas e paleoambientais. *Revista Brasileira de Paleontologia*, vol. 19, p. 126-144, 2016.

HOELTZ, S. E., BRÜGGEMAN, A. As indústrias líticas na área da UHE Foz do Chapecó, oeste catarinense: antiguidade, estratégia tecnológica e variabilidade. *In:* CARBONERA, M., SCHMITZ, P. I. (ed.). *Antes do Oeste Catarinense: arqueologia dos povos indígenas*. Chapecó: Editora Argos, 2011, p. 105–136.

HOELTZ, S. E., LOURDEAU, A., VIANA, S. A. Um novo conceito de lascamento no Sul do Brasil: debitagem laminar na foz do rio Chapecó (SC/RS). *Revista do Museu de Arqueologia e Etnologia*, vol. 25, p. 3-19, 2015.

JACKSON, D. *et al.* Huentelauquén Cultural Complex: the earliest peopling of Pacific coast in the South American Southern Cone. *In:* VIALOU, D. (dir.). *Peuplements et Préhistoire en Amériques*. Paris: Édition CTHS, 2011, p. 221-232.

JACKSON, L. Fluted and fishtail points from Southern coastal Chile: new evidence suggestionig Clovis and Folsom related occupations in Southernmost South America. *In:* MORROW, J., GNECCO, C. (ed.). *Paleoindian Archaeology: a hemispheric perspective.* Gainesville: University Press of Florida, 2006, p. 105-120.

JACOBUS, A. L., ROSA, A. O. Antigos habitantes do quadrante patrulhense e os animais. *Pesquisas-Antropologia,* vol. 70, p. 241-254, 2013.

JOHNSON, E. *et al.* Grassland archaeology in the Americas: from the U.S. Southern Plains to the Argentinian Pampas. *In:* MORROW, J., GNECCO, C. (ed.) *Paleoindian Archaeology: a hemispheric perspective.* Gainesville: University Press of Florida, 2006, p. 44-65.

KRIEGER, A. D. Early man in the New World. *In:* JENNINGS, J., NORBECK, E. (ed.) *Prehistoric Man in the New World.* Houston: Rice University Press, 1964, p. 23-84.

LAVALLÉE, D. *et al.* Paleoambiente y ocupación prehistorica del litoral extremo-sur del Perú: las ocupaciones del Arcaico en la Quebrada de los Burros y alrededores (Tacna). *Boletín de Arqueología PUCP,* vol. 3, p. 393-416, 1999.

LOPEZ-MAZZ, J. M. Early human occupation of Uruguay: radiocarbon database and archaeological implications. *Quaternary International,* vol. 301, p. 94-103, 2013.

LOURDEAU, A., HOELTZ, S. E., VIANA, S. A. Early Holocene blade technology in Southern Brazil. *Journal of Anthropological Archaeology,* vol. 35, p. 190–201, 2014.

LOURDEAU, A. *et al.* Pré-história na foz do rio Chapecó. *Cadernos do CEOM,* vol. 29, n. 45, p. 220-242, 2016.

LOURDEAU, A. *et al.* Debitagem laminar no sul do Brasil: Habemus nucleos! *Journal of Lithic Studies,* vol. 4, n. 3, p. 127–143, 2017.

MADSEN, D. A framework for the initial occupation of the Americas. *PaleoAmerica,* vol. 1, n. 3, p. 217-250, 2015.

MARTÍNEZ, G. *et al.* Subsistence strategies in Argentina during the late Pleistocene and early Holocene. *Quaternary Science Review,* vol. 144, p. 51-69, 2016.

MEGGERS, B., EVANS, C. Lowlands of South America and Antilles. *In:* JENNINGS, J. (ed.). *Ancient Native Americans.* San Francisco: W.H. Freeman and Company, 1977, p. 543-591.

MENDÉZ, C. Terminal Pleistocene/early Holocene ^{14}C dates from archaeological sites in Chile: critical issues for the initial peopling of the region. *Quaternary International,* vol. 301, p. 60-73, 2013.

MILDER, S. Uma breve análise da fase arqueológica Ibicuí. *Revista do CEPA*, vol. 19, n. 22, p. 41-63, 1995.

MILLER, E. Resultados preliminares das escavações no sítio pré-cerâmico RS-LN-01: Cerrito Dalpiaz (abrigo sob rocha). *Iheríngia-Antropologia*, vol. 1, p. 43-116, 1969.

MILLER, E. Pesquisas arqueológicas em abrigos-sob-rocha no nordeste do Rio Grande do Sul. *In:* SIMÕES, M. (ed.). *Programa Nacional de Pesquisas Arqueológicas: Resultados Preliminares do Quinto Ano (1969-1970)*. Belém: Museu Paraense Emílio Goeldi - Publicações Avulsas, nº 26, 1974.

MILLER, E. T. Pesquisas arqueológicas paleoindígenas no Brasil ocidental. *Estudios Atacameños*, vol. 8, p. 37-61, 1987.

MORENO DE SOUSA, J. C. Paleoindian lithic industries of Southern Brazil: a technological study of the Laranjito archaeological site, Pleistoceno-Holocene transition. *PaleoAmerica*, vol. 3, n. 1, p. 74-83, 2017.

MORENO DE SOUSA, J. C. *Tecnologia de Ponta a Ponta: em busca de mudanças culturais durante o Holoceno em indústrias líticas do Sudeste e Sul do Brasil*. Tese de Doutorado defendida no Programa de Pós-graduação em Arqueologia do Museu Nacional, Universidade Federal do Rio de Janeiro, Rio de Janeiro, 2019.

MORROW, J., MORROW, T. Geographic variation in fluted projectile points: a hemispheric perspective. *American Antiquity*, vol. 64, n. 2, p. 215-231, 1999.

NEUBAUER, F. Playing with projectile points: childhood flintknapping imitation at an 8.500-year-old hunter-gatherer rockshelter site in Southern Brazil. *Revista de Arqueologia*, vol. 31, n. 2, p. 35-57, 2018.

OKUMURA, M., ARAÚJO, A. Long-term cultural stability in hunter gatherers: a case study using traditional and geometric morphometric analysis of lithic stemmed bifacial points from Southern Brazil. *Journal of Archaeological Science*, vol. 45, p. 59-71, 2014.

OKUMURA, M., ARAÚJO, A. Desconstruindo o que nunca foi construído: pontas bifaciais 'Umbu' do sul e sudeste do Brasil. *Revista do Museu de Arqueologia e Etnologia*, vol. 20, p. 77-82, 2015.

OKUMURA, M., ARAÚJO, A. The Southern divide: testing morphological differences among bifacial points from Southern and South-eastern Brazil using geometric morphometrics. *Journal of Lithic Studies*, Vol. 3, p. 107-132, 2016.

OKUMURA, M., ARAÚJO, A. G. M. Fronteiras sul e sudeste: uma análise morfométrica de pontas bifaciais de Minas Gerais, São Paulo, Paraná e Rio Grande do Sul (Brasil). *Journal of Lithic Studies*, vol. 4, p. 163-188, 2017.

PERLÈS, C. In search of lithic strategies: a cognitive approach to prehistoric chipped stone assemblages. *In:* GARDIN, J. C., PEEBLE, C. (ed.). *Representations in Archaeology*. Bloomington: Indiana University Press. 1992, p. 223-247.

PENIN, A. *Análise dos Processos Formativos do Sítio Capelinha: estabelecimento de um contexto microrregional*. Dissertação de Mestrado defendida no Programa de Pós-graduação em Arqueologia do Museu de Arqueologia e Etnologia, Universidade de São Paulo, São Paulo, 2005.

POLITIS, G. Fishtail projectile points in the Southern Cone of South America: an overview. *In:* BONNICHSEN, R., TURNMIRE, K. (ed.). *Clovis: origins and adaptations* Corvallis: Oregon State University/Center for the Study of the First Americans 1991, p. 287-301.

POLITIS, G. Arqueología de la infancia: una perspectiva etnoarqueológica. *Trabajos de Prehistoria*, vol. 55, n. 2, p. 5-19, 1998.

POSTH, C. *et al.* Reconstructing the deep population history of Central and South America. *Cell*, vol. 175, p. 1-13, 2018.

PRATES, L., POLITIS, G., STEELE, J. Radiocarbon chronology of the early human occupation of Argentina. *Quaternary International*, vol. 301, p. 104-122, 2013.

RADEMAKER, K., BROMLEY, G., SANDWEISS, D. Peru archaeological radiocarbon database: 13,000- 7,000 ^{14}C BP. *Quaternary International*, vol. 301, p. 34-45, 2013.

RIBEIRO, P. A. M. Sítio RS-C-14: Bom Jardim Velho (abrigo sob rocha) – nota prévia. *Iheringia*, vol. 2, p. 15-58, 1972a.

RIBEIRO, P. A. M. 1972b Petroglifos do sítio RS-T-14: Morro do Sobrado, Montenegro – RS, Brasil. *Iheringia*, vol. 2, p. 3-14, 1972b.

RIBEIRO, P. A. M. Primeiras datações pelo método de C^{14} para o vale do rio Caí, RS. *Revista do CEPA*, vol. 1, p. 16-22, 1974.

RIBEIRO, P. A. M. Os abrigos sob rocha do Virador, Estado do Rio Grande do Sul, Brasil – nota prévia. *Revista do CEPA*, vol. 2, p. 1-25, 1975.

RIBEIRO, P. A. M. Os caçadores pampeanos e a arte rupestre. *In:* KERN, A. (org.). *Arqueologia Pré-histórica do Rio Grande do Sul*. Porto Alegre: Mercado Aberto, 1991, p. 103-134.

RIBEIRO, P. A. M., RIBEIRO, C. T. Escavações arqueológicas no sítio RS-TQ-58, Montenegro, RS, Brasil. *Documentos da FURG*, vol. 10, p. 1-86, 1999.

RICKENS, C. *Vestígios de Peixes em Sítios Arqueológicos de Caçadores Coletores do Rio Grande do Sul, Brasil*. Tese de Doutorado defendida no Programa de Pós-graduação em Biologia Animal, Universidade Federal do Rio Grande do Sul, Porto Alegre, 2015.

ROOSEVELT, A. Paleoindian and Archaic occupations in the lower Amazon, Brazil: a summary and comparison. *In:* PLEW, M. (ed.). *Explorations in American Archaeology: essays in honor of Wesley Hurt*. Lanham: University Press of America, 1998, p. 165-191.

ROSA, A. O. Análise zooarqueológica do sítio Garivaldino (RS-TQ-58), município de Montenegro, RS. *Pesquisas-Antropologia*, vol. 67, p. 133-172, 2009.

ROSA, A. O., JACOBUS, A. L. Registro de mamíferos em sítios arqueológicos do Rio Grande do Sul, Brasil. *In:* RIBEIRO, A. M., BAUERMANN, S. G., SCHERER, C. S. (org.). *Quaternário do Rio Grande do Sul: integrando conhecimentos*. Porto Alegre: Sociedade Brasileira de Paleontologia, 2009, p. 233-241.

ROTHHAMMER, F., DILLEHAY, T. The late Pleistocene colonization of South America: an interdisciplinary perspective. *Annals of Human Genetics*, vol. 73, p. 540-549, 2009.

SANTOS, M. C. P. *Geoarqueologia da Área da Volta Grande do Alto Rio Uruguai, Sul do Brasil: morfoestratigrafia, geocronologia e sequência arqueológica da Foz do rio Chapecó*. Tese de Doutorado defendida no Programa de Pós-graduação em Humanidades, Università degli Studi di Ferrara, Ferrara, 2018.

SANTON, P. *Comportements techniques dans le Sud du Brésil à l'Holocène Moyen: première caractérisation d'une nouvelle industrie lithique du site ACH-LP-07, secteur 2*. Dissertação de Mestrado defendida no Programa de Pré-história, Muséum National d'Histoire Naturelle, Paris, 2019.

SCHMITZ, F. I. Indústrias líticas en el sur de Brasil. *Pesquisas-Antropologia*, vol. 32, p. 107-130, 1981.

SCHMITZ, P. I. Caçadores antigos no vale do rio Caí, RS. *Pesquisas-Antropologia*, vol. 68, p. 79-108, 2010.

SCHMITZ, P. I., GOLDMEIER, V. *Sítios Arqueológicos do Rio Grande do Sul: fichas de registro existentes no Instituto Anchietano de Pesquisas, São Leopoldo, RS*. São Leopoldo: Instituto Anchietano de Pesquisas, 1983.

SELLET, F. Fallen giants: the story of Paleoindian point types on the North American Great Plains. *In:* VIALOU, D. (dir.). *Peuplements et Préhistoire en Amériques.* Paris: Édition CTHS, 2011, p. 97-105.

SHOCK, M., MORAES, C. P. A floresta é o domus: a importância das evidências arqueobotânicas e arqueológicas das ocupações humanas amazônicas na transição Pleistoceno/Holoceno. *Boletim do Museu Paraense Emílio Goeldi - Ciências Humanas,* vol. 14, n. 2, p. 263-289, 2019.

STOTHERT, K., SANCHÉZ-MOSQUERA, A. Culturas del Pleistoceno final y el Holoceno temprano en el Ecuador *Boletín de Arqueología PUCP,* vol. 15, p. 81-119, 2011.

SUÁREZ, R. The Paleoamerican occupation of the plains of Uruguay: technology, adaptations, and mobility. *PaleoAmerican,* vol. 1, n. 1, p. 88-104, 2015.

SUÁREZ, R. The human colonization of the Southeast Plains of South America: climatic conditions, technological innovations and the peopling of Uruguay and South of Brazil. *Quaternary International,* vol. 431, p. 181-193, 2017.

SUÁREZ, R., PINERO, G., BARCELO, F. Living on the river edge: the Tigre site (K-87) new data and implications for the initial colonization of the Uruguay river basin. *Quaternary International,* vol. 473, p. 242- 260, 2018.

VIDAL, V. P. *La Ocupación Cazadora-recolectora durante la Transición Pleistoceno-Holoceno en el Oeste de Rio Grande do Sul – Brasil: geoarqueología de los sítios en la formación sedimentaria Touro Passo.* Oxford: Archeopress Publishing. 2018.

VIDAL, V. P. Geoarqueologia dos sítios Paleoíndios na Formação Sedimentar Touro Passo: processos de formação e perturbação pós-deposicional. *Revista de Arqueologia,* vol. 32, n. 1, p. 42-68, 2019.

WIESSNER, P. Style and social information in Kalahari San projectile points. *American Antiquity,* vol. 48, n. (2, p. 253-276, 1983.

WIESSNER, P. Style and changing relations between the individual and society. *In:* HODDER, I. (ed.) *The Meanings of Things: material culture and symbolic expression.* London: Harper Collins, 1989, p. 56-63.

YACOBACCIO, H., MORALES, M. Ambientes pleistocénicos y ocupación humana temprana en la puna argentina. *Boletín de Arqueología PUCP,* vol. 15, p. 337-356, 2011

OCUPAÇÃO ANTIGA DO LITORAL BRASILEIRO

Levy Figuti

Desde o início do Pleistoceno, rios e lagos sempre foram ambientes aquáticos essenciais para a sobrevivência dos homíníneos, seja como fonte de água e alimento ou como via de transporte. Outro grande ambiente aquático, o litoral, ou os biomas costeiros, são outra óbvia e elementar conquista para a humanidade. Ou será que não? Esta percepção não é arqueologicamente evidente.

A costa oferece à humanidade um imenso leque de paisagens e ecossistemas. Essa variedade abrange desde áreas úmidas a desérticas, que variam de ricas a pobres em recursos alimentares e de fácil a de difícil mobilidade (por exemplo, praias arenosas e vegetação de gramíneas *vs.* terrenos rochosos, e/ou densamente arborizados e alagadiços). Deve-se considerar também que a extensão da área explorada e o grau de mobilidade dessas populações é exponencialmente elevada pelo aumento de capacidade de navegação ou maritimidade. Outrossim, o ambiente costeiro é extremamente mutável em várias escalas de tempo. Imagine observar pela primeira vez as alterações cotidianas na paisagem devido às marés, que afetaram os ventos e as correntes. O mesmo observador ficaria perplexo ao tentar entender mudanças mensais das marés associadas às fases lunares, junto a variações anuais na hidrografia litorânea, a afluência dos rios variando conforme o regime pluviométrico e eventos catastróficos ocasionais, como tsunamis ou inundações.

Na escala geológica, processos como isostasia, tectonismo e glaciações definiram e modificaram o desenho de largas porções do litoral paulatinamente ao longo de centenas a milhares de anos. Durante o processo de formação dos glaciares, porção considerável da água fica retida sobre os continentes e o nível dos oceanos abaixa. Além disso, a presença de grandes glaciares coloca a pressão de milhões de toneladas de gelo sobre as placas continentais, o que conduz ao reequilíbrio delas. O degelo dos glaciares teria o efeito oposto, e a soma desses processos terá efeito direto na habitabilidade para os seres humanos, cujos assentamentos acompanharam a descida ou a subida dos mares. Conforme a posição desses assentamentos na paisagem, alguns seriam submersos pelas marés crescentes, ou erodidos pelas ondas e correntezas, ou recobertos por sedimentos trazidos pelos rios evanescentes. Isto é, esses processos são fundamentais na eventual sobrevivência e perceptibilidade dos traços da presença humana pretérita nas faixas litorâneas.

6.1 Mar à vista!

A presença de hominíneos mais antiga em áreas costeiras está documentada nos sítios Terra Amata e Lazaret, na França, com idades em torno de 300.000 anos AP (BARRIERE, 1969; DE LUMLEY, 1966, 2009; VILLA, 1983). Contudo, os vestígios associados mostram acampamentos de caçadores-coletores de ambientes terrestres com presença exígua de animais marinhos. Nesses casos (e nos raros sítios costeiros com mais de 100.000 anos), a presença de animais marinhos parece ser esparsa e oportunística. Portanto, a questão de quando os hominíneos começaram a habitar a costa é muito menos relevante do que quando eles começaram a utilizar os recursos costeiros. Assim sendo, a questão correta seria quando, onde, como e por que os humanos começaram a se adaptar ao ambiente costeiro, ou seja, a incorporar a paisagem e os recursos costeiros de modo significativo em seu modo de vida?

Para Yesner (1980), a adaptação costeira de uma população se caracteriza pelo uso regular e sistemático de recursos alimentares marinhos como a parte mais importante de sua dieta. Evidentemente, a consequência desse 'uso regular e sistemático' implica em toda uma infraestrutura cultural, social e tecnológica adaptada para tal, modelando as formas de assentamento e os meios apropriados de aquisição (tecnologia de pesca e coleta) e locomoção (navegação), bem como as formas de habitação, vestimentas e até mesmo os comportamentos simbólicos (WILL *et al.*, 2019). Porém, deve-se ter em mente que as bases logísticas de tais populações geralmente também incluíram o uso regular de recursos terrestres, sejam recursos não alimentares (madeiras, ervas, rochas) ou de alimentação complementar (plantas comestíveis e caça).

Há cerca de 100.000 anos AP surgiram os primeiros sítios atribuídos a populações de pescadores-coletores costeiros que, assim, passaram a ser mais numerosos, aparecendo em algumas áreas da África durante o Pleistoceno final (CAMPMAS *et al.*, 2016; HENSHILWOOD *et al.*, 2001; LANGEJANS *et al.*, 2012; WILL *et al.*, 2013). Esses sítios parecem ser exclusivamente de *Homo sapiens* e vêm suscitando interrogações sobre a importância da adaptação ao ambiente costeiro para a evolução humana e a dispersão de nossa espécie.

De um lado, o modelo da dieta marinha propõe que o aumento de consumo de recursos marinhos há 300.000 anos AP teria estimulado a encefalização e a complexidade cognitiva nos primeiros homens modernos (PARKINGTON, 2010). Essa teoria é baseada nos benefícios que viriam da adoção de alimentos marinhos, que são ricos em elementos com papel fundamental no desenvolvimento e manutenção da estrutura e função do tecido nervoso do cérebro de mamíferos. Por outro lado, a hipótese de Marean (2010, 2014) propõe que os humanos modernos, já teriam chegado à costa com plena capacidade cognitiva para compreender as associações entre os ciclos de pesca e coleta marinha e entre as marés e as fases da lua. Complementando essas hipóteses, de acordo com Will e colaboradores (2019), outro ponto de vista ressalta que o sucesso da adaptação costeira estaria vinculado à adição dos recursos marinhos que teriam ampliado de modo crucial os índices reprodutivos das populações costeiras ao melhorar suas bases nutricionais, especialmente favorecendo a saúde pré-natal e infantil. Entretanto, outros autores veem com ceticismo a relevância das adaptações costeiras na evolução da espécie humana, argumentando que as evidências empíricas dessas adaptações seriam muito limitadas em termos geográficos e temporais para serem fatores evolutivos decisivos (BAILEY e FLEMMING, 2008; BOIVIN *et al.*, 2013).

A ocupação dos ambientes costeiros presumidamente também teria implicações na dispersão do *Homo sapiens*, embora a amplitude desse processo seja bastante debatida (WILL *et al.*, 2019). A ocupação dos ambientes costeiros deu à humanidade acesso aos 'corredores litorâneos' — faixas de planícies costeiras com relativamente poucas barreiras e que facilitariam a movimentação e a dispersão pelos continentes (ERLANDSON; BRAJE, 2015; FIELD; LAHR, 2006; OPPENHEIMER, 2009; STRINGER, 2000). Todavia, para os críticos dessa teoria, esses movimentos não seriam tão simples, na medida em que diversos obstáculos naturais impediriam ou dificultariam esse processo, sendo que as rotas terrestres que acompanham os grandes rios poderiam ser mais viáveis (BAILEY; FLEMMING, 2008; BAILEY *et al.*, 2015; ERLANDSON, 2001). Além disso, existem poucos sítios costeiros desse período que estão muito dispersos em grandes áreas, o que não sustenta a hipótese de corredores litorâneos. O contra-argumento é que esses sítios estariam submersos.

A ocupação da paleo-península de Sunda (que compreende a Malásia, Java, Sumatra e Bornéu) é antiga, com evidências de mais de 500.000 anos AP, associada ao *Homo erectus*, e com traços de presença humana moderna com mais de 50.000 anos AP. Aos humanos modernos, está atribuída a travessia para o paleocontinente de Sahul (composto pela Austrália, Tasmânia e Nova Guiné) há cerca de 45.000 anos AP (BULBECK, 2007; O'CONNELL; ALLEN, 2007). Essa passagem tem outras considerações, uma vez que não houve corredores ou pontes que unissem Sunda à Sahul, tornando indeclinável a travessia de uma massa de água considerável (estimada entre 50 e 100 km, dependendo da rota). Portanto, é intrínseca a capacidade de navegar aos primeiros ocupantes de Sahul. A descoberta de diversos sítios em diferentes pontos de Sahul, com idades entre 45.000 e 40.000 anos AP, sugere um processo de colonização contínuo e deliberado (ALLEN; O'CONNELL, 2008).

Conforme dito anteriormente, a conquista da tecnologia náutica seria fundamental nesse processo, mas gera um pequeno paradoxo. A invenção e o aperfeiçoamento de tal tecnologia seria logicamente associada a grupos adaptados à vida costeira, como pescadores-coletores marinhos. Porém, quase todos os sítios antigos de Sahul encontrados até o momento são de caçadores-coletores. Assim, sugere-se que a rarefeita natureza dos sítios de pescadores marinhos antigos possa ser atribuída à submersão desses sítios (BAILEY; MILNER, 2002).

6.2 Américas: pescadores coletores versus caçadores de mastodontes à beira-mar

Com o lento desmoronamento da teoria *Clovis First*, desde a década de 1990 a partir da descoberta e confirmação da antiguidade de Monte Verde (Chile) e de outros sítios nas décadas seguintes, os arqueólogos começaram a inquirir sobre rotas alternativas além do 'corredor livre de gelo' na América do Norte. Uma das propostas foi de Erlandson e colaboradores (2007), que apontam que, há cerca de 16.000 anos AP, a costa setentrional do Pacífico apresentava uma planície costeira contínua entre o nordeste da Ásia e a América, ao longo da qual vicejavam ricos ecossistemas marinhos, as florestas de algas (*kelps*, de onde o apelido *Kelp Highway* ou 'Rodovia da Alga') entre o Alasca e a Califórnia, sucedido pelos manguezais tropicais, até as florestas de algas no litoral andino (Figura 6.1). Entretanto, migrações pelo interior teriam que enfrentar numerosas barreiras físicas e uma imensa variedade de ecossistemas. Este contexto explicaria a rápida disseminação dos bandos de caçadores-pescadores do litoral das Rochosas até a costa andina, tendo em vista as datações dos sítios Channel Islands (Califórnia), Quebrada Tacahuay e Quebrada Jaguay (Peru) em cerca de 13.000 anos calibrados AP (BRAJE *et al.*, 2017; DIXON, 2013; FRANCE; KEFFER, 2005; JONES *et al.*, 2017; RICK *et al.* 2005; SANDWEISS *et al.*, 1998). Essa teoria tem o mesmo problema dos modelos migratórios costeiros do velho continente — poucos sítios geograficamente ou cronologicamente compatíveis (POTTER *et al.*, 2018). Os próprios autores da teoria apontam que apenas a intensificação de pesquisas subaquáticas poderá comprovar essa hipótese, como demonstrado nas pesquisas do sítio submerso Page Ladson, na Flórida (HALLIGAN *et al.*, 2016).

Na fachada atlântica, a continuidade do fluxo migratório de grupos costeiros pela *Kelp Highway* poderia ter ocorrido no Caribe, via Istmo do Panamá, ou na Patagônia, via Terra do Fogo. Contudo, desse lado do continente, os sítios Pré-Clovis estão distantes da costa (como Meadowcroft, Topper, Pedra Furada e Santa Elina) e quando estão próximos, situam-se em altitudes elevadas (como Taima-Taima e El Jobo), ou, ainda, não têm evidência de contato com o ambiente marinho (como Arroyo Seco 2) (BOËDA *et al.*, 2014; DILLEHAY, 2000; POLITIS *et al.*, 2016; VIALOU, 2017). Outro possível local de continuidade desse processo de povoamento é a Patagônia, mas os dados indicam o povoamento dessa área ao redor de 11.000 a 10.000 anos AP, contemporâneos ou mais recentes que sítios próximos ao Rio da Prata. Portanto, é possível que a passagem da costa do Pacífico para a Atlântica nesta região tenha ocorrido por via transandina (FAUGHT, 2008; MIOTI; SALEME, 2003).

As evidências geológicas apontam para uma extensa planície costeira no Pleistoceno final no litoral Atlântico. Portanto, do ponto de vista geomorfológico, o grande corredor litorâneo Atlântico seria uma rota possível, embora aparentemente não apresente as ricas zonas de ressurgência oceânica equivalentes à costa Pacífica. Assim, enquanto os Paleoíndios exploravam animais marinhos na Califórnia e no Peru há mais de 10.000 anos atrás, na costa leste das Américas há poucas evidências de grupos habitando e explorando recursos litorâneos anteriores há 6.000 anos AP. Mesmo o sítio submerso mais antigo da costa Atlântica, Page Ladson, na Flórida, com 14.500 anos calibrados AP (HALLIGAN *et al.*, 2016), é um sítio de caçadores de mastodontes e camelídeos. Tendo em vista a soma das pesquisas acima mencionadas, as evidências até o momento sugerem que os sítios mais antigos na costa Atlântica americana são de caçadores-coletores e que os grupos de pescadores parecem surgir, em geral, por volta de 8.000 anos atrás.

Figura 6.1 – A 'Rodovia das Algas': sítios costeiros e outros com mais de 14.500 anos AP

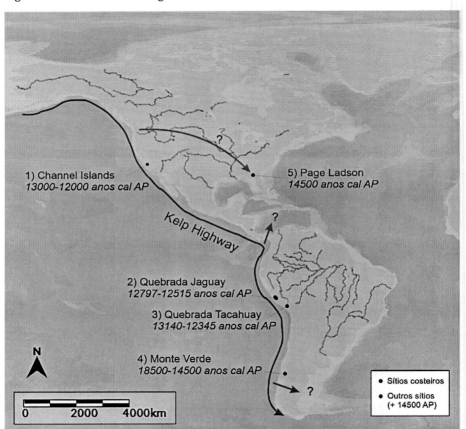

Fontes: Adaptado de Braje *et al.* (2017, p. 9) e 1) Erlandson *et al.* (2007); 2) Sandweiss *et al.* (1998); 3) France e Keffer (2005); 4) Dillehay *et al.* (2015); e 5) Halligan *et al.* (2016). Mapa elaborado por Lucas Bond (2021).

Esses indícios pouco favorecem um modelo de expansão pelo corredor litorâneo atlântico e sugerem que os caçadores-coletores interioranos descobriram o Oceano Atlântico no final do Pleistoceno e começo do

Holoceno, em diferentes ocasiões por vias terrestres diversas. No entanto, pode-se contra-argumentar que a mesma falta de indícios é atribuída na costa Atlântica ao fato de que as linhas de costa há 10.000 anos estavam a dezenas de quilômetros da configuração atual e de que os vestígios de pescadores antigos estariam submersos já que hoje encontramos sítios de 8.000 anos calibrados AP apenas nos raros pontos preservados do limite interior das antigas planícies costeiras.

6.3 De onde vêm os sambaquis?

O cenário que os Paleoíndios teriam encontrado na costa brasileira no final do Pleistoceno seria o fruto dos níveis oceânicos mais baixos do último período glacial (100.000 a 10.000 anos AP), cujo Máximo Glacial Tardio foi há aproximadamente 13.000 anos AP. Como resultado, havia uma extensa planície costeira, dezenas de quilômetros mais larga que a atual, com um clima mais úmido e ainda mais frio que o atual, coberta por vegetação rasteira que foi sendo substituída por bosques savânicos, com poucas florestas em vales protegidos. No início do Holoceno, a partir de 11.000 anos AP, o nível do mar e as temperaturas se elevaram paulatinamente, e há cerca de 6.500 anos AP, o nível do mar atingiu os níveis atuais. Contudo, o nível do mar continuou a subir, no evento conhecido como 'Transgressão Santos', chegando à 5 metros acima dos níveis atuais há 5.100 anos AP, e desceria oscilando (MARTIN *et al.*, 1984), ou contínua e paulatinamente (ÂNGULO; LESSA, 1997). Concomitantemente, a floresta tropical foi se expandindo dos vales para as encostas e assumiria seu domínio na Serra e no Planalto, enquanto os manguezais, as marismas e as restingas cobririam as erráticas planícies costeiras.

Embora a costa brasileira ainda não apresente nenhum sítio próximo de 10.000 anos AP, não diferindo do resto do litoral Atlântico da América, ela apresenta abundantes e imponentes testemunhos da ocupação de pescadores-coletores desde o Holoceno médio, com destaque evidente para os sambaquis, que estão presentes em dois conjuntos, em duas áreas distantes — no litoral paraense e maranhense e na costa sudeste-sul (Figura 6.2). Os dois conjuntos são associados a grupos pescadores-coletores, sendo a presença da cerâmica Mina o caráter notável nos sambaquis setentrionais até o momento (BANDEIRA, 2018).

Figura 6.2 – Sambaquis e concheiros no Brasil.

Fontes: Adaptado de Eremites de Oliveira (2004); Figuti *et al.* (2013); Lima (2000); Miller (2009); Roosevelt (1995); Schmitz *et al.* (1998); Silveira e Schaan (2005). Mapa elaborado por Thiago Umberto Pereira (2021).

Em contraste, o litoral do nordeste do Brasil tem relativamente esparsos registros de vestígios costeiros do Período Arcaico, com alguns sambaquis descritos para a área do Recôncavo, Sergipe e Porto Seguro, e sítios sobre dunas no Rio Grande do Norte. Cronologicamente, o conjunto da região sudeste-sul têm idades entre 8.000 e 1.000 anos AP, o conjunto da região norte apresenta idades entre 6.500 e 2.000 anos AP e os sítios do litoral nordeste apresentam idades entre 2.500 e 1.000 anos AP (ETCHE-VARNE; FERNANDES, 2011; SILVEIRA; SCHAAN, 2005).

O conjunto de sítios litorâneos das regiões sudeste-sul vem sendo estudado desde os primórdios da arqueologia brasileira. Os sambaquis desse conjunto apresentam muitas similaridades e, de modo geral, parecem pertencer a uma mesma tradição cultural. Com o surgimento das primeiras pesquisas de cunho científico, o quadro de datações demonstra uma grande quantidade de sítios datados entre 6.000 e 2.000 anos AP, distribuídos entre Espírito Santo e o Rio Grande do Sul (LIMA, 2000). Isso parece compatível com a estabilização da costa após a Transgressão Santos, o que leva à suposição de que os sambaquis começaram a surgir após 6.000 anos AP e se expandiram durante essa estabilização.

A questão da antiguidade desses sítios, porém, apresenta problemas (Tabela 6.1). Os sítios com datações de mais de 6.000 anos AP são raros: Ramal (6.540±105 anos AP), Porto Maurício (6.030±130 anos AP), Maratuá (7.803±1300 anos AP) e Camboinhas (7.958±224 anos AP) (EMPERAIRE; LAMING, 1956; GARCIA, 1979; KNEIP et al., 1981; UCHÔA, 1982). Estas datações foram fortemente contestadas, sobretudo pelos pesquisadores quaternaristas, tendo em vista os modelos de flutuações de níveis marinhos (GARCIA, 1979; GASPAR, 1996; MARTIN et al., 1984, 1996; MUEHE; KNEIP, 1995). As objeções foram diversas, desde a confiabilidade dos métodos de datação, dos contextos das amostragens e das origens das amostras. Dentre estes sítios, Maratuá teve amostras reanalisadas mais recentemente, fornecendo uma idade mais recente de 3.800 anos AP (GARCIA, 1979; BORGES, 2015).

Tabela 6.1 – Datações dos Sambaquis do Sul-Sudeste

Sítio	Idade Convencional	Idade Calibrada	Laboratório	Referências
Ramal	6.540 ± 105	Não disponível	SI-1572	Garcia (1979)
Porto Mauricio	6.030 ± 130	Não disponível	SI-509	Garcia (1979)
Maratuá	7.803 ± 1300 3.865 ± 95	10.500-4.000 AC	AS s/no. I-9185	Garcia (1979), Lima et al. (2004)

Sítio	Idade Convencional	Idade Calibrada	Laboratório	Referências
Camboinhas	7.958 ± 224	7.000-6.000 AC	SPC-207	Kneip *et al.* (1981), Lima *et al.* (2004)
Algodão	7.860 ± 80	9.000-8.400 AP	PLID-T00-0677	Lima *et al.* (2002, 2004)
Cambriu Grande	7.870 ± 80	Não disponível	CENA-481	Calippo (2008)

Fonte: dados adaptados pelo autor a partir das referências mencionadas na tabela

A despeito das ambiguidades destas datações, Schmitz (1984) propôs um modelo de origem dos sambaquis desse conjunto no qual indicava que grupos interioranos teriam passado para o litoral na área entre o litoral paranaense e o sul de São Paulo através da bacia do Ribeira de Iguape, entre 10.000 e 8.000 anos atrás. Por outro lado, Neves (1988) sugere um modelo de ocupação para a América do Sul no qual populações antigas ocupariam o corredor litorâneo Atlântico e dali entrariam no continente subindo as bacias hidrográficas, o que implica em uma ocupação costeira pré-sambaquieira.

Sem mais dados, houve um impasse até que pesquisas no início deste século redimiram a maior antiguidade dos sambaquis, mas também trouxeram maior complexidade ao tema. O sítio Algodão, na região de Angra dos Reis, Rio de Janeiro, apresentou uma datação de topo de 3.350±80 anos AP e da camada de base de 7.860±80 anos AP (LIMA *et al.*, 2002). O sítio Cambriu Grande, na Ilha do Cardoso, em São Paulo, tem a datação de 5.390±70 anos AP para a camada de topo e 7.870±80 anos AP para uma camada mesial, a cerca de 5 m acima da base e aproximadamente a 4 m abaixo do topo (CALIPPO, 2008). Essas evidências têm um grande impacto, pois, em primeiro lugar, estabelecem uma maior antiguidade à ocupação da costa brasileira e, em segundo lugar, mostram sambaquis em construção e vicejando entre Rio de Janeiro e São Paulo há 8.000 anos AP, o que nos leva à inevitável questão: onde estão os precursores?

Esse tema é apresentado por Calippo (2010) e Villagran (2013) que demonstram copiosamente a possibilidade e a importância potencial dos sítios submersos e expõem as prováveis vias de ocupação do litoral: a planície/corredor costeiro submerso ou as vias fluviais do interior. Ambos os autores apontam para a possibilidade de não serem modelos excludentes, sugerindo, portanto, que sejam possivelmente complementares.

Temos a possibilidade de ocupações litorâneas mais antigas que poderiam estar situadas na extensa planície costeira que existiu no começo do Holoceno. Teoricamente, nesta planície, uma extensa cultura de pescadores e coletores proto-sambaquieira teria existido do Pará ao Uruguai, sendo esta a precursora dos dois conjuntos de sambaquis. Essa é uma hipótese bastante atraente, que explica parcimoniosamente a existência de dois conjuntos tão similares e tão distantes. Todavia, a antiguidade distinta dos sítios no sul e no sudeste parecem apoiar uma origem local, e, mesmo que esta fosse a origem da cultura proto-sambaquieira, a escassez de sítios costeiros no nordeste e suas datações recentes parecem indicar a chegada tardia dos humanos neste litoral, deixando mais de 2.000 km de costa sem sambaquis ou equivalentes por mais de 5.000 anos AP. Na nossa opinião, se a ubíqua cultura proto-sambaquieira estivesse na paleo planície costeira no nordeste há mais de 5.000 anos, a elevação do nível marinho ocasionaria a paulatina migração sambaquieira para oeste e até o mar atingir o máximo transgressivo há 5.000 anos, como parece ter ocorrido no sudeste. Em suma, as datações recentes e a parca quantidade de sítios no nordeste parecem apoiar origens separadas para os conjuntos de sambaquis.

Tomando como base o modelo de Schmitz, parece-nos mais provável que grupos de caçadores-coletores se locomoveram por uma bacia, descobriram o mar, se adaptaram e colonizaram a costa: o Amazonas, no caso do conjunto de sítios litorâneos da região norte, e para o conjunto sul o Ribeira de Iguape, sendo o Doce, o Paraíba do Sul e o Itajaí outros candidatos prováveis. O rio São Francisco também é uma via provável, supondo a origem dos sambaquis do Recôncavo por essa via, embora a presença humana antiga no médio e alto São Francisco torne a ocupação tardia na foz um fenômeno que requer mais pesquisas.

A construção dos sambaquis é um traço cultural que emerge espontaneamente em cada uma dessas colonizações da costa? No interior do Brasil, sítios concheiros ou 'sambaquiformes' estão presentes na Amazônia, no Pantanal e no interior de São Paulo, e embora pareça ser improvável que culturas diferentes tenham produzido estruturas tão similares, essa convergência entre os sítios 'sambaquioides' não seria única em termos globais, pois várias outras culturas produziram montes de conchas muito similares aos sambaquis (*shellmounds, kaizuka, amas de coquilles, concheiros, conchales, køkkenmøddinger*, etc.). O que sugere não uma origem comum, mas uma aparente convergência em termos de engenharia/arquitetura para construção com possíveis propósitos culturais distintos.

O sambaqui da Taperinha, situado em Santarém (Pará), com datações antigas de de 7.090±80 AP e 7.580±215 AP (ROOSEVELT, 1995) e o sambaqui do Monte Castelo, localizado em Costa Marques, em Rondônia, que apresenta datações entre 700 e 9.000 anos AP (MILLER, 2009) revolucionaram a arqueologia mostrando montes de conchas antrópicos e cerâmicas antigas na Amazônia. Enquanto Taperinha fornece um sugestivo precedente aos construtores dos sambaquis do Pará e Maranhão, Monte Castelo e outros sítios do chamado Pantanal do Guaporé parecem ter associação com sítios do Chaco boliviano (PUGLIESE, 2018).

Esses sítios também são relacionados aos montes artificiais com conchas do Pantanal, denominados aterros (MIGLIACIO, 2006), sendo que o sítio MS-CP-22, um aterro do Pantanal Sul-mato-grossense, apresenta idades entre 8.300 e 8.100 anos AP (EREMITES DE OLIVEIRA, 2004 SCHMITZ *et al.*, 1998). As pesquisas no Pantanal Sul-mato-grossense mostram vários sítios de aterros de caçadores-coletores datados entre 5.000 e 2.500 anos AP (PEIXOTO, 2003). Todavia, no caso dos aterros, a cerâmica surge tardiamente, e, se o ritual/comportamento/hábito de construção de montes de conchas parece ser transmissível, a tecnologia da cerâmica foi menos bem-sucedida na passagem para a Bacia Platina

O outro conjunto significativo de sítios monticulares conchíferos está no médio- alto vale do rio Ribeira de Iguape, os sambaquis fluviais, com cerca de quatro dezenas de pequenos montes de conchas de caramujos terrestres, sem cerâmica e com datações entre 1.000 e 9.000 anos AP. O sambaqui fluvial Capelinha I, no médio Ribeira do Iguape, está situado a 55 km da costa e apresenta uma datação no Sepultamento 2 de 8.860±60 anos AP ou 10.180 a 9.710 anos calibrados AP (Beta 153988) (FIGUTI *et al.*, 2013). Esse é o sepultamento mais antigo dos sambaquis fluviais. Esse sítio também contém uma abundante indústria de pontas de projétil líticas bifaciais e dezenas de ossos e dentes trabalhados, incluindo dentes de tubarão e espinhos de raia. A proximidade geográfica entre os sítios caçadores-coletores da Tradição Umbu, os sambaquis fluviais do médio Ribeira e os sambaquis costeiros da Baixada da Cananéia-Iguape deixa poucas dúvidas sobre as relações entre eles. De acordo com Plens (2007, p. 228-229):

O que pode ser dito é que culturalmente os sambaquieiros fluviais constituíram grupos que se tornaram únicos, diferentes dos demais grupos interioranos ou costeiros e desenvolveram um modo de vida próprio que perdurou, por pelo menos 9.000 anos sem que, ao longo deste tempo, se tornasse evidente uma semelhança com uma ou outra tradição a ponto de caracterizar filiação a outros grupos culturais. Assim sendo, é possível construir um modelo em que trocas e aquisições tecnológicas entre sambaquieiros fluviais com grupos da Tradição Umbu e sambaquis costeiros caracterizem uma rede de contatos intensos, e quiçá de casamentos inter-étnicos, com grupos vizinhos ao longo de milênios, e que a carga simbólica da preservação dos ossos e a mobilização social para o culto aos antepassados advenha de uma cultura anterior que deu origem aos grupos sambaquieiros costeiros e fluviais.

Os artefatos marinhos de Capelinha também podem sugerir incursões desse povo serrano ao litoral, ainda que, há 9.000 anos AP, a linha de costa atual estava mais distante. Entretanto, podemos supor que outros assentamentos de sambaquieiros fluviais estivessem mais próximos do mar, tornando tais incursões mais exequíveis ou com redes de troca até Capelinha. A possível existência de redes de troca com povos já habitando a costa sugere a presença de sítios costeiros mais antigos ainda não descobertos, escondidos nas matas, erodidos ou submersos. A datação do Cambriu Grande demonstra que há 8.000 anos atrás já temos a cultura sambaquieira do litoral prosperando, e a posição desta datação (camada mesial de um sítio com 9 m de altura) parece prenunciar idades mais recuadas.

Consideremos ainda que o contexto de Capelinha antecede em um milênio o sambaqui Cambriu Grande. Sendo assim, por que ele não seria um exemplar da cultura precursora dos sambaquis costeiros? Esse período seria mais que suficiente para a transição e adaptação dos caçadores-coletores dos sambaquis fluviais ao litoral e sua eventual expansão como pescadores-coletores. Porém, mostrar que é possível ou plausível que os sambaquieiros fluviais do médio Ribeira pudessem dar origem aos sambaquis costeiros do sul-sudeste não é, obviamente, o mesmo que demonstrar que isso ocorreu.

A presente reflexão sobre as possíveis rotas de ocupação do litoral brasileiro indica no momento que os dados favorecem as vias interioranas, entretanto, não são totalmente conclusivos. Os sítios submersos são possibilidades inegáveis, mas sua pesquisa será no mínimo desafiadora dadas as dificuldades inerentes da pesquisa subaquática e as condições de conservação adversas. A única resposta está na ampliação da pesquisa arqueológica, seja em terra ou sob o mar.

Referências

ALLEN, J., O'CONNELL, J. F. Getting from Sunda to Sahul. *In:* CLARK, G., LEACH F., O'CONNOR, S. (ed.). *Islands of Inquiry: colonization, seafaring and the archaeology of maritime landscapes.* Canberra: ANU E Press, 2008, p. 31-46.

ANGULO, R. J., LESSA, G. C. The Brazilian Sea Level Curves: a critical review with emphasis on the curves from Paranaguá and Cananéia regions. *Marine Geology* vol. 140, p. 141-166, 1997.

BAILEY, G. N., FLEMMING, N. C. Archaeology of the continental shelf: marine resources, submerged landscapes and underwater archaeology. *Quaternary Science Reviews*, vol. 27, p. 2153–2165, 2008.

BAILEY, G. N. *et al.* Blue Arabia: Palaeolithic and underwater survey in SW Saudi Arabia and the role of coasts in Pleistocene dispersals. *Quaternary International* vol. 382, p. 42– 57, 2015.

BAILEY, G. N., MILNER, N. Coastal hunters and gatherers and social evolution: marginal or central? *Before Farming: the Archaeology of Old-World Hunter-Gatherers,* vol. 3-4, n. 1, p. 1-15, 2002.

BANDEIRA, A. M. Os Sambaquis na ilha de São Luís - MA: processo de formação, cultura material, cerâmica e cronologia. *Revista Memorare*, vol. 5, n. 1, p. 315-360, 2018.

BARRIERE, J. Les coquilles marines découvertes sur le sol de la cabane Acheuléenne du Lazaret. *In:* DE LUMLEY, H. (ed.). *Une Cabane Acheuléenne dans la Grotte du Lazaret (Nice).* Paris: Mémoires de la Société Préhistorique Française, 1969, p. 117–118.

BOËDA, E. *et al.* A new late Pleistocene archaeological sequence in South America: The Vale da Pedra Furada (Piauí, Brazil). *Antiquity*, vol. 88, p. 927-955, 2014.

BORGES, C. *Analyse archéozoologique de l'exploitation des animaux vertébrés par les populations de pêcheurs-chasseurs-cueilleurs des sambaquis de la Baixada Santista,*

Brésil, entre 5000 et 2000 BP. Tese de Doutorado defendida no Programa de Pré-história, Muséum National d'Histoire Naturelle, Paris, 2015.

BOIVIN, N. *et al*. Human dispersal across diverse environments of Asia during the Upper Pleistocene. *Quaternary International*, vol. 300, p. 32-47, 2013.

BRAJE, T.J. *et al*. Finding the First Americans. *Science*, vol. 358, p. 592–594, 2017.

BULBECK, D. Where river meets sea: a parsimonious model for *Homo sapiens* colonization of the Indian Ocean Rim and Sahul. *Current* Anthropology, vol. 48, p. 315–321, 2007.

CAMPMAS, E. *et al*. Initial insights into Aterian hunter-gatherer settlements on coastal landscapes: the example of Unit 8 of El Mnasra Cave (Témara, Morocco). *Quaternary International*, vol. 413, p. 5–20, 2016.

CALIPPO, F. R. Os sambaquis submersos do baixo Vale do Ribeira. *Revista de Arqueologia Americana*, vol. 26, p. 153-172, 2008.

CALIPPO, F. R. *Sociedade Sambaquieira, Comunidades Marítimas*. Tese de doutorado defendida no Programa de Pós-graduação em Arqueologia, Museu de Arqueologia e Etnologia, Universidade de São Paulo, São Paulo, 2010.

DE LUMLEY, H. Les fouilles de Terra Amata à Nice. Premiers résultats. *Bulletin du Musée d'Anthropologie Préhistorique de Monaco*, vol. 13, p. 29–51, 1966.

DE LUMLEY, H. (ed.) *Terra Amata: Nice, Alpes-Maritimes, France - Tome I. Cadre Géographique-historique. Contexte géologique: stratigraphie, sédimentologie, datation*. Paris: CNRS, 2009.

DILLEHAY, T. *The Settlement of the Americas*. New York: Basic Books, 2000.

DILLEHAY, T. *et al*. New archaeological evidence for an early human presence at Monte Verde, Chile. *PLoS ONE*, v. 10, n. 11, DOI: 10.1371/journal.pone.0141923, 2015.

DIXON, E. J. Late Pleistocene colonization of North America from Northeast Asia: new insights from large-scale paleogeographic reconstructions. *Quaternary International*, vol. 285, p. 57-67, 2013.

EMPERAIRE, J., LAMING, A. Les sambaquis de la cote méridionale du Brésil. Campagne de Fouilles (1954-1956). *Journal de la Societé des Americanistes*, vol. 45, p. 5-163, 1956.

EREMITES DE OLIVEIRA, J. Os primeiros pescadores-caçadores-coletores do Pantanal. *Revista de Geografia*, v. 19, p. 23-34, 2004.

ERLANDSON, J. M. The archaeology of aquatic adaptations: paradigms for a new millennium. *Journal of Archaeological Research*, vol. 9, p. 287-350, 2001.

ERLANDSON, J. M., BRAJE, T. J. Coasting out of Africa: The potential of mangrove forests and marine habitats to facilitate human coastal expansion via the Southern dispersal route. *Quaternary* International, vol. 382, p. 31-41, 2015

ERLANDSON, J. *et al.* The Kelp Highway Hypothesis: marine ecology, the coastal migration theory, and the peopling of the Americas. *The Journal of Island and Coastal Archaeology*, vol. 2, n. 2, p. 161-174, 2007.

ETCHEVARNE, C., FERNANDES, L. Patrimônio arqueológico pré-colonial: os sítios de sociedades de caçadores coletores e dos grandes grupos de horticultores ceramistas, antes de chegada dos portugueses. *In:* ETCHEVARNE, C., PIMENTEL, R. (org.). *Patrimônio Arqueológico da Bahia.* Salvador: SEI, 2011, p. 27-45.

FAUGHT, M. K. Archaeological roots of human diversity in the New World: a compilation of accurate and precise radiocarbon ages from earliest sites. *American* Antiquity, vol. 73, p. 670–698, 2008.

FIELD, J. S., LAHR, M. Assessment of the southern dispersal: GIS based analyses of potential routes at Oxygen Isotope Stage 4. *Journal of World Prehistory*, vol. 19, p. 1-45, 2006.

FIGUTI, L., PLENS, C., DEBLASIS, P. Small sambaquis and big chronologies: shell mound building and hunter-gatherers in neotropical Highlands. *Radiocarbon*, vol. 55, p. 1215-1221, 2013.

FRANCE, S. D., KEEFER, D. K. Quebrada Tacahuay, Southern Peru: a late Pleistocene site preserved by a debris flow. *Journal of Field Archaeology*, vol. 30, n. 4, p. 386-399, 2005.

GARCIA, C. R. Nova datação do Sambaqui de Maratuá e considerações sobre as flutuações eustáticas propostas por Fairbridge. *Revista de Pré*-História, vol. 1, n. 1, p. 15-30, 1979.

GASPAR, M. D. Datações, construção de sambaquis e identidade social dos pescadores, coletores e caçadores. *In: KERN, A. (org.). Anais da VIII Reunião Científica da SAB – vol. 1.* Porto Alegre: Edipucrs, 1996, p. 377-398.

HALLIGAN, J. J. *et al.* Pre-Clovis occupation 14,550 years ago at the Page-Ladson site, Florida, and the peopling of the Americas. *Science Advances*, vol. 2, n. 5, DCI: 10.1126/sciadv.1600375, 2016.

HENSHILWOOD, C. S. *et al.* Blombos Cave, Southern Cape, South Africa: preliminary report on the 1992–1999 excavations of the Middle Stone Age levels. *Journal of Archaeological Science*, vol. 28, p. 421–448, 2001.

JONES, K. B., HODGINS, G., SANDWEISS, D. Radiocarbon chronometry of site QJ-280, Quebrada Jaguay, a terminal Pleistocene to early Holocene fishing site in Southern Peru. *The Journal of Island and Coastal Archaeology*, vol. 14, n. 4, DOI: 10.1080/15564894.2017.1338316, 2017.

KNEIP, L. M., MORAIS, J. L., CUNHA, F. The radiocarbon dating of the sambaqui Camboinhas, Itaipu-Niterói, Rio de Janeiro. *Anais da Academia Brasileira de Ciências*, vol. 53, n. 2, p. 339-343, 1981.

LANGEJANS, G. H. J. *et al.* Middle Stone Age shellfish exploitation: potential indications for mass collecting and resource intensification at Blombos Cave and Klasies River, South Africa. *Quaternary International*, vol. 280, p. 80–94, 2012.

LIMA, T. A. Em busca dos frutos do mar: pescadores-coletores do litoral centro-sul do Brasil. *Revista da USP*, vol. 44, n. 2, p. 270-327, 2000.

LIMA, T. A. *et al.* The antiquity of the prehistoric settlement of the central-south Brazilian coast. *Radiocarbon*, vol. 44, n. 3, p. 733- 738, 2002.

LIMA, T. A. *et al.* The earliest shell mounds of the central-south Brazilian coast. *Nuclear Instruments and Methods in Physics Research Section B: Beam Interactions with Materials and Atoms.* Vol. 223–224, p. 691-694. 2004.

MAREAN, C. W. Pinnacle Point Cave 13B (Western Cape Province, South Africa) in context: The Cape Floral kingdom, shellfish, and modern human origins. *Journal of Human Evolution*, vol. 59, p. 425-443, 2010.

MAREAN, C. W. The origins and significance of coastal resource use in Africa and Western Eurasia. *Journal of Human Evolution*, vol. 77, p. 17-40, 2014.

MARTIN, L., SUGUIO, K., FLEXOR, J. M. Informações adicionais fornecidas pelos sambaquis na reconstrução de paleolinhas de praia Quaternária: exemplos da costa do Brasil. *Revista de Pré- História*, vol. 6, p. 128-147, 1984.

MARTIN, L. *et al.* Quaternary sea- level history and variation in dynamics along the Central Brazilian coast: consequences on coastal plain construction. *Anais da Academia Brasileira de Ciências*, vol. 68, p. 303-354, 1996.

MIGLIACIO, M. C. M. *O doméstico e o ritual*: cotidiano Xaray no Alto Paraguai até o século XVI. Tese de doutorado defendida no Programa de Pós-graduação em Arqueologia, Museu de Arqueologia e Etnologia, Universidade de São Paulo São Paulo, 2006.

MILLER, E. T. A cultura cerâmica do Tronco Tupi no alto Ji-Paraná, Rondônia Brasil: algumas reflexões teóricas, hipotéticas e conclusivas. *Revista Brasileira de Linguística Antropológica*, vol. 1, n. 1, p. 35-136, 2009.

MIOTI, L. SALEME, M. When Patagonia was colonized: people mobility at high latitudes during Pleistocene/Holocene transition. *Quaternary International* v.109-110, p. 95-111, 2003.

MUEHE, D., KNEIP, L. M. O sambaqui de Camboinhas e o de Maratuá e as oscilações relativas do nível do mar. *Documento de Trabalho - Série Arqueologia*, vol.3, p. 5-82, 1995.

NEVES, W. A. Paleo-genética dos grupos pré-históricos do litoral sul do Brasil (Paraná, Santa Catarina). *Pesquisas- Série Antropologia*, vol. 43, p. 1-178, 1988.

O'CONNELL, J. F., ALLEN, J. Pre-LGM Sahul (Australia–New Guinea) and the archaeology of early modern humans. *In:* P. MELLARS, P. BOYLE, K., BAR-YOSEF, O., STRINGER, C. (ed.). *Rethinking the Human Revolution.* Cambridge: McDonald Institute for Archaeological Research, 2007, p. 395–410.

OPPENHEIMER, S. The great arc of dispersal of modern humans: Africa to Australia. *Quaternary International*, vol. 202, p. 2-13, 2009.

PARKINGTON, J. E. Coastal diet, encephalization, and innovative behaviors in the late Middle Stone Age of Southern Africa. *In:* CUNNANE, S. C., STEWART, K. M. (ed.). *Human Brain Evolution: the influence of freshwater and marine food resources.* Hoboken: Wiley-Blackwell, 2010, p. 189-203.

PEIXOTO, J. L. A ocupação dos povos indígenas pré-coloniais nos grandes lagos do Pantanal Sul-Mato-grossense. Tese de doutorado defendida no Programa de Pós-graduação em História, Pontifícia Universidade Católica do Rio Grande do Sul, Porto Alegre, 2003.

PLENS, C. R. 2007 *Sítio Moraes, uma biografia não autorizada*: análise da formação de um sambaqui fluvial. Tese de doutorado defendida no Programa de Pós-graduação em Arqueologia, Museu de Arqueologia e Etnologia, Universidade de São Paulo, São Paulo, 2007.

POLITIS, G. *et al.* The arrival of *Homo sapiens* into the Southern Cone at 14,000 years ago. *PLoS ONE, vol.* 11, n. 9, DOI: 10.1371/journal.pone.0162870, 2016.

POTTER, B. A. *et al.* Current evidence allows multiple models for the peopling of the Americas. *Sciences Advances*, vol. 4, n. 8, DOI: 10.1126/sciadv.aat5473, 2018.

PUGLIESE Jr , F. A. *A História Indígena Profunda do Sambaqui Monte Castelo.* Tese de doutorado defendida no Programa de Pós-graduação em Arqueologia, Museu de Arqueologia e Etnologia, Universidade de São Paulo, São Paulo, 2018.

RICK, T. C. *et al.* From Pleistocene mariners to complex hunter-gatherers: the archaeology of the California Channel Islands. *Journal of World Prehistory*, vol. 19 p. 169-228, 2005.

ROOSEVELT, A. C. Early pottery in the Amazon: twenty years of scholarly obscurity. *In:* BARNETT, W.; HOOPES, J. (ed.). *The Emergence of Pottery: technology and innovation in ancient societies.* Washington: Smithsonian Institution, 1995, p. 115-131.

SANDWEISS, D. H. *et al.* Quebrada Jaguay: early South American maritime adaptations. *Science*, vol. 281, p. 1830-1832, 1998.

SCHMITZ, P. I. *Caçadores e Coletores da Pré-História do Brasil.* São Leopoldo: Instituto Anchietano de Pesquisas, 1984.

SCHMITZ, P. I. *et al.* Aterros Indígenas no Pantanal do Mato Grosso do Sul. *Pesquisas-Antropologia*, v. 54, p. 1-271, 1998.

SILVEIRA, M. I., SCHAAN, D. P. Onde a Amazônia encontra o mar: estudando os sambaquis do Pará. *Revista de Arqueologia*, vol. 18, p. 67-79, 2005.

STRINGER, C. Coasting out of Africa. *Nature*, vol. 405, p. 24-27, 2000.

UCHÔA, D. P. Ocupação do litoral sul-sudeste brasileiro por grupos coletores-pescadores Holocênicos. *Arquivos do Museu de História Natural*, vol. 6-7, p. 133-143, 1982.

VIALOU, D. *et al.* Peopling South America's center: the late Pleistocene site of Santa Elina. *Antiquity*, vol. 91, n. 358, p. 865-884, 2017.

VILLA, P. *Terra Amata and the Middle Pleistocene Archaeological Record of Southern France.* Berkeley: University of California Press, 1983.

VILLAGRAN, X. S. O que sabemos dos grupos construtores de sambaquis? Breve revisão da arqueologia da costa sudeste do Brasil, dos primeiros sambaquis até a chegada da cerâmica Jê. *Revista do Museu de Arqueologia e Etnologia*, vol. 23, p. 139-154, 2013.

YESNER, D. R. Maritime hunter-gatherers: ecology and prehistory. *Current Anthropology*, vol. 22, p. 727– 750, 1980.

WILL, M., KANDEL, A. W., CONARD, N. J. Midden or Molehilll: The role of coastal adaptations in human evolution and dispersal. *Journal of World Prehistory*, vol. 32, n. 1, p. 33-72, 2019.

WILL, M. *et al.* J. Coastal adaptations and the Middle Stone Age lithic assemblages from Hoedjiespunt 1 in the Western Cape, South Africa. *Journal of Human Evolution*, vol. 64, p. 518–537, 2013.

POVOAMENTO INICIAL NO CENTRO DA AMÉRICA DO SUL: SANTA ELINA

Águeda Vilhena Vialou
Denis Vialou

A primeira ocupação de Santa Elina, datada por volta de 27.000 anos cal AP, é uma das mais antigas conhecidas atualmente na América do Sul. Foi muito bem evidenciada com base em uma sequência estratigráfica de 3,50 metros de espessura obtida por microdecapagens e correlacionada a uma série de datações absolutas. Da mesma forma que essa ocupação inicial do sítio, outra ocupação, mais recente, datada por volta de 11.000 anos cal AP, associa vestígios antrópicos, principalmente peças líticas e carvões, a restos ósseos de *Glossotherium Lettsomi*, uma espécie de megafauna — a Preguiça Gigante — tornada fóssil durante as grandes mudanças climáticas Pleistoceno-Holoceno[25]. O abrigo foi, desde então, ocupado regularmente até por volta de 2.000 anos AP (radiocarbônicos). Sua parede foi coberta por quase mil representações pintadas, figurativas e abstratas e de vários motivos e sinais (VIALOU; VIALOU, 2019).

Santa Elina é um sítio relevante devido a sua antiguidade, sua longa sequência cronoestratigráfica, com os dois mais antigos níveis onde estão associados os vestígios antrópicos e os ossos de megafauna, e seu dispositivo parietal bastante original. Santa Elina é um sítio na América do Sul, somado a outros, que vêm nos últimos anos reforçando os argumentos em prol de uma migração pré-Último Máximo Glacial para as Américas (BUENO *et al.*, 2013a, 2013b; VIALOU *et al.*, 2017).

7.1 Quadro geológico e geográfico

A Serra das Araras, onde o abrigo está situado, é formada de dobramentos sinclinais de calcários dolomíticos da formação Araras e de arenitos pré-cambrianos da formação Raizama (ALVARENGA, 2005; AUBRY, 2005; ROSS, 2005). Extensa em várias centenas de quilômetros, com altitudes

---

[25] Inicialmente identificado como Lettsomi, vide Cartelle 2005. Entretanto, recentes análises do mesmo autor o levaram a considerar essa megafauna fóssil como Glossotherium phoenesis. Informação Thais R. Pansani, no prelo.

que vão de 500 a 800 metros em relação ao planalto continental, sua largura é de 40 a 50 quilômetros. O Rio Cuiabá, afluente do Rio Paraguai atravessa a serra a cerca de trinta quilômetros de Santa Elina (Figura 7.1)

Figura 7.1 – Planos, mapas da Serra das Araras: A - geomorfologia (J. Ross) ou B- geologia (C. J. Alvarenga) ou C- litologia (Th. Aubry)

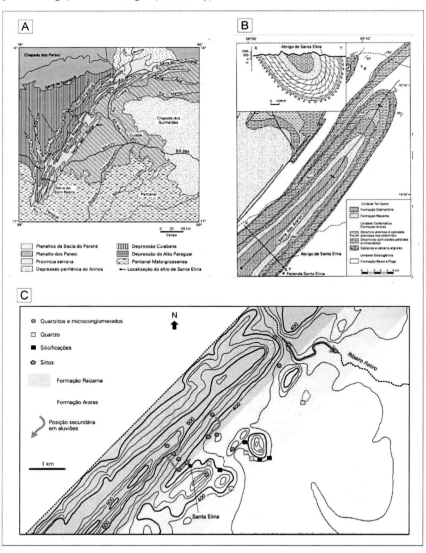

Fonte: Vilhena Vialou (2005)

De fato, Santa Elina tem uma localização privilegiada e especial, pois sua posição central no continente sul-americano funciona ou pode funcionar como área de contato, de passagem entre duas paisagens fronteiriças. O dobramento calcário da Serra das Araras é um importante divisor de águas nessa porção central da América do Sul e ocidental do Brasil que corresponde à separação entre as duas maiores bacias hidrográficas: a Bacia Amazônica, pelo Rio Tapajós através de seus subafluentes, Sangue e Arinos que se dirigem para o norte e desembocam no Juruena; e a Bacia Platina, com os rios Paraguai e seus afluentes, Cuiabá e Jangada, próximos da área de estudo, percorrendo a área mais baixa do continente, o Pantanal, onde dirigem-se nitidamente para o sul, acrescidos das bacias do Paraná e do Uruguai.

Esse posicionamento é bastante propício aos deslocamentos humanos necessários e conhecidos a toda época. O que incita considerar é que se trata de um espaço favorável de passagem, sem obstáculos relevantes, de áreas desérticas ou alagadas ou de altas montanhas, como a cadeia dos Andes, que culmina em altitudes bem mais elevadas para oeste do continente, em direção ao Pacífico.

Os estudos paleobotânicos e ambientais mostraram que os vales ficaram protegidos, fora da aridez e dos calores sazonais. Nesses últimos 11.000 anos, com um clima mais seco que o atual e com um cerrado mais aberto, a serra funcionou, devido ao substrato calcário, como um refúgio natural, favorável a espécies vegetais, com grandes árvores: angico (*Anadenanthera* sp.), caju (*Anacardium* sp.), ipê (*Tabebuia* sp.) e jatobá (*Astronium* sp.) (CECCANTINI, 2005; SCHEEL-YBERT; SOLARI, 2005; BACHELET; SCHEEL-YBERT, 2017; SCHEEL-YBERT; BACHELET, 2020); além de animais, como a fauna extinta nela presente (CARTELLE, 2005).

Algumas ocupações a céu aberto, contendo fragmentos cerâmicos e peças líticas, foram localizadas próximas ao abrigo Santa Elina, através de prospecções realizadas em um raio de 10 quilômetros no interior e no exterior da serra. Nenhum outro sítio rupestre contendo vestígios de ocupação ou arte parietal foi descoberto, nem assinalado nas redondezas. Independentemente das pesquisas em Santa Elina, pode-se indicar que vários vestígios paleontológicos de megafauna foram descobertos na parte norte da serra por explorações fortuitas, sem contextualizá-los. Isso revela a presença e a conservação de ossos faunísticos em cavidades dessa serra calcária e, de certa forma, reforça a ideia de refúgio para esses grandes animais em diferentes momentos do Pleistoceno.

7.2 Abrigo e habitat

Com seus relevos marcados e seus vales penetrantes, a Serra das Araras forma uma paisagem original e oferece condições climáticas totalmente diferentes das que se apresentam nas proximidades, a depressão cuiabana e o cerrado regional. O abrigo tem uma localização estratégica no sentido de poder fazer a união entre o norte e o sul, atingindo dois mundos diferentes

O abrigo de Santa Elina (15°27'28''S, 56° 46'93''W, 290 metros de altitude), de cerca de 60 metros de comprimento, está situado no flanco oriental de um dobramento de calcário dolomítico pré-cambriano, que une a Serra das Araras e a Serra da Água Limpa. O ponto culminante da Serra das Araras, face ao abrigo, atinge 800 metros de altitude (Figura 7.2). A parede alta e quase vertical do abrigo é a face inferior de um dobramento do sinclinal, formando a serra. Essa parede fica relativamente plana sobre 60 metros. Do lado leste, cerca de 30 metros abaixo, a parede forma um recanto em sua parte superior e está coberta de concreções estalagmíticas. As chuvas, que nunca atingem os depósitos do abrigo pré-histórico, o que explica tanto a sua excelente conservação quanto a dos restos ósseos e vegetais, ocorrem nesse setor, formando um pequeno reservatório tempo-rário de água, frequentado pela fauna local, em geral ungulados e felinos.

Figura 7.2 – (A) Paisagem da Serra das Araras. Foto de Thierry Aubry. (B) Abrigo Santa Elina: leste (esquerda) e oeste (direita)

Fonte: fotos de Águeda e Denis Vialou

Do lado noroeste do abrigo, os grandes blocos de uma outra camada calcária do sinclinal, inicialmente quase paralela à parede, fecham o espaço abrigado. No contato entre as duas camadas calcárias começa uma cornija estreita (de 40 a 60 centímetros) que se estende sobre 20 metros de comprimento, em cima do abrigo, atingindo uma altura de 7 metros em relação ao chão atual. Várias representações figurativas, humanas e animais, foram realizadas nesse local. Adiante, na direção oeste, a parede vertical continua sem formar outros abrigos.

Os vários percursos exploratórios ao longo da parede calcária vertical, a leste e oeste do abrigo, mostraram que o sítio pré-histórico se localiza no lugar bem abrigado e espaçoso da camada calcária vertical e oblíqua, que forma o flanco externo da Serra, dominando a depressão regional cuiabana. Ao final, fica claro que os homens pré-históricos utilizaram como acampamento o único abrigo, grande e protegido das intempéries e encontrado a partir da passagem natural aberta nesta camada dobrada externa da Serra.

A área habitacional ocupa a parte central do abrigo, que se posiciona entre a parede vertical ligeiramente inclinada (70°) do dobramento sul e o destacamento de uma camada sinclinal do calcário formando um enorme bloco paralelepipédico ao norte, em direção ao vale, deixando um espaço habitável entre 3 e 5 metros de largura.

Foram 20 anos de escavações, de 1984 a 2004, com campanhas de duração de 3 a 5 semanas a cada ano. Participaram da equipe arqueólogos principalmente brasileiros, mas também franceses, australianos, austríacos, argentinos, além de vários pesquisadores brasileiros e estrangeiros (marroquinos, norte-americanos, italianos, uruguaios). E também especialistas em geologia, tectônica, geomorfologia, karstologia, sedimentologia articulada à estratigrafia, datações (radioatômicas, Urânio-Tório, luminescência ótica estimulada), paleontologia dos ossos fósseis, arqueozoologia, botânica, antracologia, e na análise de distintos tipos de vestígios arqueológicos (líticos, pigmentos, carvões, ossos, vegetais trabalhados).

Ao todo, foi aberta uma área de escavação de 88 m², obedecendo a critérios metodológicos de decapagens centimétricas, acompanhando os níveis estratigráficos com os períodos de permanência aos quais correspondem as espessuras de cada camada (Figura 7.3). Elas evidenciam os espaços de ocupação, como as estruturas de combustão e as áreas de circulação. As escavações foram feitas por microdecapagens extensas e sucessivas, em função da estratigrafia, e registradas na topografia métrica do quadriculamento da totalidade do sítio sobre 40 metros de extensão paralelamente ao paredão e sobre uma largura média de 4 metros. Todo depósito retirado foi peneirado, obedecendo a referências das coordenadas. A materialização do quadriculamento foi feita com um cordão aéreo a fim de evitar distorções dos metros no chão devido à inclinação do solo. As estruturas e os objetos de um mesmo solo ou momento habitacional, uma vez evidenciados, foram *in loco* numerados e registrados em caderno especial de inventário e ficaram preparados com o intuito de serem analisados por croquis, planos, perfis e fotos.

Devido ao sedimento extremamente fino e à grande quantidade de blocos, o sítio foi escavado criando um escalonamento entre áreas mais e menos profundas para evitar possíveis desabamentos. Os patamares se formaram atingindo 5,1 metros de profundidade, sendo esse último sobre 2 m² nos metros 22 B e 23 B, sem vestígios. De fato, dos 88 m² que cobrem praticamente toda área habitacional, foi decapada toda a área compreendida pelos metros de 19 a 29 em A, B, C, D e E aos metros de 30 a 40 em A, B, C e D, evidenciando os níveis mais recentes sobre 40 centímetros de espessura. O primeiro degrau separa os níveis do solo atual com os da área escavada, na divisão dos metros de 40 a 35. Outro patamar se forma no metro 35, rompendo esse nível recente para atingir os níveis holocênicos até 5.000 anos atrás sobre 70 m².

Figura 7.3 – (A) Santa Elina sondagem 22-23 B-C, níveis estéreis arqueologicamente; B) Abrigo Santa Elina: escavações e corte estratigráfico. Foto de Águeda e Denis Vialou (2011); (C) Santa Elina: corte topográfico. Plano geral elaborado por Karin Shapazian. Esquema de A. Vialou. Adaptado por Thiago Umberto Pereira (2021)

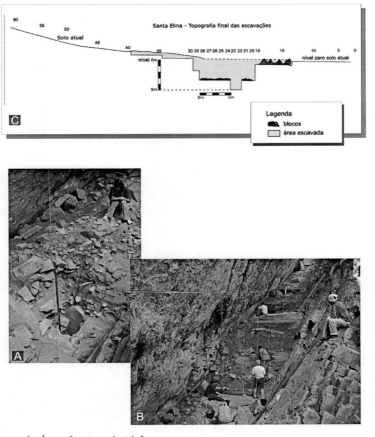

Fonte: fotos de Águeda e Denis Vialou

Um corte estratigráfico de referência se estabelece nos metros 30 e 29, formando um perfil direto de 3,5 centímetros de profundidade. Um pequeno degrau, de apenas um metro de comprimento, para sua estabilização, subdivide o perfil exatamente no nível de 11.000 anos cal AP. Dos metros de 29 a 20 em Z, A, B, C e D sobre 32 m², foram evidenciados vários níveis do Pleistoceno Final.

Para os níveis pleistocênicos, foi sobre a área de 18 m², entre os metros de 28 a 20 em A, B e C que foram identificados os vestígios líticos associados à megafauna. Os níveis pleistocênicos com vestígios de ocupação humana, de acordo com a leve declividade geral do depósito sedimentar, situam-se em uma profundidade entre 2,8 e 3,5 metros, enquanto grande parte dos níveis de 11.000 anos cal AP corresponde a uma profundidade entre 1,8 e 2,3 metros. Já pela sondagem realizada, sobre 2 m² até 5,1 metros de profundidade, não foi identificada presença humana, nem restos de fauna, após os 3,5 metros de profundidade.

7.3 Sedimentologia, cronoestratigrafia e arqueologia

Os sedimentos na área central de escavações (metros de 20 a 29) são arenosos, com uma granulometria variando de grosseira a média ou fina (siltosa). Não há sedimento argiloso. Os sedimentos provêm da própria evolução geológica do calcário: a dinâmica dos depósitos se faz a partir do declive geral de oeste, mais elevado, para leste, mais baixo. Sedimentos eólicos pouco desenvolvidos estão também presentes. Os depósitos contêm *in loco,* em toda sua sequência, numerosos blocos calcários, geralmente de dimensões médias, ao redor de 30 centímetros. Eles provêm da fraturação da fissuração e da erosão contínua das paredes calcárias.

Algumas áreas foram impactadas pelas quedas de grandes blocos provenientes do ápice da falésia que domina o abrigo. Os blocos foram retirados e os efeitos locais secundários sobre os sedimentos foram analisados. Essas zonas perturbadas são bem limitadas. Entretanto, os depósitos que se encontram em contato com a parede do abrigo foram desestabilizados, provavelmente, por razões tectônicas. Isso provocou um espaço estreito vazio entre a parede e o depósito sedimentar, posteriormente preenchido por sedimentos soltos e que não entram na análise estratigráfica geral. As reduzidas marcas de gotejamentos na área das escavações restringem-se a períodos de forte umidade, como foi o caso da passagem Pleistoceno-Holoceno.

O depósito geral é claramente estratificado e as camadas são identificadas por suas texturas e suas colorações. Quatro unidades estratigráficas principais foram definidas (BENABDELHADI, 2005; VIALOU *et al.*, 2017) – Figura 7.4.

Figura 7.4 – Santa Elina: corte estratigráfico

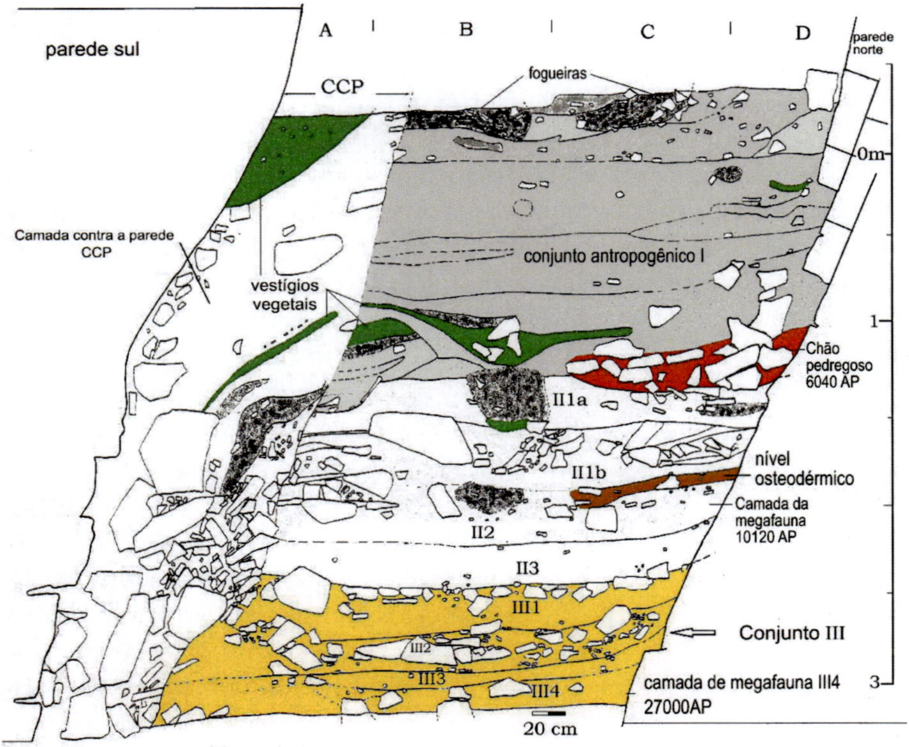

Fonte: elaborado por M. Benabdelhadi

Unidade IV

Essa unidade foi definida unicamente na sondagem profunda (metros 22-23 B). Compreende uma série de camadas de areia e siltes pouco compactados entre 3,5 e 5,1 metros de profundidade. A mais profunda contém uma fração de calcário grosseiro e erodido que poderia corresponder a condições climáticas mais frias. Nenhum vestígio antrópico, nem mesmo ossos de megafauna fóssil, foi encontrado. As datações feitas pelo laboratório de Washington por OSL com amostras provenientes desta unidade aos 385 e 437 centímetros de profundidade forneceram como resultados as datas de 27.800 ± 2.700 (UW609) e de 29.300 ± 1.800 anos AP.

Unidade III (4-1)

Essa unidade foi evidenciada nos metros de 28 a 20 em A, B e C, contabilizando uma área total de cerca de 25 m² (Figura 7.8). Com relação à estratigrafia, ela se desenvolve entre 3,5 e 2,6 metros de profundidade. Dois perfis estratigráficos foram feitos: um leste-oeste (23-25 B) e outro, maior, norte-sul (29 Z, A, B, C e D) (ver Figura 7.7). Este corte principal forma o bordo ocidental da área escavada, sendo conservado e protegido no encerramento da escavação. Os sedimentos são arenosos e algumas camadas contêm mais blocos calcários que outras. Variações sedimento-lógicas secundárias, como iluviações e colorações diferenciadas, permiti-ram, através de análises micromorfológicas dos sedimentos, que fossem distinguidas 4 camadas, denominadas III (4), III (3), III (2), III (1).

A camada III (4), com 40 centímetros de espessura, corresponde à mais densa concentração de ossos de *Glossotherium* do sítio, associada a um solo de ocupação contendo artefatos líticos (VIALOU *et al.,* 1995; CAR-TELLE, 2005). Os osteodermes encontrados foram datados de 27.000 ± 2.000 anos AP pelo método de Urânio-Tório (MNHN-Paris, FALGUÈRES, 2005) – ver Tabela 7.1. Minúsculos carvões de madeira, coletados em 27 B e a uma profundidade de 310 centímetros, localizados em uma concen-tração de sedimentos acinzentados, indubitavelmente provenientes de cinzas de fogueira, foram datados em 27.402 anos cal AP, por AMS (data média calibrada) (VALLADAS, 2005). Datações elaboradas no laboratório da Universidade de Washington foram feitas sobre o quartzo, componente do sedimento dessa camada, em luminescência óptica estimulada (OSL), a 295 centímetros de profundidade do metro 28 B. Elas corroboram as demais datações realizadas pelos outros métodos de que a idade obtida nesse local foi de 25.100 ± 2.500 (UW 465) (FEATHERS, 2005).

A camada III (3) está em perfeita continuidade com III (4), na medida em que mantém os vestígios líticos e os abundantes ossos de *Glossotherium*. Ela é pouco espessa (5 a 10 centímetros) e se distingue da precedente pela cor marrom e pela textura dos sedimentos. Nela se encontram milimétricos estilhaços de madeira provenientes da camada III (2).

A camada III (2), espessa de cerca de 30 centímetros, é semelhante à III (3), porém com uma fração grosseira menor e menos densa de calcário. Dois grandes (>10 centímetros de comprimento) fragmentos de madeira flutuados durante um episódio de forte umidade, foram encontrados a uma profundidade média de 270 centímetros e datados por carbono 14 ao redor de 26-27000 anos cal AP (FONTUGNE *et al.*, 2005). Essa camada não contém vestígios ósseos de megafauna e apenas uma vintena de objetos líticos encontram-se esparsos e sem caracterizar uma ocupação *in loco*.

A camada III (1) é composta de areias grosseiras. Como a precedente, a camada contém bem poucos artefatos líticos e nenhuma megafauna fóssil.

Verifica-se que essas subdivisões foram baseadas tanto nas ligeiras diferenças sedimentológicas como nas evidências de ocupação humana ou na presença faunística. O que se constata é a interação clara entre megafauna e humanos em um solo bem determinado, ocorrida em um período ao redor de 27.000 anos atrás.

Tabela 7.1 – Santa Elina, tabela de datação: [14]C (Carbono 14) contagem-*Beta* e idades convencionais em SMA (Espectrometria de Massa por Acelerador) e datas calibradas, Idades U-Th (Urânio-Tório) de 1996 e OSL (Luminescência Óptica Estimulada) de 2013

Labor Nº amostra	Natureza	M	Z cm	Unit	Age (conv. B.P.)	Cal dates intervalle* 2 6	Median dates	Age OSL (Ka B.P.)	Age Th/U 16 (Ka B.P.)
Gif-9692	carvão	29 D	12	I	1770 ± 60	1805, 1517	1689		
Gif-7882	carvão	23 C	139	I	5980 ± 70	6943, 6567			
Gif-7054	carvão	27 B	110	I	6040 ± 70	7011, 6675	6893		
Gif-7880	carvão	20 D	131	I	6060 ± 80	7151, 6673			
Gif-9368	carvão	27 C	187	II 1	7050 ± 55	7904, 7681	7882		
Gif-9039	carvão	20 A	225	II 1	7940 ± 70	8955, 8505			

Labor N° amostra	Natureza	M	Z cm	Unit	Age (conv. B.P.)	Cal dates intervalle* 2 σ	Median dates	Age OSL (Ka B.P.)	Age Th/U 16 (Ka B.P.)
Gif/LSM-10683	carvão	20 A	238	II 2	9340 ± 20	10649 - 10500	10552		
Gif/LSM-11121	carvão	20 A	288	II 2	9790 ± 20	11240 - 11195	11216		
Th/U SE 9404	osso	29 C	198	II 2					13.0 ± 1.0
Gif-8954	carvão	24 B	205	II 2	10120 ± 60	12007 - 11404	11742		
UW464	quartzo	29 B	228	II 3				18.7 ± 0.9	
Gif-9366	madeira	21 B	278	III 2	22500 ± 500	27660 - 25896	26783		
Gif-9365	madeira	22 B	267	III 2	23320 ± 1000	29924 - 25768	27624		
G I F A 99177	micro-carvão	27 B	310	III 4	23120 ± 260	27818 - 26887	27402		
UW465	quartzo	28 B	296	III-4				25.1 ± 2.5	
Th/U SE 9402	osso	26 C	310	III 4					27.0 ± 2.0
UW609	quartzo	23 B	385	IV				27.8 ± 2.7	
UW822	quartzo	23 B	437	IV				29.3 ± 1.8	

* Calibragens utilizando OxCal v4.2.3 Bronk Ramsey (2013). Intervalos foram dados com 95,4% de nível de confiança (2sigmas) (REIMER *et al.*, 2013).

Fonte: Fontugne *et al.* (2005); Feathers (2005); Falguères (2005)

Unidade II (3, 2, 1)

Com 1,1 metro de espessura, a uma profundidade entre 140-250 centímetros e com 30 m² de extensão, essa unidade é composta de 3 camadas espessas de sedimentos arenosos (denominadas II (3), II (2), II (1)) mais grosseiros que na unidade III. Leitos de blocos e de pedras aparecem intercalados. Os siltes representam 19,12% e as argilas 4,92%.

A camada inferior II (3), separada da III (1) por um leito de blocos, é rica de nódulos de iluviação. A datação de 18.700 ± 900 anos AP obtida por OSL no metro 29 B a 228 centímetros de profundidade concerne ao período cronológico intermediário que existe entre duas importantes camadas ricas em vestígios culturais. Como as camadas III (2) e III (1), a camada II (3) não possui traços de organização espacial e contém pouquíssimos artefatos líticos.

A camada II (2), composta de areias mais finas, é densa em restos ósseos de *Glossotherium*, associados a artefatos líticos. Na fase transitória Pleistoceno- Holoceno, a dinâmica sedimentar geral sofreu fenômenos locais particulares dos metros 19 a 29. São, por um lado, as formações de concrecionamentos provocando *gours* (cavidades como microbacias com bordos endurecidos) em um espaço circunscrito de alguns metros (20 a 24 B e C), devido a fortes infiltrações de água a partir de goteiras que penetram as fissuras da alta parede calcária. Por outro lado, um leito de blocos e pedras de forma paralelepipédica, medindo entre 15 e 30 centímetros e a uma profundidade de 205 e 220 centímetros, se estende dos metros 25 a 28 B/C, já fora do concrecionamento. São blocos calcários lustrados, lustro esse proveniente de escorregamento de água e do próprio atrito dos blocos com o denso sedimento arenoso. A atuação da água está comprovada pela presença da iluviação na camada inferior II (3).

Os numerosos osteodermes coletados no metro 29 C a 198 centímetros de profundidade foram datados de 13.000 ± 1000 anos AP pelo método de Urânio-Tório (Th/U SE 9404). Nota-se entre os ossos uma clavícula e uma grande vértebra torácica calcificada, o que significa uma fase de umidade. Uma concentração de carvões encontrada no metro 24 B e a 205 centímetros de profundidade foi datada por carbono 14, fornecendo a idade calibrada de 11.742 anos AP.

Um outro acontecimento sedimentar considerável se desenvolveu ao longo da parede do abrigo sobre 4 metros de comprimento, 1 metro de largura e uma espessura de 60 centímetros, conservando estruturas de fogueiras com pedras associadas a artefatos líticos. A sucessão delas foi datada por radiocarbono entre 11.216 e 10552 anos cal AP. Ocorreu uma sucção dos sedimentos mais soltos que foi propiciada pelas vacuidades deixadas pelas frações grosseiras de blocos calcários de dimensões por volta de 20-30 centímetros, acumulados próximos e em contato com a parede das camadas subjacentes. A sucção provocou uma decalagem dos sedimentos com o pacote sedimentar do espaço central contíguo.

O limite espacial entre o pacote sedimentar mobilizado e o pacote sedimentar estável foi marcado nesse setor por uma fraturação dos ossos longos da megafauna (Figura 7.9). As partes ósseas estabilizadas ficaram associadas aos solos contendo testemunhos de intervenção humana, lítico e megafauna, enquanto as outras partes ósseas foram desestabilizadas e enterradas no espaço aberto junto à parede. Esse espaço ficou regularmente preenchido por sedimentos posteriores.

Figura 7.5 – (A) Santa Elina: decapagem do nível arqueológico III 4 de 27000 anos; (B) Santa Elina: ossos de glossotério fragmentados, niv. III 4

Fonte: fotos de Águeda e Denis Vialou

A camada II (1), constituída de uma sedimentação arenosa, apresenta vestígios arqueológicos líticos, macro e microfauna com evidências de terem sido consumidas, situadas em fogueiras, e alguns vestígios vegetais trabalhados. Essa camada marca, para o abrigo de Santa Elina, o início dos depósitos holocênicos por carvões de uma fogueira encontrada em 27 C a 187 de profundidade que foram datados de 7.882 cal AP.

Um enorme bloco calcário (de cerca de 1 m^3) retirado em 23 Z-B e outros blocos menos volumosos atestam uma fase de quedas de blocos durante essa fase de formação da Unidade II (mais precisamente em II (1)). Eles causaram perturbações locais. A matriz arenosa da unidade II não tem nenhuma semelhança com a Unidade I.

Unidade I

Essa unidade é totalmente antropogênica: o sedimento é fino, pulverulento e sem pedogênese. Os níveis mais recentes do holoceno médio foram evidenciados na totalidade da área escavada. Um nível contendo blocos manchados de pigmentos vermelhos teve várias datações por radiocarbono, sempre ao redor de 6.893 anos cal AP. Esse solo arqueológico, ao redor de 100-120 centímetros de profundidade, está sobre um sedimento arenoso, típico da Unidade II que separa a camada do holoceno médio da camada do holoceno inicial.

7.4 Dados culturais relevantes

Destacam-se nas ocupações do abrigo as duas presenças excepcionais de megafauna associadas a vestígios culturais em dois períodos distintos, um pré-Último Máximo Glacial a 27.000 anos e outro pós-Último Máximo Glacial a 11.000 anos. Os vestígios ósseos de *Glossotherium* e os artefatos líticos ocorrem, conjuntamente, nas unidades cronoestratigráficas III (4-3) e II (2) (Figura 7.6).

O desaparecimento de restos ósseos megafaunísticos ocorre durante a fase das mudanças climáticas e ambientais, associadas à transição Pleistoceno-Holoceno, incluindo o Holoceno Inicial e ao longo da Unidade I (Holoceno Médio). Os grupos humanos continuam frequentando e provavelmente ocupando o abrigo durante todo o Holoceno.

Figura 7.6 – Santa Elina: distribuição espacial da megafauna

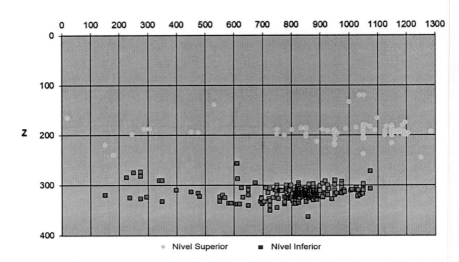

Fonte: elaborado por Levy Figuti

7.5 Três grandes conjuntos culturais

A — Com megafauna pleistocênica — 27.000 anos atrás

O conjunto arqueológico mais antigo (pré-Último Máximo Glacial), datado de 27.000 anos atrás, se encontra na unidade III (4-3) escavada por decapagens sobre 20 m² (Figura 7.7). Reúne cerca de 330 peças líticas e numerosos ossos de um *Glossotherium* jovem, segundo os estudos osteológicos (Figuti e Pacheco, *comunicação pessoal*). Todos os ossos provêm da parte anterior (cabeça, tórax e membros), mas, pelo fato do periósteo dos ossos estar bioquimicamente alterado, torna-se impossível a observação das marcas de corte. Os ossos mais notáveis são os dois fragmentos de mandíbulas, fragmentos cranianos, um molar (M1) e quatro vértebras, sendo que duas estão em conexão (Figura 7.8 a). Os milhares de osteodermes encontrados indicavam, eventualmente, uma distribuição espacial relevante para entender as atividades realizadas no abrigo: identificamos concentrações esparramadas sobre algumas dezenas de cm² que podem corresponder a pedaços cortados da pele do animal no abrigo e uma concentração de 49 osteodermes reunidos em pacote (10 x 10 x 10 cm), alguns dos quais quebrados em dois, após terem sido colocados no fogo.

Figura 7.7 – Santa Elina: plano geral da última decapagem do solo de 27000 anos, contendo blocos, lascas e ossos de glossotério

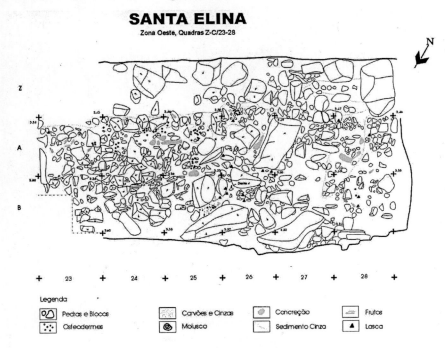

Fonte: elaborado por Karin Shapazian

Figura 7.8 – (A) Santa Elina decapagem solo de 27000 anos: lascas e artefatos líticos, ossos de glossotério. Elaborado por Denis Vialou. (B e C) Santa Elina: solo de 27000 anos com ossos de Glossotério. Esquerda: osteodermes e grande osso esmagado. Direita: agrupamento de osteodermes com marcas de aquecimento

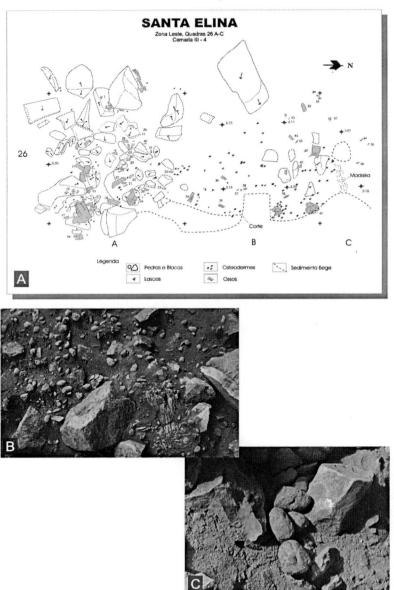

Fonte: fotos de Águeda e Denis Vialou

A distribuição dos ossos do *Glossotherium Lettsomi* foi evidenciada em um único solo arqueológico. Isso comprova seu transporte parcial e seu desmembramento no abrigo. Também é nítida a associação com os instrumentos líticos, dispostos igualmente junto a e ao redor de vestígios da megafauna. Além disto, esses vestígios estão em um sedimento diferenciado pela coloração acinzentada, proveniente provavelmente de fogueira, visto que foram encontrados fragmentos de carvões. Os adornos confeccionados em osteodermes entre os milhares desses pequenos ossículos (com tamanho inferior a 3 centímetros), distribuídos no piso de ocupação, correspondem a uma intencionalidade de valorizar a interação dos humanos com o animal. O preparo técnico para sua transformação em peça simbólica, ornamental, revela o uso de pequenos utensílios adequados de rocha dura e uma precisão dos gestos de esfregamento, polimento e perfuração (Figura 7.9). Os três osteodermes foram transformados em ornamentos por perfurações e abrasão das faces (VIALOU, 1997/1998, 2005, 2011). Um protocolo experimental feito *in loco* permitiu a reconstituição dos processos técnicos da fabricação dos ornamentos.

Os artefatos e as peças lascadas foram feitos principalmente em rocha calcária: um calcário de grãos finos contendo microfragmentos de quartzo detrítico. Ele foi coletado no ambiente litológico dos afloramentos facilmente acessíveis e, em seguida, introduzido no abrigo. Uma centena de lascas possui retoques periféricos abruptos, enquanto outras dezenas de peças apresentam retoques contínuos e regulares. Essa série é constituída, em parte, por blocos calcários robustos, com largas reentrâncias, e por grandes denticulados e peças com reentrâncias (Figura 7.10). Pequenas lascas e estilhas testemunham o lascamento e retoques elaborados *in loco*. Existem também lascas em sílex e em quartzo, rochas coletadas nos filões visíveis nos flancos da serra. Observam-se, igualmente, três peças microlíticas silicosas retocadas e outras micropeças em calcário denticuladas. São regularmente observadas evidências de microdesgastes, às vezes polidos (VIALOU, 2003, 2007).

Figura 7.9 – Santa Elina: osteodermes trabalhados, transformados em adornos

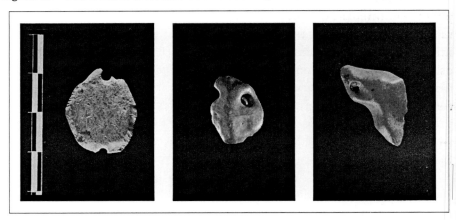

Fonte: fotos de JP Kaufman e Ader Gotardo. Acervo do MNHN/Paris e MAE-USP

Figura 7.10 – Santa Elina: artefatos denticulados em silícia e calcário, nível de 27000 anos AP

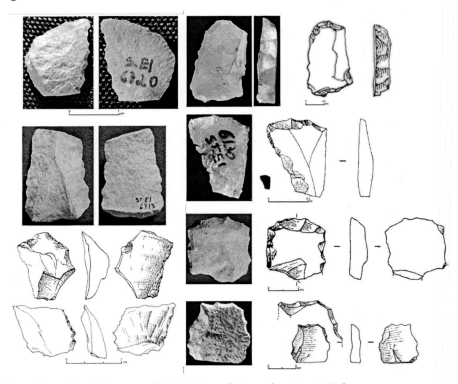

Fonte: desenhos de Laurent Chiotti. Fotos de Agueda e Denis Vialou

A esse depósito culturalmente definido acima, se superpõe um pacote sedimentar de um metro de espessura de areias grosseiras que não continham nenhum vestígio ósseo, apenas raros e esparsos artefatos líticos, sem outros vestígios culturais para contextualizá-los. Corresponde às camadas da Unidade III (2 e 1) e a uma da Unidade II (3). Um nível de blocos calcários, a 2,6 metros de profundidade, forma um nítido limite separando as Unidades III e II.

B1 — Com megafauna na transição Pleistoceno-Holoceno — 11.000 anos atrás

O conjunto arqueológico seguinte, datado ao redor de 11.000 anos atrás, encontra-se entre os metros 20 e 29 B, C. É composto de diversas séries de peças líticas em calcário e de numerosos ossos de *Glossotherium*. Para essa camada, trata- se de um animal-sênior: ossos fragmentados de uma escápula, uma vértebra torácica, um tarso, encontrados em área de forte concrecionamento, particularmente nos metros de 20 a 24 B e C. Osteodermes desse mesmo animal estão juntos aos grandes ossos e uma concentração deles aparece nitidamente no corte 29 B, C, a uma profundidade entre 200 e 180 centímetros (VIALOU *et al.*, 1995). O material lítico, uma centena de peças, é basicamente confeccionado em blocos e em lascas de plaquetas de calcário, frequentemente com evidências de desgastes.

O posicionamento estratigráfico dos ossos de megafauna e das peças líticas nesse conjunto é perfeitamente claro, sem confusões possíveis com o anterior conjunto, que igualmente associa presença de megafauna e de instrumentos líticos. Salienta-se que um depósito de sedimento de cerca de 1 metro sem nenhum vestígio faunístico separa os dois conjuntos (III 3-4 e II 2) e que os vestígios faunísticos identificados pertencem bem a dois indivíduos de uma mesma espécie, mas diferenciados (ossos e idade).

B2 — Sem megafauna na transição Pleistoceno-Holoceno — 10.000 anos atrás

Ao longo e próximo da parede interna sul (metros de 20 A a 24 A), uma sequência de ocupações com material lítico foi evidenciada basicamente entre 288 e 228 centímetros de profundidade, em um pacote sedimentar de um metro de largura, provocado por uma depressão, significando um rebaixamento do chão (*soutirage*, ver supra Unidade II 2). Essa sequência, datada por radiocarbono em 9.790 a 9.340 anos AP, com idades calibradas de 11.216 a 10.552 anos (ver Tabela 7.1), corresponde à conservação de uma sucessão de fogueiras, cercadas de blocos e de plaquetas (Figura 7.11 a). Alguns desses blocos, pedras e plaquetas estavam manchados e impregnados de pigmento vermelho proveniente de hematitas. Esses corantes são facilmente acessíveis em abundância no curso d'água que atravessa o talvegue abaixo, a 30 metros do abrigo.

Figura 7.11 – (A) Santa Elina: fogueira datada de 10.552 anos cal. (B) Santa Elina: líticos 10.520 a 11.216 anos cal

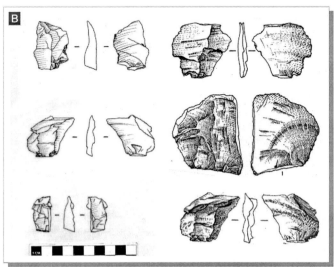

Fonte: Foto de Águeda e Denis Vialou (A) e desenhos de Laurent Chiotti e Patrick Paillet (3)

As fogueiras estruturadas contêm — além dos carvões em grandes pedaços e das cinzas que impregnaram bem o sedimento local, dando uma coloração acinzentada uniforme ao sedimento — uma quantidade importante de fragmentos de conchas de moluscos que foram identificados como megalobulimus pelo pesquisador José Luiz Moreira Leite do Museu de Zoologia da USP (FIGUTI, 2005). O material lítico aí presente é bem diferenciado das camadas anteriores, as mais antigas, e oferece uma variedade de matérias-primas com calcários, arenitos de estruturas finas e sílex diversos. O resultado dos lascamentos obtidos, contendo lascas bem poucc espessas e com retiradas anteriores, indica terem sido produtos de "façonagem" para formatar utensílios.

Provenientes de um sedimento arenoso dos metros 20 e 21 da Unidade II (1), próximas da parede rochosa, algumas peças líticas laminares e espessas mostram uma técnica elaborada de "façonagem" organizada pelos seus volumes e seus bordos (Figura 7.12). Elas podem se relacionar às peças, provavelmente contemporâneas, plano-convexas, de face plana com retoques unifaciais, do Brasil Central (BUENO, 2007; LOURDEAU, 2016). Existe uma variedade de matérias-primas de excelentes qualidades: sílex, calcário e arenito silicificado, empregada a esses utensílios presentes no abrigo. Não foi, porém, verificada sua produção no próprio abrigo, o que significaria a confecção em outro local.

Figura 7.12 – Santa Elina: artefatos líticos planos convexos – utensílios com face plana e retoques unifaciais

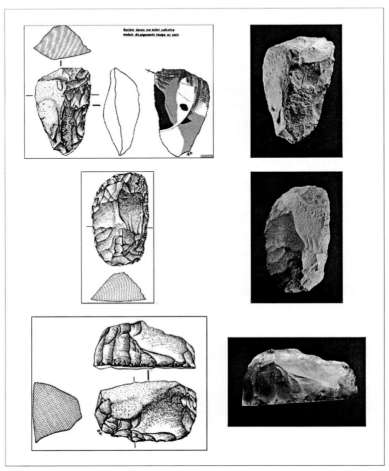

Fonte: desenhos de Patrick Paillet e fotos de Jean-Pierre Kaufman

C — Holoceno

Recobre o final da Unidade II (1), com os sedimentos arenosos e todo o período da Unidade I. Ao longo de todos os níveis do Holoceno foram encontrados ossos de pequenos vertebrados, principalmente roedores, mas também anfíbios, pássaros e peixes (PACHECO, 2009; FIGUTI, 2005b). Foram registradas grandes quantidades de conchas de caramujos terrestres do gênero *megalobulimus* e algumas bivalves de água doce.

As numerosas fogueiras, estruturadas com ou sem pedras, conservaram uma quantidade espetacular de carvões e de cinzas (Figura 7.13). No solo, com várias datações obtidas para o intervalo entre 6.567 a 7.151 anos cal AP, foi registrado um tipo de pavimentação de blocos calcários de dimensões médias de 20 centímetros. A maioria destes blocos, cerca de 200, teve uma de suas faces com marcas de esfregamento de pigmento vermelho.

Figura 7.13 – Santa Elina: corte estratigráfico do holoceno com fogueira datada de mais de 6000 anos AP

Fonte: foto de Águeda e Denis Vialou

Artefatos líticos e macrorrestos de vegetais, sobretudo de plantas comestíveis, mas também objetos vegetais trabalhados (trançados, abanos, estojos penianos, adornos corporais) foram igualmente evidenciados. São realmente notáveis, nesse período do Holoceno Médio recente, a conservação e a disposição de 84 estacas de madeira que se apresentam fincadas nos solos, distribuídas em dois alinhamentos paralelos ao longo das paredes (BLANCHOT; AMENOMORI, 2005; CECCANTINI, 2005; D'ERRICO; VIALOU,1999; KAMASE, 2005; TAVEIRA, 2005).

7.6 Considerações finais

O destaque de uma pré-história pleistocênica na América do Sul ficou amplamente reforçado pelo estudo detalhado de Santa Elina. Os outros sítios pleistocênicos conhecidos encontram-se longe uns dos outros: Monte Verde, Pedra Furada ou Taima Taima (DILLEHAY; COLLINS, 1988; DILLEHAY, 1997, 2013; BOËDA *et al.*, 2013, GRUHN; BRYAN, 1989, 2011). Cada um tem uma história cultural própria. É evidentemente ainda difícil fazer, a partir de cada um deles, uma caracterização generalizada dos primeiríssimos povoamentos no continente sul-americano. Por outro lado, Santa Elina preenche claramente o vazio cronocultural que existia nesse setor central da América do Sul e do oeste brasileiro.

A contribuição fundamental de Santa Elina para o conhecimento e a compreensão desses mais antigos povoamentos na América do Sul se baseia na estreita articulação dos dados arqueológicos, paleontológicos, sedimentológicos e cronológicos. A presença humana é demonstrada pelo material lítico, lascado e retocado, pela introdução no abrigo das partes recolhidas do *Glossotherium*, pelas fogueiras e cinzas.

As datações obtidas em três diferentes laboratórios e através de diferentes métodos de contagem reforçam os dados apresentados: Gif/ Yvette (França, para 14C (carvões), University of Washington (Estados Unidos) para OSL (sedimentos) e Muséum National d'Histoire Naturelle (França) para U/Th (ossos do *Glossotherium*). Os resultados, cronologicamente convergentes, confirmam a integridade estratigráfica e tafonômica dos níveis de ocupação, associando os vestígios antrópicos e os vestígios ósseos de megafauna, por volta de 27.000 anos cal AP para a camada mais antiga e de 11.000 anos cal AP para a segunda, em idades calibradas

A arqueologia pleistocênica do abrigo de Santa Elina dá um exemplo até o momento, único, da exploração de uma preguiça gigante, beneficiada por um instrumental lítico suficientemente performativo.

Globalmente, Santa Elina corresponde a uma das primeiras diásporas na conquista de espaços naturais. Santa Elina preenche um território, até então desconhecido, com os dados referentes às ocupações do pleistoceno tardio, enriquecendo os conhecimentos culturais para esse período. Por outro lado, Santa Elina produz novos dados sobre as primeiras ocupações pleistocênicas contextualizadas na região das fontes das grandes bacias amazônica e platina. Esses dados reforçam e justificam a presença humana disseminada em todo continente desde 12.000-11.000 anos atrás (BUENO *et al.*, 2013a, BUENO; ISNARDIS, 2018).

Referências

ALVARENGA, C. J. de S. Contexto geológico da Serra das Araras. *In:* VILHENA VIALOU, A. (org.). *Pré-história do Mato Grosso*, v. 1: Santa Elina. São Paulo: Edusp, 2005. p. 85-86.

AUBRY, T. Litologia e aproveitamento das rochas. *In:* VILHENA VIALOU, A. (org.). *Pré-história do Mato Grosso*, v. 1: Santa Elina. São Paulo: Edusp, 2005. p. 107-112.

BACHELET, C.; SCHEEL-YBERT, R. Landscape and firewood selection in the Santa Elina rockshelter (Mato Grosso, Brazil) during the Holocene. *Quaternary International*, v. 431, p. 52-60, 2017.

BENABDELHADI, M. Contribuição da sedimentologia e da microscopia para o conhecimento dos sítios pré-históricos: métodos de pesquisa e resultados. *In:* VILHENA VIALOU, A. (org.). *Pré-história do Mato Grosso*, v. 1: Santa Elina. São Paulo: Edusp, 2005. p. 113-124.

BLANCHOT, H.; AMENOMORI, S. Levantamento dos vestígios vegetais do abrigo rupestre de Santa Elina. *In:* VILHENA VIALOU, A. (org.). *Pré-história do Mato Grosso*, v. 1: Santa Elina. São Paulo: Edusp, 2005. p. 211-214.

BOËDA, E. *et al.* The Late-Pleistocene Industries of Piauí, Brazil: New Data. Center for the Study of the First Americans, Texas A&M University, p. 445-465, 2013.

BUENO, L. Variabilidade Tecnológica nos sítios líticos da região do Lajeado, médio Tocantins. São Paulo: Imprensa Oficial, 2007. 215 p.

BUENO, L.; DIAS, A. S.; STEELE, J. The Late Pleistocene/Early Holocene archaeological record in Brazil: a geo-referenced database. *Quaternary International*, v. 301, p. 74-93, 2013a.

BUENO, L.; POLITIS, G.; PRATES, L.; STEELE, J. A Late Pleistocene/early Holocene archaeological 14C database for Central and South America: palaeoenvironmental contexts and demographic interpretations. *Quaternary International*, v. 301, p. 1-158, 2013b.

BUENO, L.; ISNARDIS, A. Peopling Central Brazilian Plateau at the onset of the Holocene: Building territorial histories. *Quaternary International*, v. 471, p. 144-160, 2018.

CARTELLE, C. A Preguiça-terrícola de Santa Elina. *In:* VILHENA VIALOU, A. (org.) *Pré-história do Mato Grosso*, v. 1: Santa Elina. São Paulo: Edusp, 2005. p. 159-162

CECCANTINI, G. C. T. A cobertura vegetal associada ao abrigo rupestre. *In:* VILHENA VIALOU, A. (org.). *Pré-história do Mato Grosso*, v. 1: Santa Elina. São Paulo: Edusp, 2005. p. 125-138.

D'ERRICO, F.; VILHENA VIALOU, A. Colorant reduction sequences at the rock art of Santa Elina (Mato Grosso, Brazil). *International Rock Art Congress IFRAU* Torino, Itália, 1999.

DILLEHAY, T. D. Entangled Knowledge: Old Trends and New Thoughts in First South American Studies. Center for the Study of the First Americans, Texas A&M University, p. 377-395, 2013.

DILLEHAY, T. D. *Monte Verde: A Late Pleistocene Settlement in Chile*. v. 2: The Archaeological Context and Interpretation. Smithsonian Institution Press Caldwell, 1997.

DILLEHAY, T. D.; COLLINS, M. Early cultural evidence from Monte Verde in Chile *Nature*, v. 332, p. 150-152, 1988.

FALGUERES, C. O método por urânio-tório (U-Th). *In:* VILHENA VIALOU, A. (org.). *Pré-história do Mato Grosso*, v. 1: Santa Elina. São Paulo: Edusp, 2005. p. 49-54.

FEATHERS, J. Datação por luminescência óptica estimulada. *In:* VILHENA VIA-LOU, A. (org.). *Pré-história do Mato Grosso*, v. 1: Santa Elina. São Paulo: Edusp, 2005. p. 55-59.

FIGUTI, L. a. Considerações sobre a distribuição da megafauna em Santa Elina. *In:* VILHENA VIALOU, A. (org.). *Pré-história do Mato Grosso*, v. 1: Santa Elina. São Paulo: Edusp, 2005. p. 163-166.

FIGUTI, L. b. A arqueofauna do sítio de Santa Elina: nota preliminar. *In:* VILHENA VIALOU, Á. (org.). *Pré-história do Mato Grosso*, v. 1: Santa Elina. São Paulo: Edusp, 2005. p. 155-158.

FONTUGNE, M.; HATTÉ, C.; NOURY, C. Quadro cronológico. *In:* VILHENA VIA-LOU, A. (org.). *Pré-história do Mato Grosso*, v. 1: Santa Elina. São Paulo: Edusp, 2005. p. 103-106.

GRUHN, R.; BRYAN, A. L. The record of Pleistocene megafaunal extinction Taima-Taima, Northern Venezuela. *In:* MARTIN, P. S.; KLEIN, R. G. (ed.). *Quaternary Extinctions: a Prehistory Revolution.* Tucson: University of Arizona Press, 1989. p. 128-137.

GRUHN, R.; BRYAN, A. L. A current view of the initial Peopling of the Americas. *In:* VIALOU, D. (ed.). *Peuplements et Préhistoire en Amériques.* Paris: CTHS, 2011. p. 17-30.

LAVALLÉE, D. *The First South Americans.* Salt Lake City: University of Utah, 2000.

LOURDEAU, A. Industries lithiques du centre et du nord-est du Brésil pendant la transition Pléistocène–Holocène et l'Holocène ancien: la question du Technocomplexe Itaparica. *L'Anthropologie*, v. 120, p. 1-34, 2016.

KAMASE, L. M. As estacas de madeira. *In:* VILHENA VIALOU, A. (org.). *Pré-história do Mato Grosso*, v. 1: Santa Elina. São Paulo: Edusp, 2005. p. 211-214.

PACHECO, M. L. A. F. *Zooarqueologia dos sítios arqueológicos Maracaju, MS e Santa Elina, MT.* Master's thesis. MAE USP, 2009.

REIMER, P. J. *et al.* IntCal13 and Marine13 radiocarbon age calibration curves 0–50,000 years cal BP. *Radiocarbon*, v. 55, n. 4, p. 1869-1897, 2013.

ROSS, J. L. S. Contexto geomorfológico do sítio de Santa Elina. *In:* VILHENA VIALOU, A. (org.). *Pré-história do Mato Grosso*, v. 1: Santa Elina. São Paulo: Edusp, 2005. p. 81-84.

SCHEEL-YBERT, R.; BACHELET, C. A Good Place to Live: Plants and People at the Santa Elina Rock Shelter (Central Brazil) from Late Pleistocene to the Holocene. *Latin American Antiquity*, p. 1-19, 2020. doi:10.1017/laq.2020.3.

SCHEEL-YBERT, R.; SOLARI, M. E. Análise dos macrorrestos vegetais do setor oeste: antracologia e carpologia. *In:* VILHENA VIALOU, A. (org.). *Pré-história do Mato Grosso*, v. 1: Santa Elina. São Paulo: Edusp, 2005. p. 139-147.

TAVEIRA, E. L. M. Análise do material de fibras e palhas vegetais trabalhadas. *In:* VILHENA VIALOU, A. (org.). *Pré-história do Mato Grosso*, v. 1: Santa Elina. São Paulo: Edusp, 2005. p. 215-239.

VALLADAS, H. Aplicação do método por carbono 14 em espectrometria de massa por acelerador. *In:* VILHENA VIALOU, A. (org.). *Pré-história do Mato Grosso*, v. 1: Santa Elina. São Paulo: Edusp, 2005. p. 47-48.

VIALOU, D. (ed.). *Peuplements et Préhistoire en Amériques*. Paris: CTHS, 2011.

VIALOU, D. *et al.* Peopling South America's centre: the late Pleistocene site of Santa Elina. *Antiquity*, v. 91, n. 358, p. 865-884, 2017. doi:10.15184/aqy.2017.101.

VIALOU, A. *et al.* Découverte de Mylodontinae dans un habitat préhistorique daté du Mato Grosso (Brésil): l'abri rupestre de Santa Elina. *C. R. Acad. Sci. Paris*, v. 320, série IIa, p. 655-661, 1995.

VIALOU, A. Occupations humaines et faune éteinte du Pléistocène au centre de l'Amérique du Sud: l'abri rupestre Santa Elina, Mato Grosso, Brésil. *In:* VIALOU, D. (ed.). *Peuplements et Préhistoire en Amériques*. Paris: CTHS, 2011. p. 193-208.

VIALOU, A. Metodologia de análise para as indústrias líticas do Pleistoceno no Brasil Central. *In:* BUENO, L.; ISNARDIS, A. (ed.). *Das Pedras aos Homens: tecnologia lítica na arqueologia brasileira*. Belo Horizonte: Argumentum/FAPEMIG, 2007. p. 173-192.

VIALOU, A. (org.). *Pré-história do Mato Grosso*, v. 1: Santa Elina. São Paulo: Edusp, 2005.

VIALOU, A. Santa Elina rockshelter, Brazil: Evidence of the coexistence of Man and Glossotherium. *Where the South Winds Blow: A Peopling of the Americas Publication*. Center for the Study of the First Americans, Texas A&M University, 2003. p. 21-28.

VIALOU, A. Une pendeloque taillée dans un os de Glossotherium. *Universalia Encyclopaedia Universalis*, n. 267, 1997/1998.

VIALOU, A.; VIALOU, D. Manifestações simbólicas em Santa Elina (MT): representações rupestres, objetos e adornos desde o Pleistoceno ao Holoceno recente. *Bol. Goeldi*, p. 343-365, 2019.

ARQUEOGENÉTICA DE LAGOA SANTA

André Strauss
Tiago Ferraz da Silva
Tábita Hünemeier

As relações de ancestralidade entre os primeiros grupos que chegaram ao Novo Mundo e os nativos americanos atuais é tema de debate entre arqueólogos e antropólogos desde o século XIX (*e.g.* HRDLÍČKA *et al.*, 1912; IMBELLONI, 1938; RIVET, 1942; TEN KATE, 1885). A ampla gama de hipóteses sobre o tema divide-se entre: a) aquelas que defendem a inexistência de migrações secundárias expressivas e de fluxo gênico recorrente entre o Novo Mundo e a Ásia após os eventos iniciais de povoamento (*e.g.* PEREZ *et al.*, 2009; RAGHAVAN *et al.*, 2015); b) as que suportam uma única onda migratória que teria dado origem a maioria das populações atuais, seguida de ondas secundárias menores e de intenso fluxo gênico recorrente com o leste asiático (GONZÁLEZ-JOSÉ *et al.*, 2008; REICH *et al.*, 2012) e; c) as que entendem que o povoamento da América deve ter acontecido por meio de mais de uma onda migratória (*e.g.* NEVES e HUBBE, 2005; SKOGLUND *et al.*, 2015). Outro tema relacionado e amplamente debatido é o momento da chegada dos primeiros humanos ao continente americano, havendo pesquisadores que favorecem uma cronologia curta pós-Último Máximo Glacial (UMG) (*e.g.* O'BRIEN, 2019) e outros que favorecem uma cronologia de ocupação profunda pré-UMG (*e.g.* LAHAYE *et al.*, 2013). Os estudos genéticos de populações atuais, bem como os recentes avanços na área da arqueogenética, trazem informações que são fundamentais para ambas as discussões e no presente capítulo apresentaremos uma breve revisão sobre o tema.

8.1 Morfologia craniana

Antes do advento da arqueogenética, os debates sobre relações de ancestralidade entre populações do presente e do passado eram amplamente baseados em análises de afinidades morfológicas. Assim, a estruturação diacrônica da variabilidade morfocraniana no Novo Mundo foi o foco de inúmeros estudos nos últimos séculos, com o objetivo de recapitular a história populacional profunda do continente (para uma revisão ver: NEVES *et al.*, 2014). Devido à presença de esqueletos bem preservados datando do Holoceno inicial, a região de Lagoa Santa sempre ocupou uma posição de destaque nesse debate. Neves e Hubbe (2005) demonstraram que a morfologia dos crânios oriundos dessa região é distinta da morfologia apresentada pelos nativos americanos, na medida em que eles apresentam neurocrânio longo e estreito e faces prognáticas com órbitas relativamente baixas e largas. Essa morfologia é chamada de 'paleoamericana'. Ainda que haja um relativo consenso a respeito da existência dessas diferenças morfológicas (para opinião contrária ver: RAGHAVAN *et al.*, 2015), existem teorias divergentes sobre como elas se estabeleceram. Para alguns, a magnitude dessa diferença não poderia ser explicada por processos microevolutivos atuando dentro do próprio continente (*i.e.* seleção e/ ou deriva). Portanto, essa alta variabilidade diacrônica implicaria em um processo de povoamento caracterizado pela entrada de dois grupos geneticamente distintos no Novo Mundo, o chamado 'modelo dos dois componentes biológicos principais' (MDCBP) (NEVES; HUBBE, 2005).

Outros, porém, consideram que essas distintas morfologias são os dois extremos de um contínuo morfológico altamente variável que caracteriza as populações do Novo Mundo (GONZÁLEZ-JOSÉ *et al.*, 2008). De acordo com essa teoria, seriam elementos centrais na geração do padrão de diversidade morfológica Ameríndio o fluxo gênico recorrente com o nordeste da Ásia e um hipotético evento de diversificação populacional na Beríngia (AZEVEDO *et al.*, 2011). Outra linha explicativa enfatiza a plasticidade durante o desenvolvimento que, em virtude dos distintos climas presentes no continente americano e das diferentes dietas adotadas pelos grupos humanos que o habitaram, teria gerado a alta diversidade morfológica observada (MENÉNDEZ *et al.*, 2014; PEREZ e MONTEIRO 2009). O emprego da morfologia craniana para inferir história populacional, portanto, poderia ser problemático devido às incertezas sobre a relativa importância da seleção natural e da deriva em sua evolução (CRAMON-TAUBADEL, 2009; HUBBE *et al.*, 2009; ROSEMAN; WEAVER 2004), bem como às incertezas sobre a intensidade com a qual a plasticidade fenotípica age sobre o complexo craniofacial (MENÉNDEZ *et al.* 2014; PEREZ; MONTEIRO, 2009).

Nesse sentido, os recentes avanços no campo da arqueogenética são importantes, pois permitem testar de forma direta hipóteses centenárias sobre as relações de ancestralidade entre os grupos antigos e recentes da América. Entretanto, devido à complexidade técnica envolvida no processo de extração de DNA de esqueletos antigos (PRÜFER; MEYER, 2015) e à dificuldade de preservação de material orgânico em regiões tropicais, até recentemente poucos estudos dessa natureza tinham obtido sucesso com material americano (FEHREN-SCHMITZ *et al.*, 2015; RASMUSSEN *et al.*, 2014, 2015). Rapidamente, esta realidade vem mudando com novos estudos arqueogenéticos sendo publicados em ritmo crescente (*e.g.* LINDO *et al.*, 2017; MORENO-MAYAR *et al.*, 2018a, 2018b; POSTH *et al.*, 2018; SCHEIB *et al.*, 2018). Entretanto, muito antes do advento da arqueogenética, estudos de antropologia molecular de populações nativas americanas atuais já contribuíam de forma significativa para o entendimento da história populacional do Novo Mundo, conforme detalhado na próxima seção.

8.2 A diversidade genética nativa americana passada e presente: implicações para o povoamento do Novo Mundo

A variação genética entre populações humanas foi estudada, primeiramente, a partir de análises filogeográficas baseadas na variação contida na região hipervariável (HVS) do DNA mitocondrial (mtDNA) e na porção não-recombinante do cromossomo Y (*e.g.* BONATTO; SALZANO, 1997; ZEGURA *et al.*, 2004). Os estudos utilizando o genoma mitocondrial e o cromossomo Y foram popularizados por se tratarem de moléculas de DNA curtas e altamente variáveis, que possibilitaram a detecção de novas variantes e a identificação de processos demográficos históricos, contribuindo, assim, para a diversidade genética encontrada atualmente.

Entre a variação encontrada nas linhagens mitocondriais é possível identificar agrupamentos atribuídos às variantes que compartilham uma ancestralidade comum. A frequência dessas linhagens, ou haplogrupos, entre diferentes regiões geográficas auxilia na estimativa de eventos demográficos anteriores que moldaram os padrões de diversidade genética observados atualmente. Os haplogrupos que são encontrados entre as populações nativas de praticamente todo o continente americano – ainda que em frequências diferentes – são os haplogrupos A2, B2, C1 (C1b, C1c e C1d) e D1 (TAMM *et al.*, 2007). Esses haplogrupos fundadores americanos são derivados dos encontrados em populações do sudeste e leste asiático, confirmando que esses grupos e os nativos americanos compartilham uma história populacional comum e recente.

Outro aspecto de grande interesse relativo às análises do mtDNA é que elas permitem estimar há quanto tempo duas populações divergiram entre si. Essa técnica de análise é conhecida como 'relógio molecular' e parte do pressuposto de que as taxas de mutação são constantes ao longo do tempo. Assim, conhecendo-se a taxa de mutação é possível estimar quanto tempo passou desde que as diferenças entre duas linhagens começaram a acumular. No que se refere aos haplogrupos americanos, existem dois fatos de fundamental importância que decorrem desse tipo de análise. O primeiro é que a diversidade genética mitocondrial nativa americana total tem origem há aproximadamente 18.400 anos atrás, de acordo com as estimativas mais recentes (LLAMAS *et al.*, 2016). Mesmo estudos mais antigos, que trabalham com margens de erro maiores, indicam um limite superior do intervalo de confiança de não mais que 26.300 anos atrás. Portanto, a magnitude da diversidade genética nativa americana atual é incompatível com uma cronologia profunda pré-UMG para a ocupação do Novo Mundo. Naturalmente, os dados genéticos de populações recentes não provam que não existiu essa ocupação, mas indicam que se havia pessoas no continente há mais de 20.000 anos, elas não possuíam uma relação direta de ancestralidade com os grupos nativos atuais. Em outras palavras, se existiu tal população, ela desapareceu sem deixar descendência na América. O segundo fato de fundamental importância é que todos os haplogrupos nativos da América – inclusive os de distribuição geográfica restrita – apresentam datas de divergência semelhantes. Isso indica que essas diferentes linhagens ancestrais não representam eventos distintos de chegada ao Novo Mundo, mas sim, que todos os indivíduos nativos americanos devem originar-se de uma única população ancestral que chegou de forma coesa ao Novo Mundo.

A análise do mtDNA também permite estimar o tamanho populacional das linhagens fundadoras, evidenciando que a pouca variação encontrada entre as linhagens mitocondriais americanas descende de uma única população heterogênea que experimentou uma severa redução populacional no final do UMG (MULLIGAN *et al.*, 2008). Em relação às populações dos demais continentes, os nativos americanos apresentam o menor nível de diferenciação genética intra-populacional, sendo as populações africanas aquelas que apresentam o maior nível de diversidade genética. A hipótese de parada na região livre de gelo da Beríngia (*Beringia Standstil model*) (SZA-THMARY, 2003) sugere que os grupos ancestrais dos nativos americanos teriam ficado isolados das outras populações do leste asiático e, por decorrência de processos micro-evolutivos, teriam se diferenciado geneticamente dos grupos siberianos, antes da entrada no continente e posterior expansão em direção ao sul (KITCHEN *et al.*, 2008; TAMM *et al.*, 2007).

Aiém das linhagens mitocondriais americanas mais frequentes, citadas anteriormente, existem também haplogrupos fundadores raros e com distribuição geográfica restrita. Os mais conhecidos e debatidos são os haplogrupos X2a e D4h3a (TAMM *et al.*, 2007). A rara presença do haplogrupo X2a entre os grupos nativos americanos atuais e o fato de que esse haplogrupo ocorre em frequências mais elevadas entre as populações europeias e do Cáucaso foram utilizados para dar suporte a chamada 'hipótese Solutrense' que postula uma migração transatlântica a partir da Europa como fonte para a chegada e expansão da cultura Clovis na América do Norte (OPPENHEIMER *et al.*, 2014; STANFORD; BRADLEY, 2013). De acordo com essa teoria, o haplogrupo X2a estaria associado às populações Clovis e sua distribuição filogeográfica distinta seria uma prova da origem europeia das mesmas (OPPENHEIMER *et al.*, 2014). Contudo, análises de dados genômicos foram incapazes de confirmar o padrão observado com base na linhagem materna, havendo consenso entre os geneticistas de que os dados moleculares não dão suporte à hipótese Solutrense (PEREGO *et al.*, 2009; RAGHAVAN *et al.*, 2015; REIDLA *et al.*, 2003). Outro haplogrupo, cuja distribuição restrita foi discutida no âmbito do povoamento da América, é o D4h3a. Atualmente, ele aparece em baixa frequência, exclusivamente em populações localizadas na franja pacífica do continente. O padrão filogeográfico do haplogrupo D4h3a foi interpretado como uma possível evidência a favor de uma rota migratória original via costa pacífica e não através dos corredores livres de gelo do interior do continente (PEREGO *et al.*, 2009, 2010).

Sob a perspectiva das linhagens paternas, os estudos focados na variabilidade genética do cromossomo Y de populações nativas americanas recentes demonstram que os haplogrupos Q e C são as linhagens paternas mais frequentes. A hipótese vigente é que estes haplogrupos representam entradas alternativas e concomitantes na América: uma vinda pelo corredor livre de gelo, formado pela separação dos glaciais que cobriam a América do Norte durante o UMG, e outra pela costa do Pacífico (PINOTTI *et al.*, 2019). Estudos baseados tanto em marcadores do cromossomo Y quanto em marcadores de mtDNA corroboram o modelo de entrada única, com potencial origem no sudoeste da Sibéria (ZEGURA *et al.*, 2004).

Contudo, é importante ressaltar que apesar da contribuição fundamental desses estudos para o conhecimento da história populacional nativa americana, sua resolução, ou seja, o nível de detalhamento alcançado a partir do genoma mitocondrial e do cromossomo Y – os chamados marcadores uniparentais – é insuficiente para testar cenários demográficos mais complexos. Em ambos os casos, a informação disponível refere-se a uma única linhagem ancestral quando nossa trajetória populacional é composta por centenas ou milhares de linhagens ancestrais, cada uma com uma história potencialmente única. Assim, nos últimos dez anos o foco dos estudos moleculares foi direcionado para as análises genômicas que incluem milhões de marcadores do DNA nuclear.

Os estudos genômicos mudaram substancialmente nossa compreensão sobre a história global das migrações humanas, assim como refinaram o conhecimento sobre a história das populações nativas americanas. A maior expectativa em relação às primeiras análises do DNA nuclear em escala continental na América (*e.g.* WANG *et al.*, 2007) talvez tenha sido a possibilidade da identificação de alguma linhagem ancestral que não havia sido previamente detectada através dos marcadores uniparentais. Nesse sentido, os resultados iniciais corroboraram a hipótese de que todos os ameríndios descendem de uma única população que migrou do nordeste asiático há não mais do que 20.000 anos atrás (REICH *et al.*, 2012). As únicas exceções seriam as populações que habitam o Círculo Polar Ártico, cuja ancestralidade incluiria aportes populacionais posteriores, também oriundos do nordeste asiático. O primeiro destes aportes teria se misturado muito pouco aos nativos da América do Norte, contribuindo para a formação de algumas populações norte-americanas (*i.e.*, Na Dene), e o segundo teria originado os Esquimós, que seriam uma mistura de asiáticos e nativos americanos (REICH *et al.*, 2012). Entretanto, de acordo com os dados genômicos, nenhuma dessas duas levas tardias teriam tido qualquer impacto populacional na América do Sul.

Os dados genômicos também identificam cerca de 3% de um potencial componente ancestral australasiano (*i.e.*, populações das Ilhas Andaman, da Austrália e da Papua-Nova Guiné) nas populações amazônicas Karitiana e Suruí, e na população Xavante, do planalto central brasileiro (SKOGLUND *et al.*, 2015). Esse é o primeiro registro de um sinal de ancestralidade oriundo de uma população desconhecida, chamada de 'população Y' (de 'Ypykuéra', significando ancestral em língua Tupi). No entanto, de acordo com o modelo, a população Y seria uma migração posterior e teria chegado na América do Sul, provavelmente, já miscigenada com os primeiros americanos. A existência da população Y, bem como sua possível contribuição para a ancestralidade nativa da Amazônia e do Planalto Central brasileiro, ainda permanece em debate (SKOGLUND *et al.*, 2015).

Impulsionada pelos avanços tecnológicos computacionais e pelo desenvolvimento de tecnologias mais avançadas de extração e sequenciamento de DNA, as investigações no campo da arqueogenética (*i.e.*, o estudo de genomas antigos ou paleogenética) tem crescido consideravelmente, proporcionando uma excelente oportunidade para explorar questões que permanecem em constante debate entre a comunidade arqueológica (para revisões ver: LLAMAS *et al.*, 2016; NIELSEN *et al.*, 2017; SKOGLUND e MATHIESON, 2018). Entre os estudos publicados com amostras paleo americanas, destaca-se o genoma de uma criança encontrada no sítio arqueológico Anzick, em associação com artefatos líticos da cultura Clovis e diretamente datado em ~12.746–12.660 anos calibrados AP (BECERRA-VALDIVIA *et al.*, 2018). As análises genéticas indicam que Anzick-1 tem ancestralidade plenamente ameríndia, sem qualquer tipo de influência extracontinental, porém apresenta maior afinidade genética com as populações atuais da América Central e da América do Sul do que com os nativos norte-americanos (RASMUSSEN *et al.*, 2014).

Outro estudo recente propõe a existência de uma população siberiana que teria se diferenciado geneticamente das demais populações locais, onde já se manteria relativamente coesa, apesar de manter certo fluxo gênico com outras populações. Após a chegada na Beríngia, essa população teria se isolado e se diferenciado, originando dois ramos distintos: o ramo que deu origem aos nativos americanos atuais, e outro ramo extinto, representado pelo genoma antigo encontrado na região leste da Beríngia (*Upward Sun River* - USR1) datado em 11.600–11.230 anos calibrados AP (MORENO-MAYAR *et al.*, 2018a; POTTER *et al.*, 2014).

Recentemente, um trabalho foi publicado apresentando dados genômicos de 49 esqueletos da América (POSTH *et al.*, 2018), dentre eles, indivíduos do sítio da Lapa do Santo (STRAUSS *et al.*, 2016), bem como de sambaquis litorâneos e fluviais brasileiros. Tal trabalho contribuiu de forma significativa na caracterização da história populacional da América do Sul, pois, pela primeira vez, foi apresentado um panorama de como essas populações se relacionavam no passado e sobre como se relacionam com as populações nativas americanas atuais.

Apesar de sua morfologia pouco similar a dos nativos americanos atuais, como reconstruído no emblemático 'rosto de Luzia', os haplogrupos mitocondriais encontrados na população de Lapa do Santo são todos nativos americanos (A, B, C ou D) (Figura 8.1). Um dos haplogrupos encontrados foi o D4h3a, que ocorre atualmente em frequência muito baixa e apenas em populações localizadas próximas à costa Pacífica do continente. Conforme discutido anteriormente, foi proposto que este haplogrupo daria suporte para a hipótese do povoamento da América através de uma rápida expansão costeira. Entretanto, os dados arqueogenéticos mostram que este haplogrupo era muito mais comum no passado, estando presente em diversas populações antigas do continente que habitavam regiões não costeiras. Naturalmente isso não invalida a hipótese da migração costeira, mas mostra que utilizar a distribuição atual de marcadores parentais para fazer inferências sobre estrutura populacional no passado pode levar a conclusões equivocadas.

Figura 8.1 – Representação esquemática mostrando a filogenia dos quatro principais haplogrupos mitocondriais encontrados no continente americano e sua relação de proximidade genética com as populações asiáticas. Os indivíduos de Lagoa Santa para os quais foi possível sequenciar o mitogenoma apresentam haplogrupo mitocondrial tipicamente americano. Os quatro haplogrupos americanos apresentam tempo estimado de divergência muito próximo, indicando uma origem única para todos os grupos nativos americanos recentes e antigos há aproximadamente 20 mil anos.

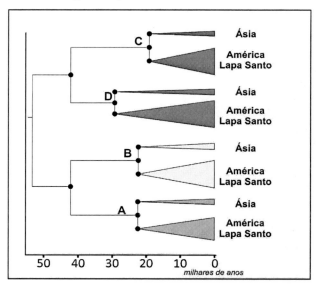

Fonte: Adaptado de Llamas *et al.* (2016, p. 4) e elaborado por Tiago Ferraz (2021).

De accrdo com as análises arqueogenômicas, os indivíduos analisados da Lapa do Santo (POSTH *et al.* 2018) não apresentam afinidades genéticas extracontinentais com populações fora da América. Ou seja, a população que habitava a região de Lagoa Santa há cerca de 9.600 anos atrás compartilhava uma origem única com as populações que vieram da Ásia para a América através da Beríngia há cerca de 20.000 anos e que deram origem a todas as populações ameríndias sub-Árticas. Por outro lado, os dados arqueogenéticos indicaram a existência de uma série de eventos migratórios intra-continentais que não haviam sido anteriormente detectados pelas análises genéticas de populações atuais.

Uma dessas ondas migratórias do norte para o sul do continente americano estaria, exclusivamente, associada às amostras mais antigas incluídas nas análises: Los Rieles, no Chile (10.100 anos calibrados AP), Lapa do Santo, no Brasil (9.600 anos calibrados AP), e Mayahak Cab Pek, em Belize (9.300 anos calibrados AP). Esses indivíduos mais antigos apresentam afinidade genética com o indivíduo de Anzick-1, encontrado no noroeste dos Estados Unidos (12.746-12.660 anos calibrados AP) e que está associado a artefatos da cultura Clovis. Portanto, os dados arqueogenéticos indicam a existência de um componente populacional ou onda migratória, que inclui os grupos Clovis, na América do Norte, e o Povo de Lagoa Santa, na América do Sul, que teve uma ampla dispersão geográfica durante o início do Holoceno, mas que parece ter deixado de existir há cerca de 9.000 anos atrás. É importante enfatizar que essa ancestralidade Clovis nas populações antigas da América Central e América do Sul não é direta e homogênea, se expressando de maneira distinta em Mayahak Cab Pek (Belize), Los Rieles (Chile) e Lapa do Santo (Brasil). Ainda assim, parece razoável supor que esse componente ancestral resulta de uma continuação espaço-temporal da expansão da população que produziu o tecno-complexo Clovis, que a partir da fronteira dos Estados Unidos e México, se desassociou da cultura material típica daqueles grupos e criou novas formas e dinâmica de interação ao longo do continente.

Finalmente, é fundamental esclarecer que esse componente ancestral relacionado à estas populações, identificado através de análises genômicas, não guarda nenhuma relação com o debate a respeito dos produtores da tecnologia Clovis ser ou não a evidência mais antiga da presença humana no continente. De todas as formas, o fato é que o indivíduo de Anzick é milhares de anos mais antigo do que todos os indivíduos nos quais o mesmo sinal populacional foi identificado (*i.e.* Mayahak Cab Pek, Los Rieles e Lapa do Santo) e do que todos os demais indivíduos analisados em que não foi encontrado o sinal de afinidade genética com este indivíduo. Mesmo considerando-se um modelo de ocupação pós-UMG para o continente americano, as populações de Lagoa Santa estão longe de representarem os 'primeiros americanos'. Pelo contrário, são grupos relativamente tardios, conforme fica claro nos genomas analisados da Lapa do Santo, já que estes não se apresentam como basais, mas sim, resultantes de uma complexa série de eventos populacionais que ocorreram dentro do próprio continente americano (POSTH *et al.*, 2018).

Uma outra onda migratória caracteriza a quase totalidade das populações nativas atuais da América do Sul. Os dados arqueogenéticos indicam que essa população encontra seus representantes mais antigos nos indivíduos dos sítios arqueológicos de Cuncaicha (9.000 anos calibrados AP) e Lauricocha (8.600 anos calibrados AP), no Peru; Arroyo Seco 2 (7.700 anos calibrados AP), na Argentina; Saki Tzul (7.400 anos calibrados AP), em Belize; e Laranjal (6.700 anos calibrados AP), no Brasil. Portanto, os dados disponíveis indicam que a partir de aproximadamente 9.000 anos atrás existe uma expressiva continuidade populacional em distintas regiões do continente sul-americano. Até o momento, não é possível determinar com base nos dados genéticos quais desses dois componentes populacionais chegou primeiro à América do Sul, mas as datações radiocarbônicas parecem indicar que o componente associado à Anzick antecede o componente que predomina atualmente entre as populações nativas.

As análises arqueogenéticas de Lagoa Santa também incluíram os esqueletos escavados por Peter Lund na Gruta do Sumidouro na primeira metade do século XIX (MORENO-MAYAR *et al.*, 2018b). Os resultados obtidos, em grande medida, são análogos aos descritos anteriormente para a Lapa do Santo. Uma diferença importante, porém, é que em um único indivíduo da Gruta do Sumidouro foi encontrado sinal de ancestralidade compartilhada com a 'população Y'. Ou seja, assim como os Suruí, Karitiana e Xavante, um indivíduo de Lagoa Santa também apresenta um excesso de afinidade genética com populações de localidades do sudeste asiático, tais como as Ilhas Andaman, Austrália e Papua-Nova Guiné. A princípio, a presença desse sinal numa população antiga poderia dar suporte para a hipótese de que existiu uma migração para a América não relacionada à grande maioria dos nativos atuais e seus ancestrais diretos. Entretanto, a frequência encontrada no indivíduo da Gruta do Sumidouro, datado de 10.000 anos, é a mesma que é encontrada nos amazônicos atuais (entre 2-3%), o que torna muito improvável uma onda migratória vinda de outra região para a América. A ideia é que se esse sinal representasse uma população anterior aos nativos americanos, ele deveria ter sido diluído ao longo dos milênios, apresentando-se de forma mais intensa nas populações antigas. Além disso, é muito difícil explicar por que esse sinal aparece em apenas um dentre os inúmeros indivíduos analisados, com datações de mais de 9.000 anos. Mesmo em outros indivíduos encontrados na Guta do Sumidouro, o sinal não foi detectado. No momento inexiste consenso sobre como explicar estes resultados. Podemos estar diante da evidência de um fenômeno populacional desconhecido que pode mudar completamente nossa compreensão sobre o povoamento do continente ou apenas de um falso positivo de um teste estatístico. Apenas a geração de mais dados permitirá solucionar essa questão.

Os estudos arqueogenéticos na América do Sul ainda se encontram em estágio embrionário e as conclusões propostas até o momento devem ser vistas como temporárias. Nos próximos anos, certamente, o volume de dados disponíveis irá aumentar de forma exponencial, permitindo consolidar ou modificar os modelos propostos até aqui. De todas as formas, o conjunto de evidências genéticas disponíveis até o momento apoiam uma cronologia pós-UMG para o povoamento do continente e apontam para a inexistência de populações anteriores aos ancestrais dos atuais nativos americanos. Para aqueles que consideram convincentes as evidências da presença humana pré-UMG na América, os dados arqueogenéticos implicam no total desaparecimento dessas populações – um evento demográfico tão drástico que não encontraria correlato, nem mesmo na substituição dos Neandertais por humanos modernos no oeste da Eurásia. Fica na conta dos proponentes da ocupação pré-UMG, portanto, propor um modelo para explicar como e porque tal evento teria ocorrido.

Agradecimentos

Os autores agradecem o Prof. Lucas Bueno e à Prof. Adriana Schmidt Dias pelo convite para contribuir neste volume e à FAPESP e ao CNPq pelo apoio financeiro às suas pesquisas (processo FAPESP nº 2015/26875-9, processo FAPESP nº 2016/12371-1 e processo FAPESP nº 2017/16451-2; processo CNPq 435980/2018-1)

Referências

AZEVEDO, S. de *et al.* Evaluating microevolutionary models for the early settlement of the New World: the importance of recurrent gene flow with Asia. *American Journal of Physical Anthropology*, vol. 146, n. 4, p. 539-552, 2011.

BECERRA-VALDIVIA, L. *et al.* Reassessing the chronology of the archaeological site of Anzick. *Proceedings of the National Academy of Sciences*, vol. 115, n. 27, DOI: 10.1073/pnas.1803624115, 2018.

BONATTO, S. L., SALZANO, F. M. A single and early migration for the peopling of the Americas supported by mitochondrial DNA sequence data. *Proceedings of the National Academy of Sciences*, vol. 94, n. 5, p. 1866-1871, 1997.

CRAMON-TAUBADEL, N. VON. Congruence of individual cranial bone morphology and neutral molecular affinity patterns in modern humans. *American Journal of Physical Anthropology*, vol. 140, n. 2, p. 205-215, 2009.

FEHREN-SCHMITZ, L. *et al.* A re-appraisal of the early Andean human remains from Lauricocha in Peru. *PLoS ONE*, vol. 10, n. 6, p. DOI: 10.1371/journal. pone.0127141, 2015.

GONZÁLEZ-JOSÉ, R. *et al.* The peopling of America: craniofacial shape variation on a continental scale and its interpretation from an interdisciplinary view. *American Journal of Physical Anthropology*, vol. 137, n. 2, p. 175–87, 2008.

HRDLÍČKA, A. *et al.* Early Man in South America. *Bureau of American Ethnology Bulletin*, vol 52, p. 1-405, 1912.

HUBBE, M., HANIHARA, T., HARVATI, K. Climate signatures in the morphological differentiation of worldwide modern human populations. *The Anatomical Record*, vol. 292, n. 11, p. 1720-1733, 2009.

IMBELLONI, J. Tabla classificatoria de los indios: regiones biológicas y grupos raciales humanos de América. *Physis*, vol. 12, p. 229–249, 1938.

KITCHEN, A., MIYAMOTO, M. M., MULLIGAN, C. J. A Three-stage Colonization Model for the Peopling of the Americas. *PLoS One*, vol. 3, n. 2, DOI: 101371/jornal. pone.0001596, 2008.

LAHAYE, C. *et al.* Human occupation in South America by 20,000 BC: the Toca da Tira-Peia site, Piauí, Brazil. *Journal of Archaeological Science*, v. 40, n. 6, p. 2840-2847, 2013.

LLAMAS, B. *et al.* Ancient mitochondrial DNA provides high-resolution time scale of the peopling of the Americas. *Science Advance,* vol. 2, n. 4, DOI: 101126/sciadv.1501385, 2016.

LINDO, J. *et al.* Ancient individuals from the North American Nortwest Coast reveal 10,000 years of regional genetic continuity. *PNAS,* vol. 114, p. 4093-4098, 2017.

MENÉNDEZ, L. *et al.* Effect of bite force and diet composition on craniofacial diversification of Southern South American human populations. *American Journal of Physical Anthropology,* vol. 155, p. 114-127, 2014.

MORENO-MAYAR, J. V. *et al.* Terminal Pleistocene Alaskan genome reveals first founding population of Native Americans. *Nature,* vol. 553, p. 203-207, 2018a.

MORENO-MAYAR, J. V. *et al.* Early human dispersals within the Americas. *Science,* vol. 362, DOI: 10.1126/science.aav2621, 2018b.

MULLIGAN, C. J., KITCHEN, A., MIYAMOTO, M. M. Updated Three-stage Model for the peopling of the Americas. *PLoS ONE,* vol. 3, n. 9, DOI: 101371/journal.pone.0003199, 2008.

NEVES, W. A., HUBBE, M. Cranial morphology of early Americans from Lagoa Santa, Brazil: implications for the settlement of the New World. *Proceedings of the National Academy of Sciences of the United States of America,* vol. 102, n. 51, p. 18309-18314, 2005.

NEVES, W. A. *et al.* Morfologia craniana dos remanescentes ósseos humanos da Lapa do Santo, Lagoa Santa, Minas Gerais, Brasil: implicações para o povoamento das Américas. *Boletim do Museu Paraense Emílio Goeldi - Ciências Humanas,* vol. 9, n. 3, p. 715–740, 2014.

NIELSEN, R *et al.* Tracing the peopling of the World through genomics. *Nature,* vol. 541, p. 302-310, 2017.

O'BRIEN, M. Setting the stage: the late Pleistocene colonization of North America. Quaternary, vol. 2, n. 1, DOI: 10.3390/quat2010001, 2019.

OPPENHEIMER, S., BRADLEY, B., STANFORD, D. Solutrean Hypothesis: genetics, the mammoth in the room. *World Archaeology,* vol. 46, n. 5, p. 752-774, 2014.

PEREGO, U. A. *et al.* 2009 Distinctive Paleo-Indian migration routes from Beringia marked by two rare MtDNA haplogroups. *Current Biology,* vol. 19, n. 1, DOI: 10.1016/j.cub.2008.11.058, 2009.

PEREGO, U. A. *et al.* 2010 The initial peopling of the Americas: a growing number of founding mitochondrial genomes from Beringia. *Genome Research*, vol. 20, n. 9, p. 1174-1179, 2010.

PEREZ, S. I. *et al.* Discrepancy between cranial and DNA data of early Americans: implications for American peopling. *PloS One*, vol. 4, DOI: 10.1371/journal.pone. 0005746, 2009.

PEREZ, S. I., MONTEIRO, L. R. Nonrandom factors in modern human morphological diversification: a study of craniofacial variation in Southern South American populations. *Evolution*, vol. 63, n. 4, p. 978-993, 2009.

PINOTTI, T. *et al.* Y chromosome sequences reveal a short Beringian Standstill, rapid expansion, and early population structure of Native American founders. *Current Biology*, vol. 29, p. 149-157, 2019.

POSTH, C. *et al.* Reconstructing the deep population history of Central and South America. *Cell*, vol. 175, n. 5, p. 1185–1197, 2018.

POTTER, B. A. *et al.* New insights into Eastern Beringian mortuary behavior: a terminal Pleistocene double infant burial at upward Sun River. *Proceedings of the National Academy of Sciences*, vol. 111, n. 48, p. 17060-17065, 2014.

PRÜFER, K., MEYER, M. Comment on 'late Pleistocene human skeleton and MtDNA link Paleoamericans and modern Native Americans'. *Science*, vol. 347, p. 835-835, 2015.

RAGHAVAN, M. *et al.* Genomic evidence for the Pleistocene and recent population history of Native Americans. *Science*, vol. 349, DOI: 10.1126/science.aab3884, 2015.

RASMUSSEN, M. *et al.* The genome of a late Pleistocene human from a Clovis burial site in Western Montana. *Nature*, vol. 506, p. 225-229, 2014.

RASMUSSEN, M. *et al.* The ancestry and affiliations of Kennewick Man. *Nature*, vol. 523, p. 455-458, 2015.

REICH, D. *et al.* Reconstructing Native American population history. *Nature*, vol. 488, p. 370–374, 2012.

REIDLA, M. *et al.* Origin and diffusion of MtDNA haplogroup X. *The American Journal of Human Genetics*, vol. 73, n. 5, p. 1178-1190, 2003.

RIVET, P. *Les Origines de l'Homme Américain*. Montreal: Les Éditions l'Arbre, 1942.

ROSEMAN, C., WEAVER, T. D. Multivariate apportionment of global human craniometric diversity. *American Journal of Physical Anthropology*, vol. 125, n. 3, p. 257-263, 2004.

SCHEïB, C. L. *et al.* Ancient human parallel lineages within North America contributed to a coastal expansion. *Science*, vol. 360, p. 1024-1027, 2018.

SKOGLUND, P. *et al.* Genetic evidence for two founding populations of the Americas. *Nature*, vol. 525, p. 104–110, 2015.

SKOGLUND, P., MATHIESON, I. Ancient human genomics: the first decade. *Annual Review of Genomics and Human Genetics*, vol. 19, n. 8, p. 381-404, 2018.

STANFORD, D. J., BRADLEY, B. A. *Across Atlantic Ice: the origins of America's Clovis Culture.* Berkeley: University of California Press, 2013.

STRAUSS, A. *et al.* Early Holocene ritual complexity in South America: the archaeological record of Lapa do Santo (East-Central Brasil). *Antiquity*, vol. 90, p. 1454-1473, 2016.

SZATHMARY, E. Genetics of aboriginal North Americans. *Evolutionary Anthropology*, v. 1, n. 6, p. 202- 220, 2003.

TAMM, E. *et al.* Beringian Standstill and spread of Native American founders." *PLoS One*, vol. 2, n. 9, DOI: 10371/JOURNAL.PONE.0000829, 2007.

TEN KATE, H. Sur les crânes de Lagoa Santa. *Bulletins de la Société d'Anthropologie de Paris,* Vol. 8, p. 240–244, 1885.

WANG, S. *et al.* Genetic variation and population structure in Native Americans. *PLOS Genetics* 3, DOI: 10.1371/journal.pgen.0030185, 2007.

ZEGURA, S. L *et al.* High-resolution SNPs and microsatellite haplotypes point to a single, recent entry of Native American Y chromosomes into the Americas. *Molecular Biology and Evolution*, vol. 21, n. 1, p. 164-175.

TERRITORIALIDADE, SÍTIOS RUPESTRES E HABITATS PRÉ-HISTÓRICOS

Denis Vialou
Agueda Vilhena Vialou

Cruzar as coordenadas espaciais, geográficas, com as coordenadas temporais, cronoculturais é um desafio jamais completa nem perfeitamente resolvido. Umas são totalmente exatas, as outras são imperfeitamente conhecidas e medidas em escalas cronológicas imprecisas. Toda a problemática sobre os povoamentos pré-históricos e sobre as territorialidades dialoga com essas dificuldades iniciais. Convém então caracterizá-las para começar a análise global das relações dos sítios rupestres com as paisagens e com os habitats pré-históricos (VIALOU, 2000, 2003, 2006, 2011; VIALOU; VILHENA VIALOU, 2003).

9.1 Localização dos sítios nas paisagens

Os avanços na localização dos pontos arqueológicos (sítios, monumentos, materiais, áreas de escavações, descobertas fortuitas...) resultam das geolocalizações por GPS ou outros meios técnicos abertos nos Sistemas de Informações Geográficas (SIG). A precisão dessas localizações, inferiores a alguns metros nas zonas bem cobertas pelos meios informáticos-numéricos adequados, responde perfeitamente às exigências analíticas das localizações em escala 1, poder- se-ia dizer dos dados espaciais arqueológicos. Em uma paisagem extremamente acidentada, como é o caso da Cidade de Pedra (Rondonópolis, Mato Grosso), as precisões das localizações são indispensáveis (Figura 9.1): permitem, por exemplo, situar exatamente sítios dos dois lados de um cânion profundo, intransponível diretamente; ou ainda mais, distinguir diferenças de altitudes de sítios percebidos próximos uns dos outros, mas, de fato, separados por um eixo altimétrico onde eles se encontram. Em todos os casos as prospecções pedestres proporcionam o conhecimento real dos dados geográficos em escala 1, tal como uma experimentação em um processo analítico de uma ciência experimental: sabe-se passar de um sítio a outro, se orientar, descobrir os pontos panorâmicos ou então os pontos menos acessíveis etc. (TOLEDO, 2013, 2021). Permite também distinguir concentrações de sítios susceptíveis de trazer bases relativamente objetivas a uma pesquisa cronológica. Dois ou vários sítios próximos têm uma maior probabilidade de pertencerem à mesma fase de construção simbólica, uma vez que tenham condições de propor representações semelhantes, comparáveis, ou ainda mais, dispositivos parietais nitidamente aparentados por suas escolhas e por suas construções temáticas.

9.2 Caracterizações das territorialidades

As territorialidades estão estreitamente correlacionadas às escalas analíticas escolhidas, da escala 1 do real às escalas geográficas potencialmente imensas, autorizadas pela cartografia. Alguns exemplos tomados em diferentes contextos de arte rupestre no mundo e no Brasil são suficientes para resgatar os principais indícios da união dos sítios rupestres com as paisagens.

Um dos casos de vínculos gigantescos entre um tipo de arte rupestre e uma escolha particular de território geográfico está bem caracterizado na África Austral, mais precisamente na África do Sul, onde intensas pesquisas forneceram dados de conjunto. Os dispositivos pintados em sua maioria localizam-se nos platôs continentais no centro, enquanto os dispositivos gravados estão situados na cintura continental, nas proximidades do litoral oceânico, Atlântico e Índico. A separação entre os conjuntos pintados e os conjuntos gravados é nítida, quaisquer que sejam as origens culturais iniciais.

Dessa escala continental imensa, pode-se passar para uma divisão arqueológica de mesma natureza (técnica utilizada) porém geograficamente mais reduzida: a localização preferencial dos sítios com gravuras se dá no litoral atlântico do Brasil Meridional mais do que nas regiões continentais (COMERLATO, 2021). Em uma escala microgeográfica, como a da Cidade de Pedra, nota-se uma localização preferencial, mas não exclusiva, das gravuras ao longo do Rio Vermelho, que atravessa não nos setores acidentados, mais elevados. Em certos casos, pode-se interrogar sobre as mesmas origens de localizações dominantes, como poderia ser o caso das gravuras feitas nos rochedos dispersos nos cursos de água ou em suas margens. As ligações com a água são notórias e se traduzem pelas opções temáticas próprias (motivos e sinais geométricos, máscaras e silhuetas humanas estilizadas).

Figura 9.1 – Mapa da localização dos sítios arqueológicos na Cidade de Pedra (ver lista de sítios ao final do capítulo, Tabela 9.2)

Fonte: elaborado por Lucas Bond Reis (2021) a partir do mapa de Eduardo Vilhena de Toledo (2013)

As pesquisas a serem desenvolvidas nos setores florestais fechados, menos acessíveis que os cursos de água, poderiam conduzir a novas localizações. A relação à água pode mesmo estar simbolicamente construída tal como mostra de forma manifesta o grande sítio de Sumidouro, Minas Gerais, em relação estreita com uma fonte de água generosa segundo as estações.

Os cursos de água na América do Sul representam vias naturais de deslocamentos ou de penetrações quando se trata de fases iniciadoras de povoamentos. As ligações com a arte rupestre são correntes, às vezes intensas. Os cursos de água da Amazônia, ricos em sítios rupestres, essencialmente rochedos e cascatas, indicam territorialidades alongadas às vezes sobre dezenas de quilômetros (PEREIRA, 2003, 2011). Mede-se assim a dominação das paisagens pelas delimitações espaciais dos territórios.

Com frequência, os afloramentos rochosos e as concentrações de abrigos ou de pórticos de grutas têm um papel decisivo para as implantações de habitats e/ou de sítios rupestres. No centro do continente indiano, a colina de Bhimbetka (VIALOU, 1991, 2003) reúne mais de duas centenas de abrigos com arte e habitats. Algumas dezenas de quilômetros separam Bhimbetka de outras concentrações rupestres sobre colinas destacando-se no horizonte sem outros relevos do platô continental. A região de Dampier, no litoral oeste da Austrália oferece um outro exemplo fantástico: dezenas de milhares de gravuras, dentre elas inúmeras superfinas onde somente os raios de sol as iluminam sub-repticialmente, distribuem-se sem fim no caos rochoso da colina que domina o mar (LORBLANCHET, 2018). Relevos marcados e ocupações pré-históricas (habitats ou dispositivos rupestres) estão estreitamente unidos: a territorialidade é ambivalente, geográfica e cultural.

O enorme afloramento de Cerca Grande, Minas Gerais, concentra vários habitats e sítios rupestres, distintamente de outras concentrações comparáveis na região relativamente extensa de Lagoa Santa. Dessa vez, a escala regional age alternando zonas arqueologicamente vazias, ou bem pouco densas, com zonas de altas densidades arqueológicas. Esse mosaico de territorialidades arqueológicas distinguindo-se de regiões abandonadas pelos povoamentos sedentários ocorre na região da Cidade de Pedra, minuciosamente e sistematicamente explorada. Pode-se então se perguntar se nas territorialidades culturais não haveria complementaridades com espaços geográficos culturalmente vazios (ou pouco densos). Tal questão evoca os povoamentos e as implantações históricas: as cidades se destacam pelos seus ambientes humanos, justamente pela diferenciação radical dos espaços povoados e dos espaços vizinhos, que não o são. Sociedades e territorialidades estão nessa perspectiva analítica intimamente ligadas bem como seus limites. As mobilidades sociais exprimem as dinâmicas internas das sociedades, jogando decisivamente sobre as implantações territoriais. Evidentemente, os mosaicos de territorialidades culturais devem ser considerados em função das particularidades dos povoamentos e de suas frequências nas regiões geográficas referidas.

A análise detalhada da territorialidade social ou cultural da Cidade de Pedra destaca, como sobre um tabuleiro de xadrez, setores geográficos ocupados intensa ou modestamente e setores que ficam vazios. Apenas poucos sítios rupestres estão localizados no setor central da Cidade de Pedra (Figura 9.2), um tipo de bacia cercada de altos afloramentos rochosos (arenitos residuais). A rede hidrográfica é feita de pequenos afluentes (riachos) mais ou menos paralelos jogando-se na margem esquerda do Rio Vermelho, onde esse rio começa a formar numerosos meandros anunciando o Pantanal, em direção ao sudoeste.

Figura 9.2 – Mapa com a localização dos sítios no setor central da Cidade de Pedra

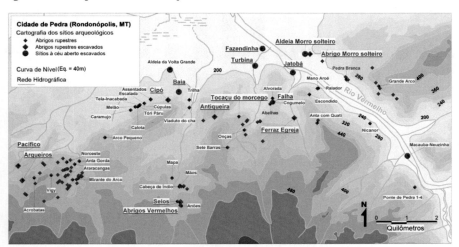

Fonte: elaborado por Jean-Roch Houiller e Eduardo Vilhena de Toledo (2005)

Nas plataformas superiores de afloramentos arenosos, dois modestos sítios rupestres, tendo apenas alguns sinais elementares, marcam o ângulo nordeste e ângulo sudoeste desta bacia central da Cidade de Pedra. Logo, a visão se estabelece sem dificuldade entre os dois sítios, atravessando em diagonal toda a depressão central da Cidade de Pedra, como para marcar os limites topográficos e astronômicos ao mesmo tempo. Esses pontos de referência naturais transformados em referências simbólicas para a inscrição de símbolos rupestres nas paisagens orientam a percepção da territorialidade no centro da Cidade de Pedra. Do abrigo Sete Barras, um dos mais elevados da Cidade de Pedra, vê-se sem dificuldade os abrigos Falha e Cogumelo, situados no lado diametralmente oposto da zona central, em depressão, da Cidade de Pedra (Figura 9.3). Em sua abóbada oblíqua, um sinal feito de barras em cor marrom-vermelha parece enorme. Do outro lado da Cidade de Pedra, o sítio Cogumelo, ligeiramente destacado do sítio rupestre vizinho Falha, alto e maciço, é visível de longe por sua forma de cogumelo. Na face orientada em direção aos altos afloramentos onde se encontra Sete Barras, um sinal vermelho, típico da iconografia abstrata da Cidade de Pedra e composto de 3 semicírculos unidos e dispostos verticalmente, responde de certa forma ao sinal de Sete Barras. Essa dimensão partilhada entre os dados simbólicos e os traços dominantes das paisagens fica ainda mais evidente porque a partir desses pontos de referência geossimbólicos, é possível descer sem dificuldade até o Rio Vermelho, em direção a leste de um lado, e a oeste de outro. A leste, o Rio Vermelho encontra-se encaixado em um desfiladeiro de potentes e altas falésias rochosas. Seus sítios rupestres se distribuem desde a margem direita do rio até uma certa altura dos patamares rochosos. Na margem esquerda os sítios estão mais dispersos em altitude sobre os patamares (ver Figuras 9.1 e 9.2).

Para oeste, o Rio Vermelho se esparrama em direção à depressão do Pantanal. Os sítios rupestres não atingem as margens, mas ficam escondidos nos relevos superiores dos patamares. Concentram-se seja nas alturas, seja nos cânions estreitos e pouco fáceis de percorrer. Alguns estão em posição panorâmica, autorizando amplas vistas, outros encontram-se escondidos nos dédalos labirínticos rochosos da camada geológica inferior, a mais antiga da região. As distâncias temporais entre os diferentes grupos de sítios dessa parte oeste da Cidade de Pedra são curtas, o que permite relacioná-los a um mesmo processo de apropriação simbólica do território natural.

Figura 9.3 – (A) Paisagem centro Cidade de Pedra desde Sete Barras até Falha-Cogumelo.. (B) Abrigo Sete Barras sinal e panorama.(C) Abrigo Cogumelo..(D) Abrigo Cogumelo sinal. (E) Rio Vermelho

Fonte: fotos Agueda e Denis Vialou (A) 2013, (B, C, D) 2006, (E) 1992

Para leste, é possível percorrer facilmente o eixo do rio, fechado no desfiladeiro. Na margem direita, agrupamentos de sítios com gravuras, próximos da água, mostram uma implantação comum, enquanto os sítios nas partes mais altas e nos patamares não mostram afinidades claras entre os dispositivos e estão cada vez mais isolados ao se distanciarem do eixo fluvial. Rio acima, margem esquerda, poucos são os afloramentos rochosos: há apenas um punhado de sítios rupestres que se encontra disperso e mesmo isolado (Figura 9.1 e 9.2).

À forte densidade de sítios rupestres em outros setores da Cidade de Pedra, opõe-se aqui uma escassez de sítios, seguida de uma ausência: os "compartimentos do tabuleiro de xadrez" estão vazios. Mede-se aqui a variedade das estratégias de ocupação simbólica de territórios, pertencendo todas ao mesmo conjunto geomorfológico, oferecendo paisagens comparáveis sobre extensões relativamente modestas, mas susceptíveis de serem percorridas em poucos dias.

9.3 Tempo e espaço: modulação cruzada das territorialidades

A análise cronológica do tempo arqueológico é feita de incertezas, de limites vagos, apesar dos meios técnicos disponíveis, continuamente aperfeiçoados. As datações absolutas são medidas físicas obtidas em função de métodos distintos, não tendo as mesmas validades nas medidas, nem em suas utilizações. As escalas de medidas são distintas e as verificações entre elas são geralmente de difícil interpretação. As caracterizações temporais dos territórios escapam às precisões convenientes para situá-las, por um lado, no tempo absoluto das medidas físicas, por outro lado, nas temporalidades culturais e sociais dos períodos das sociedades em questão. A Cidade de Pedra oferece um exemplo completo das dificuldades encontradas e das resoluções que, em definitivo, conduzem a avaliar melhor as dimensões temporais de uma territorialidade (VILHENA VIALOU *et al.,* 1999).

O sítio rupestre Ferraz Egreja oferece uma morfologia notável de abrigo (Figura 9.4 a): trata-se de um morro grosseiramente cilíndrico, de aproximadamente 15 metros de altura e 15 a 19 metros de diâmetro. Naturalmente, escavado na sua *cintura* inferior, sobre 2 a 3 metros de altura, o sítio abriga das intempéries um espaço de ocupação potencial de mais de uma centena de m^2 (VILHENA VIALOU, 2006, VILHENA VIALOU e FIGUTI, 2013). A escavação-sondagem de 1983, feita no centro do abrigo e próxima à parede com pinturas, forneceu as primeiras datações radiométricas, escoradas na sequência estratigráfica do abrigo, até então ignoradas na Cidade de Pedra e até mesmo no Mato Grosso (VIALOU, 1983/1984; VIALOU *et al.*, 1984). Essas datações por Carbono 14 sobre carvões bem conservados, permitiram situar no tempo, com uma precisão satisfatória, ocupações, associando fogueiras e utensílios líticos em arenito e em sílex nos níveis mais antigos, e em seguida, nas ocupações pertencendo à parte superior da sequência, acrescenta-se a cerâmica, a partir de 2.857 anos cal AP. A datação calibrada de 6.217 anos cal AP na base da sequência sedimentar situava em um tempo absoluto (do ponto de vista físico) uma primeira implantação no território da Cidade de Pedra. Dezenas de outras datações associadas a instrumentos líticos e a cerâmicas foram obtidas em 18 ocupações no local escavadas-decapadas em 10 abrigos da Cidade e Pedra de um extremo a outro (Tabela 9.1) (VILHENA VIALOU, 2006, VILHENA VIALOU; FIGUTI, 2013).

Figura 9.4 – (A) Abrigo Ferraz Egreja. (B) Ferraz Egreja painel principal

Fonte: Fotos Agueda e Denis Vialou (A) 2011, (B) 1986

O grande abrigo rupestre Pacífico, situado completamente no limite oeste, foi ocupado há 7.000 anos AP, sendo assim a mais antiga datação 14C obtida a partir de uma sequência bem estratificada evidenciada no abrigo. Essa datação antiga em um abrigo, como a de Ferraz Egreja, Vermelhos, Pacífico, se intercala nas mais antigas datações de ocupações líticas a céu aberto: na Aldeia Morro Solteiro com idades de 4.780 anos cal AP e mesmo uma bem mais antiga, de 9.535 anos cal AP (FONTUGNE *et al.*, 2006, FONTUGNE, 2013, tabela 1). Essas implantações encontram-se próximas e mesmo em prolongação do imenso sítio rupestre Morro Solteiro (PAILLET, 2010), um grandioso afloramento rochoso contendo vários abrigos rupestres desde sua base até o cimo de cerca de 30 metros, localizados na margem direita do Rio Vermelho, bem a nordeste da Cidade de Pedra (Figura 9.5).

Figura 9.5 – Sítio Morro Solteiro

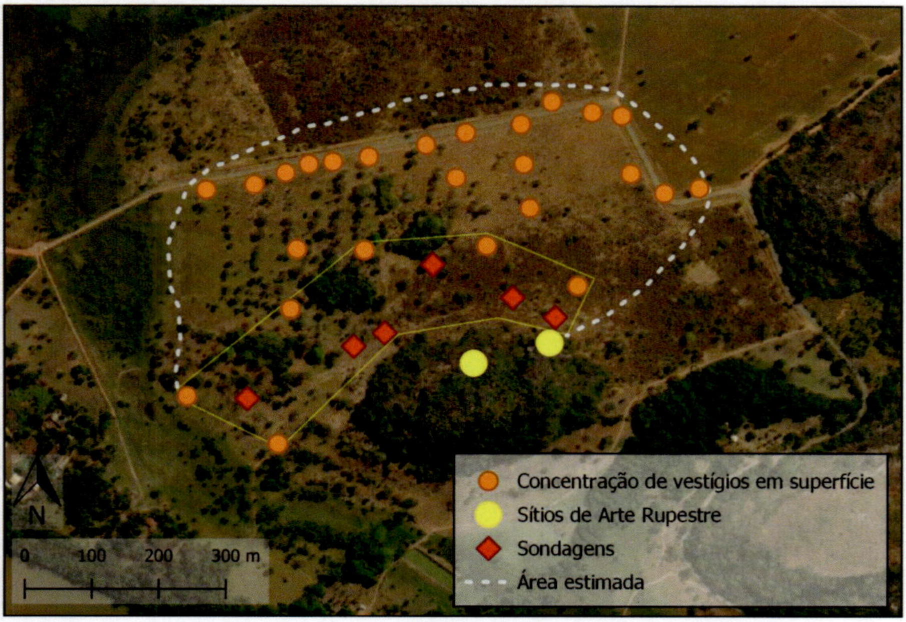

Fonte: elaborado por Lucas Bond Reis (2021) a partir de Figuti (2010)

Tabela 9.1 – Datações para os sítios arqueológicos da Cidade de Pedra

			FERRAZ EGREJA					
	N°Gif- ou N°SacA	Loca-tion	Conventional Age B.P.		Me-dian Date	Interval date Cal B.P.		Séculos
FE III	Gif-9694	16 P	100	± 50	96	-4	- 271	100
FE II	Gif-10047	18 D	205	± 40	184	1	- 302	200
FE II	Gif-9044	12 C	460	± 40	482	329	- 534	400
FE II	Gif-10048	18 D	780	± 20	675	656	- 721	600
FE II	Gif-9695	16 C	1260	± 40	1130	1006	- 1262	1100
FE II	Gif-9696	17 K	1350	± 40	1230	1092	- 1299	1200
FE II	Gif-11995	17 C	1525	± 40	1358	1293	- 1507	1300
FE II	Gif-9665	15 A	1720	± 80	1570	1378	- 1806	1500
FE II	Gif-9697	15 A	1900	± 40	1780	1634	- 1882	1700
FE II	Gif-12000	17 D	2120	± 50	2034	1893	- 2287	2000
FE VI	SacA 12972/12343	27 D	2595	± 30	2622	2489	- 2750	2600
FE I	Gif-10052	7 G	2700	± 50	2767	2544	- 2876	2700
FE II	SacA 12400/12339	14 B	2820	± 30	2857	2779	- 2949	2800
FE IV	SacA 28503/ Gif-12856	13U	2970	± 30	3060	2953	- 3208	3000
FE I	SacA 28506/ Gif-12859	5 k	3605	± 35	3840	3704	- 3963	3800
FE II	SacA 28501/ Gif-12854	17E	3925	± 30	4303	4157	- 4415	4300
FE II	Gif-6249	11 E	4610	± 60	5186	4976	- 5452	5100
FE II	SacA 17271/ Gif-12429	13 B	5120	± 35	5816	5667	- 5913	5800
FE II	SacA 17270/ Gif-12428	12 A	5460	± 40	6217	6017	- 6296	6200
			ABRIGOS VERMELHOS					

AV	Gif-10680	14 L	545	±	55	529	462		634	500
AV	GIF-10682	11 J	830	±	50	710	653		794	700
AV	GIF-9702	15 J	1230	±	50	1098	966		1241	1100
AV	GIF-9700	17 G	1470	±	40	1323	1278		1389	1300
AV	GIF-9703	13 J	1890	±	50	1770	1618		1887	1700
AV	GIF-9701	13 J	2030	±	40	1925	1822		2038	1900
AV	GIF-11434	12 L	2455	±	60	2464	2336		2707	2400
AV	GIF-11435	12 L	2800	±	35	2835	2760		2943	2800
AV	GIF-11437	13 V	3450	±	35	3640	3485		3820	3600
AV	GIF-11433	13 N	3705	±	35	3969	3857		4088	4000
AV	GIF-10681	13 S	4125	±	60	4792	4420		4820	4800

PACIFICO

PACIFICO	SacA451171/ Gif-13164	24 I Z 73	1440	±	30					1300
PACIFICO	SacA451170/ Gif-13163	24 I Z 95	2360	±	30					2300
PACIFICO	SacA45169/ Gif-1316	29 I Z 130	7075	±	40					7000

ALDEIA MORRO SOLTEIRO

A M S	Gif -12850		1115	±	30	966	925	1054	
A M S	Gif -12849		4780	±	30	5467	5324	5593	5200
A M S	Gif- 12848		9535	±	45	10737	10580	11070	10000

ARQUEIROS

ARQ	GIF- 11727	16 F	1095	±	35	952	850	1055	1000

ANTIQUEIRA

ANT	GIF- 11832	47 U	520	±	25	518	498	539	500
ANT	GIF- 11732	47 Q	830	±	30	706	667	744	700
ANT	SacA12397/ GIF-12212	44/45 R	1305	±	30	1200	1082	1271	1200

Fonte: elaboração dos autores (2019)

As mais recentes datações, de um a quatro séculos, provêm de carvões coletados no ápice de depósitos sedimentares de abrigos, dentre eles Ferraz Egreja, e de ocupações ao ar livre próximas ao rio. Essas últimas datações pertencem às populações ameríndias que se mantiveram ao máximo até as penetrações históricas dessa região meridional do Mato Grosso, imediatamente ao sul da bacia hidrográfica amazônica e na extremidade nordeste da bacia Paraná-Paraguai. As populações indígenas atuais conhecidas no Rio Vermelho - uma comunidade Bororo, no rio acima de Rondonópolis, ou ainda um outro grupo Bororo a aproximadamente 15 quilômetros rio abaixo da Cidade de Pedra - não têm nenhum conhecimento da arte rupestre da Cidade de Pedra. Levy Strauss, em longo contato com esses grupos Bororo do Rio Vermelho, não se referiu na sua obra *Tristes Trópicos* (STRAUSS, 1955) aos sítios com arte rupestre (e, em comunicação oral e por carta, informou-nos desconhecer abrigos com arte rupestre e de nunca ter sido informado pelos indígenas de sua existência). Permanece-se na ignorância das últimas populações que desde a pré- história ocuparam a Cidade de Pedra; uma possível transformação arqueologicamente perceptível em direção à grupos Ameríndios, tendo povoado ou ainda povoando essa zona sudeste do Mato Grosso não pode ser definitivamente excluída.

A acumulação das datações radiométricas constitui um exemplo descontínuo tanto no plano cronológico quanto no plano geográfico. Entretanto é possível notar importantes agrupamentos cronológicos de datações, sobretudo as datações de ocupações com cerâmica, por volta de 1.000 a 1.200 anos atrás e algumas recentes (ver Tabela 9.1). Os tipos de decorações das cerâmicas mostram distribuições espaciais às vezes extensas, às vezes restritas a alguns sítios próximos uns dos outros (MACHADO, 2020). Esses blocos de datações reunidos sobre períodos pouco alongados no tempo (em relação aos milênios encontrados na Cidade de Pedra) poderiam bem definir indicações cronológicas susceptíveis de servir de quadros temporais relativamente circunscritos a diferentes atividades, dentre elas a criação de dispositivos parietais.

As múltiplas ocupações do abrigo Ferraz Egreja, em grande parte datadas, não informam sobre a cronologia de realização do dispositivo parietal. Há uma única relação entre uma ocupação e uma entidade gráfica que pôde ser notada. Trata-se de alguns traços lineares bastante apoiados, mas não organizados em representação figurativa ou abstrata, efetuados sobre uma superfície sub-horizontal da base rochosa, recoberta pela sedimentação. A mais antiga ocupação contida precisamente nesse sedimento foi datada por volta de 5.000 anos AP, o que dá um limite superior às incisões ou idade mínima.

A análise detalhada do dispositivo parietal do sítio Ferraz Egreja, composto de representações desenhadas em traço colorido (vermelho, preto, violeta, amarelo), de representações pintadas (mesmas cores), de representações incisas (mais ou menos finas ou profundas) de traçados e de pequenas áreas com picotamento, indica que ele foi constituído progressivamente de diferentes séries (Figura 9.4). As representações se distinguem pelas técnicas utilizadas, pelas localizações distintas sobre as paredes, pelos agrupamentos ou suas dispersões e pelas escolhas temáticas. As combinações localizadas de superposições permitem às vezes estabelecer parcialmente uma cronologia entre representações, e consequentemente entre as técnicas, as escolhas temáticas e os agrupamentos. Heterogêneo por sua constituição, o dispositivo parietal escapa à toda datação absoluta e não pode ser correlacionado às ocupações, essas bem datadas. Sob esse ângulo, a arte rupestre de Ferraz Egreja, como todos os outros sítios rupestres da Cidade de Pedra, fica fora da escala cronométrica absoluta. Nenhuma datação absoluta direta, como as datações por SMA (espectrometria de massa por acelerador) foi realizável na Cidade de Pedra, por não ter havido em nenhum caso uma utilização mínima de pigmentos orgânicos.

As atribuições cronológicas aos dispositivos parietais nunca estão baseadas em indicações objetivas verificáveis. Todavia, isso não impede a tentativa de atribuições gerais com um nível de probabilidade suficiente para fundamentar a análise de territorialidades culturais.

9.4 Representações parietais, ocupações e territórios: o modelo paleolítico na Europa Ocidental

A multiplicidade das pesquisas, sua extensão, a modernidade dos meios de observação, de registro e de classificação, a possibilidade de datações absolutas diretas e de contextualização arqueológica detalhada produzidas pelas numerosas escavações tornam útil e vantajoso estabelecer um paralelismo com o modelo paleolítico. O exemplo do Magdaleniano no Perigord (sudoeste da França) é particularmente pertinente. Algumas dezenas de habitats situados na beira de rio ou na entrada de grutas ou abrigos rochosos profundos em calcário, que foram escavados recentemente e outros desde os inícios das pesquisas em pré-história (nos anos 1860), são magdalenianos e foram recentemente datados. Eles forneceram principalmente centenas de objetos gravados e incisos, em osso, galhos de cervídeos e pedras: constituem uma referência gráfica excepcional do Magdaleniano em seus três componentes cronológicos (antigo, médio e superior), inscrevendo-se bem na duração desta cultura (entre 17.000 e 11.000 anos AP). Nessa região periférica, a oeste do Maciço Central, os dispositivos parietais de três a quatro dezenas de grutas (e alguns abrigos) estão relacionados ao Magdaleniano tendo como fundamento a referência gráfica mobiliar, geralmente datada pelas ocupações que as continham. As comparações revelando as semelhanças, às vezes perfeitas, apoiam-se nos estilos de expressão, nas técnicas de incisões e nos temas do bestiário, principalmente cavalos, bisões, caprinos, renas, etc. Algumas datações diretas (SMA) de representações obtidas recentemente corroboram as datações e as atribuições magdalenianas.

As figurações animais servem diretamente às comparações e às aproximações feitas entre dois dispositivos parietais (ou vários). É importante notar aqui que essa trama de semelhanças se aplica unicamente aos sítios do Magdaleniano do Périgord. Mesmo quando os contextos cronoculturais e os dispositivos do Magdaleniano do Perigord são próximos àqueles dos Pirineus, particularmente da Ariège-central, ou ainda ao dos Pirineus atlânticos, as diferenças estilísticas, técnicas e temáticas entre seus dispositivos parietais são dominantes. Em outros termos, um bisão magdaleniano do Perigord não se confunde com um bisão magdaleniano dos Pirineus. As aproximações entre representações animais acrescentam-se, de maneira decisiva, as aproximações entre sinais e motivos geométricos de vários sítios. O caso emblemático para o Magdaleniano do Perigord é o do sinal *tectiforme*. Esse sinal de geometria complexa existe somente em poucas grutas, cinco próximas (menos de dois ou três quilômetros umas das outras) e outra um pouco distanciada (cerca de 15 quilômetros). Este nome foi dado por H. Breuil no momento da descoberta da gruta magdaleniana de Font-de--Gaume no início do século XX. A expressão *tectiforme* significa em forma de teto. H. Breuil tomou como modelo a forma habitual das tradicionais cabanas africanas, em voga na época pela etnografia. Algumas variantes morfológicas secundárias dão aos *tectiformes* uma identidade gráfica derivada que, enquanto outros tipos morfotécnicos do sinal existem somente em um único exemplar ou em um único dispositivo parietal, ela mesma se encontra em dois ou três desses dispositivos com *tectiformes*.

Quaisquer que sejam essas diferenças representadas no meio do tipo tectiforme, conhecido somente no Perigord, é evidente que os sítios onde ele se encontra participam de um parentesco semântico próprio do pertencimento ao grupo regional perigourdino. Existe, portanto, uma territorialidade "tectiforme" no meio do território do Magdaleniano no Perigord. Pode-se ainda caracterizar essas atribuições simbólicas, regionais ou locais, considerando as ligações simbólicas dos tectiformes com as representações figurativas ou abstratas. É dessa forma que o tectiforme possui uma ligação de proximidade de contato e/ou de superposição e/ou de encaixamento com bisão (Figura 9.6).

Figura 9.6 – Sítio Font de Gaume (França) –Bisão e Tectiforme

Fonte: foto Denis Vialou (2009)

9.5 Uma análise comparativa idêntica pode ser feita a partir da Cidade de Pedra

Cerca de 170 sítios rupestres (VILHENA VIALOU; FIGUTI, 2013), descobertos e estudados na Cidade de Pedra, sobre 300-400 km2 principalmente na margem esquerda do Rio Vermelho, oferecem múltiplas semelhanças e também reais diferenças. As morfologias dos abrigos e dos morros conservaram os vestígios de suas origens geológicas e as formas e volumes herdados de suas alterações geoquímicas e de suas fácies de erosões, intensas em zona tropical. Disso resulta uma forte heterogeneidade das paisagens rochosas, justamente bem traduzida pelo nome "Cidade de Pedra". As aparências geomorfológicas e geológicas têm uma posição notável nas qualificações dos conjuntos rupestres, isso conduz às suas diferenciações, mesmo se os parentescos simbólicos de seus dispositivos ou de suas representações são importantes ou manifestos. Assim, as paisagens rochosas da Cidade de Pedra (Figura 9.7) são bem diferentes das de Serranópolis, Goiás, importante centro rupestre constituído de altos morros de quartzitos, dispersos numa área continental sem escarpamentos, sem grandes desníveis, em afloramentos comparáveis aos dos andares superiores da Cidade de Pedra.

Figura 9.7 – Cidade de Pedra paisagem

Fonte: foto Agueda Vialou (2000)

Sua total unidade geológica e geomorfológica — de afloramentos de arenito e dos morros residuais associados — recobre uma variedade relativamente importante de suas paredes disponíveis às ações gráficas. Nos andares geológicos inferiores, as rochas são ainda mais compactadas, duras e mais resistentes que os arenitos dos andares superiores. Suas texturas favoreceram a realização de sulcos intensamente cavados em fusos, com bordos bem marcados, não erodidos; elas serviram igualmente de suportes privilegiados às incisões finas superficiais.

Os abrigos da margem direita do Rio Vermelho receberam em abundância traçados incisos ou profundamente gravados. As paredes de arenito grosseiro e friável não podiam servir a esse tipo de traçado. Por outro lado, elas facilitavam bem a elaboração de traçados feitos com pigmentos, que penetravam facilmente nos poros desses arenitos tenros. Os pigmentos ficam em certos casos acessíveis à incidência dos raios ultravioleta, uma vez que desapareceram da superfície rochosa. A leitura com luz ultravioleta de um dos painéis complexos de Ferraz Egreja fez assim aparecer traços e sinais geométricos bem estruturados, completamente idênticos aos mesmos tipos de sinais ainda visíveis na superfície nos locais pouco ou nada alterados (Figura 9.8). Observemos enfim que os arenitos macios são os que se conservam menos: certos dispositivos parietais tornaram-se parcialmente vestigiais, às vezes quase completamente. Às erosões físico-químicas acrescentam-se as alterações irreversíveis provocadas pelos vegetais e artrópodos litófagos.

Figura 9.8 – Abrigo Ferraz Egreja: sinal em X duplo do painel central e sinais evidenciados por Ultra Violeta

Fonte: fotos Agueda e Denis Vialou (1986)

9.6 As habituais categorias de representações pré-históricas

Os dispositivos parietais encontrados na Cidade de Pedra oferecem um leque habitual dos dispositivos gráficos que ocorrem pelo mundo: eles variam de algumas unidades gráficas, às vezes mesmo uma única, a centenas de representações, até mesmo um milhar ou mais, nos sítios mais importantes, como no centro, com Falha e Abrigos Vermelhos, aparentados a Ferraz Egreja. Em direção ao limite oeste da região seria Anta Gorda ou ainda Morro Solteiro, bem ao leste. Para os dispositivos reduzidos em uma ou algumas unidades gráficas, sua importância principal é marcar o território simbólico local. É frequente que se trate de simples traços retilíneos curtos, de pequenos sinais angulares, de um ponto ou de uma mancha. A simplicidade desses traçados elementares, frequentemente presentes também nos dispositivos parietais elaborados, impede de desenvolver comparações ou de definir parentescos tipológicos. Ocorre também que uma única representação seja um sinal ou um motivo ao mesmo título que todos os sinais abundantes participando diretamente dos dispositivos parietais: por exemplo, um sinal evocando um pequeno caduceu simplificado, ou ainda uma ampla concavidade cujo fundo é uma mancha circular vermelha. Esses sinais, traçados com rapidez, não são cursivos como os pequenos traçados lineares elementares. Eles pertencem à simbólica geral dos sinais constituídos em tipos, esses que são repetitivos seja no interior de um único dispositivo parietal, seja em vários dispositivos (GUEDES; VIALOU, 2017).

Os sinais elaborados são os que possuem uma estrutura geométrica complexa: linhas de preenchimento cruzadas, paralelas ou divergentes, sinais feitos de barras lineares paralelas ou cruzadas simulando grades, tabuleiros coloridos, tipos de cruz desenhadas em duas linhas paralelas (Figura 9.9), contornos simples ou duplos, encaixados, estruturando formas complexas como as cabaças, alinhamentos ou aglomerados de pontos, ângulos ou círculos internos ligados ou não, alinhamentos mais ou menos longos de sinais angulares (caibros) etc.

Figura 9.9 – (A) Abrigo Ferraz Egreja painel com uma cruz dupla. (B) Abrigos Vermelhos sinal. (C) Abrigo Sêlos Sinais. (D) Abrigo Mano Aroé– painel com sinais geométricos. (E) Abrigo Ferraz Egreja – Motivos

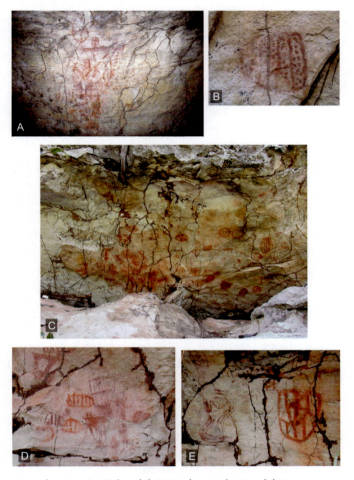

Fonte: fotos Agueda e Denis Vialou (A) 1986, (B, C, D) 1991, (E) 1984

Os complexos sinais elaborados dão os fundamentos para a análise comparativa na medida em que suas similitudes ou suas semelhanças não resultam de uma simples coincidência ou de formas elementares mais ou menos estruturadas. Ao inverso dos sinais elementares e correntes, os sinais elaborados não são ubíquos. Eles têm uma tendência marcada de se concentrarem em sítios vizinhos ou próximos. O exemplo de Ferraz Egreja com os sítios quase adjacentes, situados a pouco mais de um quilômetro,

Falha e Alvorada, é notavelmente uma demonstração desses parentescos semânticos de sinais complexos no mesmo pequeno setor geográfico. Os sinais de tipos complexos, através dos quais se fundamenta a análise, são sinais circulares de grande tamanho (de um diâmetro podendo atingir cerca de trinta centímetros) desenhados com traço vermelho bem legível, de cerca de um centímetro de largura: de simples círculos, em Ferraz Egreja, Falha e três outros sítios da parte central da Cidade de Pedra, inclusive Abrigos Vermelhos, círculos concêntricos em Ferraz Egreja e Alvorada; círculos com barras e pontos internos em Falha e Alvorada (Figura 9.9); acrescenta-se, morfologicamente próximos, os ovais, com preenchimento linear, dispostos horizontalmente e verticalmente, em Falha, Alvorada e em Ferraz Egreja. Os sinais quadrangulares com barras internas paralelas em grade, os sinais comparáveis em forma de ancinho ou em U, bem presentes em Ferraz Egreja, ocorrem igualmente em Falha e Alvorada, mas também nos Abrigos Vermelhos. O sítio Sêlos, situado a algumas dezenas de metros dos Abrigos Vermelhos, possui também uma série de sinais fechados com preenchimento linear (Figura 9.9): torna-se claro que uma territorialidade semântica se baseia nessa família de sinais fechados, angulares, circulares e ovalares, preferencialmente na parte central da Cidade de Pedra. Essa entidade geográfica não se encontra, de forma tão bem marcada, em outros setores, mesmo na parte mais ocidental (ver Figura 9.1) onde sítios como Anta Gorda e Araracangas são densos em sinais variados. No flanco oriental, na margem esquerda do Rio Vermelho, o sítio Mano Aroé (Figura 9.9) apresenta a mais densa série de sinais fechados com preenchimento de barras paralelas, alguns próximos de sinais de Ferraz Egreja; a afinidade simbólica entre esses sítios é forte uma vez que suas ligações geográficas são distintas. Contudo a distância entre Mano Aroé e Ferraz Egreja é tão curta quanto à que existe entre Abrigos Vermelhos e Ferraz Egreja. As declinações dos dados geográficos implicadas nos limites territoriais investidas pelos dados gráficos-simbólicos não são rígidas.

Motivos geométricos, feitos de barras lineares paralelas ou cruzadas simulam grades (cercas), tabuleiros coloridos, pequenos ou grandes, distinguem-se dos sinais mais ou menos similares na medida em que eles existem somente em um único exemplar. Esses motivos marcam de forma identitária o sítio onde foram executados.Em Ferraz Egreja, três grandes motivos diferentes (Figura 9.9) foram colocados juntos em posição alta (cerca de três metros do solo atual) distanciados dos grandes painéis complexos totalizando quase todas as representações. Os três estão estreitamente agrupados, como para mostrar que juntos significam alguma coisa ou alguém. O da esquerda evoca um desenho em forma de cabaça. Este tipo de representação feita de curvas revela uma tendência figurativa, talvez para figurar objetos. O do meio possui uma estrutura parecida, mas feito de segmentos de retas esboçando losangos. Sinais em formato de losangos estão presentes em vários sítios da parte ocidental da Cidade de Pedra. À direita, o sinal compartimentado evoca formas comparáveis encontradas em outros abrigos da Cidade de Pedra. Dir-se-ia que os três motivos designam o sítio Ferraz Egreja, como uma insígnia que se coloca para uma loja. No sítio Falha, um grande motivo desenhado ao traço vermelho em uma vasta concavidade assemelha-se a uma imensa folha vegetal (GUEDES; VIALOU, 2017), o que seria particularmente remarcável pela raridade manifesta das representações vegetais nas iconografias rupestres no mundo.

Em resumo, os motivos são representações abstratas únicas que pertencem exclusivamente ao sítio que marcam e, em seguida, pertencem ao território onde se encontram os próprios sítios assim *nomeados* pelos seus motivos desenhados, como o território dos sinais e motivos São Francisco. A apropriação simbólica de territórios pelas representações gráficas não figurativas (geométricas) é uma prova de que existe uma articulação de codificação entre vários níveis nas paredes e, simultaneamente, em simbiose com os posicionamentos nas paisagens.

A variedade tipológica dos sinais encontrados na Cidade de Pedra, sua impressionante quantidade, a riqueza simbólica de dispositivos exclusivamente (ou quase) compostos de sinais e motivos (Mano Aroé, em primeiro lugar) dão à área rupestre uma singularidade notável, excepcional no Brasil, e mesmo na América do Sul.

A valorização pictural dos grandes sinais retangulares com compartimentações múltiplas relacionados à "Tradição São Francisco" em Minas Gerais e Bahia (ISNARDIS, 2009, PROUS *et al.*, 1992/1993; ETCHEVARNE, 2007), seus agrupamentos ordenados formando painéis espetaculares, altamente coloridos, conotam uma afirmação simbólica do peso expressivo da abstração geométrica e do jogo de cores. Esse conjunto "São Francisco", sem equivalente rupestre sul-americano qualifica visualmente uma territorialidade bem marcada e espacialmente (talvez também de modo temporal) delimitada.

Os numerosos sinais circulares complexos cuidadosamente desenhados nos sítios de arte rupestre de Serranópolis, Goiás, remetem aos circulares elaborados da Cidade de Pedra. Grandes sinais quadrangulares com compartimentos internos estão associados a eles. Uma certa filiação de construção simbólica abstrata a partir dessa bipartição de grandes sinais complexos parece surgir entre as duas áreas rupestres, distantes apenas algumas centenas de quilômetros. Pode ser que tenha havido contato entre as duas áreas. Entretanto, as ligações simbólicas no interior dos painéis de uma e de outra área são fundamentalmente distintas. As convergências evidentes das formas geométricas podem levar a filiações ilusórias. A semântica associativa dos sinais fica problemática justamente na medida em que seus significados escapam a uma leitura compreensível.

9.7 Representações figurativas

Geralmente, o conjunto dos comentários e estudos voltados às artes gráficas pré-históricas refere-se primeiramente às representações animais e em seguida às representações humanas, quando essas têm um peso considerável quantitativo ou/e qualitativo. Isso vem a ser o caso admirável e sobretudo excepcional dos conjuntos rupestres do Sahara. As figurações humanas são frequentemente realistas, vestidas e carregam objetos domésticos ou armas. No entanto, são também com frequência tratadas simbolicamente, por exemplo com extravagantes "cabeças redondas". Algumas parecem estar flutuando nos ares. A arte pré-histórica em geral é reconhecida como arte animalista, mais naturalista que as figurações humanas. Os rupestres andinos, pobres em sinais e ricos em figuras animais e humanas, ilustram perfeitamente essas distinções (VIALOU; VILHENA VIALOU, 2017).

Essa generalização, amplamente baseada na escala global das artes rupestres no mundo, averigua-se totalmente inadequada nas diversas áreas rupestres brasileiras bem delimitadas como a Cidade de Pedra. Sobre algumas milhares de representações não figurativas, sinais, motivos, traços cursivos lineares ou pontuados, encontram-se apenas algumas dezenas de figurações animais ou humanas.

As figuras humanas (e assimiladas) na Cidade de Pedra têm excepcionalmente um estatuto figurativo naturalista: no melhor dos casos, teriam sido conservados apenas dois arqueiros (Figura 9.10) no bordo oriental da Cidade de Pedra. Suas silhuetas estão reduzidas a um mínimo inteligível, os arcos estão apenas sugeridos. A leitura de uma meia dúzia de silhuetas masculinas esquemáticas, animadas e nitidamente sexuadas é possível na zona central da Cidade de Pedra. Esses desenhos respondem a um processo comum na arte pré-histórica de esquematização das silhuetas humanas agrupadas, vistas em pé, frequentemente sexuadas. Na Cidade de Pedra, essas são as únicas silhuetas agrupadas conhecidas.

A representação humana nos registros rupestres pré-históricos, dentre as menos antigas representações (de alguns milênios), favoreceu frequentemente uma simbolização gráfica secundária: apêndices cefálicos, máscaras, vestuários, armas ou utensílios etc. Além dos dois arqueiros, nada disso ocorre na Cidade de Pedra. Contudo, no painel principal de Ferraz Egreja, duas curiosas silhuetas elaboradas com contornos picotados (ver Figura 9.4b), superpostas a múltiplos sinais e motivos poderiam bem figurar silhuetas de máscaras-vestidas, comparáveis às de participantes de certos grupos indígenas por ocasião de cerimônias rituais. Se essa hipótese verossímil for verificada, seríamos levados a considerar que as representações humanas ficam conectadas a realidades sociais. Elas podem se travestir de mil maneiras, como no caso dessas prováveis máscaras cerimoniais, mas continuam sendo profundamente humanas, ou seja, no centro e na origem de que produz e que todo homem dá: o sentido do vivido na sociedade.

Certas áreas rupestres estão dominadas pelas representações humanas. Os registros rupestres do Nordeste fornecem exemplos extraordinários em diferentes séries cronoculturais que foram definidas (mais ou menos prováveis). A esquematização das silhuetas humanas em pequenos personagens feitos de bastões, mais precisamente de palitos articulados: os membros inferiores indicando a bipedia, fixa ou animada de movimentos de marcha, os membros superiores para ilustrar todo movimento ou ação, o apêndice cefálico e com frequência o sexo masculino ereto ou pendente, para terminar a figuração. Em alguns dispositivos da Serra da Capivara, Piauí, vários desses personagens encontram-se em relações sexuais claramente definidas, ou então, vários deles manipulando um bastão. Esses casos figurativos de animação com vários personagens são extremamente raros nas iconografias rupestres pré-históricas. Por outro lado, as cenas de caça, de combates ou batalhas representando personagens-bastonetes são comuns nas múltiplas iconografias pré- históricas pelo mundo. Em relação aos dados mais gerais das representações rupestres em bastonetes, os dispositivos do Nordeste são originais nas escolhas cênicas. É uma marca evidente da territorialidade cultural. Silhuetas humanas pintadas alongadas, torso em geral triangular, os braços ao longo do corpo, as pernas juntas ou um pouco entreabertas e os pés frequentemente sumariamente esboçados distinguem-se das mais numerosas representações humanas na mesma região. Geralmente essas silhuetas estão alinhadas em filas apertadas, que parecem significativas por essas justaposições numericamente fortes de corpos bípedes verticais.

O tema de filas humanas seladas é submetido a variações visuais quando ocorrem esquematizações das próprias silhuetas. Sua veracidade figurativa está praticamente reduzida à sua verticalidade, a uma bipedia sugerida pelos pés reduzidos a filamentos lineares e, para simular cabeças, apêndices retilíneos ou curvilíneos sem fundamento anatômico. Esses personagens filiformes resvalam o irreal, o que demonstra a extensão simbólica da figuração-desfiguração da imagem do homem.

A intensa rede hidrográfica do Amazonas estrutura um território enorme, particularmente original (PEREIRA, 2003, 2011). Sua água viva drena e orienta todos os deslocamentos dos homens (e dos animais aquáticos e terrestres), fornecendo-lhes em abundância os recursos essenciais para suas economias. As representações rupestres, localizam-se geralmente de fato sobre rochedos, banhados ou próximos da beira das águas. Sobre essas superfícies rochosas, em geral convexas e de superfícies bastante limitadas, as representações *marteladas* ou incisas com sulcos mais ou menos profundos distribuem-se em motivos geométricos (às vezes complexos), em sinais lineares e em representações figurativas de um realismo em geral atenuado. Observa-se geralmente formas simbolizadas e até mesmo símbolos gráficos. Suas distribuições na rede hidrográfica ocorrem ao longo dos afluentes. A entidade geográfica formada por um afluente, separando dos outros afluentes, está investida por uma simbólica gráfica própria, como se tratasse de um único sítio rupestre. Um dos mais espetaculares eixos simbólicos se dá pelas figurações humanas: silhuetas como travestidas, máscaras etc. Elas exprimem as figuras simbólicas próprias aos grupos que as produziram, sendo assim diferentes de acordo com seus pertencimentos ao território rupestre definido pelo curso de água escolhido. Na Amazônia, as territorialidades rupestres são caracterizadas por esses tipos de gênios aquáticos simbolizados pelas máscaras. Elas olham de face, com seus traços anatômicos estilizados, tanto como são vistos. Nas iconografias rupestres, as figurações humanas são interativas com os vivos, pois recebem deles o sentido e lhes retorna ou dá em troca simultaneamente.

As representações animais são às vezes simbolicamente deforma-das, mas se distanciam menos do natural. Um sítio do Nordeste oferece fantásticas exceções, como o Salitre, Piauí. O dispositivo que se desenvolve numa banda de mais de trinta metros mostra animais deformados deli-beradamente. Eles se avizinham com figurações humanas, elas mesmas igualmente alteradas. O paralelismo entre duas categorias figurativas é ainda mais marcado porque nos desenhos se insinuam preenchimentos lineares geométricos elaborados. Os corpos estão dissimulados como tal: o animal se tornou um ser comparável, senão semelhante, a um ser humano, ornado da mesma maneira (VILHENA VIALOU, 2016).

As representações animais estão presentes em praticamente todos os dispositivos parietais da Cidade de Pedra. Alguns abrigos oferecem às repre-sentações animais condições excepcionais de visibilidade e de legibilidade. São, por exemplo, quatro onças (Figura 9.10) agrupadas em um movimento de corrida, pintadas em vermelho-laranja em uma concavidade superior do abrigo, acima de um painel associando motivos bastante complexos e sinais. Em uma parede rochosa vertical, isolada, foram pintados em vermelho alaranjado 4 tuiuiús (Figura 9.10). Seus desenhos são estilizados de forma estética requintada. Com suas posturas animadas e por suas localizações recíprocas, essas aves parecem dançar em roda. No centro, um sinal circu-lar reforça a montagem simbólica dessa encenação, tornada além de tudo espetacular pela vista panorâmica que ela oferece à distância.

O tuiuiú (jaburu), um dos maiores pernaltas conhecidos no mundo, impressionou visivelmente os habitantes dos afloramentos rochosos superio-res da Cidade de Pedra. Vê-se um casal desenhado de belas dimensões em um pequeno abrigo (Figura 9.10), em uma passagem dissimulada entre relevos acentuados. A implicação das pouco numerosas representações animais nas paisagens da Cidade de Pedra é inconstante. Claramente ela depende da construção simbólica do dispositivo e assim das ligações intertemáticas, amplamente dominadas pelos sinais e motivos geométricos. A ausência de ligações preferenciais com as raras figurações humanas as coloca a distância das regras gerais das iconografias rupestres no mundo, mas também na maioria das áreas rupestres brasileiras. O *casal*, animal- homem, ausente da Cidade de Pedra, reproduz amplamente as iconografias de grandes centros rupestres, como os de Piauí, Bahia, Tocantins, Minas Gerais, Mato Grosso do Sul. Ele se encontra bem realçado no dispositivo do grande abrigo de Santa Elina (Figura 9.10) no meio da Serra das Araras, Mato Grosso.

Figura 9.10 – (A) Abrigo Arqueiros. (B) Abrigo Onças – Cidade de Pedra. C) Paredão Dança dos Pássaros – Cidade de Pedra. (D) Abrigo Tuiuiú – Cidade de Pedra.(E) Abrigo Santa Elina – Jangada MT

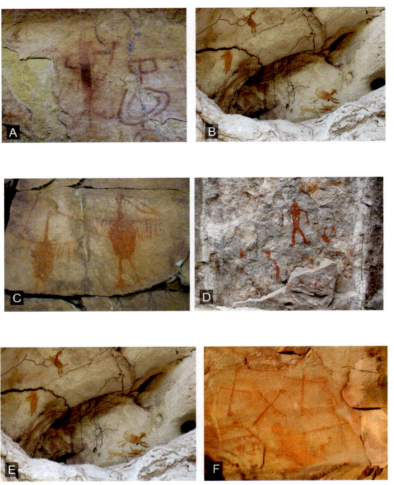

Fonte: fotos Agueda e Denis Valou (A) 2002, (B) 2010, (C) 2009, (D) 2006, (E) 1988

Numerosas áreas rupestres no mundo deram às representações animais uma importância simbólica elevada, perfeitamente reveladora de uma territorialidade ecológica, mas também econômica. Na América do Sul, os Camelídeos andinos desempenharam um papel durante milênios: inicialmente como espécies selvagens (Guanacos), aos quais sucedem Camelídeos domésticos (Lhama) de acordo com as regiões e os comportamentos humanos. As representações rupestres entram então na órbita da história das populações das montanhas (Sepúlveda, 2011). Os Andes eram assim regularmente transponíveis, como é provado pelos caçadores e pescadores no litoral pacífico desde o final do Pleistoceno, depois pelos horticultores e domesticadores durante o Holoceno Antigo.

A glorificação icônica de animais teve às vezes proporções gigantescas, como é o caso dos peixes Barramundi nas regiões situadas no litoral setentrional da Austrália, ou ainda o Elã do Cabo nas montanhas do Drakensberg na África Austral. No Tassili N'Ajjer (Sahara Argelino), o gado atesta a importância de sua domesticação econômica.

9.8 Animal, natureza e cultura

Todas as convergências gráficas podem ocorrer nas representações humanas: por exemplo, trajes vestimentários, ornamentos, arranjos, cortes de cabelo etc. ou as manipulações de objetos, como armas, ou ainda gestos e comportamentos particulares individuais ou coletivos, como os da caça ou de uma ação sexual. As esquematizações gráficas do corpo humano produzem regularmente silhuetas verticais, banais, das quais se destacam simplesmente membros, a cabeça ou ainda o sexo masculino. Acontece, é claro, que as representações sejam altamente diferenciadas umas das outras quando se beneficiam de uma simbólica iconográfica muito rebuscada, como é o caso de uma grande parte de representações míticas da Amazônia, puramente antropomorfas. As figuras femininas neolíticas, com roupas compridas e penteados nos abrigos do Tassili (Sahara Central) são também profundamente originais e representativas de sua cultura iconográfica. Em todos esses casos, é a sublimação gráfica do ser humano em situação cultural singular que prevalece. Mede-se a diferença fundamental do tratamento gráfico entre os animais e as representações humanas quando essas se revestem de um estatuto cultural particular. Elas são discriminatórias umas das outras, pois definem uma territorialidade icônica coerente e delimitada no espaço-tempo.

Todas as convergências gráficas surgem nas representações geométricas, abstratas: um ponto é um ponto, um traço é um traço, um quadrangular com compartimentações internas é um quadrangular compartimentado etc., de um lugar a outro do universo dos rupestres pré-históricos. Os sinais em seus conjuntos às vezes muito densos e complexos podem, através de suas ligações intertípicas no meio dos dispositivos, definir territorialidades rupestres, como na Cidade de Pedra ou nas grutas magdalenianas do oeste paleolítico europeu. Entretanto, frequentemente, torna-se difícil de delinear os limites de seus conjuntos territoriais, tanto eles cruzam seus dados icônicos. Desse modo, é difícil e até incerto distinguir culturalmente conjuntos de sinais rupestres em regiões próximas ou vizinhas, tal como as de Minas Gerais, Piauí, Tocantins, Mato Grosso. O caso de Serranópolis e da Cidade de Pedra revela, nesse sentido, as dificuldades a serem levadas em consideração sobre as afinidades e as disparidades icônicas.

Os caribus, bisões, ovibos, entre outros animais de climas e meios-ambientes frios, as antas, os tatus, as onças e animais de clima e de meio ambiente tropical, quando são figuradas nas paredes rochosas (ou sob forma de objetos esculpidos) simbolizam a natureza e seu local iconográfico com o homem e suas culturas e sociedades. O meio ambiente natural marca os limites reais onde as representações animais são a transcrição em imagens. As antas, quatis, jacarés e outros testemunham o meio ambiente, isto é, os territórios que efetivamente habitavam no imaginário dos artistas. São as representações animais, e somente elas, que distinguem radicalmente as iconografias rupestres umas das outras, em seus limites geográficos e seus limites cronológicos.

Esses limites reúnem componentes rupestres diferenciados, cujas variedades e variações são os reflexos de características culturais de uma pequena extensão espacial e cronológica. A representação de uma onça caracteriza uma territorialidade rupestre sul-americana como a de um mamute corresponde a uma territorialidade paleolítica durante uma fase climática particularmente fria. No entanto, essas representações animais que designam efetivamente territórios e períodos aos quais são adaptados seus modos de vida coabitam com representações culturais diversas, que variaram no espaço-tempo percorrido pelas realizações iconográficas sucessivas ou vizinhas.

As maiores subdivisões espaciais e temporais dos conjuntos rupestres pré- históricos repousam nas representações animais porque são as que lhes dão os fundamentos ecológicos e econômicos. Elas recortam outras subdivisões de menor extensão, que se ajustam às realidades econômicas e culturais. Para essas, as codificações gráficas que dizem respeito às representações humanas e às codificações não descritivas das realidades ou dos acontecimentos das sociedades, investidas pelos sinais e motivos geométricos, são as chaves culturais das sociedades das quais emanam.

É evidente que os conjuntos rupestres são os melhores indicadores identitários das sociedades pré-históricas para essas diferentes escalas de análises de escolhas simbólicas das sociedades pré-históricas (VIALOU; VILHENA VIALOU, 2015). Os comportamentos técnicos, econômicos e de subsistência caracterizam as estruturações gerais das sociedades pré-históricas, mas os comportamentos simbólicos investidos na natureza concretizam e exprimem suas profundezas originais.

Referências

COMERLATO, F. Um olhar revisitado às representações rupestres do litoral de Santa Catarina, Brasil: um tributo ao prof. Denis Vialou. *In:* PAILLET, E.; PAILLET, P.; ROBERT, E. (dir.). *Voyages dans une forêt de symboles. Mélanges offerts au Professeur Denis Vialou.* Treignes: Éditions du Cedarc, 2020. p. 123-126.

ETCHEVARNE, C. *Escrito na Pedra - Written on Stone: cor, forma e movimento nos grafismos rupestres da Bahia.* São Paulo: Odebrecht S.A., 2007.

FIGUTI, L.; BACHELET, C.; ATTORRE, T.; TOGNOLI, A.; WESOLOWSKI, V. Um sítio em três tempos: O complexo arqueológico do Morro Solteiro, Rondonópolis, MT. *In:* PAILLET, E.; PAILLET, P.; ROBERT, E. (dir.). *Voyages dans une forêt de symboles. Mélanges offerts au Professeur Denis Vialou.* Treignes: Éditions du Cedarc, 2020.

FONTUGNE, M.; HATTÉ, C.; NOURY, Cl. Quadro cronológico. *In:* VILHENA VIALOU, Á. (org.). *Pré-história do Mato Grosso. Vol. 2: Cidade de Pedra.* São Paulo: Edusp, 2006. p. 45-48.

FONTUGNE, M. Cronologia dos acampamentos. *In:* VILHENA VIALOU, A.; FIGUTI, L. (org.). *Cidade de Pedra: passado no presente.* São Paulo: Ed. Maluhy & Co., 2013. p. 47-50.

GUEDES, C.; VIALOU, D. Symbols in rock art through the eyes of Cognitive Archaeology: analytical considerations about the Conjunto da Falha site, Mato Grosso, Brazil. *Boletim do Museu Paraense Emílio Goeldi: Ciências Humanas*, Belém, v. 12, n. 1, p. 101-123, 2017. Disponível em: http://dx.doi.org/10.1590/1981.812220 17000100006. Acesso em: 11 nov. 2024.

ISNARDIS, A. Interações e paisagens nas paredes de pedra: padrões de escolha de sítio e relações diacrônicas entre as Unidades Estilísticas de grafismos rupestres do vale do Peruaçu. *Arquivos do Museu de História Natural e Jardim Botânico da UFMG*, Belo Horizonte, v. 19, p. 321-370, 2009.

STRAUSS, C. L. *Tristes trópicos*. Paris: Plon, 1955.

LORBLANCHET, M. Archaeology and Petroglyphs of Dampier. *Technical Report of the Australian Museum*, Online, No. 27, 2018.

MACHADO, J. de R. *Tesselles techniques d'une mosaïque culturelle: l'apport de la technologie lithique et céramique à l'histoire précoloniale de la Cidade de Pedra (Brésil)* 2020. Tese (Doutorado) — Université Paris-Nanterre.

PAILLET, P. L'art rupestre gravé du Rio Vermelho (Rondonópolis, Mato Grosso Brésil): de nouvelles découvertes dans l'abri Morro Solteiro. *Anthropologie*, v XLVIII, n. 3, p. 209-230, 2010.

PEREIRA, E. *Arte rupestre na Amazônia: Pará*. São Paulo: UNESP, 2003.

PEREIRA, E. Histoire, territorialité et diversité dans l'art rupestre de l'Amazonie brésilienne. *In:* VIALOU, D. (dir.). *Peuplements et Préhistoire en Amériques*. Paris CTHS, 2011. p. 407-421.

PROUS, A.; BAETA, A. Elementos de cronologia, descrição de atributos e tipologia. *Arquivos do Museu de História Natural da UFMG*, Belo Horizonte, t. 2, v. XIII, p. 241-332, 1992/1993.

SEPULVEDA, M. La tradition naturaliste des peintures rupestres des groupes des chasseurs-cueilleurs de l'extrême nord du Chili. *In:* VIALOU, D. (dir.). *Peuplement et Préhistoire en Amériques*. Paris: CTHS, 2011. p. 453-465.

TOLEDO, E. V. Prospecções na pré-história e paleoambientes do Mato Grosso. *In:* PAILLET, E.; PAILLET, P.; ROBERT, E. (dir.). *Voyages dans une forêt de symboles. Mélanges offerts au Professeur Denis Vialou*. Treignes: Éditions du Cedarc, 2020. p. 99-104.

TOLEDO, E. VILHENA. Três décadas de prospecções na Cidade de Pedra. *In* VILHENA VIALOU, A.; FIGUTI, L. (org.). *Cidade de Pedra: passado no presente*. São Paulo: Ed. Maluhy & Co., 2013. p. 19-24.

VIALOU, D. Un nouveau site rupestre au Mato Grosso, l'abri Ferraz Egreja. *Revista do Museu Paulista*, nova série, v. XXXIX, p. 39-53, 1983/1984.

VIALOU, D. *La Préhistoire*. Paris: Gallimard, 1991.

VIALOU, D. Territoires et cultures préhistoriques: fonctions identitaires de l'art rupestre. *In:* KERN, A. *et al.* (ed.). *Sociedades Ibéro-Americano: reflexões e pesquisas recentes*. Porto Alegre: EDIPUCRS, 2000. p. 381-396.

VIALOU, D. Symbolique rupestre et cultures préhistoriques au Brésil. *In:* GUI-LAINE, J. (dir.). *Arts et symboles du Néolithique à la Protohistoire.* Paris: Éditions Errance, 2003. p. 61-80.

VIALOU D. A arte rupestre da Cidade de pedra. In Vilhena Vialou Á. (org.). *Pré-história do Mato Grosso,* vol. 2 Cidade de Pedra, EDUSP São Paulo, 2006, p. 51-69.

VIALOU D. Paysage, peuplement, société, art rupestre. Une problématique inter-rogée dans une aire de représentations rupestres au Brésil. *In:* VIALOU D (dir.). *Peuplements et Préhistoire en Amériques,* CTHS Paris, 2011, p. 419-431.

VIALOU, D., VILHENA-VIALOU, A. Un nouveau site préhistorique brésilien daté: l'abri à peintures et gravures Ferraz Egreja (Mato Grosso). *L'Anthropologie,* p. 125-127, 1984.

VIALOU, D., VILHENA VIALOU, A. Art rupestre, habitats et territoires au Brésil. *In:* BERMANN, R., RAMIREZ, P. *El arte prehistórico desde los inicios del siglo XXI.* Primer Symposium Internacional de Arte Prehistorico de Ribadesella. Associación Cultural Amigos de Ribadesella, 2003, p. 481-512.

VIALOU, D., VILHENA VIALOU, A. Arte rupestre: entre micro e macro escalas de análise. *PetraART,* 1 Anais 1 vol 1 n° 1 III reunião da ABAR, Lençóis, Bahia. p. 35-43, 2015.

VIALOU D., VILHENA VIALOU A. Amérique du sud in L'art de la Préhistoire. *In:* FRITZ, C. (ed.). *L'art de la Préhistoire.* Citadelles & Mazenod, p. 201-237, 2017.

VILHENA VIALOU Á. (org.). Pré-história do Mato Grosso, vol 2 Cidade de Pedra, EDUSP São Paulo, 2006.

VILHENA VIALOU A. Signes rupestres et peintures corporelles: des représenta-tions proches et codifiées, *In:* SACCO, F., REGARDS, R. (org.) *L'origine des Repré-sentations.* Ithaque, Paris. 2016, p. 109-120.

VILHENA VIALOU, A., DEBLASIS, P. A., FIGUTI, L., PAILLET, P., VIALOU, D. Art rupestre et habitats préhistoriques au Mato Grosso (Brésil). L'Amérique du sud: des chasseurs-cueilleurs à l'Empire Inca. *BAR International series* 746. ARAPA, Genève, 1999.

VILHENA VIALOU, A., FIGUTI, L. (org.) *Cidade de Pedra*: passado no presente. Ed Maluhy & Co. São Paulo, p. 160, 2013.

Tabela 9.2 – Sítios arqueológicos apresentados no Mapa (Figura 9.1).

Nº	Sítio	Localização
1	Abelhas	Área 4
2	Abrigo Amarelo	Área 1
3	Abrigo Branco	Área 1
4	Abrigo do V.	-
5	Abrigos Vermelhos 1-4	Área 2
6	Acrobatas	Área 1
7	Adão	-
8	Adugo toca do vento	Área 1
9	Alameda dos curumins	Área 1
10	Aldeia Morro Solteiro	-
11	Alto do Vale	Área 1
12	Alvo	-
13	Alvo de sol	Área 1
14	Alvorada	Área 4
15	Anhangabaú	Área 1
16	Anões	Área 2
17	Anta com Quati	-
18	Anta Gorda	Área 1
19	Antiqueira	Área 3
20	Arapuá	-
21	Araracangas	Área 1
22	Ararapirangas	-
23	Arco Pequeno	-
24	Arqueiros	Área 1
25	Arvorezinha	-
26	Assentados	Área 3
27	Baia	Área 3
28	Baú do h	Área 1

Nº	Sítio	Localização
29	Biroska	-
30	Bloco da decepção	Área 1
31	Boca	Área 1
32	Boca da toca grande	Área 1
33	Bonsay da pedra furada	Área 1
34	Buraco Fundo	Área 1
35	Cabana da Pedra Ovalada	Área 1
36	Cabana de Pedra	Área 1
37	Cabeça de Índio	Área 2
38	Cabeça de Jabuti	Área 1
39	Calota	Área 3
40	Capivara	Área 4
41	Capivara 2 Gruta	-
42	Caramujo	Área 3
43	Cascavél	-
Nº	Sítio	Localização
44	Cervo e anta	Área 1
45	Cinco barras	Área 1
46	Cipó	Área 3
47	Cobra de duas cabeças	Área 1
48	Cogumelo	Área 4
49	Com Certeza	Área 1
50	Corredeira das piraputangas	-
51	Coruja do caju	Área 1
52	Coruja suindara	-
53	Corujas murucututu	Área 1
54	Cotia	Área 1
55	Cúpulas	Área 3
56	Dança dos pássaros	Área 1

Nº	Sítio	Localização
57	Dois pontos	Área 1
58	Dunga	-
59	Entalhes	Área 4
60	Entre Vales	Área 1
61	Escalada	Área 3
62	Escondido	-
63	Escorrega Macaco	Área 1
64	Esquina	-
65	Falha 1-7	Área 4
66	Fazendinha	-
67	Ferraz Egreja	-
68	Filhote Morro Solteiro	-
69	Gleba da Cerca	-
70	Grande Arco	-
71	Grota do Muro	-
72	Homem lagarto	Área 1
73	Iari-aije-doge	Área 1
74	Ícaro	Área 1
75	Indinho	Área 4
76	Isaja	Área 1
77	Jaboticabeira coroada	Área 1
78	Jaguatirica	Área 1
79	Jatobá	-
80	Javais	-
81	Lapinha de Pedra	Área 1
82	Lenha	Área 4
83	M	Área 1
84	Macaúba / Neuzinha	-
85	Machado do canyon	-

Nº	Sítio	Localização
86	Mano Aroé	-
Nº	Sítio	Localização
87	Mãos Pintadas	Área 2
88	Mapa	Área 2
89	Marolo	Área 1
90	Mata Onça	-
91	Melão	Área 3
92	Mirante do Arco	Área 1
93	Mirante dos Pássaros	Área 1
94	Mirante Encantado	-
95	Morro Solteiro 1-8	-
96	Morro Solteiro Leste	-
97	Nascente 01	-
98	Nascente 02	-
99	Nicanor	-
100	OHM	-
101	Onças	Área 4
102	Pacifico	Área 1
103	Paredão branco do mirante	Área 1
104	Paredão da Bromélia	Área 1
105	Paredão da Torre	Área 1
106	Paredão do Sol	Área 1
107	Paredão do topo	-
108	Paredão dos Traços	Área 2
109	Paredão Quente	Área 1
110	Pau D'Óleo	Área 1
111	Pedra Branca	-
112	Pedra Caída	Área 1
113	Pedra Encostada	Área 1

Nº	Sítio	Localização
114	Pedra Semi-Lunar	Área 1
115	Peneiras	Área 2
116	Pó Rogúro-Barulho d'água	-
117	Ponta da cerca	-
118	Ponta do bloco	Área 1
119	Ponte de Pedra 1	-
120	Ponte de Pedra 2	-
121	Ponte de Pedra 3	-
122	Ponte de Pedra 4 Leque	-
123	Portal do V	Área 1
124	Praça noroeste	Área 1
125	Promessa de Vestígio	Área 1
126	Quadrângulo	Área 1
127	Quadro de pedra	Área 1
128	Quati morto	Área 4
129	Quatro Companheiros	Área 1
130	Ralador	-
131	Renda	Área 4
132	Retorno	Área 1
Nº	Sítio	Localização
133	Rodapé do Paredão	Área 1
134	Sapo	Área 1
135	Selos	Área 2
136	Sete Barras	Área 4
137	Setinha	-
138	Sinal Clã do Tatu	Área 1
139	Solitário	-
140	Tamaduá bandeira	Área 1
141	Taquari	Área 3

Nº	Sítio	Localização
142	Tatu Yathage	-
143	Tela Inacabada	Área 3
144	Tiz	Área 1
145	Toca da Boca Boa	-
146	Toca do vento	Área 1
147	Tocaçu do morcego	Área 4
148	Tombo	Área 1
149	Tóri Páru	Área 3
150	Torreão do vale encantado	-
151	Tres X	Área 4
152	Trilha	Área 3
153	Tucunzinho	Área 1
154	Tuiuiú	Área 1
155	Turbina	-
156	Vaca Brava	-
157	Varanda dos Cactus	Área 1
158	Vereda 01	Área 2
159	Vereda 02	Área 2
160	Vereda 02 Luas crescentes	Área 2
161	Vereda 03	Área 2
162	Viaduto do Chá 1	Área 3
163	Viaduto do Chá 2	Área 3
164	Vijy	Área 1
165	Vulto	Área 1
166	Xadrez	-

Elaborado por Lucas Bond Reis (2021).

MANEJO HUMANO DE PLANTAS NO FINAL DO PLEISTOCENO E INÍCIO DO HOLOCENO

Myrtle Pearl Shock

Pesquisas que indicam uma importância de plantas e seu manejo, cultivo e domesticação no povoamento das Américas têm pouco mais que duas décadas (PIPERNO; PEARSALL, 1998), e apresentam um enorme potencial de contribuição para o tema. Dados diretos das relações entre humanos e plantas em um número crescente de sítios arqueológicos vêm colaborando com a rejeição de economias de caça de megafauna (ACEITUNO; LOAIZA, 2015; ANGELES FLORES *et al.*, 2016; GNECCO; ACEITUNO, 2004; IRIARTE *et al.*, 2020; MORCOTE-RIOS *et al.* 2014, 2017, 2021; PIPERNO; PEARSALL 1998; SCHMITZ *et al.*, 2004; SHOCK; MORAES, 2019), contribuindo, assim, para rever uma imagem presente no "imaginário" acadêmico (ainda que bastante questionada) sobre grupos de caçadores desbravando novos territórios (MELTZER, 1993; WAGUESPACK, 2007). Revisitando os dados arqueobotânicos de 20 sítios arqueológicos da região leste da América do Sul datados entre ~13.000 e 8.000 AP, observamos que macrovestígios e microvestígios botânicos apontam para a utilização de uma grande variabilidade de frutos, palmeiras, nozes e herbáceas, e possibilitam a realização de discussões sobre práticas de manejo[26].

Ao mesmo tempo, a interpretação sobre os registros arqueobotânicos do final do Pleistoceno e Holoceno inicial tem sido grandemente influenciada por teorias adaptacionistas que supervalorizam as condições ambientais (variações climáticas, disponibilidade/escassez de certos recursos) que, de certa forma, contribuem para um apagamento da agência dos grupos humanos na realização de escolhas culturais. A ideia de estudar as economias de 'subsistência' desses grupos antigos propaga uma visão de pessoas tomando decisões baseadas no enfrentamento do risco de fome, mesmo com a probabilidade de práticas de manejo e cultivo de plantas nesse período (SHOCK; WAITLING 2022). Algumas das palmeiras nesses

---

[26] O manejo é um termo inclusivo para práticas humanas intencionais que lidam com plantas, ou seja, uma diversidade de interações, incluindo, entre outras, proteção, promoção, seleção, transplante e semeação; as duas últimas, frequentemente, caracterizam o cultivo (CASAS *et al.*, 2007).

sítios, como buriti, bacaba e açaí, e árvores, como jutaí, piquiá e as próprias castanhas, produzem safras volumosas que rebatem ideias de 'escassez' e contribuem para a consideração de bosques como locais persistentes e parte da geração de territórios. Suprime-se também desse registro a infinidade de funções que as plantas tiveram e que vão além da alimentação. O ato de lidar com as plantas está intimamente ligado ao conhecimento tradicional que faz parte de uma bagagem cultural sobre o conhecimento da própria planta, sua sazonalidade, sua disposição geográfica e como a planta responde ao manejo. Assim, propomos aqui trabalhar com a ideia de que devemos também ter em conta a agência dos grupos humanos desde o povoamento, levando em consideração que muitos fatores podem influenciar as escolhas de plantas (preferências e hábitos culturais, idade das pessoas, tabus, trocas, manejos de locais utilizados, persistências de uso de lugares, entre outros).

Uma primeira imagem que construímos quando se fala de 'povoamento' das Américas, é a de um processo de colonização de ambientes 'novos' e culturalmente vazios. Grupos humanos desse período seriam 'dependentes' de suas tecnologias (como ferramentas líticas) e da disponibilidade de recursos naturais. Com base em ideias influenciadas pelo determinismo ambiental, a distribuição e os tipos de animais e plantas, assim como as transformações que sofreram sob mudanças climáticas, poderiam explicar a direção do deslocamento desses grupos e a variabilidade nos conjuntos de artefatos. Partindo desta premissa, o fator 'ambiente' e, principalmente, as variações climáticas são determinantes nas explicações sobre a dispersão dos grupos humanos e, subsequentemente, a variabilidade diacrônica na cultura material e na ocupação e abandono dos sítios arqueológicos. Por esta razão, a 'subsistência' de grupos humanos, vista como o enfrentamento de um constante risco de fome que levaria a uma tomada de decisões assombrada pela chance de fracasso, desempenhou um papel central nas interpretações (DIXON, 2001; GRAYSON; MELTZER, 2002; MELTZER, 1993). Há, ainda, uma influência da noção de 'adaptação ao meio ambiente' que poderia estar associada aos 'melhores' ecossistemas (estuários e baías), aqueles nos quais localizaríamos os primeiros sítios arqueológicos no final do Pleistoceno, seguido no Holoceno inicial por novas estratégias adaptativas, incluindo o cultivo de plantas e sua domesticação, em função da reorganização natural na disponibilidade de animais e plantas por mudanças climáticas e extinção da megafauna.

O uso da adaptação, nesta perspectiva, para explicar os comportamentos humanos vem sendo questionado. Em pesquisas, principalmente, sobre sociedades mais recentes, é possível discernir um engajamento consciente dos grupos humanos com o meio e as mudanças nele provocadas. No entanto, quando recuamos alguns milênios e as analogias ficam cada vez mais tênues, o conceito de adaptação é mais aceito. Enfim, a aplicação de modelos interpretativos de um sistema dedutivo de pensar a ciência aplicados aos contextos mais antigos do povoamento, parecem identificar dietas e locais de ocupação 'ideais' para se viver, além de limitar o enquadramento das hipóteses a serem verificadas.

O que proponho aqui é que pensemos nesses contextos do povoamento a partir do recorte da agência (HODDER, 2004), e da compreensão de que os vestígios arqueológicos são produtos cumulativos de inúmeras decisões individuais (WOBST, 2000). Certamente, a aquisição de calorias suficientes à vida humana é necessária ao sucesso de qualquer grupo humano. Assim, o precedente é um registro arqueológico produzido pelas ações de comunidades que tiveram êxito em alimentar-se, especialmente quando se trata de muitos sítios, cujas ocupações atravessaram milênios. De tal forma a proposta aqui apresentada é que avancemos na ideia de que os alimentos representam mais do que necessidades fisiológicas. A variabilidade entre dietas, também para os contextos do Pleistoceno final e Holoceno inicial é cultural. Fatores como sabor, estação do ano, tipo de refeição, idade da pessoa, entre outros elementos podem fazer parte da escolha da comida. Estas escolhas agem na aquisição e manejo de recursos e devem ser levadas em conta quando interpretamos os registros estudados. Se por um lado, esses detalhes específicos que motivaram essas escolhas não estão mais 'acessíveis' ao pesquisador(a), nosso olhar deve se voltar à possibilidade de integrar a construção de narrativas históricas sobre o tema.

Esse 'apagamento' da intencionalidade humana na interpretação e a frequente utilização de modelos adaptativistas na interpretação dos registros do final do Pleistoceno e início do Holoceno pode ser explicado, em parte, pelo fato de que há poucos sítios arqueológicos e dados disponíveis para esse período. Sem dúvida, explorando estas práticas humanas, carecemos de vestígios botânicos, mas isso não deve justificar a negação da agência dos grupos que estamos estudando. Em conjunto, podemos perder elementos importantes da experiência humana que podem contextualizar os dados arqueobotânicos. Os seres humanos enxergam plantas, suas fisiologias, habitats, entre outras circunstâncias da vegetação, como sua interação com precipitação, animais, relevo etc. As pesquisas têm unido um conjunto de saberes que deriva de vários aspectos sob a denominação de 'conhecimento ecológico tradicional' (BERKES, 1993; HOUDE 2007). Entre estes aspectos podemos mencionar observações empíricas de indivíduos, assim como a aprendizagem com outros, sistemas de manejo história dos usos de recursos, valores, identidades e cosmologias. Nesse sentido, as etnociências nos fazem olhar para práticas e maneiras de lidar com as plantas que modificaram ou auxiliaram no crescimento de certas espécies, nas suas distribuições no ambiente, na formação de novos complexos de vegetação, na dispersão de plantas, entre outros, independente do momento histórico sendo estudado (SHOCK; MORAES, 2019).

Um questionamento da 'visão adaptacionista', sobre as condições climáticas e tipos de vegetação ideais para saber ao que o ser humano precisava acostumar-se, não nega a utilização dos dados que acompanham sua discussão; mas, visa expandi-los para outros questionamentos sobre a ocupação das Terras Baixas. Por exemplo, espécies introduzidas podem indicar modificação cultural da paisagem, utilização de novas práticas de manejo ou trocas de saberes e conhecimentos entre povos. Na visão da ecologia histórica, a temporalidade relaciona mudanças feitas no espaço durante um certo período com as maneiras pelas quais sociedades subsequentes interagiram com esses locais (BALÉE, 2006), enquanto a teoria da construção de nicho cultural constrói a estrutura para entender como as mudanças acontecem (SMITH, 2011a, 2011b). Assim, ao longo de todo o povoamento das Terras Baixas, alterações no ambiente realizadas por um grupo de pessoas poderiam transformar o meio encontrado pelos próximos grupos. Esse 'novo' ambiente, já modificado, poderia influenciar nas escolhas de uma nova modificação do ambiente e, assim, sucessivamente. A interconectividade entre populações consecutivas é uma das bases da história indígena de longa duração (NEVES, 2012).

10.1 Plantas do final do Pleistoceno e início do Holoceno

As pesquisas em sítios arqueológicos do final do Pleistoceno e início do Holoceno no Brasil e nas Terras Baixas Amazônicas vêm coletando cada vez mais vestígios arqueobotânicos. É preciso dizer que existe uma grande variabilidade entre os tipos de vestígios analisados: temos os chamados macrovestígios – carvões e fragmentos dessecados de diversos órgãos de uma planta (frutos, sementes, tubérculos etc.) – e os chamados microvestígios – fitólitos e grãos de amido. Neste texto abordarei vinte sítios: doze sítios distribuídos em regiões que encontram-se hoje situadas nas margens entre as florestas tropicas e savanas no sudoeste e leste Amazônico (Isla Manechi, 493, 575, Fin 8, Fin 3, La Chacra, Isla del Tesoro, Cerro Azul, Caverna da Pedra Pintada, Capela, Gruta do Pequiá e Bacabal I), dois no coração da Amazônia (Penã Roja e Teotônio), cinco nos cerrados (Santa Elina, Lapa do Boquete, Lapa do Santo, Santana do Riacho e GO-JÁ-01) e um na caatinga (Furna do Estrago) (Figura 10.1). Apesar de sabermos que parte da variabilidade das espécies encontradas nesses sítios está diretamente relacionada a presença das mesmas nos biomas, os vestígios estudados podem fornecer informações sobre alimentação, transformação das paisagens, processos de ocupação e mobilidade.

Figura 10.1 – Sítios arqueológicos do final do Pleistoceno de início do Holoceno no Brasil e as Terras Baixas Amazônicas tratadas pela arqueobotânica

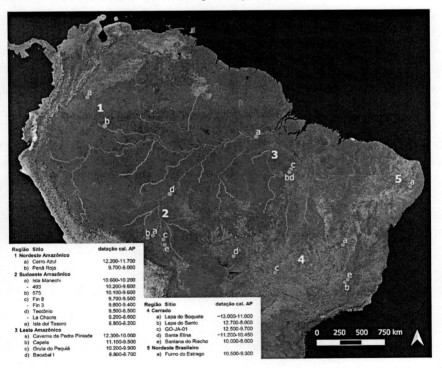

Fonte: elaborado por M. Shock (2021). Raster: "Modis Blue Marble Land Surface" de NASA (2001); rios de HydroSHEDS (2008)

Os principais recursos utilizados incluem palmeiras, nozes, frutos herbáceas e órgãos subterrâneos (tubérculos, raízes e rizomas) (Tabelas 10.1, 10.2, 10.3 e 10.4). Em geral, são plantas que, fisiologicamente, vão de um curto a um longo ciclo de vida; ou seja, árvores como pequí (*Caryocar brasiliense* Cambess) e jatobá (*Hymenaea courbaril* L.), podem demorar anos para frutificar, enquanto plantas herbáceas, como a abóbora (*Cucurbita* sp.) e a mandioca (*Manihot* sp.), em geral, podem produzir em questão de meses depois de 'plantadas' (SHOCK; WAITLING 2022). Então, as plantas encontradas nos sítios arqueológicos aqui discutidos apresentam tempos variados se consideramos desde o momento em que a planta nasceu até a sua produção, o que aqui chamaremos de safra.

Nesses registros, não parece haver especialização alimentar, ou seja, um foco em poucas espécies. De maneira geral, as dietas são de 'amplo espectro', estratégia observada entre os primeiros estudos que abordaram a composição dos recursos para subsistência (RESENDE; PROUS, 1991; SILVEIRA, 1994; ROOSEVELT *et al.*, 1996). Mas, como tal estratégia econômica implica em uma possível escassez de calorias segundo as teorias de forrageamento[27], a 'simples' indicação de 'amplo espectro' carece de potencial para elucidar a variabilidade cultural e as escolhas de plantas que foram feitas pelos grupos humanos. Assim, proponho investigar os grupos de plantas presentes nos sítios arqueológicos, como forma de explorar detalhes acerca de suas utilizações e relações de manejo.

Todos os sítios arqueológicos do final do Pleistoceno e início do Holoceno têm vestígios de palmeiras (Arecaceae) e sua presença, geralmente, vem acompanhada de uma variedade de *taxa* (gêneros e espécies) aproveitados (Tabelas 10.1 e 10.2). Nota-se uma alta diversidade de *taxa* em três dos sítios: Cerro Azul, Caverna da Pedra Pintada e Penã Roja (MORA CAMARGO, 2003; MORCOTE-RIOS *et al.*, 2017, 2021; ROOSEVELT *et al.*, 1996; SHOCK; MORAES, 2019). Essa diversidade de Arecaceae chega a 7, 10 e 13 *taxa*, respectivamente. Combinando vestígios dos três sítios, foram identificados restos de buriti (*Mauritia flexuosa* L.f.), patauá (*Oenocarpus bataua* Mart.), bacaba (O. cf. *bacaba* Mart.), tucumã (*Astrocaryum aculeatum* G.Mey., *A. chambira* Burret

---

[27] As teorias de forrageamento tradicionais relacionam as dietas mais restritivas aos elevados valores calóricos dos alimentos e baixos tempos de busca e preparação dos mesmos. E sua ampliação seria através da inclusão de recursos menos preferenciais que exigiriam maior trabalho, seja na procura ou na preparação. Ou seja, a exploração de muitas espécies, ou dieta de amplo espectro, seria produto da falta de melhores animais e/ ou plantas. E aplicada à mobilidade, ao atingir um limite da exploração econômica em uma área, provocar mudança para uma nova localidade atrás de recursos mais valorizados (BETTINGER, 1987; CHARNOV, 1976). As teorias não atribuem valor para outros fatores como diversidade de sabores (HASTORF E BRUNO, 2020).

e *A. vulgare* Mart.), murumuru (*A. ciliatum* F.Kahn e B.Millan), jauari (*A. jauari* Mart.), açaí (*Euterpe precatoria* Mart.), inajá (*Attalea maripa* [Aubl.] Mart), sacurí (*A. microcarpa* Mart.), curuá (*A. spectabilis* Mart.), *A. racemosa* Spruce, cococito (*Syagrus orinocensis* [Spruce] Burret) e o gênero da pupunha (*Bactris* sp.). É possível também observar um aumento na diversidade de *taxa* ao longo das ocupações, hipótese a ser confirmada em outros locais de acordo com as características de preservação de cada sítio. A recorrência de palmeiras nestes sítios arqueológicos está relacionada também à facilidade em identificar os macrovestígios dessas espécies.

Os dados aqui unidos reforçam hipóteses de longa data sobre a provável importância de palmeiras nas dietas humanas. Morcote-Rios e Bernal (2001) documentaram a ocorrência de cinquenta espécies em sítios arqueológicos em vários ambientes das Américas e sugeriram que o uso e dispersão humana contribuíram para a abundância atual de palmeiras, notando ainda que algumas das espécies com grandes safras têm uma ampla distribuição geográfica. Muitos desses *taxa* ocorrem hoje em concentrações, geralmente, associadas a práticas de manejo humano (BALÉE, 1989, LEVIS *et al.*, 2017). Entre todas as plantas consumidas pelos ocupantes iniciais dos neotrópicos, pode-se considerar as palmeiras como recursos universais, entre os quais há transferência de conhecimento. Membros dessa família compartilham uma característica importante, quando pensamos na sua utilização pelos grupos humanos, que é a não toxicidade. Mesmo que a polpa de alguns frutos não seja comestível, até hoje não se constatou que o seu consumo seja fatal. As sementes ou amêndoas, geralmente, são oleoginosas, saborosas e algumas servem como locais para o crescimento de larvas, que são amplamente consumidas na Amazônia (CHOO, 2008). Palmeiras como guariroba, licuri, cococito (*Syagrus* spp.) e inajá, sacurí, curuá, catolé, babaçu (*Attalea* spp.), entre muitos outros, tem amêndoas. Também sabemos que a pupunha (*Bactris gasipaes* Kunth), conhecida pela domesticação do seu mesocarpo carnoso (CLEMENT *et al.*, 2009), também possui uma amêndoa (endocarpo), que é rotineiramente consumida na Amazônia hoje[28].

O conjunto de 16 espécies de frutos ou nozes documentados em sítios do final do Pleistoceno e início do Holoceno também inclui algumas espécies frequentes na vegetação dos neotrópicos (Tabelas 10.1 e 10.2). Podemos citar, por exemplo, o caso do pequi, encontrado na região

---

[28] O consumo da amêndoa da pupunha é relatado por vários dos meus vizinho(a)s e aluno(a)s em Santarém (Pará). Há também vários ditados populares que mencionam sobre os efeitos do seu consumo.

do Planalto Central, e que tem uma ampla dispersão, atualmente, no cerrado (RATTER *et al.*, 2003; TERRA *et al.*, 2017). Hoje, por exemplo, os povos Kuikuro da região do Alto rio Xingu manejam o pequi, plantando sementes no momento do nascimento de uma criança para que ela venha a possuir e utilizar sua safra quando se tornar adulta (SMITH; FAUSTO 2016). Esse é só um exemplo das práticas culturais que contribuem para a distribuição extensiva de árvores por seres humanos.

Algumas plantas arbóreas encontradas nas ocupações iniciais de sítios Amazônicos são árvores hiperdominantes na floresta amazônica atual[29], como a castanha do Pará (*Bertholletia excelsa* Bonpl.), o pequia (*Caryocar glabrum* [Aubl.] Pers.), bem como *Sacoglottis guianensis* Benth., *Vitex* cf. *cymosa* e o gênero *Celtis*. Outras plantas presentes no registro arqueológico, como a goiaba (*Psidium* sp.), o murici (*Byrsonima* sp.), o caju (*Anacardium* sp.), o umbu (*Spondias tuberosa* Arruda) e o jatobá/jutaí (*Hymenaea* sp.), estão muito apreciadas atualmente, estando presentes em sistemas agroflorestais contemporâneos e, também, estão entre as espécies mais recorrentes na vegetação do cerrado (BRIDGEWATER *et al.*, 2004; RATTER *et al.*., 2003; NETO *et al.*, 2010; TERRA *et al.*, 2017).

Nos sítios arqueológicos a presença das plantas herbáceas também tem sido muito frequente. Os seus órgãos subterrâneos (tubérculos, raízes e rizomas) ou frutos são ainda bastante consumidos na atualidade (Tabelas 10.3 e 10.4). As herbáceas, representadas pelos fitólitos de abóbora (*Cucurbita* sp.), foram encontradas em sítios que remontam a mais de 10.000 cal. AP na Amazônia Colombiana e Boliviana (na região dos Llanos de Mojos) (LOMBARDO *et al.*, 2020; MORCOTE-RIOS *et al.* 2017, 2021). Na Bolívia também foi identificada a presença da mandioca (*Manihot* sp.) e da família Marantaceae, cujo rizoma é atualmente consumido (Lombardo *et al.*, 2020). Também em artefatos líticos de cerca de 10.000 cal. AP, do sítio Lapa do Santo, localizado no bioma de cerrado, foram identificadas evidências de grãos de amido de batata doce (*Ipomoea batatas* [L.] Lam.) e inhame (*Dioscorea* sp.) (ORTEGA, 2019). Se olharmos para as herbáceas do Holoceno Inicial na Amazonia colombiana, no sítio Penã Roja, em contextos datados de aproximadamente entre 9.700 e 8.000 cal. AP, foi observada uma alta variabilidade de espécies, incluindo os primeiros vestígios conhecidos de cabaça (*Lagenaria siceraria* [Molina] Standl.),

---

[29] Só temos registros das plantas hiperdominantes, as que compõem 50% das árvores vivas no bioma, para Amazônia. Vestígios arqueobotânicos identificados ao nível de espécie foram consultados na lista de 227 espécies Amazônicas que apresentaram como hiperdominantes conforme o apêndice S1 de Steege *et al.* (2013).

Xanthosoma sp. e Zingiberaceae, além de abóbora e ariá (*Calathea allouia* [Aubl.] Lindi., uma Marantaceae) (MORA CAMARGO, 2003). Somente foi registrado um tipo de legume (*Phaseolus/Vigna* sp.) representado por semente carbonizada (WATLING *et al.*, 2018). Vale lembrar que a coleta e identificação das herbáceas depende, em grande parte, da análise de microvestígios. Dez dos sítios apresentaram plantas herbáceas de ciclo de vida curto (Tabelas 10.3 e 10.4), mas é necessário frisar que em sete sítios onde não foram reportadas tais plantas, os estudos foram realizados apenas com os macrovestígios.

Apesar do nosso olhar de pesquisadores estar acostumado a interpretar as plantas que aparecem no registro arqueobotânico automaticamente como alimento, gostaria de chamar atenção para as muitas outras funções que as plantas e seus produtos possuíam (Tabelas 10.3 e 10.4). Por exemplo, mesmo que a família Solonaceae possua espécies comestíveis como as pimentas, a maior parte dos representantes dessa família são tóxicos e impróprios para uso alimentar; assim, talvez essas plantas tivessem outras funções. Plantas também se integram a artefatos. Em Santana do Riacho foram encontradas sementes de *Scleria* sp. (uma das muitas plantas denominadas popularmente de tiririca, capim-navalha) usadas como contas de colar, dentro de alguns contextos funerários (RESENDE; PROUS, 1991). Esse adorno de sementes também é recorrente ao longo do Holoceno em outros sítios do cerrado (CASSINO *et al.*, 2021; MEDEIROS *et al.*, 2021). Em outro exemplo, as sementes oleosas de paricá[30] (*Virola* sp.), encontradas na Gruta de Pequiá, poderiam ter sido utilizadas como combustível para o fogo, mas algumas espécies desse gênero também se destacam por possuírem resinas (na madeira) com propriedades psicoativas, utilizadas como rapé e/ou veneno para flechas (MAGALHÃES, 2005; MAIA; RODRIGUES, 1974; WASSÉN, 1993).

A utilização de plantas em diversas tecnologias como cestaria, instrumentos musicais, vestimentas, ferramentas e construções é amplamente reconhecida. Exemplares arqueológicos de cestarias de buriti, ouricuri e *Attalea* sp. e recipientes de cabaça, recuperados em abrigos no Cerrado e Caatinga em contextos do Holoceno médio ou tardio, são sugestivos de usos anteriores sendo esses das mesmas espécies cujos vestígios ocorrem em sítios mais antigos (LIMA, 2012; SENE, 2007; SILVA; OKUMURA, 2018).

---

[30] O nome paricá também se aplica à várias espécies de *Anadenanthera* cujas vargens e sementes podem ser moídas para produzir rapé alucinógeno (Wassén, 1993).

Estudos de macrovestígios de madeira – antracologia – também têm propiciado um importante caminho para discussão sobre associação entre plantas e tecnologia (Tabela 10.5). Por exemplo, os *taxa* encontrados no sítio Peña Roja tem usos atuais na produção de remédios, canoas, construções e na manufatura de cabos de machados, utensílios domésticos e armas (ARCHILA, 2005).

As madeiras são ainda importantes indicadores sobre as práticas de combustão de diversas plantas. Por exemplo, as quantidades de carvões de *Anadenanthera* spp. encontradas no sítio Santa Elina sugerem uma preferência por essa lenha, espécie hoje apreciada para cozimento, o que levanta a hipótese de que tal prática de combustão pode remontar há milênios (SCHEEL-YBERT; BACHELET, 2020). Registros antracológicos, mais conhecidos por fornecerem dados sobre a paleoecologia da localidade de um sítio, têm o potencial de sugerir mudanças na composição da vegetação de um nicho cultural, considerando que, nestes casos, se espera um aumento na abundância de espécies escolhidas ou favorecidas no local transformado. Essas observações abrem caminho para pensarmos os vestígios vegetais em relação aos seus usos, assim como pensar se o aumento da quantidade de indivíduos da mesma espécie deve-se ou não a ação humana, especialmente tendo em vista a quantidade de espécies úteis entre os *taxa* lenhosos encontrados (Tabela 10.5).

10.2 Tecnologias do cuidar de plantas

As plantas frequentemente foram negligenciadas nas teorias sobre os grupos que povoaram o continente americano. A abordagem da dieta em sítios arqueológicos, frequentemente, começou com a associação entre as tecnologias líticas e a fauna. Ainda que bastante questionada (GRAYSON; MELTZER, 2002; WAGUESPACK, 2007), vigora uma vinculação entre a presença de pontas de projetil e a caça de animais de grande porte (BRYAN *et al.*, 1978). Assim, as indústrias líticas bifaciais, por exemplo as tecnologias das pontas tipo Rabo de Peixe (*fish tail points*) e El Jobo, implicam a hipótese de economia 'especializada' em megafauna. Do outro lado, grupos com ferramentas expedientes foram frequentemente associados a economias generalizadas, seja pela caça de animais menores ou pela pesca (DILLEHAY, 2008). A importância dos vegetais só aparece em segundo plano no povoamento, frequentemente como elemento de adaptação no

Holoceno Inicial. Essa ênfase nos animais pode ser percebida inclusive no nome que se dá aos grupos 'caçadores-coletores'.

As tecnologias líticas, estudadas de forma descontextualizada são base tênue para interpretar as economias de grupos humanos[31]. Aponto aqui outras tecnologias envolvidas no lidar com as plantas que normalmente estão esquecidas e podem ser integradas a interpretação do registro arqueobotânico.

Em primeiro lugar, noções sobre cobertura vegetacional, fisiologia de plantas, processos ecológicos e geografia (por preconceito acadêmico quase sempre reservados à uma 'ciência ocidental'), integravam conhecimentos dos grupos humanos que ocuparam as Américas. Esses povos, provavelmente, sabiam localizar cada planta no seu ambiente e, ao entender o funcionamento de cada planta, podiam prever quando os alimentos estariam maduros, quais eram as fibras maleáveis, quais eram os animais atraídos pelos frutos, quais são as safras que poderiam estragar nas inundações, entre outros saberes. Assim, é preciso reforçar que a maior parte das espécies identificadas no registro arqueológico exigiam tecnologias de cuidados e processamento.

Em segundo lugar, como mencionamos anteriormente, os vestígios botânicos não se restringem a um uso alimentar. Já em contextos bastante antigos, no sudoeste da Amazônia, datados em 9.000 cal. AP, tecnologias de construção, com utilização de palmeiras, poderiam estar sendo utilizadas. Watling e colaboradores (2018), tendo observado que quantidades de fitólitos de palmeiras apareciam no registro arqueológico sem muitos endocarpos (macrovestígios diretamente associados ao consumo do fruto ou sua amêndoa), sugerem que as palhas das palmeiras poderiam ter sido utilizadas em construções como casas, cestarias ou outros objetos perecíveis e - por essa razão, encontra-se no sítio arqueológico o fitólito, e não o fruto.

Assim, sugiro considerar que esse conjunto de saberes sobre o lidar com as plantas (seja para plantas utilizadas na alimentação, para fins construtivos e muitos outros) também seja incorporado às discussões mais amplas sobre tecnologia. Essas tecnologias são apreendidas, transmitidas, tem intencionalidade e agência (WOBST, 2000), aspectos que, por vezes, são apagados nos modelos construídos para os grupos humanos

---

[31] Na ausência de dados arqueobotânicos, além de observar indústrias expedientes associadas a coleta de amplo espectro, percebe-se uma tendência de associar as ferramentas líticas polidas a exploração de plantas e/ou sua "crescente" importância na economia (ACEITUNO; LOAIZA 2015; ROOSEVELT 1992). Ou seja, precisamos de mais análises de vestígios de alimentos para não recorrer a uma lógica de ferramenta-função-economia.

que povoaram a América. Assim, as interpretações sobre uso de vegetais no final do Pleistoceno devem incorporar que havia uma observação robusta do mundo 'natural' e, portanto, o registro arqueológico é, assim, também composto de vestígios indiretos associados a ações de indivíduos no passado, dotados de intencionalidade, consciência e agência.

O conceito de cadeia operatória, bastante conhecido para a compreensão das etapas de fabricação de instrumentos líticos, também pode ser útil para pensarmos sobre o uso das plantas. As diversidades e similaridades nos vestígios botânicos ou na forma de lidar com eles integram cadeias operatórias culturais e, portanto, envolvem escolhas. Assim, as interpretações sobre os registros de plantas não precisam ser explicadas pela causalidade ambiental ou climática, elas devem também ser pensadas enquanto parte de tecnologias do passado, permeadas por escolhas e significados que procuramos acessar.

As plantas eram (e são) buscadas, trocadas, e até mesmo roubadas. Há uma série de técnicas e saberes que estão por detrás das escolhas para que as plantas fossem incorporadas, seja como alimento, como remédios, ou como elementos para compor artefatos e estruturas, entre outras finalidades. O lidar com plantas, provavelmente, exigia ensino e aprendizagem, mas também cuidar é a parte do cotidiano onde as ações e práticas seriam repetidas inúmeras vezes, assim reforçando a memorização dos conhecimentos. Em suma, a variação nas formas de lidar com as plantas ocorre em uma intersecção entre cultura, experiências e particularidades das espécies (SHOCK; MORAES, 2019).

10.3 As palmeiras e o povoamento da América do Sul: como ocupar "novos" lugares?

Uma das questões que mais se coloca quando falamos sobre a ocupação das Américas é: como os grupos humanos adentraram biomas por eles desconhecidos? As respostas geralmente envolvem o mapeamento de movimento sobre recursos disponíveis durante uma fase de 'pioneirismo' que durou até aproximadamente 12.000 cal. AP (BUENO; DIAS, esse volume; BUENO, *et al.*, esse volume; BUENO; ISNARDIS 2018; DIAS e BUENO 2013). Sob uma lógica focada em recursos, grupos humanos seguiriam animais (camelídeos, cervídios, queixados, etc.) ou procurariam localidades de fauna mais abundante onde poderiam se manter por mais tempo, e nos seus deslocamentos passariam por regiões 'sub-ótimas' sem as ocupar (BORRERO, 2015; DILLEHAY, 2008). Nos modelos de povoamento se observa que os recursos botânicos são frequentemente rejeitados devido ao dito 'perigo' em consumir plantas desconhecidas[32] (BORRERO, 2015). Para Borrero (2015), a adoção de uma estratégia focada em recursos faunísticos daria aos grupos o tempo de adaptação necessário para adquirir conhecimentos e práticas para modificar o meio e aprender quais plantas eram comestíveis ou como processar plantas tóxicas. Conforme adaptações regionais ocorriam, os processos de ocupação seriam de vários grupos seguindo rotas diferentes, com alguns destes retornando aos lugares previamente utilizados (BORRERO, 2015), uma aprendizagem da paisagem que Bueno e Dias (esse volume) nos lembram que envolve elementos cognitivos, não estreitamente relacionados aos recursos.

A rejeição das plantas no 'pioneirismo' da América do Sul remove não só espécies úteis das discussões, mas também relações entre a vegetação e os lugares ocupados. Quero chamar a atenção aqui para o papel das palmeiras entre os grupos humanos 'pioneiros' considerando que seus vestígios estão presentes em todos os sítios arqueológicos aqui revisados e, quase sempre, aparecem desde as primeiras camadas arqueológicas. Penso que as palmeiras poderiam ser recursos tão universais quanto a fauna. A dispersão das palmeiras é ampla nas Terras Baixas e o conhecimento adquirido sobre as espécies em um local é possível traduzir para outras palmeiras. Então, essas memórias adquiridas (sobre a palha, o fruto, a amêndoa, a estação de produção de cada espécie) podem ter 'facilitado' os processos de migração e povoamento de novos lugares (SHOCK; MORAES, 2019).

Havendo contribuição de palmeiras às ocupações, devemos ainda considerar como ocorreram suas concentrações. Piperno e colaboradores (2019) consideram que as populações de bacaba, patauá e açaí foram 'alteradas' antes mesmo da chegada dos grupos humanos e não sofreram grandes alterações pelo manejo humano; sendo assim, teriam sido palmeiras hiperdominantes já no momento do povoamento das Américas; mesmo sendo só algumas das palmeiras enquadradas nessa condição, observamos que todas essas espécies são encontradas no registro arqueológico. Outros pesquisadores propõem que as primeiras ocupações por grupos humanos, provavelmente, ampliaram os ambientes alterados em

---

[32] Tratando das relações entre conhecimento e movimento humano, Bueno e Dias (esse volume) empregam "informação limitante", conceito de Rockman 2003 e 2009, que poderia também aplicar às caraterísticas aprendidas das plantas.

função dos 'acampamentos' que 'abriam' a vegetação[33], iniciando transformações ecológicas contínuas ao redor dos sítios desde o começo das ocupações (ACEITUNO; LOAIZA, 2015; GNECCO, 1999, 2003; GNECCO; ACEITUNO, 2004). Balée (1994) documenta que, após o abandono das roças dos Ka'apor no leste Amazônico, se formam concentrações de babaçu (*Attalea speciosa* Mart. ex Spreng). Observa, ainda, que o tucumã, o inajá e o sacurí (encontrados em vestígios arqueobotânicos, tabelas 10.1 e 10.2) são espécies invasoras de áreas perturbadas e o babaçu e o tucumã são resistentes ao fogo, podendo auxiliar no seu estabelecimento em áreas alteradas por humanos (MAY *et al.*, 1985; SALM, 2005; SCHROTH *et al.* 2004). Assim, as modificações da composição vegetal podem começar sob condições 'naturais', mas a manutenção de um bosque manejado em uma localidade fixa implica ação, intencionalidade e agência.

Quando se examina a temporalidade de sítios datados do final do Pleistoceno final e Holoceno inicial, depara-se com um padrão de reocupação constante em muitos destes. Estes sítios podem ser lugares onde houve o retorno de dezenas de gerações, em alguns casos com datações que se estendem por mais de um milênio, sem sinal de abandono (como é o exemplo dos sítios Caverna da Pedra Pintada e Penã Roja). Logicamente, os conhecimentos ecológicos tradicionais dessas populações abrangeram uma familiaridade com as plantas, os animais e outras características específicas dessas localidades. Logo após uma primeira entrada de um grupo em um bioma, os seres humanos passaram a estabelecer relações duradoras com os lugares que ficam marcadas na paisagem (SHOCK; MORAES, 2019).

Essa perspectiva nos leva a pontuar que a formação de bosques culturais envolve a ideia de lugares persistentes (SHOCK; MORAES, 2019) O crescimento de décadas ou séculos para cada árvore, é um processo que ocorre em uma localidade fixa, proporcionando um espaço que permanece ao longo de anos. Havendo utilização por seres humanos, tais plantas entram na paisagem da vida cotidiana e seus locais podem ter implicações para ocupação intergeracional de grupos humanos (SHOCK 2021; SHOCK; WAITLING 2022; ZEDEÑO; BOWSER, 2009). Ou seja, o uso de determinados locais poderia ser motivado em função de modificações anteriores, mas uma continuidade duradora das modificações dependeria do manejo. É interessante pensar como algumas plantas úteis como o

---

[33] Processo similar, mas em maior escala, da alteração da vegetação por razões naturais como as clareiras de árvores caídas na floresta ou savanas recém queimadas a beira de cursos de água.

jatobá, a castanha-do-Pará, o pequí e o pequiá demoram a produzir (5 a 10 anos, ou mais), e, possivelmente, envolvem um plano de retorno e uso periódico desses lugares. Sendo assim, as propostas de alta mobilidade de grupos "pioneiros" não necessariamente divergem de uma possibilidade de retorno persistente a certos lugares que, por sua vez, envolvem um processo de construção de território e memória cultural (BUENO; DIAS, esse volume; SHOCK, no prelo; SHOCK; MORAES, 2019).

Discussões sobre economias de povoamento também podem ser pensadas sob a ótica de uma certa segurança alimentar. Em vários discursos sobre o povoamento, a fome ou falta de segurança alimentar, seria motivador de movimento (BORRERO, 2015). Penso ser possível que um outro fator a impulsionar isso poderia ter sido ainda mais importante: a previsibilidade dos recursos que estaria associada aos movimentos de rotina. Quando falamos das plantas, conhecimentos sobre sua disponibilidade, potencial de dar frutos/sementes, e sazonalidade, entre outros fatores, contribuem para a possibilidade de prever safras e fazer escolhas em função disso. Ou seja, seria muito mais adequada uma discussão sobre segurança alimentar do que de fome ou escassez de recursos, se houvesse aceitação da aprendizagem da paisagem integrada ao povoamento das Terras Baixas sul-americanas.

Em resumo, mesmo que tenha havido locais específicos da América do Sul onde a megafauna foi explorada, como nos sítios Taima Taima na Venezuela e Campo Laborde, na Argentina (BRYAN *et al.*, 1978; POLITIS; MESSINEO, 2008; POLITIS *et al.*, 2019), a caça de animais de grande porte parece ser um modelo absolutamente de exceção para os contextos Pleistocênicos sul-americanos (BUENO, 2019; BUENO; ISNARDIS, 2018; DILLEHAY, 2008; GNECCO, 1999; ISNARDIS, 2019). Por outro lado, o registro botânico mostra que havia uma grande variedade de plantas sendo exploradas nas Terras Baixas, e as interpretações sobre esses sítios devem ser formuladas a partir de uma maneira holística junto com os demais aspectos do registro arqueológico.

10.4 Observações sobre a vegetação atual na interpretação de práticas e transformações milenares

Temos visto nos últimos anos um grande volume de estudos que vem trabalhando com dados ecológicos sobre a composição de florestas atuais na intersecção com dados de paleoambiente e da arqueobotânica.

O grande desafio em ligar os vestígios botânicos do final do Pleistoceno e início do Holoceno com a vegetação moderna é justamente o tempo - os milhares de anos que os separam (*sensu* MAGALHÃES *et al.*, 2019). Dificilmente poderemos realizar associações diretas em função das modificações culturais que intervieram ao longo do tempo, mas as pesquisas sobre vegetação atual são importantes pois elas demonstram a ação humana nos ecossistemas. Elas contribuem à ecologia histórica, que postula que as transformações feitas por um grupo em um espaço podem influenciar as escolhas de um povo seguinte criando, ao longo do tempo, ambientes modificados (BALÉE, 2006). Os conhecimentos tradicionais sobre ambientes e plantas poderiam servir para manter hábitos intergeracionais e, mesmo se um local foi abandonado completamente, penso que, seguindo a perspectiva da ecologia histórica, um novo grupo, ao chegar nesse lugar, faz uma avaliação da paisagem e pode continuar a manter determinados recursos em pé, como as árvores centenárias, por exemplo.

Mesmo que não possamos fazer analogias para hábitos de populações que viveram há 12 mil anos, as ações modernas mostram como práticas de lidar com as plantas mudam a densidade e distribuição dos indivíduos ao longo do tempo. Por isso, essas observações de hoje podem iluminar nossas interpretações sobre o material arqueológico, ou seja, pensar em uma "ecologia com história". Por exemplo, na Amazônia hoje são mais de 138 espécies que têm indícios dos processos da domesticação, ou seja, sofreram mudanças em relação as suas parentes silvestres; entre estas, 85 árvores (CLEMENT, 1999; LEVIS *et al.*, 2017). Além das transformações das plantas, se registra várias espécies que ocorrem em alta densidade e com maior distribuição geográfica no bioma, o dito hiperdominância onde a representação de uma espécie está em excesso ao esperado se todas as árvores – na Amazônia, mais de 11.000 espécies (STEEGE *et al.*, 2016) – estivessem distribuídas de forma igual. As concentrações de espécies de árvores úteis ocorrem hoje, principalmente, nas proximidades dos sítios arqueológicos registrados (LEVIS *et al.*, 2017). Mesmo que a maioria destes sítios datam à Holoceno Final, esta distribuição das arvores instiga perguntas sobre a antiguidade do manejo que provocou este adensamento, reiterando a possibilidade, levantada por muitos pesquisadores, de plantas terem sido manejadas, cultivadas e domesticadas, desde logo após o povoamento (GNECCO, 1999, 2003; GNECCO; ACEITUNO, 2004; GNECCO; MORA, 1997; LOMBARDO *et al.*, 2020; MORCOTE-RIOS *et al.*, 2014, 2017, 2021; ROOSEVELT *et al.*, 1996).

O manejo de plantas pode ser observado não somente pelo estudo direto das plantas encontradas no sítio arqueológico, mas também através do estudo dos ambientes antigos ou paleoambientes. Quanto maior a intensidade e/ou duração da ocupação, maior será a alteração da biodiversidade ou das características ecológicas locais (BALÉE, 2006). Por exemplo, na Amazônia, Maezumi e colaboradores (2018) propõem que, no baixo Amazonas, a prática dos sistemas florestais aparece no registro paleoecológico a partir de 4.000 cal AP. Já na região sul, percebeu-se que a expansão das araucárias (*Araucaria angustifolia* [Bertol.] Kuntze) esteve diretamente ligada às atividades indígenas (BITENCOURT; KRAUSPE-NHAR, 2006; REIS *et al.*, 2014). A alteração dos ambientes também pode ser vista, por exemplo, com o aumento de agrobiodiversidade em terras pretas antropogênicas (JUNQUEIRA *et al.*, 2010).

Algumas transformações significativas do ambiente foram registradas no final do Pleistoceno, especialmente a construção humana de ilhas nas savanas dos Llanos de Mojos (LOMBARDO *et al.*, 2013; 2020). Nessas ilhas, plantas como a mandioca, a abóbora e o ariá ocorreram e foram manejadas desde os primeiros momentos de ocupação, cujas camadas estão datadas antes de 10.000 AP (LOMBARDO *et al.*, 2020). As regiões de savana onde se encontram essas ilhas eram consideradas "ideais" para o estabelecimento de grupos humanos por duas razões. A primeira, por estarem situadas em áreas de transição entre floresta-savana, também chamadas de ecótonos, áreas que são extremamente ricas em diversidade de espécies. De acordo com essa ideia, a proximidade de recursos heterogêneos teria sido o fator primordial que "propulsionou" as primeiras ocupações humanas das Terras Baixas (IRIARTE *et al.*, 2020; LOMBARDO *et al.*, 2020). Em segundo, alguns tubérculos e raízes, por serem plantas naturalmente abundantes, pré-adaptadas ao meio de transição floresta--savana, teriam mais condições de serem manejadas, podendo "atrair" o estabelecimento de acampamentos humanos e, em seguida, promover o seu cultivo e domesticação de alimentos (IRIARTE *et al.*, 2020; PIPERNO, 2011). Ao mesmo tempo que essa hipótese poderia corresponder a localização de parte dos sítios, em outros, como Peña Roja, os grupos humanos, provavelmente cultivando herbáceas, estão morando "em meio" da floresta. Então, essas ideias sobre disponibilidade de plantas no meio e "propensão" à domesticação devem ainda ser avaliadas considerando as particularidades de cada sítio e levando em consideração as possíveis transformações provocadas pela ação humana, junto aos registros locais do paleoambiente.

Sistemas agroecológicos estão propostos como outro modelo para manejo de plantas no Pleistoceno Final-Holoceno Inicial. Gnecco e Aceituno (2004) defendem que os grupos humanos no noroeste da América do Sul estavam transformando a vegetação da floresta e cultivando espécies em "agrilocalidades", áreas manejadas com ocupação episódica mas repetida Segundo Rindos (1984), o conceito de "agrilocalidades" explica a domesticação de plantas entre grupos que praticam mobilidade transumante através de concentrações de plantas úteis que se formariam nos acampamentos, resultando em uma vantagem à alimentação humana com a eliminação de tempo de busca dos recursos botânicos. Nestes ambientes os distúrbios humanos beneficiariam as plantas e as interações incidentais dos humanos avançariam sua domesticação. Assim, o autor propõe um modelo de co-domesticação em que os inícios da transformação das plantas trazem um benefício energético para os seres humanos - menos tempo de procura da planta - ao mesmo tempo que as mudanças no ambiente local decorrentes da interação humana beneficiam o crescimento e reprodução de certas plantas.

Outro conceito aplicado a intervenção humana nas florestas é a domesticação de paisagem, sendo esta um processo cumulativo, modificando a ecologia e a distribuição de plantas e animais para produzir uma paisagem mais produtiva para os seres humanos (Clement, 1999). Pelo modelo, as transformações produto de ações humanas intencionais, ou não, variando entre locais e tempos, promoviam recursos da floresta, propondo um impacto extensivo na composição das plantas no holoceno inicial (CLEMENT, 1999; CLEMENT et al., 2015) e, por isso, diverge da proposta de "agrilocalidades".

Existem várias hipóteses, que não serão enumeradas aqui, mas sem dúvida a relação das plantas tuberosas e anuais com os inícios do cultivo é um componente das relações entre humanos, plantas e ambientes no registro do final do Pleistoceno e início do Holoceno nas Terras Baixas. Observa-se o uso da abóbora, da mandioca, do ariá, da batata doce, do inhame, da cabaça, da araruta (Maranta sp.), entre outros, além de dados de mudanças morfológicas no tamanho das abóboras indicativos de domesticação (GNECCO; ACEITUNO, 2004; IRIARTE et al., 2020; LOMBARDO et al., 2020; PIPERNO; STOTHERT, 2003). Considerando que essas plantas herbáceas geralmente se beneficiam de clareiras e áreas abertas, no longo prazo, as localidades modificadas para o seu manejo e cultivo podem ter influenciado também o crescimento de outras distintas vegetações, como árvores frutíferas, palmeiras e nozes.

Toda a literatura sobre a construção de florestas culturais por populações indígenas, tradicionais e rurais é de grande importância para a arqueologia. Uma das grandes compilações de cruzamento entre ecologia e arqueologia foi feita por Levis e colaboradores (2018) para pensar na domesticação de plantas na Amazônia. No entanto, é preciso ponderar que estas análises foram, principalmente, construídas com base em práticas de populações sedentárias, portanto, é importante considerar que os padrões de mobilidade no passado eram distintos. Além disso, há uma frequente associação da prática do roçado e sedentarismo ao uso do fogo, mas não necessariamente o sedentarismo está relacionado ao fogo, ou seja, há populações de vários locais que usavam o fogo e não tinham padrões sedentários. Sabe-se que nas florestas da Indonésia e Nova Guiné, as queimadas e clareiras ocasionadas pelos humanos remontam a mais de 30 mil anos, sem que haja registros de que essas sociedades fossem sedentárias (DENHAM, 2018; HOPE, 1998). Ou seja, existe um leque muito grande de técnicas possíveis dentro da experimentação humana e elas variam entre tempos, localidades e povos diferentes.

Considerando a grande diversidade de tecnologias para lidar com plantas ao longo das transformações humanas da paisagem, lembro que devemos repensar o papel do "sedentarismo" como um fator marcante nas ações de manejo (GNECCO, 2003). Especialmente questiono, como Casas (2001; CASAS et al., 2007), a exclusividade das atividades de promoção de plantas por transplante, semeadura e propágulos aos lugares de ocupação. Para adentrar essas possibilidades, Casas (2001; CASAS et al., 2007), com enfoque etnobotânico na Mesoamérica, trabalha com a ideia de manejo 'in situ' e 'ex-sito'. 'In situ' seria o manejo das plantas onde elas naturalmente ocorrem e 'ex-situ' seria o manejo de plantas que são tiradas do meio original e colocadas em outros ambientes, como em roças. Casas e colaboradores (2007) notam que entre 600 e 700 espécies nativas estão manejadas fora de roças e quintais. As práticas de manejo feitas in situ incluem as coletas sistemáticas, a promoção das plantas (tanto para se estabelecer quanto crescer) e sua proteção de pragas, doenças e competição para luz, nutrientes etc. Com esse exemplo, observa-se que a composição de um ecossistema remodelado pelo manejo humano vai muito além das plantas domesticadas ou espaços próximos as casas (roças, hortas, lixeiras), frequentemente ligados ao sedentarismo.

Assim, lembramos que o sedentarismo não é etapa "obrigatória" do manejo. Populações moveis estavam modificando o meio ao redor de áreas de uso itinerante e poderiam ter iniciado processos de manejo longe dos seus locais de moradia habitual, incluindo a possibilidade de transportar plantas com características preferidas entre espaços *'in situ'*, locais e regionais. Sem dúvida, a permanência de ocupações pode mudar as escolhas de práticas, suas intensidades ou usos, mas a existência de um manejo anterior é mais uma indicação de que haveria sobreposição geográfica e temporal de plantas em uma paisagem verdadeiramente construída por diferentes culturas que passaram pelos locais (SHOCK; MORAES, 2019).

10.5 Plantas e mobilidade

A mobilidade humana possui vários aspectos que vão além da reflexão aqui apresentada. Por exemplo, as interpretações sobre vetores de trânsito de povoamento estão ainda muito amarradas às datações e restrições de preservação do registro arqueológico, ainda esparsas e em constante revisão à cada nova descoberta. Porém, é muito frequente observarmos na literatura que os caminhos do povoamento no final do Pleistoceno tenham acompanhado as costas oceânicas (DIXON, 2001; ERLANDSON *et al.*, 2007; FLADMARK, 1979; ANDERSON; GILLAM, 2000) e os cursos de água, especialmente, para adentrar aos Andes (ACEITUNO; LOAIZA, 2014; DILLEHAY, 1999). Os modelos de povoamento tradicional eram baseados em rotas de povoamento unidirecionais que adentravam os novos territórios, com pouco atenção a hipótese de que esses grupos possam ter voltado em seus passos, ou seja, retornando para territórios por eles já conhecidos. Observo que esses modelos estavam associados a grandes escalas históricas, mas quando leva-se em consideração que o comportamento humano trata de uma escala menor, os trajetos nem sempre foram 'retos' e unidirecionais, podendo também ser cíclicos (BOR-RERO, 2015; BUENO, 2010; BUENO; DIAS, esse volume; BUENO; ISNAR-DIS, 2018; SHOCK; MORAES, 2019). Uma outra crítica a esses modelos de povoamento é a ideia de que os grupos humanos estavam evitando barreiras naturais (montanhas altas, desfiladeiros, oceanos, áreas de pântano, entre outros), levando a criação de modelos na atualidade sobre o fluxo do povoamento que se baseiam na ideia do que nós projetamos como sendo locais difíceis. Essa lógica das trajetórias de menor resistência (*sensu* ANDERSON; GILLAM, 2000) não leva em consideração uma série de possibilidades ligadas as escolhas individuais de populações nos rumos do movimento. Por exemplo, Lombardo e colaboradores (2020) observam a possibilidade das trocas bidirecionais, onde poderiam estar incluídas as abóboras, entre Amazonia e os Andes.

A alta mobilidade não se iguala a ausência de momentos de pausa, e muito menos ao uso consistente de locais desconhecidos. Populações que tem alta mobilidade hoje tem hábito de caminhar por cima dos seus próprios passos (POLITIS, 1996). Neste sentido, alguns lugares persistentes na paisagem são trilhas. Assim, as mesmas vias que levavam conhecimento pelo trânsito dos humanos são possíveis locais de aumento de recursos (SHOCK; MORAES, 2019).

Mesmo que ainda tenhamos dificuldades em estabelecer uma cronologia para o povoamento do continente sul-americano pela baixa quantidade de sítios, podemos pensar em mobilidade a partir de registros existentes. Alta mobilidade pode expressar-se de várias maneiras, desde uma trajetória não direcionada até uma orientação de movimento frequente entre locais reconhecidos. Essas possibilidades englobam diferentes interações com o meio e a criação de territórios.

A ocupação sucessiva de ilhas de floresta no sudoeste da Amazônia e de bosques sugere a possibilidade de que certas áreas foram ocupadas de forma persistente por várias gerações. Essas transformações intencionais da terra e das plantas no meio ambiente formaram paisagens culturais, cujos significados vão além da economia. Caso isso proceda, desde o final do Pleistoceno, o povoamento das Terras Baixas foi gradativo, construído a partir de experiências novas trilhadas sob caminhos já conhecidos. Essas afinidades espaciais provavelmente foram criadas a partir de décadas de práticas e saberes sobre as paisagens, tanto nos espaços de pausa quanto nos percursos entre eles. E, seguindo as afirmações sobre as capacidades dos seres humanos, conhecimentos ecológicos tradicionais organizavam as informações sobre as localidades, espécies úteis e particularidades dessas plantas.

Ainda que saibamos que, de maneira geral, os grupos humanos do período do Pleistoceno Final-Holoceno Inicial tinham alta mobilidade, são várias as evidências que, regionalmente, esses grupos tiveram conjuntos de cultura material regionalmente distintos que podem estar associados as próprias histórias de ocupação e que eles estivessem ficando algum tempo nessas áreas (BUENO, 2019; BUENO; ISNARDIS, 2018; DIAS, 2004; DIAS; BUENO, 2013; ISNARDIS, 2019). Uma indicação frequente do espaço utilizado são as fontes de matéria prima lítica e observa-se muitos sítios arqueológicos do período com rochas exclusivamente de fontes locais (DIAS, 2004). Os territórios também podem estar relacionados aos lugares persistentes. Esses lugares persistentes podem ser sugeridos, por exemplo pela existência de contextos funerários que remontam ao Holoceno Inicial, como os sítios Lapa do Santo e Santana do Riacho (RESENDE; PROUS, 1991; STRAUSS, 2016). Os lugares persistentes também podem ser vistos na reocupação de abrigos e nos registros rupestres desse período que podem sugerir um pertencimento cultural (DIAS, 2004; LIMA, 2012; MORCO-TE-RIOS *et al.* 2021; PEREIRA; MORAES, 2019; ROOSEVELT *et al.*, 1996).

No que tange ao registro arqueobotânico, os sítios do Pleistoceno Final Holoceno Inicial ainda são bastante raros e, de maneira geral, há ainda poucos sítios onde o material botânico foi analisado. Apenas uma região apresenta um número significativo de sítios desse período, Llanos de Mojos com sete sítios que tiveram o material botânico estudado de várias ilhas florestais (Tabelas 10.1, 10.2, 10.3 e 10.4; Lombardo *et al.*, 2020). Em uma área como essa, podemos nos perguntar: houve similaridades nas plantas escolhidas? Houve aplicações de estratégias e, assim, possíveis conjuntos de conhecimentos compartilhados sobre as plantas? Houve uso de tecnologias compartilhadas? Nessas formações monticulares antrópicas, observa-se um conjunto diverso de herbáceas, raízes e tubérculos que foram encontrados nesses sítios. Então, é provável que houve contato de pessoas entre esses locais permanentes e seus ocupantes utilizaram conjuntos de técnicas de cultivo compartilhadas.

No nível continental, partindo da hipótese de que a domesticação de plantas surgiu em localidades restritas e específicas como o sudoeste amazônico (IRIARTE *et al.*, 2020; PIPERNO, 2011), provavelmente a dispersão de espécies por outras regiões envolveu o estabelecimento de contatos de longa distância. Mesmo passando por muitas mãos, houve uma disseminação expressiva de plantas das Terras Baixas além de seus locais de domesticação. Quando houve registro de que essas plantas originalmente domesticadas em um local alcançaram a costa pacífica ou a Mesoamérica no Holoceno inicial ou médio, foi possível demonstrar essas rotas de transmissão tecnológica e conhecer sua antiguidade. Destacam-se, entre as mais antigas, a mandioca, o amendoim e a pimenta (ex. CHANDLER-EZELL *et al.*, 2006; CHIOU *et al.*, 2014; DILLEHAY *et al.*, 2007; PEARSALL, 2008; PIPERNO *et al.*, 2000; PIPERNO; DILLEHAY, 2008; PIPERNO; HOLST, 1998). O manejo e a comunicação/compartilhamento de tecnologias foram essenciais na dispersão desses cultígenos.

As ideias de interações de longa distância e alta mobilidade dentro de territórios não estão em contradição. Grupos humanos não tem composições ou tamanhos fixos. Durante o mesolítico na Europa, redes sociais e economias foram compostos por interações, contato e troca desde o grande sistema regional ao grupo local e escala individual (LOVIS *et al.*, 2006). As tradições líticas do cerrado similarmente apontam as interações de grupos humanos entre regiões (BUENO; ISNARDIS, 2018; DIAS, 2004; ISNARDIS, 2019).

Considerando a discussão acima, o posicionamento de relações humanos-plantas assemelha a teoria de geração de nicho cultural, sendo este a articulação de mecanismos pelos quais humanos e plantas co-direcionam as modificações nos nichos (SMITH, 2011a, 2011b). Especialmente significativo entre os pressupostos é a relevância do conhecimento ecológico tradicional e as ações de agentes. A grande variedade de recursos utilizados pelos humanos nos diferentes sítios, incluindo frutos, nozes, palmeiras e tubérculos, sugere a existência de diferenciação regional nas escolhas de modos de lidar com os meios ecológicos, ultrapassando as diferenças na vegetação de biomas distintos, um cenário de emergente diversidade cultural no final do Pleistoceno e início do Holoceno também evidenciado nas várias tecnologias líticas distintas (DIAS; BUENO, 2013; BUENO; ISNARDIS, 2018).

10.6 Agência, narrativas da domesticação e filosofia da ciência

Reflexões sobre a bagagem filosófica dos pesquisadores que escrevem as histórias de outros humanos são úteis para situar as narrativas que se criam acerca de temas como a domesticação, o povoamento das Américas, o manejo de plantas, entre outros. Considerar os movimentos sobre soberania indígena, justiça racial, reparações, entre outros, sem antes refletir que interpretações costumeiras da pesquisa científica, na qual estamos atuando, podem conter vieses institucionalizados e irresponsabilidades, especialmente quando são provenientes de hipóteses ou teorias estabelecidas há décadas, constitui um tema sobre o qual temos que nos debruçar. Nós, enquanto cientistas, devemos nos responsabilizar sobre os impactos sociais e políticos das nossas pesquisas.

Uma decisão humana de não interferir com a natureza ou seus componentes pode requerer menos trabalho e tecnologia, no entanto, o estar no mundo pode exigir outras prioridades. Os modelos adaptacionistas pressupõem que minimizar o esforço físico era um modo universalmente preferencial de existência. A experiência ocidental do uso explorador da energia humana para o avanço de alguns indivíduos ou grupos está sedimentada nas perspectivas filosóficas dos pesquisadores. Entendo que essas teorias foram construídas em razão das posturas em oposição ao aproveitamento sistemático de populações trabalhadoras de um sistema industrial onde, dada sua liberdade, pessoas procurariam se exercitar menos para alcançar uma maior recompensa. Mas as práticas predatórias de um momento histórico não devem assombrar todo o trabalho. A variabilidade nas cosmologias sob as quais decisões econômicas são feitas precisa ser reconhecida, especialmente no imaginário do uso de plantas no final do Pleistoceno e início do Holoceno.

Tratando da história profunda de manipulação de plantas, nos deparamos com questões sobre intencionalidade. Se humanos do Pleistoceno tardio possuíram as capacidades de observação do mundo natural iguais aos atuais, perspectiva amplamente aceita, sabemos que as decisões se basearam em intencionalidade, ou que Arroyo-Kalin (2016) considera "atividade deliberada". Mas ao mesmo tempo narrativas coevolutivas de domesticação começam na não intencionalidade. Assim pergunto, existe uma necessidade de percepção de domesticação, como conceito, para humanos se envolverem ativamente no processo de domesticação?. Discussões do começo do processo de domesticação são marcadas por exemplos de propagação por descarte de sementes ou frutos em contextos ocupacionais e pela perda nos caminhos percorridos após a colheita, iniciando uma ligeira pressão seletiva que percorreria milênios até ser entendida e deliberadamente replicada (CLEMENT *et al.*, 2009; RINDOS, 1984). Como a arqueologia não tem como diferenciar, definitivamente, entre ação consciente e inconsciente estamos frente uma divergência entre biologia usando argumentos da evolução e arqueologia, como estudo das sociedades humanas, que procura construir uma narrativa articulando escolhas com as paisagens culturais das quais nos encontramos separados por mais de dez mil anos.

Proponho que a compreensão de intenções humanas em diferentes situações não precisa seguir uma narrativa evolutiva. Darwin, para apresentar os processos evolutivos, que hoje se rastreiam geneticamente, se inspirou em agricultores e pecuaristas europeus que praticavam seleção, cujas observações e resultados obtidos 'artificialmente' enquadraram a teoria sobre transformações 'naturais' (DARWIN, 1876). Mesmo com sua visão elitista, Darwin admite uma historicidade de seleção proposital abrangendo períodos 'bárbaros' da história inglesa, a antiguidade europeia, relatos bíblicos e chineses. Ele descreve que as melhorias nos animais e plantas domesticadas são produto de escolhas constantes das menores diferenças em qualidades ou estruturas, e que escolhas tomadas com base nestas caraterísticas são realizadas independentemente do agricultor saber se suas preferências produziriam, ou não, uma nova variedade. Ou seja, não é necessário para atores conceptualizarem a "planta eventual"[34] para que esses indivíduos e grupos humanos conscientemente selecionem plantas com características preferidas.

A leitura de Darwin demonstra como, se voltarmos aos inícios dos pensamentos da evolução, houve explicação da domesticação das plantas e animais sob processo de escolhas de agentes humanos atuando de forma consciente nos seus diversos tempos, regiões e culturas. Espero que relembrar como a ação humana inspirou a teoria possa influenciar futuros estudos das relações entre povos humanos e o processo de domesticação. E para o Brasil e as Terras Baixas Amazônicas essa reflexão é ainda mais importante dada a diversidade de espécies que vieram a ser domesticadas, sejam de curto ciclo de vida como a abóbora, mandioca, ariá, e cabaça ou longo como pequiá, açaí, inajá e buriti, em sítios arqueológicos desde o início do Holoceno. Na Amazônia, a teoria do perspectivismo ameríndio (VIVEIROS DE CASTRO, 2002) é um dos exemplos de outra compreensão do mundo sob qual organismos eram domesticados. Sua ontologia atribui agência e o manejo de plantas para seres humanos, mas também à vegetação, animais e seres sobrenaturais (APARICIO, 2021; FAUSTO; NEVES, 2018), descrevendo extensivos corpos de saberes e informações detalhadas para serem consultados com objetivo de entender escolhas humanas de manejo de plantas e seus lugares.

---

[34] para evitar confusões, lembro o(a)s pesquisador(a)s que a seleção artificial discutida por darwin não é igual a seleção da engenheira agrícola, pois esses "melhoramentos genéticos" em que se procura alterar uma planta ou animal para finalidade definida, são decorrência de pesquisas informadas pelas teorias de darwin.

Todas as narrativas de domesticação são inevitavelmente criações da experiência humana. Elas descrevem relações entre pessoas, plantas e ambientes e assim projetam cognição e função aos grupos humanos que ocuparam determinada região e tempo. As trajetórias genéticas dos processos de domesticação, que se tornaram perceptíveis nos últimos séculos, não eram essenciais quando uma pessoa escolhia um fruto em vez do outro. A perspectiva arqueológica, com seu foco em cultura, se distancia das histórias biológicas e ecológicas para domesticação. Ainda que as mudanças nos genótipos de uma planta domesticada demorem a acontecer – razão das classificações, como incipientemente domesticada e semi-domesticada, que descrevem graus de transformações nas plantas -, devemos explorar e dar crédito a intencionalidade das pessoas ao escolher manejar as plantas mais doces, com mais frutos, mais bonitas, melhores para tratar uma doença ou mais fáceis de cuidar, a despeito das categorias. Temos relatos acadêmicos, ainda sendo desconstruídos, que propuseram que ações de manejo ou cultivo planejadas surgiram com a agricultura.

Devemos lembrar que quase todos os alimentos consumidos hoje são produtos de saberes, manejo e domesticação indígena-tradicional em alguma localidade no mundo. E dessa forma, mesmo que isso tenha acontecido no passado, ainda somos beneficiados pelos conhecimentos ecológicos tradicionais oriundos de diversas ontologias e regiões. A mesma cognição deve ser, por pesquisadores, atribuída a todos os humanos, dando assim igual potencial para possuírem compreensão consciente em observar e efetivar mudanças em plantas ou em suas distribuições, do mesmo jeito que julgam as escolhas na produção de ferramentas, como por exemplo, sobre matérias-primas que melhor seguram uma lâmina. As etnociências estão fundadas em observação assim como as ciências dedutivas, que frequentemente se apropriam de sabedoria por ter conduzido ensaios, esquecendo que se basearam no raciocíno indutivo. Assim, injustamente, as ciências de laboratório são consideradas mais ciência do que as "etnociências".

A maior parte da dieta ocidental hoje é baseada em plantas anuais, plantas que crescem de maneira relativamente rápida. As dietas no passado podem ter vindo muito de plantas que demoravam mais para florescer ou são mais sazonais como árvores frutíferas, palmeiras etc. Então, o foco da pesquisa em plantas anuais parece ser mais relacionado aos próprios hábitos alimentares atuais, uma bagagem moderna. Os hábitos alimentares modernos da sociedade ocidental também não variam muito ao longo do ano, possibilitado pelos mercados modernos e cadeia de fornecimento global, enquanto as dietas do passado provavelmente foram muito rotativas e mais baseadas nesses recursos sazonais, provavelmente acompanhando as safras de palmeiras, frutos e nozes tanto para alimentos quanto para bebidas fermentadas. Isso poderia explicar por que espécies que foram muito consumidas no passado são pouco enumeradas ou merecem pouco da nossa atenção enquanto arqueólogo(a)s, e ainda devem ter plantas que ficam fora porque nem sabemos que elas foram utilizadas como alimento. Ou seja, como as dietas que estamos tentando imaginar no passado são pouco familiares aos arqueólogo(as), acredito que nossos modelos possuem um viés inconsciente, oriundo da falta de vivência com alimentação estruturada em volta de muitos ou nenhum alimento básico. Sem contar que muito do registro arqueológico abrange plantas com usos não alimentares e menos familiares no mundo atual, empobrecido de tecnologias perecíveis.

10.7 Considerações Finais

No final do Pleistoceno e início do Holoceno populações humanas se encontravam em diversos biomas do Brasil e das Terras Baixas Amazônicas estabelecendo locais persistentes. Os sítios arqueológicos deste período demonstram uma alta variabilidade de recursos em cada localidade. Mas a alta variabilidade não é sinônimo de falta de direcionamento econômico. Muitas ocupações refletem o uso repetido de um lugar ao longo de mais de um milênio equivalente a muitas gerações humanas. Várias evidências no registro arqueológico parecem apontar para um investimento no retorno a certos locais. As espécies utilizadas incluíram palmeiras, frutas e nozes que, ao longo do Holoceno, tornaram-se recursos abundantes na paisagem cultural, dando aporte para uma profundidade temporal no conhecimento ecológico tradicional do seu manejo. Também nesse registro do Pleistoceno final-Holoceno inicial foram encontradas algumas das espécies herbáceas, como abóbora, raízes e tubérculos que hoje são domesticados, implicando no começo de práticas de cultivo.

É instigante observar que é provável que o cultivo de tubérculos tenha se iniciado tão cedo, de forma contemporânea ao processo de povoamento das Américas entre o final Pleistoceno e início do Holoceno. E, em conjunto com a quantidade e diversidade de recursos perenes, ou seja, de plantas que produzem ao longo dos anos, nos faz questionar sobre a ideia de grupos que estavam "apenas passando" por um ambiente. Um outro ponto a ser enfatizado é o fato de que, mesmo para contextos mais antigos, havia escolha de plantas (algumas frutas, palmeiras e nozes aqui listadas) que produzem safras abundantes. Ou seja, ideias sobre resiliência alimentar, intensificação econômica, fixação em territórios ou domesticação devem ser pensadas considerando que as plantas escolhidas têm vidas curtas e longas.

As pesquisas que afirmam o baixo impacto humano na floresta são cada vez mais questionadas e contrastantes com a profundidade cronológica da construção de nichos culturais e do manejo e domesticação das plantas. A negação do impacto humano contradiz, não só relações com a vegetação, mas também paisagens culturais, intencionalidade no uso de animais, estabelecimento de ocupações duradouras e territórios, elementos da história indígena e sua apropriação territorial. Esta narrativa negacionista é perigosa e pode ser empregada contra populações tradicionalmente marginalizadas e não ouvidas pela academia. A disposição para o reconhecimento e a atenção com as etnociências de todos os seres humanos, independente do milênio ou continente da sua existência, é um ato político. As correntes teóricas da ciência sempre são culturais e temporais. Não podemos mais, eticamente, aceitar que os comportamentos de humanos sejam descritos sob argumentos de "adaptação" ou "uso passivo do ambiente", como implícito no termo "coletor". As narrativas das histórias indígenas do Brasil e das Terras Baixas Amazônicas devem incluir manejo ativo das plantas e criação de lugares persistentes desde os primórdios dos processos de povoamento destas terras.

Tabela 10.1 – Palmeiras (Arecacaeae) em 19 sítios arqueológicos do final do Pleistoceno e início do Holoceno nas Terras Baixas com indicação dos tipos de vestígios encontrados: marcovestígios (m) e fitólitos (p), números referem a quantidade de espécies do mesmo gênero (Shock e Watling, 2022). Os intervalos de datação estão em anos calibrados AP (arredondadas aos cem anos)

Sítio / táxons	nomes comuns	Lapa do Boquete	Lapa do Santo	GO-JA-01	Caverna da Pedra Pintada	Cerro Azul	Capela	Isla Manechi	Furno do Estrago	Gruta do Pequiá	493 (Llanos de Mojos)	575 (Llanos de Mojos)	Santana do Riacho	Penã Roja	Fin 8 (Llanos de Mojos)	Fin 3 (Llanos de Mojos)	Teotônio	La Chacra	Bacabal I	Isla del Tesoro
		~13.000-11.000	12.700-8.000	12.500-9.700	12.300-10.000	12.200-11.700	11.100-9.500	10.600-10.200	10.500-9.300	10.200-9.900	10.200-9.600	10.100-9.600	10.000-8.000	9.700-8.000	9.700-9.500	9.600-9.400	9.500-6.500	9.200-8.600	8.800-8.700	8.800-8.200
Acrocomia sp.	macauba				m															
Astrocaryum sp. (incluindo *A. aculeatum* G.Mey., *A. chambira* Burret, *A. vulgare* Mart., *A. ciliatum* F.Kahn & B.Millan, *A. jauari* Mart.)	tucumã, murumuru, jauari				m²	m							m	m⁵			m			
Attalea sp. (incluindo *A maripa* (Aubl.) Mart., *A. microcarpa* Mart., *A. spectabilis* Mart., *A. racemosa* Spruce)	inajá, sacurí, curuá, catolé			m	m²	m³		m						m³			m			
Bactris sp.	pupunha					m								m						

Táxon	Nome vulgar																			
Euterpe precatoria Mart.	açaí											m								
Mauritia flexuosa L.f.	buriti				m	mp							m								
Oenocarpus sp. (incluindo *O. bataua* Mart., *O.* cf. *bacaba* Mart.)	patauá, bacaba				m								m²								
Syagrus sp. (incluindo *S. coronata* Mart. Becc., *S. oleraceae* Mart. Becc., *S. orinocensis* (Spruce) Burret)	ouricuri, catolé, cococito	m		m		m		m²				m									
Arecoideae							p			p	p			p							
Astrocaryum/Bactris type						p										p					
Euterpe/Mauritinae type																p					
Euterpe/Oenocarpus type						p															
Euterpeae																p					
Arecaceae		m	p	m	m³	m	m	p	m	m	p	p	m	pm	p	p	p	p	m	p

Fonte: Lima (2012), Lima (2018), Lima et al. (2018), Lombardo et al. (2020), Magalhães (2005), Menezes (2006), Mora Camargo (2003), Morcote-Rios et al. (2014, 2017, 2021), Ortega (2019), Prous (199

Tabela 10.2 – Arvores frutíferas em sítios arqueológicos do final do Pleistoceno e início do Holoceno nas Terras Baixas com indicação dos tipos de vestígios encontrados: marcovestígios (m) e fitólitos (p) (Shock e Watling, 2022). Os intervalos de datação estão em anos calibrados AP (arredondadas aos cem anos). Não inclusos são as espécies encontradas através da antracologia (Tabela 10.5) ou os sítios que não apresentam vestígios de algum desses táxons

Família	táxons	nomes comuns	Lapa do Boquete ~13.000-11.000	GO-JA-01 12.500-9.700	Caverna da Pedra Pintada 12.300-10.000	Isla Manechi 10.600-10.200	Furno do Estrago 10.500-9.300	Santana do Riacho 10.000-8.000	Penã Roja 9.700-8.000	Fin 8 (Llanos de Mojos) 9.700-9.500	Teotônio 9.500-6.500	Isla del Tesoro 8.800-8.200
Anacardiaceae	*Anacardium* sp.	*e.g.* cajú		m								
	Spondias tuberosa Arruda	umbu					m					
Cannabaceae	*Celtis* sp.					p				p		p
Caryocaraceae	*Caryocar* sp. (incluindo *C. brasiliense* Cambess, *C. glabrum* (Aubl.) Pers.)	pequí, pequiá	m					m	m		m	
Fabaceae	*Hymenaea* sp. (incluindo *Hymenaea courbaril* L.)	jatobá, jutaí	m	m	m		m	m				

Família	Espécie	Nome comum							
Humiriaceae	*Sacoglottis* sp	achuá		m				m	
	Vantanea peruviana J.F. Macbr.							m	
Lamiaceae	*Vitex* cf. *cymosa*	tarumã		m					
Lauraceae	*Anaueria brasiliensis* Kosterm.	anauerá, uflé						m	
Lecythidaceae	*Bertholletia excelsa* Bonpl.	castanha da amazônia		m					m
Malpighiaceae	*Byrsonima* sp.	murici	m	m					
Memecylaceae	*Mouriri apiranga* Spruce ex Triana	apiranga		m					
Moraceae	*Ficus* sp.	*e.g.* figueira-brava							p
Myrtaceae	*Psidium* sp.	*e.g.* goiaba, araça							m
Sapindaceae	*Talisia esculenta* (Cambess.) Radlk.	pitomba		m					

Fonte: Lima (2012), Lima (2018), Lima *et al.* (2018), Lombardo *et al.* (2020), Magalhães (2005), Menezes (2006), Mora Camargo (2003), Morcote-Rios *et al.* (2014, 2017, 2021), Ortega (2019), Prous (1991), Resende (1994), Resende e Prous (1991), Roosevelt (1998), Roosevelt *et al.* (1996), Schmitz *et al.* (2004), Shock e Moraes (2019), Watling *et al.* (2018).

Tabela 10.3 – Plantas herbáceas, incluindo raízes e tubérculos, encontrados em sítios arqueológicos do final do Pleistoceno e início do Holoceno nas Terras Baixas, com indicação dos tipos de vestígios encontrados: marcovestígios (m), fitólitos (p), grãos de amido (a) (Shock e Watling, 2022). Os intervalos de datação estão em anos calibrados AP (arredondadas aos cem anos). Não inclusos são os sítios que não apresentam vestígios de algum desses táxons

Família	táxon	nome comum	Lapa do Santo 12.700-8.000	Cerro Azul 12.200-11.700	Isla Manechi 10.600-10.200	575 (Llanos de Mojos) 10.100-9.600	Penã Roja 9.700-8.000	Fin 8 (Llanos de Mojos) 9.700-9.500	Teotônio 9.500-6.500	La Chacra 9.200-8.600
Araceae	*Xanthosoma* sp.	taioba					a			
Asteraceae	Asteraceae								p	
Convulvulaceae	*Ipomoea batatas* (L.) Lam.	batata doce	a							
Cucurbitaceae	*Cucurbita* sp.	abóbora		p	p	p	p			p
	Lagenaria siceraria (Molina) Standl.	cabaça					p			
Dioscoreaceae	*Dioscorea* sp.	inhame	a							
Euphorbiaceae	*Manihot* sp.	mandioca			p	p				

Fabaceae	*Phaseolus/Vigna* sp.	legume					m	
Marantaceae	*Calathea* sp.	ariá				p	p	
	Marantaceae rhizome/seed			p		p		p
Zingiberaceae	Zingiberaceae					p		

Fonte: Lombardo et al. (2020), Mora Camargo (2003), Morcote-Rios et al. (2014, 2017, 2021), Ortega (2019), Watling et al. (2018).

Tabela 10.4 – Plantas de usos variados encontrados em sítios arqueológicos do final do Pleistoceno e início do Holoceno nas Terras Baixas, com indicação dos tipos de vestígios encontrados: marcovestígios (m), fitólitos (p), grãos de amido (a) (Shock e Watling, 2022). Os intervalos de datação estão em anos calibrados AP (arredondadas aos cem anos). Não inclusos são as espécies encontradas através da antracologia (Tabela 10.5) ou os três sítios que não apresentam vestígios de algum desses táxons

Família	táxon	nome comum	Lapa do Boquete ~13.000-11.000	Lapa do Santo 12.700-8.000	GO-JA-01 12.500-9.700	Cerro Azul 12.200-11.700	Capela 11.100-9.500	Isla Manechi 10.600-10.200	Gruta do Pequiá 10.200-9.900	493 (Llanos de Mojos) 10.200-9.600	575 (Llanos de Mojos) 10.100-9.600	Santana do Riacho 10.000-8.000	Penã Roja 9.700-8.000	Fin 8 (Llanos de Mojos) 9.700-9.500	Fin 3 (Llanos de Mojos) 9.600-9.400	Teotônio 9.500-6.500	La Chacra 9.200-8.600	Isla del Tesoro 8.800-8.200
Cyperaceae	*Scleria* sp.	*e.g.* tiririca										m						
	Cyperaceae				p			m	p	p	p				p	p	p	p
Euphorbiaceae	*Cnidoscolus* sp.	*e.g.* cansanção	m															
Fabaceae	*Parkia multijuga* Benth.	fava arara									m							
	Pterodon pubescens (Benth.) Benth.	sucupira-branca											m					
	Fabaceae					m												
Heliconiaceae	*Heliconia* sp.						p		p	p	p					p	p	

Família	Espécie	Nome comum													
Malvaceae	*Sterculia* sp.	*e.g.* chichá	m												
Myristicaceae	*Virola* sp.	paricá					m								
Moraceae	*Brosimum lactescens* (S.Moore) C.C.Berg	inharé, amapaí					m			m					
Moraceae	*Maclura tinctoria* (L.) D.Don ex Steud.	tatujuba							m						
Moraceae	*Pharus* sp.					p	p								
Poaceae	Aristodoideae			p											
Poaceae	Bambusoideae			p		p		p p	p		p	p	p		
Poaceae	Chloridoideae			p								p		p	
Poaceae	Poaceae			pa		p						p		p	
Solanaceae	Solanaceae			a			m								
Strelitziaceae	*Phenakospermum guyannense* (Rich.) Endl. ex Miq.	banana brava				p	p								
Strelitziaceae	Strelitziaceae														
Symplocaceae	*Symplocos* sp.	*e.g.* congonha							m			p			

Fonte: Lombardo *et al.* (2020), Magalhães (2005), Mora Camargo (2003), Morcote-Rios *et al.* (2014, 2017, 2021), Ortega (2019), Prous (1991), Resende (1994), Resende e Prous (1991), Schmitz *et al.* (2004), Watling *et al.* (2018).

Tabela 10.5 – Táxons de plantas encontradas nas análises antracológicas datados do final do Pleistoceno e início do Holoceno em três sítios arqueológicos nas Terras Baixas (Shock e Watling, 2022). Números indicam a quantidade de morfotipos daquele táxon

| Família | Gênero | Santa Elina | | Capela | | Peña Roja |
		≈ 11.200 cal. AP	≈ 10.450 cal. AP	≈ 11.100 cal. AP	≈ 10.000-8.000 cal. AP	≈ 9.700-8.000 cal. AP
cf. Acanthaceae		x				
Anacardiaceae	*Anacardium* sp.	x	x			
Anacardiaceae	*Astronium* sp.	x	x			
Anacardiaceae	*Spondias* sp.		x			
Anacardiaceae	*Tapirira* sp.	x	x	x		
Anacardiaceae				x	2	
cf. Anacardiaceae/ Burseraceae		x	x			
Annonaceae						x
Apocynaceae	*Aspidosperma* spp.	x	x		x	
Apocynaceae	cf. *Aspidosperma*					x
Apocynaceae	*Lacmellea* sp.				x	
Apocynaceae	*Tabernaemontana* sp.	x				
Apocynaceae						x
Araliaceae	*Schefflera* sp.				x	
cf. Araliaceae		x				
Bignoniaceae	*Jacarnada* sp.	x		x	x	
Bignoniaceae	*Tabebuia* sp.	x	x	x	x	

Bignoniaceae/ Fabaceae				x	x	
Boraginaceae	*Cordia* sp.	x			
Burseraceae						x
Calophyllaceae	*Calophyllum* sp.			x	
Calophyllaceae	*Caraipa* sp.			x	x
Cedreloideae	*Cedrela* sp.			x	
Chrysobalanaceae	cf. *Licania* sp.			x	
Chrysobalanaceae			x	x	x
Clusiaceae	*Symphonia* sp.			x	
Erythroxylaceae	*Erythroxylum* sp.			x	
Euphorbiaceae	*Alchornea* sp.		x		
Euphorbiaceae	*Croton* sp.	x			
Euphorbiaceae	*Sapium* sp.			x	x
Euphorbiaceae		x		x	x
Fabacaeae	*Acacia* sp.	x			
Fabacaeae	*Albizia* sp.			x	x
Fabacaeae	*Anadenanthera* spp.	x	x	x	x
Fabacaeae	*Bowdichia* sp.			x	
Fabacaeae	*Cassia* spp.	x	x		
Fabacaeae	*Cedrelinga* sp.			x	
Fabacaeae	*Copaifera* sp.	x			
Fabacaeae	*Dipteryx/Pterodon* sp.			x	
Fabacaeae	*Hymenaea* spp.	x	x		
Fabacaeae	*Inga* spp.	x	x	x	x
Fabacaeae	*Macrolobium* sp.			x	
Fabacaeae	*Mimosa* sp.			x	x
Fabacaeae	*Ormosia* sp.			x	x
Fabacaeae	*Parkia* sp.			x	
Fabacaeae	*Peltogyne* sp.			x	

Fabacaeae	*Piptadenia* sp.	x	x	x	x	
Fabacaeae	*Prosopis* sp.		x			
Fabacaeae	*Zellernia* sp.		x		x	
Fabacaeae		16	3			x
Flacouritiaceae						x
Hypericaceae	*Vismia* sp.				x	
Lauraceae	cf. *Ocotea* sp.			x		
Lauraceae		x	x	x	x	x
Lecythidaceae	cf. *Cariniana/ Lecythis*		x			
Lecythidaceae						x
cf. Lythraceae			x			
Malpighiaceae	*Byrsonima* sp.			x	x	
Malpighiaceae	cf. *Bunchosia* sp.			x	x	
Malvaceae	cf. *Apeiba*	x				
Malvaceae	*Guazuma* sp.	x	x			
Malvaceae/ Tiliaceae		x				
Melastomataceae	*Henriettella* sp.				x	
Melastomataceae	*Miconia* sp.			x	x	
Melastomataceae	*Mouriri* sp.			x	x	
Melastomataceae	*Tibouchina* sp.			x		
Melastomataceae					2	x
Metteniusaceae	*Emmotum* sp.				x	
Moraceae	*Ficus* sp.	x				
Moraceae					x	x
Myristicaceae	cf. *Iryanthera*					x
Myristicaceae						x
Myrtaceae	*Myrcia* sp.			x	x	
Myrtaceae		x	x	x	x	x

			x		x	
Rhamnaceae			x		x	
Rubiaceae	*Calycophyllum* sp.				x	
Rubiaceae	*Cordiera* sp.				x	
Rubiaceae	*Psychotria* sp.			x	x	
Rubiaceae	*Psychotria+Randia+ Coutarea+Rudgea*	x	x			
Rubiaceae		x	x			
Rutaceae		x				
Salicaceae	*Casearia* sp.	x	x		x	
Sapindaceae	*Allophylus/Cupania/ Matayaba* sp.			x	x	
Sapindaceae	*Talisia* sp.			x		
Sapindaceae		x				
Sapotaceae	*Pouteria* sp.				x	
Sapotaceae	*Sideroxylon* sp.	x	x			
Sapotaceae		x			x	x
Vochysiaceae	*Callisthene/Qualea* sp.			x	x	
Vochysiaceae	*Erisma* sp.				x	
Vochysiaceae	*Qualea* sp.			x	x	
Vochysiaceae	*Vochysia* sp.		x	x		
Vochysiaceae				x	x	

Fonte: Archila (2005), Lima (2018), Scheel-Ybert e Bachelet (2020).

Referências

ACEITUNO, F. J., LOAIZA, N. Early and Middle Holocene Evidence for Plant Use and Cultivation in the Middle Cauca River Basin, Cordillera Central (Colombia). *Quaternary Science Reviews* 86: 49-62, 2014. DOI: 10.1016/j.quascirev.2013.12.013

ACEITUNO, F. J., LOAIZA, N. The Role of Plants in the Early Human Settlement of Northwest South America. *Quaternary International* 363: 20-27, 2015. DOI: 10.1016/j.quaint.2014.06.027.

ANDERSON, D. G., CHRISTOPHER GILLAM, J. Paleoindian Colonization of the Americas: Implications from an Examination of Physiography, Demography, and Artifact Distribution. *American Antiquity* 65 (1): 43-66, 2000.

ANGELES FLORES, R., MORENO DE SOUSA, J. C., ARAUJO, A. G. DE M., CECCANTINI, G. Before Lagoa Santa: Micro-remain and technological analysis in a lithic artifact from the Itaparica industry. *Journal of Lithic Studies* 3: 6-29, 2016.

APARICIO, M. Contradomesticação na Amazônia indígena: a botânica da precaução. *In:* CABRAL DE OLIVEIRA, J., AMOROSO, M., MORIM DE LIMA, A. G., SHIRATORI, K., MARRAS, S., EMPERAIRE, L. (ed.) *Vozes vegetais: diversidade, resistências e histórias da floresta.* São Paulo: Ubu Editora, 2021, p. 189-212.

ARCHILA, S. *Arqueobotánica en la Amazonía Colombiana. Un modelo etnográfico para el análisis de maderas carbonizadas.* Bogata: FIAN-UNIANDES-CESO, 2005.

ARROYO-KALIN, M. Landscaping, Landscape Legacies, and Landesque Capital in Pre-Columbian Amazonia. *In:* ISENDAHL, C., STUMP, D. (ed.) *The Oxford Handbook of Historical Ecology and Applied Archaeology.* Oxford: Oxford University Press, 2016.

BALÉE, W. The Culture of Amazonian Forests. *In:* Posey, D. A., Balée, W. (ed.) *Resource Management in Amazonia: Indigenous and Folk Strategies.* Advances in Economic Botany 7. New York: New York Botanical Garden Press, 1989, p. 1-21.

BALÉE, W. *Footprints of the Forest: Ka'apor Ethnobotany – the Historical Ecology of Plant Utilization by an Amazonian People.* New York: Columbia University Press, 1994.

BALÉE, W. The Research Program of Historical Ecology. *Annual Review of Anthropology* 35: 75-98, 2006. DOI: 10.1146/annurev.anthro.35.081705.123231.

BERKES, F. Traditional Ecological Knowledge in Perspective. *In:* Inglis, J. T. (ed.) *Traditional Ecological Knowledge: Concepts and Cases.* Ottawa, Canada: International Program on Traditional Ecological Knowledge; International Development Research Centre, 1993, p. 1-39.

BETTINGER, R. L. Archaeological Approaches to Hunter-gatherers. *Annual Review of Anthropology* 16 (1): 121-142, 1987.

BITENCOURT, A. L. V., Krauspenhar, P. M. Possible Prehistoric Anthropogenic Effect on Araucaria angustifolia (Bert.) O. Kuntze Expansion During the Late Holocene. *Revista Brasileira de Paleontologia* 9 (1): 109-116, 2006.

BORRERO, L. A. Moving: Hunter-gatherers and the Cultural Geography of South America. *Quaternary International* 363: 126-133, 2015. DOI: 10.1016/j.quaint.2014.03.011.

BRYAN, A. L., CASAMIQUELA, R. M., CRUXENT, J. M., GRUHN, R., OCHSENIUS, C. An El Jobo Mastodon Kill at Taima-Taima, Venezuela. *Science* 200 (4347): 1275-1277, 1978. DOI: 10.1126/science.200.4347.1275.

BUENO, L. A Amazônia brasileira no holoceno inicial: tecnologia lítica, cronologia e processos de ocupação. *In:* Pereira, E., Guapindaia, V. (ed.) *Arqueologia amazônica, vol. 2.* Belém: Museu Paraense Emílio Goeldi, 2010, p. 545-560.

BUENO, L. Arqueologia do povoamento inicial da América ou História Antiga da América: quão antigo pode ser um 'Novo Mundo'?. *Boletim do Museu Paraense Emílio Goeldi, Ciências Humanas* 14 (2): 477-496, 2019. DOI: 10.1590/1981.8122019000200011.

BUENO, L., ISNARDIS, A.. Peopling Central Brazilian Plateau at the Onset of the Holocene: Building Territorial Histories. *Quaternary International* 473: 144-160, 2018. DOI: 10.1016/j.quaint.2018.01.006.

BRIDGEWATER, S., RATTER, J. A., RIBEIRO, J. F. Biogeographic Patterns, β-diversity and Dominance in the Cerrado Biome of Brazil. *Biodiversity e Conservation* 13 (12): 2295-2317, 2004. DOI: 10.1023/B:BIOC.0000047903.37608.4c.

CASAS, A. Silvicultura y domesticación de plantas en Mesoamérica. *In:* AGUILAR, B. R. DOMÍNGUEZ, S. R., CABALLERO NIETO, J., MARTÍNEZ ALFARO, M. A. (ed.) *Plantas, cultura y sociedad. Estudio sobre la relación entre seres humanos y plantas en los albores del siglo 21.* Ciudad de México: Universidad Autónoma Metropolitana, 2001, p. 123-158.

CASAS, A., OTERO-ARNAIZ, A., PÉREZ-NEGRÓN, E., VALIENTE-BANUET, A. 2007 *In Situ* Management and Domestication of Plants in Mesoamerica. *Annals of Botany* 100 (5): 1101-1115. DOI: 10.1093/aob/mcm126.

CASSINO, M. F.; SHOCK, M. P.; FURQUIM, L. P.; ORTEGA, D. D.; MACHADO, J. S. MADELLA, M.; CLEMENT, C. R. Archaeobotany of Brazilian Indigenous Peoples and Their Food Plants. *In:* JACOB, Michelle; ALBUQUERQUE, Ulysses Paulino (ed.). *Local Food Plants of Brazil.* Springer International Publishing, 2021.

CHANDLER-EZELL, K.; PEARSALL, D. M.; ZEIDLER, J. A. Root and Tuber Phytoliths and Starch Grains Document Manioc (*Manihot esculenta*) Arrowroot (*Maranta arundinacea*) and Lerén (*Calathea sp.*) at the Real Alto Site Ecuador. *Economic Botany* v. 60, n. 2, p. 103-120, 2006. DOI: 10.1663/0013-0001(2006)60[103]2.0.CO;2.

CHARNOV, E. L. Optimal Foraging, the Marginal Value Theorem. *Theoretical Population Biology*, v. 9, n. 2, p. 129-136, 1976. DOI: 10.1016/0040-5809(76)90040-X.

CHIOU, K. L.; HASTORF, C. A.; BONAVIA, D.; DILLEHAY, T. D. Documenting Cultural Selection Pressure Changes on Chile Pepper (*Capsicum baccatum* L.) Seed Size Through Time in Coastal Peru (7,600 BP–Present). *Economic Botany*, v. 68, n. 2, p. 190-202, 2014. DOI: 10.1007/s12231-014-9270-y.

CHOO, J. Potential Ecological Implications of Human Entomophagy by Subsistence Groups of the Neotropics. *Terrestrial Arthropod Reviews*, v. 1, n. 1, p. 81-93, 2008. DOI: 10.1163/187498308X345442.

CLEMENT, C. R. 1492 and the Loss of Amazonian Crop Genetic Resources. I. The Relation Between Domestication and Human Population Decline. *Economic Botany*, v. 53, n. 2, p. 188-202, 1999. DOI: 10.1007/BF02866498.

CLEMENT, C. R.; MODOLO, V. A.; YUYAMA, K.; RODRIGUES, D. P.; VAN LEEUWEN, J.; TOMÉ DE FARIAS NETO, J.; ARAÚJO, M. DE C.; CHÁVEZ FLORES, W. B. Domesticação e melhoramento de pupunha. *In:* BORÉM, Aloízio; LOPES, Maria Tereza G.; CLEMENT, Charles R. (ed.). *Domesticação e melhoramento: espécies amazônicas.* Viçosa: Universidade Federal de Viçosa, 2009. p. 367-398.

CLEMENT, C. R.; DENEVAN, W. M.; HECKENBERGER, M. J.; JUNQUEIRA, A. B.; NEVES, E. G.; TEIXEIRA, W. G.; WOODS, W. I. The Domestication of Amazonia Before European Conquest. *Proceedings of the Royal Society B: Biological Sciences*, v. 282, n. 1812, p. 20150813, 2015. DOI: 10.1098/rspb.2015.0813.

DARWIN, C. *The Origin of Species by Means of Natural Selection, or the Preservation of Favoured Races in the Struggle for Life.* Sixth Edition, with additions and corrections to 1872. London: John Murray, Albermarle Street, 1876.

DENHAM, T. Long-Term Records of Human Adaptation and Tropical Rainforest Conservation in Papua New Guinea: Translating the Past into the Present. *In:* SANZ, N. (ed.). *Exploring Frameworks for Tropical Forest Conservation Integrating Natural and Cultural Diversity for Sustainability. A Global Perspective.* Mexico City: UNESCO, 2018. p. 54-91.

DIAS, A. S. Diversificar para poblar: El contexto arqueológico brasileño en la transición Pleistoceno-Holoceno. *Complutum*, v. 15, p. 249-263, 2004.

DIAS, A. S.; BUENO, L. The Initial Colonization of South America Eastern Lowlands: Brazilian Archaeology Contributions to Settlement of America Models. *In:* GRAF,

K. E.; KETRON, C. V.; WATERS, M. R. (ed.). *Paleoamerican Odyssey*. College Station, TX: Center for the Study of the First Americans, 2013. p. 339-357.

DILLEHAY, T. D. The Late Pleistocene Cultures of South America. *Evolutionary Anthropology: Issues, News, and Reviews*, v. 7, n. 6, p. 206-216, 1999. DOI: 10.1002/(SICI)1520-6505(1999)7:6<206::AID-EVAN5>3.0.CO;2-G.

DILLEHAY, T. D. Profiles in Pleistocene History. *In:* SILVERMAN, H.; ISBELL, W. (ed.). *The Handbook of South American Archaeology*. New York: Springer Science e Business Media, 2008. p. 29-43.

DILLEHAY, T. D.; ROSSEN, J.; ANDRES, T. C.; WILLIAMS, D. E. Preceramic Adoption of Peanut, Squash, and Cotton in Northern Peru. *Science*, v. 316, n. 5833, p. 1890-1893, 2007. DOI: 10.1126/science.1141395.

DIXON, E. J. Human Colonization of the Americas: Timing, Technology and Process. *Quaternary Science Reviews*, v. 20, n. 1-3, p. 277-299, 2001. DOI: 10.1016/S0277-3791(00)00116-5.

ERLANDSON, J. M.; GRAHAM, M. H.; BOURQUE, B. J.; CORBETT, D.; ESTES, J A.; STENECK, R. S. The Kelp Highway Hypothesis: Marine Ecology, the Coastal Migration Theory, and the Peopling of the Americas. *The Journal of Island and Coastal Archaeology*, v. 2, n. 2, p. 161-174, 2007. DOI: 10.1080/15564890701628612

FAUSTO, C.; NEVES, E. Timeless Gardens: Deep Indigenous History and the Making of Biodiversity in the Amazon. *In:* SANZ, N. (ed.). *Exploring Frameworks for Tropical Forest Conservation: Integrating Natural and Cultural Diversity for Sustainability, a Global Perspective*. Mexico: United Nations Educational, Scientific and Cultural Organization, 2018. p. 150-179.

FLADMARK, K. R. Routes: Alternate Migration Corridors for Early Man in North America. *American Antiquity*, v. 44, n. 1, p. 55-69, 1979.

GNECCO, C. An Archaeological Perspective of the Pleistocene/Holocene Boundary in Northern South America. *Quaternary International*, v. 53, p. 3-9, 1999.

GNECCO, C. Against Ecological Reductionism: Late Pleistocene Hunter-Gatherers in the Tropical Forests of Northern South America. *Quaternary International*, v 109–110, p. 13–21, 2003.

GNECCO, C.; ACEITUNO, J. Poblamiento temprano y espacios antropogénicos en el norte de Suramérica. *Complutum*, v. 15, p. 151-164, 2004.

GNECCO, C.; MORA, S. Late Pleistocene/Early Holocene Tropical Forest Occupations at San Isidro and Pena Roja, Colombia. *Antiquity*, v. 71, n. 273, p. 683-690, 1997.

GRAYSON, D. K.; MELTZER, D. J. Clovis Hunting and Large Mammal Extinction: A Critical Review of the Evidence. *Journal of World Prehistory*, v. 16, n. 4, p. 313-359, 2002. DOI: 10.1023/A:1022912030020.

HASTORF, C. A.; BRUNO, M. C. The Flavors Archaeobotany Forgot. *Journal of Anthropological Archaeology*, v. 59, p. e101189, 2020. DOI: 10.1016/j.jaa.2020.101189.

HODDER, I. The 'Social' in Archaeological Theory. An Historical and Contemporary Perspective. *In:* MESKELL, L.; PREUCEL, R. W. (ed.). *A Companion to Social Archaeology*. Victoria, Australia: Blackwell Publishing, 2004. p. 23-42.

HOPE, G. Early Fire and Forest Change in the Baliem Valley, Irian Jaya, Indonesia. *Journal of Biogeography*, v. 25, n. 3, p. 453-461, 1998.

HOUDE, N. The Six Faces of Traditional Ecological Knowledge: Challenges and Opportunities for Canadian Co-management Arrangements. *Ecology and Society*, v. 12, n. 2, p. 34, 2007.

IRIARTE, J.; ELLIOTT, S.; MAEZUMI, S. Y.; ALVES, D.; GONDA, R.; ROBINSON, M.; SOUZA, J. G.; WATLING, J.; HANDLEY, J. The Origins of Amazonian Landscapes: Plant Cultivation, Domestication and the Spread of Food Production in Tropical South America. *Quaternary Science Reviews*, v. 248, p. 106582, 2020. DOI: 10.1016/j. quascirev.2020.106582.

ISNARDIS, A. Semelhanças, diferenças e rede de relações na transição Pleistoceno-Holoceno e no Holoceno inicial, no Brasil Central. *Boletim do Museu Paraense Emílio Goeldi, Ciências Humanas*, v. 14, n. 2, p. 399-428, 2019. DOI: 10.1590/1981.8122019000200008.

JUNQUEIRA, A. B.; SHEPARD, G. H.; CLEMENT, C. R. Secondary Forests on Anthropogenic Soils in Brazilian Amazonia Conserve Agrobiodiversity. *Biodiversity and Conservation*, v. 19, n. 7, p. 1933-1961, 2010. DOI: 10.1007/s10531-010-9813-1.

LEVIS, C.; COSTA, F. R. C.; BONGERS, F.; PEÑA-CLAROS, M.; CLEMENT, C. R.; JUNQUEIRA, A. B.; NEVES, E. G. *et al.* Persistent Effects of Pre-Columbian Plant Domestication on Amazonian Forest Composition. *Science*, v. 355, n. 6328, p. 925-931, 2017. DOI: 10.1126/science.aal0157.

LEVIS, C.; FLORES, B. M.; MOREIRA, P. A.; LUIZE, B. G.; ALVES, R. P.; FRAN-CO-MORAES, J.; LINS, J. *et al.* How People Domesticated Amazonian Forests. *Frontiers in Ecology and Evolution*, v. 5, p. 171, 2018. DOI: 10.3389/fevo.2017.00171.

LIMA, J. M. D. de. A Furna do Estrago no Brejo da Madre de Deus. *Pesquisas, Antropologia*, v. 69, p. 1-159, 2012.

LIMA, P. G. C. Paleoambiente e paisagem durante o holoceno em Canaã dos Carajás, Pará, Brasil. 2018. Tese (Doutorado em Ciências Florestais) – Universidade Federal Rural de Pernambuco, Recife, 2018.

LIMA, P. G. C.; SILVA SANTOS, R. da; MAGALHÃES, M. P.; SCHEEL-YBERT, R.; COELHO-FERREIRA, M.; FELICIANO, A. L. P.; ALBERNAZ, A. L. K. M. Plantas úteis na flora contemporânea e pretérita de Carajás. *In:* MAGALHÃES, M. P. (ed.). A humanidade e a Amazônia: 11 mil anos de evolução histórica em Carajás. Belém: Museu Paraense Emílio Goeldi, 2018. p. 183-209.

LOMBARDO, U.; SZABO, K.; CAPRILES, J. M.; MAY, J.-H.; AMELUNG, W.; HUT-TERER, R.; LEHNDORFF, E.; PLOTZKI, A.; VEIT, H. Early and Middle Holocene Hunter-Gatherer Occupations in Western Amazonia: The Hidden Shell Midden. Plos one, v. 8, n. 8, p. e72746, 2013.

LOMBARDO, U.; IRIARTE, J.; HILBERT, L.; RUIZ-PÉREZ, J.; CAPRILES, J. M.; VEIT, H. Early Holocene Crop Cultivation and Landscape Modification in Amazonia. Nature, v. 581, n. 7807, p. 190-193, 2020. DOI: 10.1038/s41586-020-2162-7.

LOVIS, W. A.; WHALLON, R.; DONAHUE, R. E. Social and Spatial Dimensions of Mesolithic Mobility. Journal of Anthropological Archaeology, v. 25, n. 2, p. 271-274, 2006.

MAEZUMI, S. Y. *et al.* The Legacy of 4,500 Years of Polyculture Agroforestry in the Eastern Amazon. Nature Plants, v. 4, n. 8, p. 540-547, 2018. DOI: 10.1038/s41477-018-0205-y.

MAGALHÃES, M. A physis da origem: o sentido da história na Amazônia. Belém: Museu Paraense Emílio Goeldi, 2005.

MAGALHÃES, M. P. *et al.* O Holoceno inferior e a antropogênese amazônica na longa história indígena da Amazônia oriental (Carajás, Pará, Brasil). Boletim do Museu Paraense Emílio Goeldi. Ciências Humanas, v. 14, n. 2, p. 291-326, 2019. DOI: 10.1590/1981.8122019000200004.

MAIA, J. G. S.; RODRIGUES, W. A. Virola theiodora como alucinógena e tóxica. Acta Amazonica, v. 4, n. 1, p. 21-23, 1974.

MAY, P. H.; ANDERSON, A. B.; BALICK, M. J.; FRAZÃO, J. M. F. Subsistence Benefits from the Babassu Palm (Orbignya martiana). Economic Botany, v. 39, n. 25, p. 113-129, 1985.

MEDEIROS DA SILVA, F. *et al.* Flautas, banhas e caxiris: os gestos e os materiais perecíveis do passado resgatados no presente. Revista de Arqueologia, v. 34, n. 3, p. 255-282, 2021. Disponível em: https://revista.sabnet.org/ojs/index.php/sab/article/view/935.

MEDEIROS DA SILVA, F.; PEARL SHOCK, M.; PRESTES CARNEIRO, G.; ANTONIO DA SILVA, L.; GAMA DA SILVA, E.; HIAN DOS SANTOS COSTA, E.; RAPP PY-DANIEL, A.; WATLING, J. (2021) Flautas, banhas e caxiris: os gestos e os materiais perecíveis do passado resgatados no presente. Revista de Arqueologia, v. 34, n. 3, p. 255–282. Disponível em: https://revista.sabnet.org/ojs/index.php/sab/article/view/935.

Meltzer, D. J. 1993 Pleistocene peopling of the Americas. *Evolutionary Anthropology: Issues, News, and Reviews* 1 (5): 157-169. DOI: 10.1002/evan.1360010505.

Menezes, A. V. A. 2006 *Estudo dos macro-restos vegetais do sítio arqueológico Furna do Estrago, Brejo da Madre de Deus, Pernambuco, Brasil*. Dissertação de mestrado em Arqueologia. Universidade Federal de Pernambuco, Recife.

Mora Camargo, S. 2003. *Early Inhabitants of the Amazonian Tropical Rain Forest: a Study of Humans and Environmental Dynamics*. Latin American Archaeology Reports No. 3. Pittsburgh, PA: University of Pittsburgh.

Morcote-Rios, G., Bernal, R. 2001 Remains of Palms (Palmae) at Archaeological Sites in the New World: A Review. *The Botanical Review* 67 (3): 309-350.

Morcote-Ríos, G., Aceituno, F., León, T. 2014 Recolectores del Holoceno temprano en la floresta amazónica colombiana. *In:* Stéphen Rostain (ed.) *Antes de Orellana. Actas del 3er encuentro internacional de arqueología amazónica.* Quito, Ecuador: Instituto Francés de Estudios Andinos, p. 39-50.

Morcote-Ríos, G., Mahecha, D., Franky, C. 2017 Recorrido en el tiempo: 12000 años de ocupación de la Amazonia. *In:* Universidad Nacional de Colombia (ed.) *Universidad y território. tomo 1.* Bogotá, Colombia: Universidad Nacional de Colombia, p. 66-93.

Morcote-Ríos, G., Aceituno, F. J., Iriarte, J., Robinson, M., Chaparro-Cárdenas, J. L. 2021 Colonisation and Early Peopling of the Colombian Amazon During the Late Pleistocene and the Early Holocene: New Evidence from La Serranía La Lindosa. *Quaternary International*. DOI: 10.1016/j.quaint.2020.04.026.

Neto, E. M. de F. L., Peroni, N., Albuquerque, U. P. de. 2010 Traditional Knowledge and Management of Umbu (*Spondias tuberosa*, Anacardiaceae): An Endemic Species from the Semi–arid Region of Northeastern Brazil. *Economic Botany* 64 (1): 11-21. DOI: 10.1007/s12231-009-9106-3.

Neves, E. G. 2012 *Sob os tempos do equinócio: oito mil anos de história na Amazônia central (6.500 AC – 1.500 DC)*. Tese apresentada para concurso de Título de Livre-Docente. Universidade de São Paulo, São Paulo.

Ortega, D. D. 2019 *Microvestígios botânicos em artefatos líticos do sítio Lapa do Santo (Lagoa Santa, Minas Gerais)*. Dissertação de mestrado em Arqueologia. Universidade de São Paulo, São Paulo.

Pereira, E. da S., Moraes, C. de P. 2019 A cronologia das pinturas rupestres da Caverna da Pedra Pintada, Monte Alegre, Pará: revisão histórica e novos dados. *Boletim do Museu Paraense Emílio Goeldi. Ciências Humanas* 14 (2): 327-342. DOI: 10.1590/1981.81222019000200005.

Politis, G. G. 1996 Moving to Produce: Nukak Mobility and Settlement Patterns in Amazonia. *World Archaeology* 27 (3): 492-511. DOI: 10.1080/00438243.1996.9980322.

Politis, G. G., Messineo, P. G. 2008 The Campo Laborde Site: New Evidence for the Holocene Survival of Pleistocene Megafauna in the Argentine Pampas. *Quaternary International* 191 (1): 98-114. DOI: 10.1016/j.quaint.2007.12.003.

Politis, G. G., Messineo, P. G., Stafford, T. W., Lindsey, E. L. 2019 Campo Laborde: A Late Pleistocene Giant Ground Sloth Kill and Butchering Site in the Pampas. *Science advances* 5 (3): eaau4546. DOI: 10.1126/sciadv.aau4546.

Pearsall, D. M. 2008 Plant Domestication and the Shift to Agriculture in the Andes *In:* Silverman, H., Isbell, W. (ed.) *The Handbook of South American Archaeology* New York, NY: Springer, p. 105-120.

Piperno, D. R. 2011 The Origins of Plant Cultivation and Domestication in the New World Tropics: Patterns, Process, and New Developments. *Current Anthropology* 52(S4): S453–70. DOI: 10.1086/659998.

Piperno, D. R., Pearsall, D. M. 1998 *The Origins of Agriculture in the Lowland Neotropics*. New York: Academic Press

Piperno, D. R., Dillehay, T. D. 2008 Starch Grains on Human Teeth Reveal Early Broad Crop Diet in Northern Peru. *Proceedings of the National Academy of Sciences* 105 (50): 19622-19627.

Piperno, D. R., Holst, I. 1998 The Presence of Starch Grains on Prehistoric Stone Tools from the Humid Neotropics: Indications of Early Tuber Use and Agriculture in Panama. *Journal of Archaeological Science* 25 (8): 765-776. DOI: 10.1006/jasc.1997.0258.

Piperno, D. R., Stothert, K. E. 2003 Phytolith Evidence for Early Holocene *Cucurbita* Domestication in Southwest Ecuador. *Science* 299 (5609): 1054-1057. DOI: 10.1126/science.1080365.

Piperno, D. R., Ranere, A. J., Holst, I., Hansell, P. 2000 Starch Grains Reveal Early Root Crop Horticulture in the Panamanian Tropical Forest. *Nature* 407 (6806): 894-897. DOI: 10.1038/35038055.

Piperno, D. R., McMichael, C. N. H., Bush, M. B. 2019 Finding forest management in prehistoric Amazonia. *Anthropocene* 26: 100211. DOI: 10.1016/j.ancene.2019.100211.

Prous, A. 1991 Fouilles de l'abri du Boquete, Minas Gerais, Brésil. *Journal de la Société des Américanistes* 77: 77-109. DOI: 10.3406/jsa.1991.1374.

Ratter, J. A., Bridgewater, S., Ribeiro, J. F. 2003 Analysis of the Floristic Composition of the Brazilian Cerrado Vegetation III: Comparison of the Woody Vegetation of 376 Areas. *Edinburgh Journal of Botany* 60 (1): 57-109. DOI: 10.10M/S0960428603000064.

Reis, M. S. dos, Ladio, A., Peroni, N. 2014 Landscapes with Araucaria in South America: Evidence for a Cultural Dimension. *Ecology and Society* 19 (2): 43. DOI: 10.5751/ES-06163-190243.

Resende, E. M. de. 1994 Os restos vegetais. *In:* Prous, A. (ed.) *Estudo arqueológico do Vale do Rio Peruaçu*, Relatório apresentado a FAPEMIG, Belo Horizonte, p. 183-203.

Resende, E. T., Prous, A.1991 Os vestígios vegetais do Grande Abrigo de Santana do Riacho. *Arquivos do Museu de História Natural da Universidade Federal de Minas Gerais* 12: 87-111.

Rindos, D. 1984. *The Origins of Agriculture: An Evolutionary Perspective*. Orlando: Academic Press.

Roosevelt, A. C. 1998 Ancient and Modern Hunter-Gatherers of Lowland South America: An Evolutionary Problem. *In:* Balée, W. (ed.) *Advances in Historical Ecology*. New York: Columbia University Press, p. 190-212.

Roosevelt, A. C. 1992 Arqueologia amazônica. *In:* Carneiro da Cunha, M. *et al.* (ed.) *História dos índios no Brasil, 2ª Ed*. São Paulo: Companhia das Letras, p. 53-86.

Roosevelt, A. C., Lima da Costa, M., Lopes Machado, C., Michab, M., Mercier, N. Valladas, H., Feathers, James *et al.* 1996 Paleoindian Cave Dwellers in the Amazon The Peopling of the Americas. *Science* 272 (5260): 373-384.

Salm, R. 2005 The Importance of Forest Disturbance for the Recruitment of the Large Arborescent Palm *Attalea maripa* in a Seasonally-dry Amazonian Forest *Biota Neotropica* 5 (1): 35-41. DOI: 10.1590/S1676-06032005000100004.

Scheel-Ybert, R., Bachelet, C. 2020 A Good Place to Live: Plants and People at the Santa Elina Rock Shelter (Central Brazil) from Late Pleistocene to the Holocene *Latin American Antiquity* 31(2): 273-291. DOI: 10.1017/laq.2020.3.

Schmitz, P. I., Rosa, A. O., Bitencourt, A. L. V. 2004 Arqueologia nos cerrados do Brasil central: Serranópolis III. *Pesquisas-Antropologia* 60: 7-286.

Schroth, G., M. S. S, Da Mota, R. L., Freitas, A. F. de. 2004 Extractive Use, Mana gement and *in situ* Domestication of a Weedy Palm, *Astrocaryum tucuma*, in the Central Amazon. *Forest Ecology and Management* 202 (1-3): 161-179. DOI: 10.1016/j. foreco.2004.07.026.

Sene, G. A. M. 2007 *Indicadores de gênero na pré-história brasileira: context funerário, simbolismo e diferenciação social. O sítio arqueológico Gruta do Genti II, Unai, Minas Gerais*. Tese de Doutorado em Arqueologia. Universidade de São Paulo, São Paulo.

Silveira, M. I. da. 1994 *Estudo sobre estratégias de subsistência de caçadores-coletores pré-históricos do sítio Gruta do Gavião, Carajás (Pará)*. Dissertação de mestrado em Arqueologia. Universidade de São Paulo, São Paulo.

Shock, M. P. *no prelo* As Seen Through the Trees, a Lens into Amazonian Mobi- lity and its Lasting Landscape. *In:* Bonomo, M., Archila, S. (ed.) *South America Contributions to World Archaeology*. Springer. DOI: 10.1007/978-3-030-73998-C.

Shock, M. P., Moraes, C. de P. 2019 A floresta é o domus: a importância das evidências arqueobotânicas e arqueológicas das ocupações humanas amazônicas na transição Pleistoceno/Holoceno. *Boletim do Museu Paraense Emílio Goeldi. Ciências Humanas* 14 (2): 263-289.

SHOCK, M. P.; WATLING, J. (2022) Plantes et peuplement: questions et enjeux relatifs à la manipulation et à la domestication de végétaux au Pléistocène final et à l'Holocène initial au Brésil et en Amazonie. Brésil(s), v.22. Disponível em: https://doi.org/10.4000/bresils.12408

Silva, L. D. R. da, Okumura, M. 2018 Classificação e utilização dos artefatos têxteis e trançados dos sítios sob abrigo no norte de Minas Gerais. *Revista de Arqueologia*, 31 (1): 131–150. DOI: 10.24885/sab.v31i1.538.

Smith, B. D. 2011a General Patterns of Niche Construction and the Management of Wild Plant and Animal Resources by Small-scale Pre-Industrial Societies. *Philosophical Transactions of the Royal Society B: Biological Sciences*, 366 (1566): 836-848. DOI: 10.1098/rstb.2010.0253.

Smith, B. D. 2011b A Cultural Niche Construction Theory of Initial Domestication. *Biological Theory*, 6 (3): 260-271. DOI: 10.1007/s13752-012-0028-4.

Smith, M., Fausto, C. 2016 Socialidade e diversidade de pequis (*Caryocar brasiliense*, Caryocaraceae) entre os Kuikuro do alto rio Xingu (Brasil). *Boletim do Museu Paraense Emílio Goeldi. Ciências Humanas* 11 (1): 87-113. DOI: 10.1590/1981.81222016000100006.

Steege, H. t., Pitman, N. C. A., Sabatier, D., Baraloto, C., Salomão, R. P., Guevara, J. E., Phillips, O. L. *et al.* 2013 Hyperdominance in the Amazonian Tree Flora. *Science* 342 (6156): 1243092. DOI: 10.1126/science.1243092.

Steege, H. t., Vaessen, R. W., Cárdenas-López, D., Sabatier, D., Antonelli, A., Oliveira, S. M. de, Pitman, N. C. A., Jørgensen, P. M., Salomão, R. P. 2016 The Discovery of the Amazonian Tree Flora with an Updated Checklist of all Known Tree Taxa. *Scientific reports* 6 (1): 1-15. DOI: 10.1038/srep29549.

Strauss, A. 2016 Os padrões de sepultamento do sítio arqueológico Lapa do Santo (Holoceno Inicial, Brasil). *Boletim do Museu Paraense Emílio Goeldi, Ciências Humanas* 11 (1): 243-276. DOI: 10.1590/1981.81222016000100013.

Terra, M. de C. N. S., Santos, R. M. dos, Leite Fontes, M. A., Mello, J. M. de, Scolforo, J. R. S., Gomide, L. R., Prado Júnior, J. A. do, Schiavini, I., Steege, H. t. 2017 Tree

Dominance and Diversity in Minas Gerais, Brazil. *Biodiversity and Conservation* 26 (9): 2133-2153. DOI: 10.1007/s10531-017-1349-1.

Viveiros de Castro, E. 2002 *A inconstância da alma selvagem e outros ensaios de antropologia.* São Paulo: Cosac e Naify.

Waguespack, N. M. 2007 Why we're still arguing about the Pleistocene occupation of the Americas. *Evolutionary Anthropology: Issues, News, and Reviews: Issues, News, and Reviews* 16 (2): 63-74. DOI: 10.1002/evan.20124.

Wassén, S. H. 1993 Commentaries on Some South American Indian Drugs and Related Paraphernalia. *Revista do Museu de Arqueologia e Etnologia* 3: 147-158.

Watling, J., Shock, M. P., Mongeló, G. Z., Almeida, F. O., Kater, T., Oliveira, Paulo E. de, Neves, E. G. 2018 Direct Archaeological Evidence for Southwestern Amazonia as an Early Plant Domestication and Food Production Centre. *PLoS One* 13 (7): e0199868. DOI: 10.1371/journal.pone.0199868.

Wobst, H. M. 2000 Agency in (spite of) Material Culture. *In:* Marcia-Anne Dobres e John E. Robb (ed.) *Agency in Archaeology.* London: Routledge, p. 40-50.

Zedeño, M. N., Bowser, B. J. 2009 The Archaeology of Meaningful Places. *In:* Zedeño, M. N., Bowser, B. J. (ed.) *The Archaeology of Meaningful Places.* Salt Lake City: The University of Utah Press, p. 1-14.

SOBRE CONTEXTOS E PERGUNTAS: TEORIAS E MÉTODOS NA INTERPRETAÇÃO DO CONTEXTO ARQUEOLÓGICO DO BRASIL CENTRAL NA TRANSIÇÃO PLEISTOCENO/ HOLOCENO

Andrei Isnardis
Lucas Bueno

11.1 A que nos propomos

O propósito deste capítulo é refletir sobre o embasamento teórico das escolhas e suas consequências no processo de produção do conhecimento sobre as ocupações humanas da transição Pleistoceno-Holoceno e do Holoceno inicial, em duas regiões centro-brasileiras: o médio vale do Rio Tocantins e o cânion do Rio Peruaçu. Nas discussões a respeito do povoamento de nosso continente que este volume como um todo empreende, percebemos implicações muito concretas – não poderia ser diferente – da diversidade metodológica com que as regiões que discutimos foram tratadas pelas equipes de arqueólogas(os). Quando nos debruçamos, neste volume e alhures (BUENO, 2005; BUENO; ISNARDIS, 2018; ISNARDIS, 2019; BUENO *et al.*, *neste volume*), sobre a produção arqueológica que tomou como tema os contextos antigos do Brasil Central, tivemos e temos que lidar com realidades distintas de informações disponíveis. Essa heterogeneidade é, em parte, produto da maior ou menor intensidade de análises e publicações sobre certos temas e/ou categorias de vestígios (BUENO; ISNARDIS, 2018; ISNARDIS, 2019) e da profundidade cronológica com a qual as pesquisas realizadas nas diferentes regiões têm se preocupado. Mas, por outro lado, parte crucial dessa heterogeneidade deriva das diferentes abordagens que as diversas equipes desenvolveram. Partindo de perguntas distintas, as(os) pesquisadoras(es) fizeram escolhas diferentes, que, inevitavelmente, geraram resultados diferentes, do mesmo modo que geraram modos distintos de falar dessas regiões e de suas ocupações humanas. Essas diferentes perguntas, por sua vez, são direcionadas por fundamentações teóricas específicas, as quais nem sempre são explicitadas e formuladas de modo claro e direto pelas(os) pesquisadoras(es). Quando nos esforçamos por tecer comparações ou compor hipóteses que envolvam as diferentes áreas centro-brasileiras, temos que lidar com isso muito concretamente. Isto, no entanto, não quer dizer absolutamente que os dados gerados sejam incompatíveis. O que pretendemos mostrar aqui é que podemos colocar esses dados para dialogar, formulando novas perguntas, por sua vez embasadas em outros pressupostos teóricos. Mas, para tudo isso, é preciso saber em que chão pisamos, o que está sobre a mesa.

A fim de refletir sobre essas escolhas, seus embasamentos, implicações e desdobramentos, optamos aqui por tomar duas das regiões, que contrastam intensamente quanto às condições, aos métodos e à problemática de pesquisa tecidos pelas(os) pesquisadoras(es) e nas quais ambos os autores estiveram diretamente envolvidos: o vale cárstico do Rio Peruaçu, na região do Alto-Médio São Francisco, e a região do Lajeado, no médio curso do Rio Tocantins. O Lajeado e o Peruaçu têm histórias bastante distintas do desenvolvimento das pesquisas arqueológicas, viveram relações diferentes com as pessoas que neles pesquisaram e, é sobretudo este o interesse aqui, foram abordados e tratados de modos bastante diferentes no processo de construção de conhecimento arqueológico. Na medida em que a discussão dessas duas áreas se insere em nossas discussões sobre o povoamento, em especial sobre as ocupações humanas do fim do Pleistoceno e do Holoceno inicial, faremos também referências a outras áreas arqueologicamente relevantes para esse período, no Brasil Central.

As pesquisas no Peruaçu se inserem num quadro de estudos realizados no centro e no norte de Minas Gerais, conduzidas pelo Setor de Arqueologia do Museu de História Natural e Jardim Botânico da UFMG. A maior parte das escavações nos sítios do Peruaçu esteve sob a coordenação geral de André Prous, coordenador geral da equipe, concentrando-se nos decênios de 1980, 1990 e 2000. O sítio mais intensa e longamente escavado, sob a coordenação direta de Prous em todas as etapas, foi a Lapa do Boquete – aquele de onde provêm as datas mais antigas da área. Também tiveram diversos metros quadrados escavados a Lapa dos Bichos, sob a coordenação direta de Renato Kipnis (em cooperação com Prous e de forma independente, já então com questões teóricas distintas), e a Lapa do Malhador[35], com coordenação, nos anos de 1980, de Paulo Junqueira

---

[35] A lapa é nomeada em algumas publicações também como "Abrigo do Malhador". "Lapa" é o termo regional para abrigos e demais cavidades naturais, equivalente ao termo "toca" do Sertão do Piauí e do termo "vão" do Sertão do Tocantins.

e, a seguir, de Mônica Schlobach, em cooperação com Prous. Os levantamentos de sítio, que discutiremos adiante, identificaram no decorrer dos anos de trabalho cerca de 80 sítios arqueológicos, numa área que se restringe efetivamente a menos de 40 km.

As pesquisas no Lajeado tiveram início em 1996, com os trabalhos de diagnóstico relacionados à construção da UHE Lajeado e continuaram, a partir de 1998, através do projeto de Salvamento Arqueológico vinculado a este empreendimento[36], coordenado pelos doutores Paulo DeBlasis e Erika Robrahn- Gonzalez, através de uma parceria entre a Universidade de São Paulo e a empresa Documento Arqueologia (DEBLASIS; ROBRAHN-GONZALEZ, 1996, 1998). Os trabalhos relacionados ao salvamento se desenvolveram entre 1998 e 2003 e resultaram na identificação de mais de 400 sítios arqueológicos, distribuídos pelas áreas de impacto direto e indireto desse empreendimento, o que envolve, aproximadamente, uma área de 750 km. Destes 400 sítios, a região do Lajeado representou a área de maior concentração, com cerca de 120 sítios arqueológicos. Foram realizadas duas pesquisas de doutorado e três de mestrado[37] durante a realização deste projeto de salvamento e a ele vinculadas (DEBLASIS; ROBRAHN-GONZALEZ, 2003). Após o término dos trabalhos de salvamento e da defesa de doutorado de um de nós (BUENO, 2005), a pesquisa na região teve continuidade no âmbito acadêmico com a realização de uma série de projetos de pesquisa coordenados por um de nós (LB), os quais serão detalhados adiante. Com este histórico, a amostra hoje disponível foi composta através de diferentes escolhas, perguntas, embasamentos teóricos e procedimentos metodológicos. Mas, conforme discutiremos adiante, apesar das variações, podemos vislumbrar uma linha condutora no desenvolvimento dos trabalhos, principalmente ao contrastarmos as escolhas que marcaram as pesquisas nas duas áreas em discussão neste capítulo.

---

[36] A Usina Hidrelétrica do Lajeado foi renomeada na década de 2000 como Usina Hidrelétrica Luis Eduardo Magalhães.

[37] Dissertações de Júlia Berra ("A Arte Rupestre da Serra do Lajeado, Tocantins" [Berra, 2003]), de Flávia Mói ("Organização e uso do espaço em duas aldeias Xerente: um enfoque etnoarqueológico" [Moi, 2003]) e de Elisangela Oliveira ("Aspectos da interação cultural entre grupos ceramistas pré- coloniais do médio curso do rio Tocantins" [OLIVEIRA, 2005]); teses de Lucas Bueno ("Variabilidade tecnológica nos sítios líticos do Lajeado, médio rio Tocantins" [BUENO, 2005]) e de Walter Morales ("12.000 anos de ocupação: um estudo de arqueologia regional na bacia do córrego Água Fria, médio curso do rio Tocantins" [MORALES, 2005]).

11.2 A relação entre arqueólogas(os), sítios e vestígios

11.2.1 No Lajeado

Durante os trabalhos ligados ao salvamento da área afetada pela construção da hidrelétrica do Lajeado, conforme dito, foram desenvolvidas três dissertações de mestrado e duas teses de doutorado. Assim, para além das áreas direta e indiretamente afetadas, houve trabalhos de diferentes naturezas e intensidade em áreas adjacentes aquela relacionada à construção da usina e implantação de seu vasto reservatório.

Figura 11.1 – Sítios Arqueológicos da bacia do Rio Tocantins. Destaque para a área de pesquisa no Lajeado

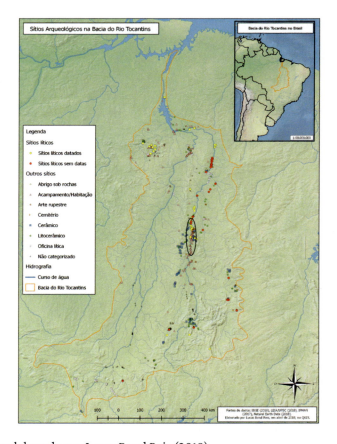

Fonte: mapa elaborado por Lucas Bond Reis (2018)

A região do Lajeado envolve um recorte que inclui parte de três municípios: Miracema do Tocantins, Lajeado e Palmas (Figura 11.1). Dentro destes três municípios, há ainda uma outra sub-divisão, fortemente influenciada por dois fatores: vínculo ao projeto de consultoria e configuração ambiental local. Em função destes dois aspectos, quando nos referimos à região do Lajeado, estamos focando especialmente no vale do rio Tocantins, incluindo seus terraços e a área delimitada, na margem direita, pela serra do Lajeado e, na margem esquerda, por uma série de morrotes elevados, que envolvem uma sequência de paleoterraços e paleodunas. Ou seja, a grande maioria dos sítios que compõem nossa amostra se distribui ao longo da calha do Rio Tocantins (Figura 11.2), sendo possível avistar o rio de praticamente todos estes sítios (salvo por questões de cobertura vegetal)[38]. É nessa região que se encontra também o eixo da barragem da Usina Hidrelétrica do Lajeado, área que recebeu abordagem intensiva durante os trabalhos de consultoria e que coincide com a foz do rio Lajeado no rio Tocantins (Figura 11.2).

---

[38] Este é um elemento importante para as comparações tecidas em relação ao conjunto de sítios do vale do Peruaçu, cuja inserção na paisagem é significativamente distinta. O relevo do Peruaçu compartimenta fortemente o espaço, restringindo muito a visibilidade entre os sítios e mesmos dos percursos que os ligam.

Figura 11.2 – A) Calha do Rio Tocantins entre os municípios de Palmas e Lajeado; B) Foz do Rio Lajeado. (C) Praia no Rio Tocantins, próximo à oz do Rio Lajeado; (D) Ilha no Rio Tocantins próximo ao município do Lajeado

Fonte: fotos de Lucas Bueno (1999)

A fim de exemplificar a perspectiva que norteou as intervenções de campo, apresentamos de forma mais detalhada o procedimento adotado no âmbito do projeto de consultoria para a área do eixo da barragem (ROBRAHN-GONZALEZ; DEBLASIS, 1997). Os trabalhos desenvolvidos na área do eixo da barragem envolveram prospecções sistemáticas e intensivas na Área Diretamente Afetada (ADA) e extensivas nas porções adjacentes ao eixo, no leito do Tocantins e na Área Indiretamente Impactada (AII).

Segundo Robrahn-Gonzalez e DeBlasis (1997: 120), as prospecções sistemáticas na ADA tinham por objetivo obter uma "estimativa bastante precisa da quantidade, variedade e distribuição dos sítios na área do eixo da barragem e seu entorno imediato, de modo analisar suas evidências de concomitância, articulação e integração". Para tanto, optou-se por um método de cobertura total, aliando levantamentos sistemáticos tanto de superfície quanto de sub-superfície. Este procedimento foi adotado exclusivamente na ADA e os trabalhos consistiram em traçar linhas transversais ao rio, saindo de sua margem em direção à escarpa da serra. Estas linhas foram dispostas em intervalos de 50 metros e, ao longo delas, foram feitas intervenções em sub-superfície de 1m^2 a cada 50 metros. A escavação seguiu em níveis artificiais de 10 cm. A profundidade das sondagens variou, alcançando em média 1,5 m, mas podendo chegar até 2,5m. A área onde esta metodologia foi adotada envolveu a abertura de 209 sondagens distribuídas em 17 linhas (ROBRAHN-GONZALEZ; DEBLASIS, 1997: 13).

Complementando estas intervenções sistemáticas, procedeu-se nesta área a uma varredura ampla dos barrancos, ilhas e praias do rio Tocantins, articulando intervenções de superfície e sub-superfície (Figuras 11.2 c e 11.2 d).

> No caso das prospecções extensivas o procedimento consistiu em percorrer a área ao longo de toda sua extensão, procurando cobrir pontos diferenciados da paisagem, da beira do Tocantins até os limites fixados no interior. Não se procurou esgotar a área, mas sim investigá-la como um todo, nas suas variações topográficas e micro- ambientais e examinar a natureza, distribuição e contexto dos vestígios arqueológicos presentes. Foram assim realizados caminhamentos em pontos diferenciados da paisagem: terraços, elevações, patamares de vertente e porções próximas à serra (ROBRAHN-GONZALEZ; DEBLASIS, 1997, p. 16).

No caso da Área Indiretamente Impactada, as prospecções foram direcionadas para o reconhecimento de evidências arqueológicas ausentes ou pouco representadas na área do eixo, que complementassem o universo de sítios trabalhados, o que levou à identificação de sítios em abrigo na serra do Lajeado e sítios cerâmicos implantados em áreas mais recuadas. (ROBRAHN-GONZALEZ; DEBLASIS, 1997: 17).

O conjunto total de procedimentos aplicados à área direta e indiretamente afetada pela construção do eixo da barragem resultou na identificação de 51 sítios, incluindo uma grande diversidade com relação a tamanho, composição, forma e implantação, garantindo representatividade, por exemplo, para sítios a céu aberto e em abrigo, sítios de superfície e enterrados e sítios em ilhas e praias do rio Tocantins. Dentre este conjunto destaca-se a presença de dois sítios enterrados, cuja identificação só foi possível devido à realização das intervenções sistemáticas de sub- superfície, uma vez que nenhum deles apresentava vestígios em superfície (ROBRAHN-GONZALEZ; DEBLASIS, 1997). Um destes sítios – Lajeado 18 – forneceu a primeira data referente ao Holoceno Inicial para a área, demonstrando o potencial da abordagem, em termos metodológicos, e da área, em termos de problemas de pesquisa.

Como fica evidente na descrição desses procedimentos, o objetivo principal foi constituir uma amostra significativa da diversidade de sítios em termos de implantação, morfologia e composição. A mesma lógica – amostrar a diversidade – foi seguida nas intervenções intra-sítio, que envolveram a combinação de intervenções em superfície e sub-superfície com diferentes dimensões. Durante essas intervenções, todo o material identificado nas áreas selecionadas foi coletado, obtendo-se assim uma amostra significativa em termos de diversidade de vestígios intra e inter sítios (ROBRAHN-GONZALEZ; DEBLASIS, 1997).

Esta metodologia foi replicada para as demais áreas abrangidas pela construção da Usina Hidrelétrica do Lajeado, embora não com a mesma intensidade. Mas o princípio definidor da estratégia amostral – garantir a representatividade dos diferentes compartimentos da paisagem e quantificar em termos regionais e locais a dimensão da amostra - foi mantido. Isso significa dizer, em escala macro, que se selecionou uma porcentagem da área para realizar de forma sistemática esse conjunto de intervenções e, em escala micro, que se procurou definir o tamanho dos sítios identificados e realizar um conjunto de intervenções que garantissem uma estimativa quantitativa da área amostrada, de modo a gerar conjuntos arqueológicos comparáveis.

A adoção desta metodologia para toda a área abrangida pelo trabalho de consultoria resultou, conforme já mencionado, em uma amostra de cerca de 400 sítios arqueológicos (DEBLASIS; ROBRAHN-GONZÁLEZ, 2003). Esta amostra foi pautada pela diversidade de implantação, composição, tamanho e forma, como já frisamos, mas cabe destacar que a grande maioria dos sítios, mais de 90%, corresponde a sítios a céu aberto. Outra característica compartilhada pela maioria dos sítios é o fato de corresponderem a sítios de superfície, sem a presença de vestígios enterrados. Também majoritária foi a presença de sítios nos quais havia de forma exclusiva a presença de materiais líticos. No entanto, embora estas tenham sido as características majoritárias, sítios com cerâmica, sítios com arte rupestre (sejam abrigos na escarpa da serra com pintura ou afloramentos rochosos no leito do rio com gravuras), sítios em abrigo ou ainda sítios a céu aberto com vestígios em sub-superfície estiveram também representados no conjunto da amostra. Categorias de vestígio ausentes ou discretamente representadas nessa amostra envolvem aqueles de natureza orgânica: ossos e vegetais. Não há, por exemplo, nenhum registro de sepultamentos humanos identificados nos sítios trabalhados. A amostra de material faunístico e botânico é proveniente das poucas e pequenas intervenções realizadas nos abrigos, salvo exceções em alguns poucos sítios a céu aberto com material em sub-superfície (BUENO, 2005; MORALES, 2007). Cabe aqui destacar que, durante o trabalho de consultoria, embora sítios em abrigo tenham sido identificados, as intervenções relativas a escavações foram pontuais, com áreas pequenas de escavação. O foco da atenção nos abrigos foi o estudo dos registros rupestres, conduzidos por Julia Berra em sua dissertação de mestrado.

A exposição da metodologia aplicada e do conjunto amostral resultante é fundamental para a discussão proposta neste artigo, pois contribui para uma melhor compreensão de um aspecto ímpar atribuído à região do Lajeado, no que se refere ao contexto arqueológico do Brasil Central no Holoceno inicial: esta é a única região para a qual dispomos de uma amostra significativa de sítios associados a este contexto e implantados a céu aberto (BUENO; ISNARDIS, 2018; ISNARDIS, 2019).

Terminado o projeto de consultoria e os trabalhos acadêmicos a ele relacionados, a pesquisa teve continuidade na área a partir de distintos projetos acadêmicos coordenados por um de nós (LB) desde 2007.

Em 2007, os trabalhos de campo foram retomados na região, com a delimitação de uma área de pesquisa com cerca de 80 km norte/sul, por 40 km leste/oeste, abrangendo parte dos municípios de Miracema do Tocantins, Lajeado e Palmas. A pesquisa "Territorialidade e Diversidade Cultural no Planalto Central Brasileiro: o contexto arqueológico do Lajeado, Tocantins"[39], teve dentre seus objetivos ampliar a prospecção na margem esquerda do rio Tocantins, próximo à região de Miracema do Tocantins, e retomar a escavação de abrigos na serra do Lajeado. Este projeto resultou na identificação de mais 10 sítios a céu aberto com vestígios enterrados a mais de 2,0 m de profundidade, com as mesmas características de composição e implantação dos sítios Miracema do Tocantins 1 e 2, escavados no âmbito do trabalho de salvamento, e na escavação de dois sítios em abrigo – Jibóia e Vão Grande. Este projeto foi desenvolvido entre 2007 e 2009. As atividades tiveram continuidade na

---

[39] Edital Fapemig 19/2006 – Programa de Infra-estrutura para Jovens Pesquisadores.

região com o projeto "Tecnologia e Território. Dispersão e Diversificação no povoamento do Planalto Central Brasileiro", o qual envolveu a escavação de novos sítios a céu aberto na região de Miracema do Tocantins (sítio Miracema do Tocantins 5) e em abrigo sob rocha na serra do Lajeado (abrigos Jibóia e Jon)[40]. Este projeto teve duração de dois anos, encerrando-se em dezembro de 2012. Entre 2013 e 2018, continuamos com a pesquisa na região através da dissertação de mestrado de Fernanda Rodrigues de Lima, das teses de doutorado de Ariana Braga e Juliana Betarello[41]. A primeira teve como foco um estudo geoarqueológico sobre a formação do sítio Miracema do Tocantins 1 e sua relação com a dinâmica de formação da paisagem regional. A segunda trabalhou com os registros rupestres da região, estabelecendo uma comparação entre as gravuras identificadas em sítios localizados em afloramentos rochosos no leito do rio Tocantins e as pinturas identificadas nos sítios em abrigo da serra do Lajeado. A terceira estabeleceu uma análise e comparação da organização tecnológica relacionada a conjuntos líticos provenientes de sítios arqueológicos da região do lajeado e do alto vale do rio Tocantins, datados entre o Holoceno Inicial e Médio.

Desde março de 2019, retomamos as atividades de pesquisa na área através do projeto *People in the move: peopling, abandonment, and territoriality in the occupation process of Central Brazilian Plateau*[42].

De um modo geral, estes projetos foram orientados por dois objetivos: 1.) desenvolver atividades sistemáticas em sítios arqueológicos localizados em compartimentos da paisagem pouco representados na amostra disponível, o que significa dizer, realizar escavações em abrigos sob rocha; 2.) refinar a cronologia disponível para a área de pesquisa – o que significa dizer escavar novos sítios assentados em paleo-dunas na margem esquerda e ampliar as escavações em sítios já escavados. Além destes dois objetivos principais, outras questões como a relação entre ocupação do abrigo e arte rupestre, ampliação da prospecção em compartimentos específicos e compreensão da dinâmica de evolução da paisagem regional estiveram também presentes.

---

[40]   Edital Universal CNPq 14/2010 – Chamada Universal.

[41]   Lima, Fernanda 2015 "Interpretação paleogeográfica de sítios arqueológicos em solos arenosos: o caso do sítio MT1 na bacia do médio rio Tocantins (TO)." Orientação Dra. Selma Simões de Castro, PPG/UFG; Braga, Ariana, 2015 "Paisagens e Técnicas Distintas, Motivos Semelhantes. A dispersão da Arte-Rupestre no Médio Vale do Rio Tocantins.", Orientação Maria Emília Simões de Abreu, UTAD/Portugal; Betarello, Juliana (em andamento) "O povoamento do vale do rio Tocantins, no planalto central brasileiro: o espaço, o tempo e a tecnologia." Orientação Lucas Bueno, PPGH/UFSC.

[42]   Wenner-Gren Foundation, 2019-2024.

Assim, nos dois projetos realizados entre 2007 e 2012, procedemos à ampliação da prospecção na região de Miracema do Tocantins e na serra do Lajeado e escavamos sítios arqueológicos implantados nestes dois locais.

Com esta trajetória, a pesquisa na área do Lajeado passou por diferentes orientações teóricas e metodológicas que, no entanto, compartilham uma orientação central: compreender a articulação dos sítios em escala local e regional, discutindo assim a dinâmica de ocupação e as histórias territoriais constituídas pelos grupos humanos que ocuparam a região entre o Holoceno Inicial e Médio.

O desenvolvimento dessas pesquisas foi responsável por gerar um quadro cronológico que indica uma história indígena de longuíssima duração na região, cujo início se dá em torno dos 12.000 anos cal. AP até o presente, representado pela ocupação atual de grupos Xerente na região de Tocantínia e rio do Sono.

Através da realização de uma análise tecnológica dos conjuntos líticos de todos os sítios localizados na região do lajeado procuramos (LB) estabelecer conexões entre eles e a paisagem, tanto do ponto de vista espacial quanto cronológico. Partindo da análise dos conjuntos para os quais dispúnhamos de referências cronológicas absolutas, definimos características tecnológicas marcantes para cada período que nos possibilitassem associar sítios a céu aberto e de superfície a estes diferentes períodos de ocupação da região. Trabalhando com os conceitos de organização tecnológica (NELSON, 1991), características de performance (SCHIFFER; SKIBO, 1997), sistema tecnológico (LEMONIER, 1992) procuramos integrar estes sítios entre si e na paisagem, discutindo as características dos sistemas tecnológicos e suas transformações ao longo do tempo (BUENO, 2005, 2007a). Especificamente para o período mais antigo de ocupação da região, apresentamos a proposta de vinculação do conjunto de sítios a uma dinâmica de ocupação da área do tipo logístico (BINFORD, 1979, 1980), representando parte do território ocupado por grupos caçadores-coletores ao longo do seu ciclo de mobilidade anual.

11.2.2 No Peruaçu

O Peruaçu inicia seu curso em terrenos areníticos, onde não há afloramentos rochosos, numa área arqueologicamente pouco conhecida. Adentrando no calcário, o pequeno rio e suas drenagens afluentes compõem uma paisagem cárstica, que se estende por pouco mais de 20 km em linha reta, até atravessar por completo a pacote de rochas carbonáticas e serpentear pela depressão do rio São Francisco, que o recebe em sua margem esquerda. No trecho de rochas calcárias, o Peruaçu compõe um vale cárstico de formas monumentais (Figuras 11.3), constituídas por um cânion principal, correspondente a seu curso perene atual, e por cânions secundários de pequenos afluentes, assim como poliés justapostos ao cânion principal. Muito acidentada, a paisagem cárstica local oferece um enorme número de abrigos rochosos, que se distribuem por todas as porções do relevo cárstico. A vegetação acompanha a compartimentação intensa do relevo: nos solos acima do pacote calcário, onde se veem, por vezes, residuais cumes areníticos, desenvolve-se o Cerrado *stricto sensu*; nas vertentes do cânion e sobre os afloramentos calcários, a Mata Seca (fitofisionomia caducifólia do Cerrado); no fundo dos vales, uma mata de galeria (semidescídua, com espécies de Mata Atlântica). Os sítios arqueológicos, no trecho cárstico da bacia do rio, não se distribuem em eixos, mais sim em uma malha multifacetada, com numerosos caminhos de interligação possíveis e obstáculos monumentais, entre os paredões rochosos.

Portanto, trata-se de um cenário muitíssimo diferente daquele da região do Lajeado, com uma distribuição de sítios na paisagem radicalmente diversa. Mas essa é uma das questões: sabemos de fato, no Peruaçu, como os sítios se distribuem na paisagem?

Figura 11.3 – O vale cárstico do Rio Peruaçu: A) paredes do cânion principal e torre-testemunho; B) vista parcial da área abrigada da Lapa do Caboclo (a parede à direita é o principal painel de pinturas); C) vista parcial da área interna da Lapa de Rezar (com detalhe destacando pesquisadora como escala); D) vista interna parcial da Gruta do Janelão, o mais longo trecho subterrâneo do curso do Rio Peruaçu

Fonte: foto A de Rogério Tobias Júnior (2008) e Fotos B, C e D de Andrei Isnardis (2019). Elaborado pelos autores (2021).

No decorrer dos anos, construiu-se uma amostra de mais de 80 sítios arqueológicos identificados no cânion do Peruaçu – até o ano de 2004 (ISNARDIS, 2004)[43]. Dos mais de 80 sítios identificados ao longo das pesquisas acadêmicas, apenas quatro são a céu aberto (PROUS, 1996/97; RODET, 2006; RODET; PROUS, 2000). As prospecções que geraram a identificação dos sítios foram em grande medida baseadas em informações orais. Caminhamentos sistemáticos foram realizados em certas áreas, sobretudo no entorno dos sítios conhecidos pela população local. Num trabalho de 2004, um de nós destacou como certos setores do cânion nunca haviam sido objeto de prospecções sistemáticas e como

---

[43] Foram localizados outros 65 sítios nos esforços de elaboração do plano de manejo do Parque (IBAMA, 2005), o que inclui o cânion, o alto curso do Peruaçu e também as áreas de entorno.

não havia uma amostragem estratificada conforme as diferentes feições ou compartimentos do relevo (ISNARDIS, 2004). Pode-se observar facilmente no mapa do cânion (Figura 11.5) como uma parte bastante significativa dos sítios conhecidos se concentra no entorno das fazendas contemporâneas[44]. Na década passada, conduzimos esforços modestos (em função da escassez de recursos naquele momento) para estender a amostra a setores de mais difícil acesso, tendo como objetivo o estudo dos padrões de escolha de sítios a pintar pelos diversos conjuntos estilísticos de pinturas e gravuras rupestres definidos no vale (vide ISNARDIS, 2009b, 2004). Nesse esforço, registrado com mais sistemática do que os levantamentos dos anos de 1980 e 90, pudemos ver como a densidade de sítios em abrigos, nas áreas não conhecidas, era tão elevada quanto nos setores mais conhecidos. De fato, o registro das prospecções anteriores a 2003 é muito escasso, sem que seja possível avaliar com precisão as áreas cobertas e os caminhamentos realizados, embora se possa considerar que o entorno imediato dos sítios conhecidos tenha sido coberto por caminhamentos prospectivos.

Durante o decênio de 1980, quando já se percebia a grande densidade de sítios na região, foram realizadas sondagens em diversos deles, de amplos e regulares pacotes sedimentares, a fim de se eleger qual ou quais seriam alvo de esforços de escavação mais intensos. Contudo, alguns grandes abrigos, com amplas e regulares superfícies sedimentares e diferentes inserções na paisagem do Vale, nunca foram objeto de escavações sistemáticas. Sondagens foram feitas nas lapas da Hora, do Caboclo, do Boquete, do Índio, do Malhador e dos Bichos (PROUS e RODET, 2009). Foi então selecionada a Lapa do Boquete para escavações mais amplas, tendo em vista a riqueza de seus depósitos em termos de: conteúdo e estado de conservação de materiais orgânicos nas camadas superiores; abundância e sofisticação do material lítico nas camadas inferiores; nitidez, regularidade e variedade das camadas estratigráficas; profundidade do pacote sedimentar. Prous coordenou diretamente as escavações na Lapa do Boquete, em todas as etapas de campo, que se estenderam de 1988 a 1997.

---

[44] O cânion do Peruaçu é hoje o Parque Nacional Cavernas do Peruaçu. Referimo-nos, portanto, às fazendas anteriores à criação do parque.

Figura 11.4 – Mapa do relevo cárstico do cânion do Peruaçu, com indicação dos sítios arqueológicos cadastrados.

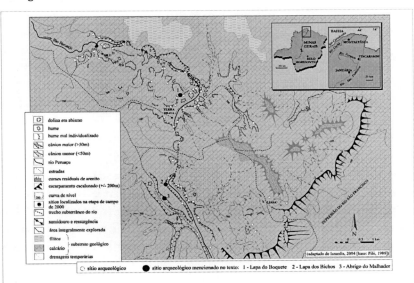

Fonte; Adaptado de Isnardis (2004) e Piló (1989) por Isnardis (2020).

O Abrigo do Malhador, depois de ser objeto de escavações coordenadas por Paulo Junqueira, nos anos de 1980, foi também escolhido para escavações ampliadas nos anos de 1990, sob coordenação direta de Mônica Schlobach e supervisão de Prous (PROUS e RODET, 2009). O terceiro sítio com superfícies mais expressivas escavadas foi a Lapa dos Bichos, sob coordenação de Renato Kipnis, na segunda metade dos anos de 1990. Os anos de 1997 a 1999 viram escavações no sítio a céu aberto Terra Brava e na área a céu aberto imediatamente diante da Lapa do Boquete, coordenadas por Prous (PROUS, 1996/97; RODET; PROUS, 2000; RODET; RODET, 2004; PROUS; RODET, 2009)[45]. No decorrer do decênio de 1990 e nos primeiros anos do século XXI, coletas sistemáticas a céu aberto foram conduzidas no sítio Olha Aqui, no sítio da Liasa e no sítio do Judas – o primeiro num trecho do vale do Peruaçu a montante do cânion, o segundo numa área alargada no interior do cânion e o terceiro no topo do relevo cárstico do cânion, área de cerrado *stricto sensu* (PROUS, 1996/97; RODET, 2006).

---

[45] A aparente incoerência entre os anos das atividades e as datas da publicação das referências em que nos baseamos decorre do fato do periódico Arquivos do Museu de História Natural ter optado por manter sua periodização e não o ano real de sua publicação. A citação referida como 1996/97 foi de fato publicada em 2001.

A Lapa do Boquete proveu os materiais mais expressivos para a discussão das ocupações humanas no Pleistoceno final e no Holoceno inicial (Figuras 11.5). Ali foi recuperada uma abundante indústria lítica, com expressiva presença de artefatos plano-convexos e lascas diversas (associadas e não associadas à produção desses artefatos, assim como lascas de produção de artefatos bifaciais), um fragmento de artefato bifacial delgado (ponta de projétil) e alguns pouco numerosos núcleos (PROUS et al., 1992; FOGAÇA, 2001). Integram o contexto das ocupações mais antigas restos vegetais carbonizados (sobretudo frutos de palmáceas e sementes de jatobá) e restos faunísticos não muito numerosos (majoritariamente de espécies pequenas e medianas, possíveis frequentadoras naturais do abrigo, mas também fauna seguramente levada pelas pessoas) (VELOSO; RESENDE, 1992; KIPNIS, 2002a, 2009). Nas camadas inferiores, estruturas de combustão nítidas e com inserção estratigráfica clara proveram amostras que foram datadas na faixa de 14.000 a 9.000 BP (calibrados). Ao longo da estratigrafia, observam-se ocupações de todos os milênios desde 14.000 BP até o presente.

Figura 11.5 – Imagens de escavações na Lapa do Boquete: A) vista parcial da área abrigada, com a área de escavação central; B) escavação do Sepultamento IV da Lapa do Boquete, com indicação de seus acompanhamentos funerários

Fonte: fotos de A. Isnardis (1995)

ARQUEOLOGIA DO POVOAMENTO AMERICANO: CONTRIBUIÇÕES A PARTIR DO CONTEXTO BRASILEIRO

A indústria lítica desse sítio foi objeto de diversas análises e publicações[46], cuja ênfase recaiu sobre os métodos de lascamento, a construção e reforma dos artefatos, a seleção das matérias-primas e também incluiu análises traceológicas microscópicas (PROUS *et al.*, 1992; ALONSO, 2014), concentrando-se fortemente nos materiais dos níveis entre 14.000 e 9.000 BP. Foi nas análises do material lítico da mais antiga camada sedimentar da Lapa do Boquete que Fogaça pôs em evidência a ideia da multifuncionalidade dos artefatos plano-convexos, bem como demonstrou que sua variabilidade formal era em parte decorrente de sucessivas reformas, transformadoras de seus volumes (FOGAÇA, 1995, 2001, 2003) – elementos que viriam a constituir argumentos importantes para a discussão da natureza das semelhanças e das diferenças entre as indústrias líticas centro-brasileiras antigas, que Schmitz havia proposto que se agrupassem sob uma mesma unidade classificatória (adiante o ponto será retomado).

Outros vestígios da Lapa do Boquete também foram analisados extensamente, embora à extensão da análise nem sempre correspondam publicações na mesma medida; esse é o caso dos materiais vegetais do sítio, especialmente exuberantes nas camadas do Holoceno superior, mas frequentes desde os níveis pleistocênicos (PROUS e RODET, 2009; RESENDE; CARDOSO, 2009). Na Lapa do Boquete está evidente a relevância da coleta de vegetais desde as mais antigas ocupações. O sítio tem um magnífico potencial para análises sobre a domesticação de vegetais, o manejo de vegetais silvestres e as muitas possíveis formas de combinação entre cultivo e coleta, mas esse potencial foi até o presente momento sub-explorado. Análises genéticas de dois dos principais cultígenos, feijão (*Phaseolus vulgaris*) e milho (*Zea mays*) foram produzidas, rastreando sua afinidade genética com variedades de outras regiões do continente (FREITAS, 2009).

A Lapa dos Bichos foi objeto de análises arqueobotânicas mais consistentes, por meio da pesquisa de Myrtle Shock (2010), que discutiu em profundidade as diferentes maneiras de relações com as plantas, explorando os cultivos antigos e a coleta.

Os materiais orgânicos utilizados como suporte para produção de artefatos, também especialmente abundantes na Lapa do Boquete, foram

---

[46] Para não sobrecarregar o texto com as referências bibliográficas dessa produção, aqui estão elas: ALONSO, 2014; ALONSO *et al.*, 1995; FOGAÇA, 1995, 2001, 2003; FOGAÇA *et al.*., 1997; PROUS 1991; PROUS *et al.*, 1992; PROUS e FOGAÇA, 1999; PROUS e RODET, 2009; RODET, 2005, 2009.

descritos, porém com poucas discussões que os integrassem aos demais elementos do sítio (PROUS, 2009), com exceção das contas de colar, que foram objeto de um estudo específico, interessado na articulação com os demais elementos do contexto (DUTRA, 2013). Estruturas complexas, contendo materiais vegetais (e outros elementos) foram descritas e discutidas (PROUS *et al..*, 1994; RESENDE; CARDOSO, 2009; DUTRA, 2017; DUTRA; OKUMURA, 2018), inseridas no horizonte de horticultores ceramistas.

A fauna recebeu efetiva atenção na pesquisa de doutorado de Kipnis (2002a) e em consequentes publicações do mesmo autor (KIPNIS, 2002B, 2009). Ali, a fauna das lapas dos Bichos e do Boquete são discutidas na perspectiva de identificar as estratégias de caçadores-coletores que caracterizariam as ocupações mais antigas do Peruaçu. A conclusão é pelo entendimento de que se tratavam de caçadores-coletores de perfil generalista, não dedicados à captura de animais de maior porte (KIPNIS, 2002a, 2009).

A pesquisa que mais concretamente integra diferentes sítios do Peruaçu é a tese de Maria Jacqueline Rodet (2006), que procura caracterizar comparativamente as indústrias dos distintos sítios escavados no Vale, ao longo de todo a sua profunda cronologia de ocupações humanas pré-coloniais. Em seu trabalho, os sítios arqueológicos a céu aberto e aqueles em abrigos rochosos são comparados com a atenção voltada às indústrias líticas, a partir dos produtos, técnicas e métodos de lascamento, apontando afinidades, diferenças e possibilidades de complementariedade entre eles. A autora também retoma um esforço integrativo dos sítios em outra produção posterior (FREITAS; RODET, 2010), de que trataremos adiante.

As análises dos contextos do Pleistoceno final e do Holoceno inicial tiveram muito maior desenvolvimento do que aquelas das ocupações do Holoceno médio e superior. Apesar da grande abundância de materiais dos últimos dois milênios, não há análises que os integrem, apenas análises com recortes temáticos pontuais, aliás, recortes temáticos que correspondem, sempre, a categorias específicas de vestígios. Os estudos sobre materiais cerâmicos são tímidos, se comparados seja à produção sobre as indústrias líticas antigas, seja a seu potencial contextual (MELLO, 2009; CARVALHO, 2009; RESENDE; CARDOSO, 2009).

As estruturas funerárias foram encontradas no Vale em contextos cronológicos diferentes, embora predominem numericamente os sepultamentos dos contextos de horticultores e ceramistas, posteriores a 2000 BP (PROUS; SCHLOBACH, 1997). Entre os sepultamentos deste horizonte, que incluem menos de uma dezena de casos, concentrados nas lapas do Boquete e do Malhador, há mulheres e homens adultos, assim como crianças de diferentes idades. É notável que o acompanhamento cerâmico dos sepultamentos não inclua urnas funerárias, sendo os corpos depositados em posição primária diretamente no solo ou envoltos por palha, estando a cerâmica presente em recipientes pequenos; a exceção é o sepultamento de uma das crianças (PROUS; SCHLOBACH, 1997). Os sepultamentos apresentam riquíssimo acompanhamento (artefatos em madeira, cestaria, cerâmica, instrumentos de concha, de pedra polida, resina, muitas fibras vegetais trançadas), em extraordinário estado de conservação (incluindo por vezes grandes porções da pele, tendões e cabelos dos corpos inumados) (PROUS; SCHLOBACH, 1997). Análises bioantropológicas, morfológicas e paleopatológicas, foram realizadas, com resultados notáveis (NEVES *et al.*, 2009; MENDONÇA DE SOUZA *et al.*, 2009), como uma inesperada identificação de *Trypanosoma cruzi* (MENDONÇA DE SOUZA *et al.*, 2009). A bibliografia, porém, avança pouca nos esforços interpretativos dos contextos funerários e sua possível integração aos demais elementos das ocupações[47].

Uma dimensão dos abundantes vestígios arqueológicos do Peruaçu que recebeu forte atenção das(os) pesquisadoras(es) foi seu exuberante acervo de grafismos rupestres. Nas várias dezenas de sítios com pinturas e gravuras, a maior parte do investimento analítico esteve direcionado para a construção da chamada *cronoestilística* – proposição de variantes temático-estilísticas, classificadas e arranjadas em cronologia relativa (PROUS *et al.*, 1984; PROUS; JUNQUEIRA, 1995; RIBEIRO; ISNARDIS, 1996/97 [2001]; ISNARDIS, 2004, 2009B; RIBEIRO, 2006, 2008). Produziu-se uma farta documentação dos acervos gráficos rupestres, com o emprego recorrente de cópia 'integral'[48] dos painéis grafados. Diversos sítios do Vale excedem

---

[47] Não podemos deixar de registrar, com grande tristeza, o severíssimo impacto que esse acervo de materiais arqueológicos orgânicos sofreu com o incêndio na Reserva Técnica 1 do Museu de História Natural e Jardim Botânico, em junho de 2020. Uma parte muito significativa da capacidade desse acervo de agir sobre nós, nos provocando, nos estimulando e nos ajudando a contar histórias e a refletir sobre nós mesmas(os), foi perdida. Quando somado ao incêndio do Museu Nacional do Rio de Janeiro, o caso do MHNJB da UFMG nos mostra a seriedade do risco que as instituições museológicas sempre correram e seguem correndo, no momento em que publicamos este livro, em função do pouco interesse e investimento na gestão e proteção do patrimônio, assim como nas universidades públicas – ambos são museus universitários.

[48] Por "integral" entenda-se, neste contexto, o maior número possível de grafismos perceptíveis aos olhos das(os) pesquisadoras(es) envolvidas(os), sem ilusão de que se tenha visto de fato "tudo" que havia grafado nas paredes.

o número de mil figuras[49], entre pinturas (muito majoritárias) e gravuras, havendo, conforme proposto pelas(os) autoras(os), nove conjuntos cronoestilísticos distintos. Além da cronoestilística, os grafismos do Peruaçu tiveram outros aspectos explorados, como as relações diacrônicas entre as figuras e seus padrões de inserção na paisagem do cânion (ISNARDIS, 2004, 2009b; RIBEIRO, 2006, 2008). Não desenvolveremos aqui as discussões sobre método e referências teóricas que conduziram as pesquisas sobre os grafismos rupestres, pois, em primeiro lugar, tais pesquisas têm especificidades que as demais análises dos registros arqueológicos do Peruaçu não compartilham e em segundo lugar, os grafismos rupestres em sua totalidade (ou quase totalidade) escapam ao horizonte cronológico que recebe o foco de nossa atenção aqui. Em Ribeiro e Isnardis (1996/97), em Isnardis (2004, 2009b) e em Ribeiro (2006) a abordagem cronoestilística encontra-se expressa, juntamente com as discussões sobre a construção das paisagens pintadas do Vale. Em Linke *et al.* (2020) pode-se encontrar uma discussão sobre algumas das novas questões de pesquisa que vêm sendo desenvolvidas em relação aos grafismos do Peruaçu, assim como sobre os métodos e técnicas de registro e sua conexão com os objetivos das pesquisas. Rica discussão crítica sobre os métodos de registro e os princípios que os orientaram pode ser encontrada na tese de Vanessa Linke (2014). As pesquisas com grafismos rupestres no Vale seguem ativas e estão passando um momento importante de inflexão teórica (LINKE *et al.*, 2020; ISNARDIS; PROUS, 2020).

É notável como as publicações sobre os conjuntos arqueológicos do Peruaçu estão segmentadas por categorias de vestígios, a partir da natureza de seu material base (lítico, cerâmico, faunístico, florístico, funerário/bioantropológico). Essa é uma prática corrente na bibliografia arqueológica brasileira, conforme já comentamos em outras ocasiões (ISNARDIS, 2007; BUENO; ISNARDIS, 2007), porém vale ressaltar como a ausência de integração, nas publicações, limita a visualização dos contextos e seu potencial interpretativo – conforme discutimos também em Isnardis (2019). Ainda que entendamos a parcialidade das publicações e os limites estritos dos formatos dos artigos, vale notar que, caso a integração entre

---

[49] Estão nessa lista, pelo menos, os sítios do Malhador, de Desenhos (mais de 2500 figuras), do Boquete, de Rezar (mais de 2000 figuras), do Caboclo, do Piolho de Urubu. Vale lembrar que, entre sítios com 500 e 1000 figuras, a lista é igualmente ou mais extensa e que muitos dos sítios não tiveram seus grafismos contabilizados. Numa totalização de figuras registradas, feita por Luiz Fernando Miranda, no ano de 2001, havia mais de 20 mil grafismos (sendo que séries de grafismos iguais justapostos são contabilizadas como uma única figura).

os vestígios estivesse no centro das preocupações, essa figuraria numa bibliografia tão extensa. Mas, com exceções poucas e breves em conteúdo (PROUS *et al.*, 1992; PROUS; SCHLOBACH, 1997), isso não acontece. Observe-se que a produção bibliográfica não realiza recortes temporais no registro arqueológico que sejam integrativos de diferentes categorias de um mesmo contexto de ocupações ou o faz apenas muito brevemente. Apenas um artigo desenvolve uma argumentação que procura articular as diferentes categorias de vestígios e estruturas de forma contextual, a fim de propor uma caracterização integrada e consequentes interpretações sobre processos de mudança em escala regional, com um recorte cronológico específico (FREITAS; RODET, 2010) Se consideramos que se produziram, além de dezenas de artigos, três teses de doutorado, três dissertações de mestrado e quatro monografias de bacharelado (excetuando-se aí os trabalhos sobre grafismos rupestres[50]) tendo o Peruaçu como campo de estudos, a baixa frequência de esforços desse tipo é notável.

11.3 Qual o fundamento disso tudo – metodologia, amostra e "explicação"

As pesquisas no Peruaçu priorizaram estabelecer características de destaque das diferentes ocupações dos sítios ou, melhor dizendo, de cada sítio. A abordagem foi centralmente marcada por uma perspectiva de análise intra-sítio. Nessa perspectiva, o objetivo era identificar, em cada sítio, conjuntos de vestígios com características distintivas, que se sucedessem no tempo e, através da comparação das sequências construídas, criar uma base cronoestratigráfica consistente para esta região. A expectativa era de que se pudesse desenhar um esquema cronocultural a partir daí.

Em nossa leitura, ao se abordarem os sítios do Peruaçu por meio de escavações e análises, a ideia central era delinear blocos de vestígios que, com coerência entre si, servissem à definição de ocupações particulares e distintas, as quais poderiam corresponder a grupos culturais e a estratégias de vida distintas (FOGAÇA, 1995, 2001; PROUS; FOGAÇA, 1999; PROUS, 1996/97; PROUS; RODET, 2009). Em outras regiões do Brasil Central que contribuíram fortemente para compor o cenário das ocupações da transição do Pleistoceno ao Holoceno e do Holoceno inicial, perspectivas

---

[50] As monografias acadêmicas sobre grafismos rupestres do vale do Peruaçu ou agregando o Vale e outras regiões somam três teses de doutorado (LEITE, 1985; RIBEIRO, 2006; LINKE, 2014), uma dissertação de mestrado (ISNARDIS, 2004) e duas monografias de graduação (ANDRADE, 2015; CHANOCA, 2017).

semelhantes pautaram a condução das escavações e análises (GUIDON, 1986, 2014; ISNARDIS, 2019; PESSIS *et al.*, 2014; SCHMITZ, 2004), mas elas não serão objeto de discussão neste momento.

Com tal desenho, poder-se-ia por imediatamente em ação o rótulo de 'histórico- culturalistas' para as pesquisas no Peruaçu e no Norte de Minas como um todo. Embora o rótulo não seja equivocado, é pouco esclarecedor, redutor, uma vez que há variações dentro do que poderia ser assim designado e há uma pluralidade de influências e uma combinação peculiar delas na elaboração e condução das pesquisas aqui em discussão. É sem dúvida adequado dizer que as(os) pesquisadoras(es) estavam tentando caracterizar ocupações humanas nos sítios que corresponderiam a supostos grupos humanos com características culturais arqueologicamente visíveis, que se sucedessem no tempo; e que, em igual medida, pudessem ser delineados cartograficamente. Contudo, as pesquisas não se resumiam a isso.

Análises tecnológicas do material lítico estiveram entre as prioridades de pesquisa da equipe de Prous, desde o início dos trabalhos no Peruaçu – dando continuidade, nesse aspecto, aos trabalhos em outras áreas, particularmente na Serra do Cipó (PROUS; ALONSO, 1986/1990 PROUS, 1986/1990; PROUS, 1991), no centro de Minas Gerais. A perspectiva era que essa seria uma dimensão importante para caracterizar ocupações humanas que poderiam guardar afinidades culturais de alguma ordem Logo mais discutiremos esse ponto. Mas é importante destacar que a intenção era também trazer a tecnologia lítica para o centro dos trabalhos, para além de sua capacidade de distinguir contextos arqueológicos específicos (PROUS *et al.*, 1992; PROUS, 1996/1997).

Ainda no final dos anos de 1980, Schmitz propôs que haveria uma mesma 'tradição' arqueológica (a chamada *Tradição Itaparica*) definida pela semelhança formal entre um certo elenco de artefatos líticos (os artefatos ditos 'plano-convexos', referidos como 'lesmas' em parte da bibliografia), que se estenderia por amplas áreas do Brasil Central (SCHMITZ *et al.*, 1989; SCHMITZ *et al.*, 2004). Publicações da equipe da UFMG expressam sua resistência a aderir a uma categoria assim fundamentada, destacando a necessidade de análises tecnológicas, para que se pudesse explorar em maior profundidade as semelhanças e diferenças entre os artefatos plano- convexos das diferentes regiões, assim como outros elementos do contexto arqueológico em que esses se inseriam (FOGAÇA, 1995, 2001,

PROUS, 1999; PROUS *et al.*, 1992; PROUS; FOGAÇA, 1999). Assim, um histórico-culturalismo à moda pronapiana nunca esteve nas pretensões e nas práticas de Prous e colaboradores. Mas quais eram as diferenças entre as bases teóricas da equipe da UFMG e as bases pronapianas? E quais eram as expectativas em torno da tecnologia lítica?

Nas bases teóricas do PRONAPA e de seus "seguidores", conforme os designa Schmitz (2007)[51], estão alguns princípios do neoevolucionismo stewardiano e de sua Ecologia Cultural, que operavam com base em grandes esquemas adaptativos, capazes de gerar grandes categorias classificatórias a partir de modos de interação com o ambiente. Isso certamente estava fora das referências da equipe da UFMG. As pesquisas pronapianas priorizavam a morfologia final dos artefatos, compondo esquemas morfo-tipológicos, dedicando-se a descrições bastante sumárias das características tecnológicas dos artefatos. A proposição de categorias classificatórias que agregavam conjuntos arqueológicos de sítios ou regiões diferentes se produzia por meio da ocorrência ou ausência de certo leque (bastante restrito) de morfo-tipos, em geral não colocando em pauta o conjunto das indústrias, nem o modo de elaboração desses tipos (BARRETO, 1999/2000; DIAS, 1994, 2003, 2007). Reside aí uma das diferenças fortes em relação à perspectiva das(os) pesquisadoras(es) ligadas(os) ao Setor de Arqueologia da UFMG.

Os estudos de tecnologia lítica praticados pelas(os) pesquisadoras(es) da UFMG tinham, entre seus fundamentos teóricos, o entendimento de que os métodos de lascamento são expressão da racionalidade das pessoas que produzem os artefatos e, portanto, são estruturados, apresentam lógicas que guiam as ações. Lógicas essas que seriam arqueologicamente reconhecíveis. Essas lógicas seriam resultado da socialização e, portanto, seriam expressão do compartilhamento de referentes culturais muito relevantes, à maneira das perspectivas estruturalistas clássicas da arqueologia francesa[52](e também da antropologia francesa[53]). Articulada

---

[51]   O próprio Pedro Ignácio Schmitz se inclui entre os "seguidores" (SCHMITZ, 2007).

[52]   Ilustrativa expressão dessa perspectiva é o título da tese de Fogaça, onde se analisam os artefatos da mais antiga camada da Lapa do Boquete: "Mãos para o Pensamento" (FOGAÇA, 2001).

[53]   A influência e inspiração teórica estruturalista é também bastante evidente nos estudos de arte rupestre. O desenvolvimento das pesquisas sobre grafismos parietais no Peruaçu teve um andamento que apresenta grande afinidade com aquele das clássicas pesquisas estruturalistas sobre grafismos rupestres do Paleolítico Superior da França, trabalhos de Annette Laming-Emperaire e André Leroi-Gourhan. O modo de se fazer os registros extensos, a busca pelas regularidades e recorrências de casos, o entendimento da presença de uma (ou várias) lógica(s) estruturantes dos painéis e mesmo da paisagem dos sítios está clara em muitos trabalhos (ISNARDIS, 2004; 2009A; 2009b; PROUS, 1977; 1992; 1996/97; PROUS *et al.*, 1980; RIBEIRO, 2006; 2008; RIBEIRO; ISNARDIS, 1996/97). Discussões sobre essa perspectiva podem ser vistas em Ribeiro (2006), Tobias Júnior (2010) e em Linke (2014).

aos referentes clássicos de Mauss, Lévi-Strauss, Leroi-Gourhan, essa perspectiva pode colocar a própria tecnologia como objeto de interesse, para além da sua capacidade de caracterizar um contexto arqueológico específico – isso pode ser observado, em certa medida, nos trabalhos de Prous (PROUS 1992; PROUS *et al.*, 1992, 2004; PROUS; FOGAÇA, 2017) e em Fogaça (FOGAÇA 1995, 2001; FOGAÇA *et al.*, 1997). A tecnologia como fenômeno humano é em si interesse. É fundamental destacar que o que se está entendendo como tecnologia, nessa perspectiva, é o conjunto e combinação de gestos para a produção dos artefatos lascados, a própria estruturação dos artefatos lascados (organização dos gumes no suporte, volumetria, relações entre parte ativa e preensiva), a escolha e o uso das matérias-primas, e está fortemente ligada à noção de cadeia operatória, que entende a fabricação dos artefatos (tema central das análises) como um encadeamento de etapas, que tem um fim pré-concebido e é mentalmente estruturado. Esses aspectos seriam socialmente aprendidos, valorizados e compartilhados. Portanto, reconhecer recorrência deles em conjuntos de materiais arqueológicos permitiria reconhecer afinidades culturais de grande relevância entre as pessoas[54] produtoras desses conjuntos. Assim sendo, investir na análise tecnológica de conjuntos líticos que fossem produto de escavações com bom controle estratigráfico permitiria reconhecer continuidades culturais relevantes entre camadas estratigráficas, caso houvesse afinidades tecnológicas fortes entre seus materiais; ou perceber descontinuidades culturais igualmente relevantes, caso se identificassem em diferentes camadas, artefatos diferentemente estruturados, conjuntos artefatuais diferentes ou, mesmo que semelhantes à primeira vista produzidos por métodos de lascamento diferentes.

Essa definição de ocupações culturalmente distintas (e seriam culturalmente distintas porque, basicamente, seriam tecnologicamente distintas) praticada no Peruaçu tinha como horizonte delinear uma periodização das ocupações e colocá-las em um mapa mais amplo. Se formos articular o rótulo, esse é um histórico-culturalismo que traz em si uma forte carga de bases teóricas estruturalistas e dos desdobramentos na arqueologia desses referentes teóricos, carga essa fortemente vinculada às origens de formação das(os) pesquisadoras(es) - além de André Prous, também Emílio Fogaça e Mônica Schlobach formaram-se diretamente nas instituições de ensino e pesquisa arqueológica francesas; os estudantes

---

[54] "Pessoa" é um termo usado aqui por licença poética, pois não é uma categoria utilizada pela arqueologia de que tratamos. O termo frequente nessa bibliografia é "homens" ou "indivíduos".

que elas(es) formaram, entre os quais está um de nós (AI), também criaram laços fortes com essa base teórica; Maria Jacqueline Rodet buscaria formação diretamente nas instituições francesas. Além disso, na base de formação deste grupo está também a influência de A. Laming-Emperaire, aluna de Leroi-Gourhan, que, apesar de nunca ter estado no Peruaçu, foi quem deu início às pesquisas na região de Lagoa Santa, através da missão arqueológica franco-brasileira, responsável pela fixação de A. Prous em terras mineiras e, inclusive, sua orientadora no doutorado. Embora este não seja o tema aqui, vale lembrar que Niéde Guidon, formadora de outro núcleo de pesquisa fundamental para discussões relativas ao período que concerne este artigo, foi também aluna e orientanda de A. Leroi-Gourhan.

No Peruaçu, como nas demais áreas de atuação das missões franco-brasileiras, se pretendia, como dito, distinguir ocupações, realizando claras associações e dissociações entre conjuntos de vestígios (concentrando os esforços nos materiais líticos), com base numa leitura estratigráfica segura. Dessa leitura viria a solidez da cronologia. Esse objetivo foi uma das razões que conduziu as(os) pesquisadoras(es), no caso do Peruaçu, o coordenador das pesquisas, André Prous, a eleger os abrigos como sítios a serem priorizados nas prospecções e escavações.

Os abrigos ofereceriam não apenas boas condições de preservação dos vestígios, mas também das estratigrafias e de sua legibilidade, havendo ainda a possibilidade concreta dos vestígios se conservarem mais frequentemente em sua posição original. As escavações, com tais preocupações, foram conduzidas tendo por base as camadas naturais de deposição, de modo que a estratigrafia e sua interpretação fossem constituinte central das informações geradas. Essa expectativa de preservação da distribuição espacial dos vestígios – de sua *estruturação espacial* – conecta-se fortemente à intenção de se explorar de modo sistemático as relações espaciais entre os vestígios, a fim de reconhecer estruturas discretas e os modos de organização do espaço interno dos sítios (PROUS; RODET, 2009; ALONSO *et al.*, 1996; PROUS, 1992). Essa expectativa, portanto, vincula-se intensamente à tradição de formação arqueológica francesa, onde essa era uma possibilidade clássica de análise (VIALOU, 2004), tendo as escavações em Pincevent como exemplo paradigmático[55] (LEROI-GOURHAN; BRÉZILLION, 1966, 1972). Grande parte da história humana transcorrida ao longo do Pleistoceno tardio foi construída, na primeira metade do século 20, através dessa abordagem,

---

[55] Embora Pincevent seja um sítio a céu aberto e não em abrigo.

tendo a arqueologia francesa um papel de destaque nessa construção. Essa trajetória foi trazida para os trópicos com as missões franco-brasileiras, das quais as pesquisas em Lagoa Santa e, depois, no Peruaçu são claramente subsidiárias. Inserimos aqui, como expressão dessa vinculação entre a leitura estratigráfica e a construção de um esforço de estabelecimento da cronologia e da periodização, os perfis estratigráficos dos sítios Laugerie Basse e Laugerie Haute, da Dordogne, sítios de primeira relevância para o estabelecimento da periodização do Paleolítico Superior, hoje musealizados e abertos à visitação pública (Figuras 11.6). No perfil, plaquetas sinalizam a qual das subdivisões do Paleolítico regional as diferentes (e bastante contrastantes) camadas estratigráficas do sítio corresponderiam.

Figura 11.6 – Sítios arqueológicos Laugerie Basse e Laugerie Haute (Dordogne, Périgord, França): A) perfil estratigráfico musealizado da Laugerie Haute, com detalhe das plaquetas que indicam o período correspondente a cada camada (com ampliação de detalhe); B) acesso à área abrigada da Laugerie Basse; C) perfil estratigráfico da área musealizada da L. Basse; D) porção da estratigrafia com plaquetas indicativas dos períodos (com ampliação de detalhe)

Fonte: foto A de L. Bueno (2018); B, C e D de A. Isnardis (2016)

ARQUEOLOGIA DO POVOAMENTO AMERICANO: CONTRIBUIÇÕES A PARTIR DO CONTEXTO BRASILEIRO

A minúcia nas escavações no Peruaçu, para se obter um mapeamento preciso dos vestígios e um controle cuidadoso da estratigrafia, teve como uma de suas consequências o ritmo cadenciado – intencionalmente escolhido – dos trabalhos, o que implicou em que se passassem anos na escavação dos mesmos poucos abrigos, em etapas de um mês a cada ano.

Vale ainda lembrar que sítios em abrigo são muitíssimo mais fáceis de se encontrar do que aqueles a céu aberto, especialmente sítios antigos a céu aberto, que podem estar em grande profundidade, sem nada em superfície que indique sua presença. No princípio das pesquisas numa região, essa certamente é uma questão relevante para definição de sua abordagem inicial, pois potencializa os esforços iniciais de reconhecimento. Porém, no Peruaçu, não é esse o caso. Se tantos anos foram dedicados à região, um interesse em sítios com outra inserção na paisagem poderia, sem dúvida, ter conduzido a levantamentos intensos a céu aberto. Não foi porém o que ocorreu.

Os elementos acima foram integrantes expressivos da escolha por se escavar abrigos, mas as razões dessa escolha, na nossa compreensão, vão além disso ou, melhor dizendo, vêm de antes disso. O cenário que se compôs é em importante medida – e não casualmente – semelhante ao da arqueologia francesa do Paleolítico, notadamente na arqueologicamente clássica região da Dordogne. Naquela região, as escavações também se conduziram pelo investimento continuado num só sítio para uma equipe. E essa estratégia foi muito potente. Porém, no cenário francês, foram muitas as equipes e, portanto, muitos sítios foram (e estão ainda sendo) escavados, somando-se o fato de que foram muitas e muitas décadas de pesquisa continuada, desde o século XIX. Desenhou-se, portanto, na Dordogne, um cenário de muitas escavações e muitos sítios e muitas análises, que permitiam intensas comparações e múltiplas referências, o que não se podia realizar no contexto do Norte de Minas, com uma só equipe e um vasto universo de sítios inteiramente desconhecidos até os anos de 1980. Podemos ver uma similitude de estratégias de pesquisa e também de prática profissional, se pensamos a relação entre equipe, sítio(s) a se escavar e território de pesquisa. Embora o cenário da profissão e do campo de conhecimento fosse muito distinto entre as áreas e as pesquisas clássicas francesas e aquelas do Sertão do São Francisco, estabeleceram-se relações semelhantes.

No Peruaçu, as pesquisas se concentraram em poucos sítios, tendo a Lapa do Boquete absorvido uma grande parcela da energia dedicada às pesquisas. Conforme dissemos, as lapas dos Bichos e do Malhador também tiveram superfícies expressivas escavadas. Contudo, embora esses três sítios tenham sido explorados mais intensamente, a abordagem se fez tendo o sítio como base analítica. Cada um desses sítios foi escavado e analisado como a princípio equivalentes, no sentido de que não compunham analiticamente papéis num sistema articulado de lugares. O sítio em abrigo é a unidade; dela se passa a uma síntese das ocupações, não há uma etapa intermediária de articulação funcional ou sistêmica entre sítios. A abordagem da área não se estruturou com a ideia de que sítios desempenhariam funções complementares e distintas ao longo dos diversos períodos de ocupação. Não há dúvida, como se pode ver na bibliografia, de que as(os) pesquisadoras(es) reconheçam que os diferentes modos de vida no Peruaçu envolveriam diferentes lugares (PROUS; RODET, 2009; RODET, 2006; PROUS *et al.*, 1994), contudo, esse reconhecimento não conduziu a abordagens que pensassem os lugares articuladamente. Nas publicações, Bichos é um 'abrigo', assim como o Boquete é um 'abrigo' e também o é o Malhador. Mesmo a análise de Kipnis (2009, 2002a, 2002b), interessada em discutir estratégias adaptativas de caçadores-coletores, portanto distante das perspectivas francesas clássicas, toma o sítio como unidade expressiva do modo de vida; a provável parcialidade do registro arqueológico das lapas dos Bichos e do Boquete, no que tange ao espectro de fauna caçada, é discutida por Kipnis secundariamente (KIPNIS, 2009, 2002a). Kipnis também opta por uma estratégia semelhante, no que tange à relação entre equipe (seu coordenador), sítio e território de pesquisa. O uso deste terceiro termo não é casual, tampouco é uma mera alternativa equivalente a "área" ou "região". Nós o utilizamos aqui intencionalmente, pois vale notar que, na arqueologia brasileira (transversalmente às linhas teóricas), as décadas de 1960 a 1990, pelo menos, atuaram no sentido de estabelecer uma relação entre os grupos de pesquisa e suas regiões de trabalhos de campo que gerou um sistema de territórios de direitos. Por muito tempo, manteve-se uma prática que entendia que certas regiões do país eram territórios de certos grupos de pesquisa [especialmente de suas(eus) coordenadoras(es)] sobre os quais esses detinham o legítimo direito de pesquisa, e outras(os) pesquisadores sistematicamente evitavam, numa espécie de acordo tácito, "invadir" limites dos territórios de direitos das(os) colegas. Vê-se aí uma semelhança com a arqueologia estadunidense, mais do que a francesa, pois, nesta última o vínculo de diretos prioritários de pesquisa envolve sítios específicos, não regiões. Nas últimas décadas, contudo, essa prática se diluiu, reduziu de intensidade, embora não tenha saído de cena.

ARQUEOLOGIA DO POVOAMENTO AMERICANO: CONTRIBUIÇÕES A PARTIR DO CONTEXTO BRASILEIRO

Voltando-nos diretamente para as ocupações do Pleistoceno final e do Holoceno inicial, as indústrias líticas figuram nas publicações como se os abrigos bastassem. Eles são a realidade de análise. É importante sublinhar que está claro, no trabalho das(os) diversas(os) autoras(es), que não há expectativa de que os sítios em abrigo representem todo o modo de vida das antigas populações. Isto está posto em publicações produzidas ao longo do período em que as escavações se realizavam (PROUS *et al.*, 1992; PROUS, 1992, 1999) e em publicações posteriores ao término dos trabalhos de escavação (PROUS; RODET, 2009). Rodet é a autora que mais claramentecoloca a questão (RODET, 2006, 2009), tendo sido a pesquisadora que se dedicou efetivamente ao estudo de sítios a céu aberto identificados no Vale (RODET; RODET, 2004; RODET e PROUS, 2000; RODET, 2009) e que integraria esse sítio às discussões sobre a ocupação do Peruaçu como um todo, considerando os sítios comparativamente. Porém, em muitas outras produções do Setor de Arqueologia da UFMG, a questão não figura. Mais do que isso, o fato dos abrigos não terem sido entendidos como o único espaço habitado não implicou que eles fossem analiticamente considerados como elemento integrado num sistema de lugares. Pondera-se, sim, a esse respeito, mas, uma vez feita a ponderação, passa-se à análise dos materiais, tomando-os como o que há para se analisar; na maioria dos trabalhos (a exceção é a produção de Rodet), a parcialidade do conteúdo dos abrigos e a inexorável articulação entre esses e outros locais sai de cena.

Efetivamente, praticou-se no Peruaçu (e também na Serra da Capivara, no Piauí) uma abordagem muitíssimo afim às abordagens francesas clássicas, que, para além das restrições de preservação e de visibilidade, priorizaram fortemente os abrigos e, mais do que isso, construíram uma minuciosa compreensão de sequências ocupacionais a partir da leitura desses sítios. Os cenários guardam uma afinidade clara com o cenário das pesquisas na região da Dordogne, onde uma parte significativa dos sítios do Paleolítico da França se localizam, onde está parte significativa das bases para as periodizações propostas para as ocupações pleistocênicas. A funcionalidade dos sítios, articulada a outros locais na paisagem, não esteve tradicionalmente em pauta. Uma vez recolhidos nos abrigos, os vestígios tendem a ser tratados como expressivos das ocupações humanas regionais – não das ocupações humanas daqueles abrigos (daqueles locais específicos). No caso das pesquisas francesas, com diversos sítios em uma mesma região, as comparações inter-sítios são efetivas, reduzindo o impacto dessa supervalorização de um só ou muito poucos sítios como expressão de uma região.

Portanto, essa abordagem, implicou em se construir uma visão evidentemente parcial e restrita dos modos de vida e do leque de atividades e comportamentos das antigas pessoas moradoras da região, assim como da diversidade de seus artefatos e de suas técnicas. Mais fortemente, implicou em não considerar suas estratégias de mobilidade e o modo como seu território se estruturava. Em uma tentativa de tecer considerações sobre territórios e sua estruturação, num volume dos *Arquivos* dedicado às pesquisas no Vale do Peruaçu (PROUS; RODET, 2009), o que se pode ver é a combinação dos elementos arqueológicos dos abrigos a considerações logicamente razoáveis e a uma percepção das feições ambientais, para se realizar uma breve discussão sobre os espaços de vivência e a mobilidade dos grupos humanos que ocuparam o Peruaçu. Não está contudo, disponível aos autores, no momento dessa elaboração, conjuntos de dados produzidos com essa questão em pauta.

Enfim, quando nos debruçamos sobre a transição do Pleistoceno ao Holoceno e sobre o Holoceno inicial, no Peruaçu, a amostragem da vivência das diversas comunidades humanas está concentrada nos abrigos. Isso implica numa evidente parcialidade no momento de pensar como os territórios se organizam, se estruturam. No cânion do Peruaçu, não estando disponíveis informações sobre outros lugares, serão os abrigos que nos possibilitarão tratar de como os territórios se estruturam. E faremos isso.

Conforme discutido anteriormente, o que levou ao início da pesquisa na região do Lajeado não foi um "problema de pesquisa", tampouco uma curiosidade pelos sítios ou informação oral sobre a existência de sítios na região. As pesquisas responderam inicialmente a um processo de licenciamento ambiental de um grande empreendimento.

No entanto, apesar das restrições impostas pelo atendimento estrito desta demanda, há certa margem de escolha na forma de planejamento e execução do trabalho arqueológico. Neste caso, podemos definir dois aspectos basilares da orientação dos trabalhos desenvolvidos na região: 1.) construção de uma estratégia amostral, fundamentada em parâmetros quantitativos e qualitativos; 2.) importância da diversidade ambiental como aspecto central na definição da amostragem.

Todo o desenho do projeto baseou-se numa articulação entre amostragem e unidade espacial de análise. Houve uma definição de amostragem específica para cada uma dessas unidades. Assim, por exemplo, na ADA optou-se por um levantamento intensivo, com intervenções de superfície e sub-superfície; na AII, optou-se por um levantamento extensivo, privilegiando-se compartimentos ambientais distintos e ecótonos. Sendo as unidades espaciais os sítios, as estratégias variaram conforme a extensão, morfologia e composição. Essas variações estão representadas pela quantidade de áreas de escavação (definidas por unidades de 1 m2) e área de coleta, abrangendo extensões espaciais distintas. Para intervenção e registro das informações estratigráficas, o padrão utilizado foi, de forma hegemônica, a escavação por níveis artificiais de 10 cm.

Essa preocupação e necessidade de definição de estratégias amostrais quantificáveis, comparáveis e definidas de forma a articular diferentes unidades espaciais de análise é uma característica absolutamente definidora das propostas que compõem a "nova arqueologia" ou processualismo norte-americano, entre os anos 1960-80. Desde os trabalhos de Willey (1953), Chang (1968), passando por Binford (BINFORD 1964, 1965, 1979, 1980; BINFORD; BINFORD 1968), Flannery (FLANNERY, 1967; 1968; 1976), Redman (REDMAN, 1973; REDMAN; WATSON, 1970), Plog, Plog e Wait (1978) e Schiffer (SCHIFFER, 1972, 1976, 1987), além de muitos outros, quantificação e espacialidade dominaram a construção dos desenhos estratégicos das pesquisas arqueológicas realizadas por arqueólogos norte-americanos durante este período.

O que está por trás disso: precisamos ter amostras comparáveis por quê? Porque, segundo essa proposta, precisamos ter dados quantitativos e testáveis, princípios básicos de um conhecimento científico. Porque a importância da espacialidade? Porque a arqueologia estuda a interação dos organismos humanos com o ambiente, ela estuda o comportamento desses organismos, que é resultado desta interação, por sua vez, pautada por dinâmicas adaptativas. O foco da pesquisa é esse comportamento interativo entre organismo humano e ambiente, o qual vai indicar as estratégias de adaptação colocadas em prática em diferentes situações. Essa interação é mediada pela cultura, por sua vez, materializada em artefatos, ecofatos produzidos no processo de efetivação dessa estratégia. Esta é uma proposta eminentemente processualista, que está, portanto, na base na construção da estratégia colocada em prática na elaboração do trabalho arqueológico implementado no Lajeado.

Outra palavra-chave desta abordagem é *variabilidade*, neste caso, registrada e estudada através da articulação de dados sobre composição, associação, quantidade e localização dos conjuntos artefatuais de cada sítio

(SCHIFFER, 1987). A variabilidade dos conjuntos artefatuais nestas quatro categorias seria indicadora dos comportamentos organizados e articulados de modo a garantir a implementação das melhores estratégias para apropriação dos recursos ambientais disponíveis na região, ao longo do tempo. Esse conjunto de dados seria indicador dos padrões de assentamento, da organização tecnológica e das estratégias de subsistência envolvidas na dinâmica de uso e apropriação do espaço colocada em prática pelos diferentes grupos culturais que habitaram a região (BINFORD, 1964, 1979, 1980).

Esse conjunto de proposições é o que norteia a elaboração do programa de salvamento do ponto de vista acadêmico, que, no entanto, deve ser articulado, neste caso, à demanda contratual decorrente da vinculação do trabalho a uma demanda da legislação para licenciamento de empreendimentos que venham a impactar o Patrimônio Arqueológico. Isto, no entanto, não é particular do caso do Lajeado, tendo já uma vasta bibliografia discutido a associação entre o surgimento e crescimento da arqueologia de contrato nos EUA e as propostas da Nova Arqueologia (O'BRIEN *et al.*, 2005).

Nessa perspectiva, o foco não é o sítio, embora este seja a unidade espacial básica de análise. O foco é a articulação entre sítios e entre estes e a paisagem (BINFORD, 1982). O que define a articulação entre sítios é sua localização e composição artefatual. Essa composição seria indicadora de atividades, definidas por sua vez pela atribuição de funcionalidade aos artefatos e estruturas identificados em cada sítio. Função, atividade, comportamento, estratégia, constituem palavras-chave desta abordagem (BINFORD; BINFORD, 1968; SCHIFFER, 1976). Quando há uma ênfase intra-sítio ela não está direcionada para uma compreensão deste de forma isolada, mas em sua importância para compreensão de sua articulação, seja com outros sítios, seja com o ambiente no entorno. Neste caso, nesta perspectiva, ambiente seria entendido como um conjunto de recursos que constituem a pauta da interação humanos-natureza (FLANNERY, 1976; BINFORD, 1980).

Todos os projetos desenvolvidos no âmbito do Programa de Salvamento Arqueológico da UHE Lajeado compartilharam, em parte, esses pressupostos. Escolhas individuais levaram a variações e articulações a outras perspectivas teóricas por parte dos pesquisadores que desenvolveram suas monografias na área, mas uma questão que foi e continua sendo central envolve o estudo e compreensão da variabilidade do registro arqueológico na região.

A adoção desta perspectiva é decorrente de uma escolha e trajetória teórica dos coordenadores do projeto de consultoria e, principalmente, do Dr. Paulo DeBlasis, orientador dos 5 (cinco) trabalhos acadêmicos realizados na região. Ambos pesquisadores, DeBlasis e Robrahn-González já haviam trabalhado com esta perspectiva em suas pesquisas de mestrado e doutorado (DEBLASIS, 1988, 1996; ROBRAHN-GONZALEZ, 1996). Por sua vez, a incorporação por ambos pesquisadores desta perspectiva se deve à forte influência do orientador de suas pesquisas, Professor Doutor Ulpiano Bezerra de Meneses, que desempenhou papel importante na formação de pesquisadores em São Paulo, durante a década de 1980, estimulando fortemente a necessidade e importância de reflexões teóricas, marcadas, neste momento, pelos desenvolvimento do processualismo norte-americano.

11.4 Canibalismo

Se as abordagens nas duas áreas de pesquisa aqui tratadas envolvem escolas (e escolhas) arqueológicas diferentes, acreditamos que essa diferença não deve implicar em ausência de diálogo, nem em intransigência, menos ainda em escolher uma linha a qual seguir (ou à qual servir) e lutar pelo reconhecimento da maior legitimidade ou eficácia da linha escolhida. Cremos que o exato contrário seja o caminho mais fértil: canibalismo. Justamente. Canibalizar as diferentes referências, perspectivas e capacidades de agir das diferentes referências teóricas. Canibalizadas, nos parecem maiores as potências das diversas preocupações dos diferentes modos de se fazer arqueologia. Digeridas a minúcia da análise tecnológica e a ideia de sítios de papeis integrados, a escavação minuciosa e a cobertura amostral de diferentes setores da paisagem, a estratigrafia dos abrigos da Dordogne e a diversidade funcional dos sítios Nunamiut, as perguntas sobre continuidade e mudança e os questionamentos sobre mobilidade e modos de construção da paisagem, queremos sim compor um entendimento mais amplo e diverso. É possível digerir tudo isso e acrescentar outros elementos a essa apropriação seriamente interessada na alteridade e, portanto, disposta a devorá-la. De certo modo, nós, autores deste capítulo, temos apostado nessa postura canibalizante ao longo de nosso percurso (BUENO, 2007; BUENO; ISNARDIS, 2007; ISNARDIS, 2009; BUENO; ISNARDIS, 2018; ISNARDIS, 2019), mas aqui é o momento de manifestá-la diante das discussões a que se propõe este volume.

Um dos elementos estruturantes de nossa proposta é tratar de *território*. Por que território? Porque é nossa opinião que essa ideia é potente para perceber semelhanças e diferenças, no Brasil Central e em outras áreas, nesse horizonte largo dos últimos milênios pleistocênicos e primeiros holocênicos. Para a aproximação das comunidades humanas desse período, a ideia de *território* nos parece útil para propormos uma sistematização da diversidade que, já nesses tempos remotos, nos parece operante, ou melhor, parece que foi uma ideia útil para percebermos essa diversidade. Com *território*, podemos pensar numa vivência de comunidades humanas que articula diferentes locais e sítios, assim como diferentes artefatos e estruturas, pessoas e artefatos. Se vamos nos perguntar sobre possíveis "unidades culturais" ou redes de relações, *território* é uma noção construtiva por colocar em pauta as relações das pessoas com os lugares e, ao mesmo tempo, as relações dos grupos de pessoas com outros grupos de pessoas. Isso, desde que não se espere que "território" venha acompanhado de cercas de arames farpado ou postos de controle de fronteiras, de limites rígidos; mas sim que, positivamente, *território* ponha a questão dos limites em cena, a continuidade ou descontinuidade das semelhanças numa dimensão espacial, geográfica - ainda que seja para defender sua ausência. O que nos parece construtivo num esforço macroscópico de entendimento.

Outra ideia que apreciamos e propomos, conforme já escrevemos há alguns anos (BUENO, 2005, 2007a; BUENO; ISNARDIS, 2007), é a importância de um jogo de escalas para a interpretação arqueológica, a importância de analisar em minúcia e interpretar contextualmente. De sermos capazes de comparar os detalhes dos métodos de lascamento (nos detalhes dos artefatos e refugos) engajados numa compreensão de escala mais ampla, ancorada não *no sítio*, mas *nos sítios* e na paisagem, que nos permita pensar em *movimento*, em relações entre pessoas-coisas- lugares. Seja para propor possíveis identidades compartilhadas, seja para propor noções alternativas a elas, o jogo de recorrências e de dessemelhanças poderia ser agregado nisso que chamamos de *território*. Não pretendemos que essa seja uma categoria total, cabal, definitiva. Antes pelo contrário, esperamos que seja uma categoria provocativa, capaz de nos levar a pensar em escalas diferentes e nos dispor, permanentemente insatisfeitos(as), ao esforço de articularmos as minúcias do lascamento, à fauna, à flora, às estruturas internas aos sítios, os sítios diante dos sítios, a área de pesquisa, as áreas diante das áreas.

Se pensamos que território implica numa articulação entre lugares, quando nos deparamos com o conhecimento sobre uma área centrado muito fortemente em sítios muitos parecidos, com semelhante inserção na paisagem dessa área e com conteúdos estruturais e artefatuais semelhantes, somos levados a pensar que, embora essa janela esteja restrita a esses sítios – aos grandes e regulares abrigos, no caso do Peruaçu –, isso nos deve levar a pensar que estamos diante de um dos diversos tipos de lugares que o modo de vida das pessoas envolveu. Se, olhando para os sítios do Peruaçu, percebemos uma continuidade dos métodos de lascamento, das estruturas, da variabilidade faunística e florística ao longo de 4.000 anos (ISNARDIS, 2019), podemos concluir que estamos diante de um território estruturado, em que tais lugares cumpriram papéis estáveis ao longo de muito significativo tempo. As janelas de observação estão abertas apenas sobre os abrigos, mas nos permitem falar de uma estruturação que eles integram. Se assim não fosse, se esses lugares não cumprissem o mesmo papel numa estrutura de lugares, o que geraria essa continuidade no registro arqueológico? O acaso?

Quando voltamos nosso olhar para o Lajeado, para as exuberantes margens do Tocantins, podemos encontrar janelas mais diversas, que nos permitem construir uma compreensão mais ampla sobre lugares, artefatos, escolhas, movimentos. Temos aí a possibilidade de falar mais densamente de territórios estruturados, como, mais uma vez, a continuidade entre lascamentos, artefatos e lugares sugerem. Podemos sim comparar Peruaçu e Lajeado, para além da grande diferença amostral, percebendo as diferenças nas escolhas, mas percebendo igualmente semelhanças no trato com as rochas (BUENO, 2007a, 2007b; FOGAÇA, 2001, 2003; RODET, 2006; ISNARDIS, 2019), semelhança no modo de mobilidade (BUENO, 2007a, 2007b; ISNARDIS, 2019) e, inclusive, possibilidade de semelhança no uso dos lugares, uma vez que, em ambos, não são os abrigos e, sim, espaços a céu aberto aqueles eleitos para servirem de acampamentos-base.

> Esses exemplos revelam o sentido do ato predatório: ele não é simples negação do outro, mas apropriação de uma subjetividade-outra, que é incorporada, fusionada à do matador. Daí a enorme identificação entre predador e presa, permeada por uma dialética de controle na qual a vítima não é um polo meramente passivo, mas fonte de capacidades ao mesmo tempo necessárias e perigosas para a vida social (FAUSTO, 2001, p. 417).

Neste movimento canibalizante, outra predação pode ser feita.

Uma parte significativa do que discutimos aqui neste capítulo e é desenvolvido em outras partes deste mesmo livro (BUENO *et al.*, *neste volume*; DIAS; LOURDEAU, *neste volume*) efetua discussões sobre semelhanças e diferenças entre contextos arqueológicos, o que é parte significativa do esforço de propor sínteses parciais e hipóteses de alcance geográfico amplo. Sobre a prática de comparar e pensar relações entre diferentes áreas arqueologicamente conhecidas, queremos propor uma reflexão que nos conduziria a outro ato canibal.

Cremos que os esforços de entendimento de semelhanças e diferenças usualmente construídos na arqueologia brasileira parecem estar centrados numa perspectiva de vida social, de *sociedade*, que pode ser problemática e em operações de natureza teórica pouco discutidas. Quando percorremos a bibliografia arqueológica brasileira, a respeito de diversos temas e contextos, é possível ver com clareza o estabelecimento de correlações entre as unidades classificatórias - que agrupam, por semelhança, os vestígios de múltiplos sítios e amplas áreas – e coletivos de pessoas (OLIVEIRA, 2005; RIBEIRO, 2009; SCHMITZ, 2004; MORENO DE SOUZA, 2014; PEREZ *et al.*, 2019). É muito recorrente na bibliografia uma operação metonímica de se passar da denominação da *tradição arqueológica* (categoria classificatória de componentes do registro arqueológico) para coletividades humanas. Assim, diz-se que há uma "influência da tradição Tupiguarani" em tal sítio que "pertence à tradição Aratu- Sapucaí"; que a região foi "ocupada por fases da tradição Tupiguarani"; que os "ceramistas tupiguarani" ocuparam o sítio; que o sítio está na "área de convergência entre a tradição Umbu e a tradição Taquara-Itararé", que tal região é uma área de co- existência entre "os Tupiguarani" e "os Itararé-Taquara". Mas uma categoria classificatória é capaz de influenciar alguém ou alguma coisa (além das(os) arqueólogas(os), é bom que se diga)? Uma fase é capaz de ocupar uma área? Categorias classificatórias são agentes históricos?

Isso não é "apenas um modo de dizer". É sem dúvida um modo de dizer e, justamente por isso, não tem nada de "apenas" nele. Modos de dizer são muitíssimos ativos e uma parte crucial de nosso ofício diz respeito a modos de dizer. Esse modo de dizer (como todos os outros) faz operar disposições de entendimento, gera consequências e produz narrativas de um teor específico.

Discussões muito consistentes de crítica às unidades classificatórias foram construídas por pesquisadoras(es) diversas(os), assim como se construíram também críticas ao lugar que as classificações ocuparam e ocupam em nossa produção de conhecimento (DIAS, 1994; FOGAÇA, 1995; BARRETO, 1999/2000; DIAS; HOELTZ, 2010; RODET *et al.*, 2011; COSTA, 2012). Mas talvez haja uma dimensão associada à ideia que mereça ainda uma maior discussão - inclusive por não ser um aspecto exclusivo das arqueologias que operam fortemente a ideia de tradições arqueológicas. Trata-se da articulação das unidades classificatórias às noções sobre sociedade e cultura.

Quando ocorre um deslizar metonímico de classificação de elementos do contexto arqueológico para a totalidade do contexto, da totalidade do contexto para um coletivo de pessoas, de um coletivo de pessoas para uma identidade coletiva, parece-nos que esse deslizamento está fundado em uma base teórica, de natureza sociológica, que tradicionalmente não se põe em exame (ISNARDIS, 2019).

Fazer com que a categoria classificatória deslize até tornar-se um coletivo de pessoas (e, eventualmente, expressão de uma identidade coletiva) estabelece uma isonomia entre essas duas noções que parece dizer bastante do entendimento que se tem da segunda (da sociedade). Se é possível, nas narrativas arqueológicas, fazer acontecer uma conversão da unidade classificatória em uma coletividade de pessoas, isso parece expressar que se espera que uma coletividade de pessoas corresponda a um elenco específico, delimitável, reconhecível e estável de características da materialidade. Os atributos de especificidade, de "delimitabilidade", de recognicibilidade e estabilidade estão sendo atribuídos a ambas as coisas, à materialidade (agregada sob a unidade classificatória) e à sociedade.

Se examinarmos com atenção a base teórica sociológica que opera aí, veremos uma compreensão de sociedade (ou de coletividade) como um ente claramente delimitável, como algo "externo e superior aos indivíduos". E, o que é mais importante, não somente delimitável, mas tendendo (ativamente) à autoconservação. A sociedade é vista, nesse marco, como ente no qual forças centrípetas, de natureza coercitiva, agem muito intensamente sobre os "indivíduos", de modo a constrangê-los, submetendo-os à ordem coletiva. Uma suposição implícita pode ser vista agregada a essa ideia: a de que as tecnologias tradicionais são por princípio conservadoras – conforme sinalizava Schaan (2007). As tecnologias, então, se integrariam a essa tendência à auto-conservação das sociedades.

Essa é uma compreensão de sociedade, de vida coletiva, notavelmente durkheimiana (vide Durkheim 2007 e 2001 e reflexões críticas em Latour 2007 e em Vargas 2000). Agrega-se a essa ideia uma outra, igualmente potente: a de que essa coletividade gera e corresponde a uma identidade coletiva, que se manifesta nas práticas "individuais". Essa é uma forma de entender o que é a vida social, forma essa produzida por um contexto histórico e cultural (e social, evidentemente) moderno, eurocentrado, muito afim ao projeto da modernidade (LATOUR, 2007). Mas há outras formas de se entender o que a 'sociedade' seria, assim como há sérios questionamentos sobre a aplicabilidade ou funcionalidade de tal conceito em contextos não ocidentais-modernos (INGOLD, 1996; WAGNER, 2010; STRATHERN, 2014).

Uma noção que se aciona com frequência para o entendimento de contextos arqueológicos e que se articula a essa noção de sociedade totalizante e estável é a noção de identidade coletiva. Não é incomum que se associe certas construções estilísticas e certas características tecnológicas a identidades coletivas, que se expressariam nessas construções ou características ou que nelas se realizariam. Se é acionada uma identidade, supõe-se um ente que a ela corresponda e esse ente é, via de regra, uma coletividade delimitável.

Não há na bibliografia contemporânea ninguém que esteja propondo o reconhecimento de identidade étnica a partir das indústrias líticas do Pleistoceno final e do Holoceno inferior. Não se propõe explicitamente que uma intensa semelhança nas indústrias líticas se articule a uma identidade coletiva - embora se possa ver, também para contextos desse horizonte o mesmo deslizar metonímico da designação da indústria para a designação de coletivo(s) de pessoas. Contudo, reflitamos: quando comparamos os contextos arqueológicos desses períodos remotos, o que estamos esperando reconhecer a partir da percepção de semelhanças e de diferenças entre áreas arqueológicas? Qual sentido damos ao compartilhamento de elementos tecnológicos (escolhas técnicas, métodos de lascamento) e esquemas de mobilidade e estruturação dos territórios entre as áreas centro-brasileiras antigas? E uma outra pergunta: que sentido gostaríamos de dar, ou seja, qual seria nosso ideal de resultado? Quais as questões que subjazem aos resultados que alcançamos?

Queremos nos perguntar – e perguntar às(aos) leitoras(es) – se não há essa mesma sociologia por detrás de nosso esforço. Nossa expectativa não seria (se possível fosse) encontrar sociedades delimitáveis que correspondessem a certas práticas tecnológicas e econômicas que caracterizamos? Nossa expectativa não seria (se fosse possível) encontrar limites entre sociedades distintas, cada qual com seu modo de ser e agir no mundo?

Se você que lê responder "sim" ou "talvez" a essas últimas perguntas, queremos lhe fazer outras. Se respondeu que não, então talvez não valha a pena seguir a diante na leitura. Fique à vontade[56]. O que queremos propor é que se faça uma revisão crítica dos princípios de entendimento do que sejam as coletividades, da base sociológica implícita, que parece atuar na grande maioria da produção arqueológica – conforme um de nós propôs recentemente (ISNARDIS, 2019), num dossiê do Boletim do Museu Paraense Emílio Goeldi, em que os integrantes deste livro contribuíram, compartilhando nossas discussões, resultados e perguntas.

O modo durkheimiano de pensar a constituição da coletividade é dominante na tradição das ciências humanas, tal como as praticamos no Brasil. Porém, certamente, não é o único disponível. Uma alternativa frutífera é o modo formulado por outro sociólogo, contemporâneo de Durkheim, porém veterano em relação a ele, Gabriel Tarde (VARGAS, 2000; TARDE, 2018). Embora não tenhamos pretensão de avançar na discussão de Tarde aqui, o trazemos para a conversa para sinalizar a possibilidade de outros fundamentos para se pensar a constituição da sociedade. Tal autor propunha que o que havia de próprio na vida social não deveria ser buscado numa instância superior e totalizante da trama das relações sociais, mas sim nas infinitesimais relações cotidianas, continuadas, efetivas (TARDE, 2018; VARGAS, 2000). Essas seriam a concreta constituição da vida social, onde a Sociologia deveria ser construída, e não as abstrações globalizantes (VARGAS, 2000). Em que isso nos ajuda? No cenário das ocupações centro-brasileiras dos últimos milênios do Pleistoceno e dos primeiros do Holoceno, quando vemos compartilhamento de aspectos entre diferentes áreas – vide Bueno, Isnardis e Lourdeau (*neste volume*); vide também Isnardis (2019) e Bueno 2005/2006 –, isso nos pode ser útil para certas inflexões no modo de entendimento. Para pensarmos que as tecnologias de produção e gestão de artefatos de pedra, assim como as estratégias de mobilidade e de construção de relações entre lugares, a construção de territórios, não se fazem pelo exercício de identidades coletivas, que se atualizam e se efetivam na afirmação da constituição sólida

---

[56] Como se você leitora/r dependesse de nossa autorização para parar de ler. Pretensiosos somos, não é verdade?

do grupo e dos limites da área de atuação de uma coletividade centrípeta e estável. Pode-nos ser útil para pensar que essas tecnologias e gestões, essa mobilidade e essa construção de territórios se fazem nas múltiplas interações continuadas entre pessoas que coletam, que caçam, que lascam, que negociam com as plantas, animais e rochas possibilidades de tê-las e transformá-las, que namoram, se casam e fabricam outras pessoas. Pessoas que se encontram com vizinhos com os quais convivem frequentemente, assim como com vizinhos mais distantes que veem episodicamente; que se encontram com parentes com quem compartilham os acampamentos, com parentes que vivem além da outra serra, do outro lado do rio. Pessoas que se entrelaçam com esses vizinhos e parentes, que brigam com eles, se casam com eles, trocam com eles, os devoram em múltiplos sentidos.

Outro importante aspecto a se destacar é que interações que geram semelhanças e compartilhamento nem sempre se fundam em cooperação. Muitas vezes os modos de interação que produzem similitudes entre grupos de pessoas são o inverso radical da cooperação. A predação, componente cosmológico e cosmopolítico tão importante nas filosofias indígenas contemporâneas (FAUSTO, 2001; VIVEIROS DE CASTRO, 2002; GORDON, 2006; STUTZMAN, 2012; KOPENAWA; ALBERT, 2015), em suas múltiplas formas (como a morte do inimigo, o rapto de mulheres e de crianças, a tomada de bens materiais) pode ser uma forma muito ativa de incorporar influências, compartilhar referências, "difundir" (na verdade, infundir) ativamente ideias e estilos. Os contextos etnográficos contemporâneos estão plenos de casos dessa natureza – vide, a título de exemplo apenas os exuberantes casos das relações entre os Kĩsêdjê [Suyá] com os demais grupos alto-xinguanos (SEEGER, 1980, 2015; BARCELOS NETO, 2001); os usos dos Mēbengôkrê [Kayapó] dos motivos gráficos e dos bens materiais dos 'brancos' (LAGROU, 2009; GORDON, 2006). Uma trama de conflitos pode ser intensamente generativa de pessoas e de compartilhamento de elementos (cantos, repertório gráfico, formas de artefatos, técnicas de produção). Fenômeno recorrente nas filosofias ameríndias é a obtenção das habilidades de produção (as mais diversas) a partir do empréstimo ou da concessão, mas também da tomada ou do roubo, pelos humanos, das potências e conhecimentos de outros seres do mundo (FAUSTO, 2001; DESCOLA, 2006; LAGROU, 2007; VAN VELTHEM, 2003).

Em lugar de operarmos com a ideia subjacente de coletividades bem delimitadas, centrípetas e estáveis, podemos operar, como alternativa conceitual, com a ideia de comunidades de pessoas integradas em redes de relações – *sensu* Gallois, (2005a, 2005b), por sua vez em interlocução com Latour. A ideia de *rede* nos permite diluir a centralidade e multiplicar as conexões. Esse pode ser um bom recurso para pensarmos em comunidades de pessoas vivendo de caça e coleta no Cerrado e na Caatinga (Figuras 11.7), vários milênios atrás.

Figura 11.7 – A) A *mata seca* e a Lapa dos Desenhos, no Peruaçu; à direita, painel de pinturas que se ergue a onze metros do piso atual; B) o Cerrado denso, nas vertentes da Serra do Lajeado; ao fundo, o rio Tocantins

Fonte: fotos de A. Isnardis (2018; 2008)

Em certos contextos etnográficos, notadamente no contexto das Guianas, a ideia de rede tem se apresentado como ferramenta poderosa para lidar com o cenário ali descrito por numerosas etnografias, onde as identidades coletivas são negociadas e acionadas de modo conjuntural, onde as conexões (de trocas matrimoniais e de outros tipos) transversam as identidades coletivas, por sua vez em contínuo rearranjo (PATEO, 2005; BINDÁ, 2001; CABALZAR, 1997; GALLOIS, 1988; SILVA, 2016; GRUPIONI, 2005), assim como transversam as unidades demográficas. E onde se pode perceber conjuntos de elementos materiais da cultura que se distribuem, de modo sofisticado e fluido, com semelhanças e, ao mesmo tempo, com variações, de camada a camada, de sítio a sítio (aldeia a aldeia), de rio a rio (JÁCOME, 2017; WAI WAI, 2017; GLÓRIA, 2019). Em contextos guianenses, vê-se pouca estabilidade das unidades demográficas – as aldeias ou grupos de aldeias (GALLOIS, 2005B; GRUPIONI, 2005; PATEO, 2005) –, ao mesmo tempo em que se veem sistemas ativos de alianças matrimoniais e evitamento de ataques entre grupos que são transversais a aldeias ou mais amplos que algumas delas (PATEO, 2005; GRUPIONI, 2005), com denominações êmicas para os grupos de aliados (GRUPIONI, 2005) ou não (PATEO, 2005). Nessa rede, ganham nitidez a pouca relevância da constituição de identidades coletivas estáveis e mesmo a inexistência de um conexão dessas a territórios delimitados ou a um *corpus* estável de unidades sócio-político-demográficas.

Conhecemos contextos etnográficos ameríndios em que coletividades possuem práticas que agem efetivamente para a manutenção da estabilidade da vida social, com coerência com a organização demográfica e política. Diversas comunidades falantes de línguas Jê, como os Mebêngôkre (Kayapó) (VIDAL, 1977; LEA, 2012; VERSWUIJVER, 1978, 1996; TURNER, 2003) e os Canela (CROCKER, 1994), têm esses atributos, assim como diversas comunidades de línguas Arawak, como os Enawenê-nawê (SILVA, 1995), diversos grupos alto-xinguanos (Barcelos Neto, 2001, 2008; Seeger, 1980), muitos deles articulando fortemente identidades coletivas, engajadas em contatos seculares com seus vizinhos (HECKENBERGER, 2001; BARCELOS NETO, 2001). Mas não há razão para assumirmos que o modelo alto-xinguano ou Jê central seja paradigmático nas terras sulamericanas recentes e, menos ainda, que seja dominante na profunda e diversa história indígena do continente. E é importante lembrar que há muito se coloca que as práticas coletivas, mesmo nas aldeias circulares (em mundos com centros tão claros) Jês, Arawak e alto-xinguanas, estão interessadas e focadas na fabricação de pessoas, com a corporalidade sendo seu campo privilegiado de efetivação, e não na geração de uma coletividade solidária jurídica ou economicamente (SEEGER *et al.*, 1979). A tessitura social nesses contextos também não se funda em um sistema de direitos econômicos, tampouco de identidades constituídas por descendência ou linhagem (SEEGER *et al.*, 1979; LEA, 2012; IRELAND, 2001).

Vale chamar a atenção, novamente, para o fato de que a Antropologia tem posto em dúvida a própria adequação da definição de sociedade, em diversos contextos não-eurocentrados – como nos já referidos trabalhos de Strathern (2014), Wagner (2010) e Ingold (1996). Essa é outra severa e longa discussão. Mas que, de todo modo, se articula à busca por novos modos de entender as relações e como essas se dão com continuidade e estabilidade.

Se levamos a ideia de rede para os contextos antigos com os quais estamos trabalhando, o que isso nos possibilita? Tentemos explorar possíveis respostas, sem pretender assertivas muito categóricas.Se não demandamos das antigas coletividades de pessoas centro-brasileiras, como as pautadas aqui nas pesquisas sobre o Lajeado e sobre o Peruaçu, a articulação de identidades coletivas conectadas a grupos sociais estáveis e centrípetos, não temos por que demandar que haja um universo de fortes semelhanças com forte coerência de distribuição geográfica. Se a estrutura pode ser do tipo rede, se ela for descentrada, melhor dizendo, se colocamos em prática essa noção, se comunidades de pessoas se articulam e rearticulam sem grandes forças que as mantenham coesas em torno de centros bem marcados e estavelmente distintas de outras, não vamos esperar que o registro arqueológico nos permita traçar linhas contínuas num mapa, que assinalem os limites da ocorrência da 'tradição X'. Se esperamos que a 'tradição X' tenha limites claramente traçáveis, não estamos esperando que ela corresponda a um fenômeno histórico/social/cultural com coesão e limites? Se não partimos do princípio de que as sociedades são blocos coerentes e conservadores, não esperaremos que haja fenômenos históricos/sociais/culturais de contorno traçáveis por linhas contínuas. Portanto, não os tentaremos traçar em mapas.

Acionemos a ideia de uma rede de relações por meio da qual são compartilhados os modos de relações com as rochas, compartilhamento esse que expressivamente vemos nos registros arqueológicos brasileiros que se distribuem por Serranópolis, Peruaçu, Serra da Capivara e Lajeado – conforme se discute em Bueno, Isnardis e Lourdeau, *neste volume*, e em Isnardis (2019). Essa ideia pode oferecer um modo mais coerente de compreender que esse compartilhamento esteja combinado a diferenças significativas, nos modos um tanto diversos como os territórios se estruturam em cada uma dessas áreas, nos modos como os lugares são significados e vivenciados.

Se daí quisermos derivar um mapa, que mapa poderia ser esse? Um mapa em que uma unidade que denominemos 'X' seria encerrada por um traço contínuo? Não nos parece adequado. Esse poderia ser um mapa em que o que Lourdeau nos propôs chamar de 'tecnocomplexo Itaparica', que é uma caracterização de um elenco específico de características tecnológicas das indústrias líticas, deveria ter sua distribuição geográfica assinalada combinada à informação do uso de abrigos rochosos como espaço funerário - e esta deveria ser indicada como uma tendência graduada, que contemplasse 'nenhum uso', 'uso episódico' e 'uso intenso'. Nesse mesmo mapa deveria estar também combinada uma sinalização do uso dos abrigos como espaço de acampamento de curta duração e recorrência moderada ou baixa com o uso dos abrigos como acampamento base ou de alta recorrência. Deveria estar também sinalizada a ocorrência de uma provável estratégia de tipo logístico. Esse mapa precisaria ter uma forma de representação gráfica em que esses diferentes aspectos se pudessem sobrepor. A ideia de um mapa que definisse uma linha rígida para as áreas de ocorrência do 'tecnocomplexo Itaparica' - e só - nos parece inadequada. Primeiro, porque esse não é o único aspecto dos modos de vida que podemos conhecer; segundo, porque os próprios limites de ocorrência do tecnocomplexo não nos parecem ser abruptos; terceiro, porque não nos ajudaria em nada correr o risco de sugerir que queremos agregar ou obscurecer todos os demais aspectos dessas ocupações submentendo-os à ideia do tecnocomplexo. Acreditamos que esse é um dos motivos pelos quais Lourdeau propôs um tecnocomplexo e não a reafirmação ou a renovação da ideia da tradição.

Não traçaremos tal mapa. Não é nossa intenção. O que pretendemos, conforme apresentado ao longo deste livro, é propor discussões e estimular inquietudes. Nossos esforços de síntese são esforços de sínteses seriamente provisórias, pois o que mais esperamos delas é que elas estimulem questionamentos e inspirem pesquisas. Neste capítulo, o que pretendemos foi colocar em pauta os meios e os fundamentos da produção de conhecimento em duas regiões de destaque nos contextos que este volume tratou, de modo que a(o) leitora(r) interessada(o) possa percorrer também os outros capítulos perguntando-se sobre os meios e fundamentos da produção dos conhecimentos que se reúnem neles ou que se questionam neles. Esse perguntar-se pelo fazer, cremos, é crucial para que possamos estimular nossos modos de produzir conhecimento a se transformarem, adequando- se melhor a nossos objetivos, tornando-se mais aptos a se relacionarem com os contextos arqueológicos e surpreendendo-nos com resultados e desdobramentos inesperados. Esse questionar-se e a disposição que ele carrega para a transitoriedade do saber integram também as novas fronteiras do povoamento abordadas ao longo deste livro.

Referências

ALONSO, M. Microwear analysis of lithic industries of central Brazil. International Bar Association, v. 6, p. 7, 2014.

ALONSO, M.; RIBEIRO, L.; FOGAÇA, E. Produção e utilização de artefatos líticos: uma reconstituição do espaço ocupado no início do Holoceno no abrigo do

Boquete (Minas Gerais - Brasil). *In:* Reunião Científica da SAB, 8., 1996, Porto Alegre. Anais da 8ª Reunião Científica da SAB. Porto Alegre: Edipucrs, 1995. v. 1. p. 17-30.

ANDRADE, M. Lapa dos Bichos: estudo cronoestilístico de grafismos rupestres (Peruaçu, Alto-Médio São Francisco, Norte de Minas Gerais). 2015. Monografia (Graduação em Arqueologia) – Universidade Federal de Minas Gerais, Belo Horizonte.

BARCELOS NETO, A. Apontamentos para uma iconografia histórica xinguana. *In:* FRANCHETTO, B.; HECKENBERGER, M. (org.). Os povos do Alto Xingu. História e Cultura. Rio de Janeiro: EdUFRJ, 2001. p. 193-218.

BARCELOS NETO, A. Apapaatai. Ritual de máscaras no Alto Xingu. São Paulo: Edusp, 2008.

BARRETO, C. A construção de um passado pré-colonial: uma breve história da Arqueologia no Brasil. Revista USP, n. 44, p. 32-51, 1999.

BERRA, J. A arte rupestre na Serra do Lajeado, Tocantins. 2003. Dissertação (Mestrado em Arqueologia) – Museu de Arqueologia e Etnologia, Universidade de São Paulo, São Paulo.

BETARELLO, J. O povoamento do vale do rio Tocantins: no fluxo das pessoas das pedras e das águas. 2019. Relatório de Qualificação (Pós-Graduação em História) – Universidade Federal de Santa Catarina.

BINDÁ, N. H. Representações do ambiente e territorialidade entre os Zo'é/PA. 2001. Dissertação (Mestrado em Antropologia Social) – Faculdade de Filosofia, Letras e Ciências Humanas, Universidade de São Paulo, São Paulo.

BINFORD, L. A consideration of archaeological research design. American Antiquity, v. 29, n. 4, p. 425-441, 1964.

BINFORD, L. Archaeological systematics and the study of culture process. *American Antiquity*, vol. 31, p. 203-210, 1965.

BINFORD, L. Organization and formation processes: looking at curated technologies. Journal of Anthropological Research, v. 35, n. 3, p. 255-273, 1979.

BINFORD, L. Willow smoke and dog's tails: hunter-gatherer settlement system and archaeological site formation. *American Antiquity*, v. 45, n. 1, p. 4-19, 1980.

BINFORD, L. The archaeology of place. *Journal of Anthropological Archaeology*, v. 1, n. 1, p. 5-31, 1982.BINFORD, L.; BINFORD, S. A preliminary analysis on functional variability in the Mousterien of Levallois facies. *In:* CLARK, J. D.; ROWARD, F. C. (ed.). *Recent studies in paleoanthropology. American Anthropologist*, v. 68, n. 2, part 2, p. 238-295, 1968.

BRAGA, A. Paisagens e técnicas distintas, motivos semelhantes: a dispersão da arte rupestre no médio vale do rio Tocantins. 2015. Tese (Doutorado) – Universidade Trás-os-Montes e Alto Douro, UTAD/Portugal.

BUENO, L. Variabilidade tecnológica nos sítios líticos do Lajeado, médio rio Tocantins. *Revista do Museu de Arqueologia e Etnologia*, Suplemento 4, p. 1-236. 2007a. São Paulo: USP.

BUENO, L. Organização tecnológica e teoria do design: entre estratégias e características de performance. *In:* BUENO, L.; ISNARDIS, A. (org.). *Das pedras aos homens: tecnologia lítica na arqueologia brasileira*. Belo Horizonte: Argumentum 2007b. p. 67-94.

BUENO, L. As indústrias líticas da região do Lajeado e sua inserção no contexto do Brasil Central. *Revista do Museu de Arqueologia e Etnologia*, São Paulo, v.15-16 p. 37-57, 2005/2006.

BUENO, L. Variabilidade tecnológica nos sítios líticos do Lajeado, médio rio Tocantins. 2005. Tese (Doutorado em Arqueologia) – Faculdade de Filosofia Letras e Ciências Humanas, Universidade de São Paulo, São Paulo, 2005.

BUENO, L.; ISNARDIS, A. Peopling Central Brazilian Plateau at onset of Holocene building territorial histories. *Quaternary International*, v. 473, p. 144-160, 2018. DOI: https://doi.org/10.1016/j.quaint.2018.01.006.

BUENO, L.; ISNARDIS, A. Introdução. *In:* BUENO, L.; ISNARDIS, A. (org.). *Das pedras aos homens: tecnologia lítica na arqueologia brasileira*. Belo Horizonte: FAPEMIG Argumentum, 2007. p. 9-19.

CABALZAR, F. D. Trocas matrimoniais e relações de qualidade entre os Waiãpi do Amapá. 1997. Dissertação (Mestrado em Antropologia Social) – Faculdade de Filosofia, Letras e Ciências Humanas, Universidade de São Paulo, São Paulo.

CARVALHO, A. Análise da morfologia, do uso e do gestual de fabricação da cerâmica no vale do rio Peruaçi. *Arquivos do Museu de História Natural e Jardim Botânico*, v. 19, p. 441-468, Belo Horizonte, 2009.

CHANG, K. *Settlement Archaeology*. Palo Alto: National Press Books, 1968.CHANOCA, M. Tempo, espaço e movimento: uma análise da paisagem e das técnicas envolvidas no fazer gráfico da Lapa do Caboclo (Vale do Peruaçu - MG). 2017. Monografia (Graduação em Arqueologia) – Universidade Federal de Minas Gerais, Belo Horizonte.

COSTA, C. Representações rupestres no Piemonte da Chapada Diamantina (Bahia, Brasil). 2012. Tese (Doutorado em Arqueologia) – Universidade de Coimbra, Coimbra.

CROCKER, W. H.; CROCKER, J. *The Canela: bonding through kinship, ritual, and sex*. Fort Worth: Harcourt Brace College Publishers, 1994.

DEBLASIS, P.; ROBRAHN-GONZÁLEZ, E. Diagnóstico do patrimônio a ser impactado pela construção da UHE do Lajeado, Estado do Tocantins, e proposta de um programa de mitigação. Relatório Final. Museu de Arqueologia e Etnologia da Universidade de São Paulo, São Paulo: Themag, 1996.

DEBLASIS, P.; ROBRAHN-GONZÁLEZ, E. Resgate de patrimônio arqueológico da UHE Lajeado e seu entorno, Estado do Tocantins. Relatório Final. Produzido para a INVESTCO S/A. Museu de Arqueologia e Etnologia da Universidade de São Paulo, 1998.

DEBLASIS, P.; ROBRAHN-GONZÁLEZ, E. Programa de Resgate Arqueológico da UHE Lajeado, estado do Tocantins – Relatório Final vol. I, II, III. Museu de Arqueologia e Etnologia da Universidade de São Paulo, 2003.

DEBLASIS, P. A ocupação pré-colonial do vale do Ribeira de Iguape, SP: os sítios líticos do médio curso. 1988. Dissertação (Mestrado em Antropologia) – Faculdade de Filosofia, Letras e Ciências Humanas, Universidade de São Paulo, São Paulo.

DEBLASIS, P. Bairro da Serra em três tempos: arqueologia, uso do espaço regional e continuidade cultural no médio Vale do Ribeira. 1996. Tese (Doutorado em Antropologia) – Faculdade de Filosofia, Letras e Ciências Humanas, Universidade de São Paulo, São Paulo.

DESCOLA, P. *Par-delà nature et culture*. Paris: Gallimard, 2005.

DESCOLA, P. *As Lanças do Crepúsculo*. São Paulo: Cosac e Naify, 2006.

DIAS, A. Novas perguntas para um velho problema: escolhas tecnológicas como índices para o estudo de fronteiras e identidades sociais no registro arqueológico. *Boletim do Museu Paraense Emílio Goeldi. Ciências Humanas*, v. 2, n. 1, p. 59-76, jan./abr. 2007. DIAS, A. Sistemas de assentamento e estilo tecnológico: uma proposta interpretativa para a ocupação pré-colonial do alto vale do rio dos

Sinos, Rio Grande do Sul. 2003. Tese (Doutorado em Arqueologia) – Museu de Arqueologia e Etnologia, Universidade de São Paulo, São Paulo.

DIAS, A. Repensando a Tradição Umbu através de um estudo de caso. 1994. Dissertação (Mestrado em Arqueologia) – Pontifícia Universidade Católica do Rio Grande do Sul, Porto Alegre.

DIAS, A.; HOELTZ, S. Indústrias Líticas em Contexto: o Problema Humaitá na Arqueologia Sul Brasileira. *Revista de Arqueologia*, v. 23, n. 2, p. 40-67, 2010.

DURKHEIM, É. *As regras do método sociológico*. São Paulo: Martins Fontes, 2007. (Coleção Tópicos).

DURKHEIM, É. *O suicídio: estudo sociológico*. São Paulo: Martins Fontes, 2001.

DUTRA, L. Os cestos enterrados do Vale do Peruaçu (MG). 2017. Dissertação (Mestrado em Arqueologia) – Universidade Federal do Rio de Janeiro, Rio de Janeiro.

DUTRA, L. Contas e Colares: cadeias operatórias e ressignificação de artefatos e espaços na vida cotidiana dos ceramistas e horticultores da Lapa do Boquete, no Vale do Rio Peruaçu/MG. 2013. Monografia (Graduação em Arqueologia) – Universidade Federal de Minas Gerais, Belo Horizonte.

DUTRA, L.; OKUMURA, M. Cestos enterrados no Vale do Peruaçu: classificação e utilização dos artefatos têxteis e trançados dos sítios sob abrigo do norte de Minas Gerais. *Revista de Arqueologia*, v. 31, n. 1, p. 131-150, 2018.

FAUSTO, C. *Inimigos fiéis: história, guerra e xamanismo na Amazônia*. São Paulo: EdUSP, 2001.

FLANNERY, K. Culture history vs cultural process: a debate in American archaeology. *Scientific American*, v. 217, n. 2, p. 119-122, 1967.

FLANNERY, K. V. Archaeological systems theory and early Mesoamerica. *In:* MEGGERS, B. J. (ed.). *Anthropological archaeology in the Americas*. Washington (DC): Anthropological Society of Washington, 1968. p. 67-87.

FLANNERY, K. V. *The Early Mesoamerican Village*. New York: Academic Press, 1976.

FOGAÇA, E. Instrumentos líticos unifaciais da transição Pleistoceno-Holoceno no Planalto Central do Brasil: individualidade e especificidade dos objetos técnicos. *Canindé - Revista do Museu de Arqueologia de Xingó*, Canindé do São Francisco, n. 3, p. 9-36, dez. 2003.

FOGAÇA, E. Mãos para o Pensamento: a variabilidade tecnológica de indústrias líticas de caçadores-coletores holocênicos a partir de um estudo de caso: as camadas VIII e VII da Lapa do Boquete (Minas Gerais, Brasil–12.000/10.500 B.P.). 2001. Tese (Doutorado em Arqueologia) – Faculdade de Filosofia e Ciências Humanas, Pontifícia Universidade Católica, Porto Alegre.

FOGAÇA, E.; SAMPAIO, D. R.; MOLINA, L. A. Nas entrelinhas da tradição: os instrumentos de ocasião da Lapa do Boquete (Minas Gerais-Brasil). *Revista de Arqueologia*, Pelotas, v. 10, n. 1, p. 71-88, dez. 1997. DOI: https://doi.org/10.24885/sab.v10i1.120.

FOGAÇA, E. A Tradição Itaparica e as indústrias líticas pré-cerâmicas da Lapa do Boquete (MG-Brasil). *Revista do Museu de Arqueologia e Etnologia*, São Paulo, n. 5, p. 145-158, 1995. DOI: https://doi.org/10.11606/issn.2448-1750.revmae.1995.109233.

FREITAS, F. Influência cultural-alimentar das populações pré-históricas do vale do Peruaçu. Estudo de caso: Milho - *Zea mays mays* e Feijão - *Phaseolus vulgaris*. *Arquivos do Museu de História Natural e Jardim Botânico*, Belo Horizonte, v. 19, p. 261-276, 2009.

FREITAS, F.; RODET, J. O que ocorreu nos últimos 2000 anos no vale do Peruaçu? Uma análise multidisciplinar para abordar os padrões culturais e suas mudanças entre as populações humanas daquela região. *Revista do Museu de Arqueologia e Etnologia*, v. 20, p. 109-126, 2010.

GALLOIS, D. T. *Redes de relações nas Guianas*. São Paulo: Humanitas: FAPESP, 2005a.

GALLOIS, D. T. Introdução: percursos de uma pesquisa temática. *In:* GALLOIS, D. T. (org.). *Redes de relações nas Guianas*. São Paulo: Humanitas: FAPESP, 2005b. p. 7-22.

GALLOIS, D. T. O movimento na cosmologia Waiãpi: criação, expansão e transformação do mundo. 1988. Tese (Doutorado em Antropologia) – Faculdade de Filosofia, Letras e Ciências Humanas, Universidade de São Paulo, São Paulo.

GLÓRIA, E. Espaço e Tempo Guianense. Sobre a fluidez das formas líticas e cerâmicas ao longo do rio Mapuera. 2019. Dissertação (Mestrado) – Universidade Federal de Minas Gerais, Belo Horizonte.

GORDON, C. *Economia selvagem. Ritual e mercadoria entre os índios Xikrin-Mebêngôkre*. São Paulo: Instituto Socioambiental/Ed. UNESP/NUTI, 2006.GRUPIONI, D. F. Tempo e espaço na Guiana indígena. *In:* GALLOIS, D. T. (org.). *Redes de relações nas Guianas*. São Paulo: Humanitas: FAPESP, 2005. p. 23-57.

GUIDON, N. O Pleistoceno superior e o Holoceno antigo no Parque Nacional da Serra da Capivara e seu entorno: as ocupações humanas. *In:* PESSIS, A. M. *et al.* (org.). *Os biomas e as sociedades humanas na pré-história da região do Parque Nacional da Serra da Capivara, Brasil.* São Paulo: A&A Comunicação, 2014. v. IIB, p. 444-457.

GUIDON, N. A sequência cultural da área de São Raimundo Nonato, Piauí. *Revista Clio - Série Arqueológica*, Recife, n. 3, p. 137-144, 1986.

HECKENBERGER, M. Estrutura, história e transformação: a cultura xinguana na longue durée, 1.000-2.000 d.C. *In:* FRANCHETTO, B.; HECKENBERGER, M. (org.). *Os povos do Alto Xingu: história e cultura.* Rio de Janeiro: EdUFRJ, 2001. p. 21-62.

IBAMA – Instituto Brasileiro do Meio Ambiente e dos Recursos Naturais Renováveis. *Plano de Manejo. Parque Nacional Cavernas do Peruaçu.* Brasília: IBAMA/MMA, 2005. 4 v.

INGOLD, T. *Key Debates in Anthropology.* London: Routledge, 1996.

IRELAND, E. Noções waurá de humanidade e identidade cultural. *In:* FRANCHETTO, B.; HECKENBERGER, M. (org.). *Os povos do Alto Xingu. História e Cultura.* Rio de Janeiro: EdUFRJ, 2001. p. 249-286.

ISNARDIS, A. Semelhanças, diferenças e rede de relações na transição Pleistoceno-Holoceno e no Holoceno inicial, no Brasil Central. *Boletim do Museu Paraense Emílio Goeldi. Ciências Humanas*, v. 14, n. 2, p. 399-427, 2019.

ISNARDIS, A. Entre as pedras - as ocupações pré-históricas recentes e os grafismos rupestres da região de Diamantina, Minas Gerais. *Revista do Museu de Arqueologia e Etnologia*, São Paulo, v. 1, p. 1-200, Suplemento 10, 2009a. DOI: https://doi.org/10.11606/issn.2594-5939.revmaesupl.2009.113527.

ISNARDIS, A. Entre as Pedras: as ocupações pré-históricas recentes e os grafismos rupestres de Diamantina, Minas Gerais. Tese de doutorado. São Paulo, Museu de Arqueologia e Etnologia da USP, 2009b.

ISNARDIS, A. Interações e paisagens nas paredes de pedra - Padrões de escolha de sítio e relações diacrônicas entre as unidades estilísticas de grafismos rupestres do vale do Peruaçu. *Arquivos do Museu de História Natural e Jardim Botânico da UFMG*, v. 19, p. 319-368, 2009b.ISNARDIS, A. Notas sobre a solidão das indústrias líticas. *In:* BUENO, L.; ISNARDIS, A. (org.). *Das Pedras aos Homens. Tecnologia Lítica na Arqueologia Brasileira.* Belo Horizonte: FAPEMIG/Argumentum, 2007. p. 195-207.

ISNARDIS, A. Lapa, parede, painel. A distribuição geográfica das unidades estilísticas de grafismos rupestres do Vale do Rio Peruaçu e suas relações diacrônicas (Alto-Médio São Francisco, Norte de Minas Gerais). 2004. Dissertação (Mestrado em Arqueologia) – Universidade de São Paulo, São Paulo.

ISNARDIS, A.; PROUS, A. *Rock art studies in Brazil (2015-2019). In:* BAHN, P.; STRECKER, M.; DAVIS, N. (org.). *News of the World 2015-2019.* Oxford: Archeo Press, no prelo.

JÁCOME, C. P. Dos Waiwai aos Pooco: fragmentos de história e arqueologia das gentes dos rios Mapuera (Mawtohrî), Cachorro (katxuru) e Trombetas (Kahu). 2017. Tese (Doutorado em Arqueologia) – Museu de Arqueologia e Etnologia, Universidade de São Paulo, São Paulo.

KIPNIS, R. Padrões de subsistência dos povos forrageiros do Vale do Peruaçu. *Arquivos do Museu de História Natural e Jardim Botânico,* Belo Horizonte, v. 19, t. 1, p. 289-318, 2009.

KIPNIS, R. Foraging societies of Eastern Central Brazil: an evolutionary ecological study of subsistence strategies during the terminal Pleistocene and early/middle Holocene. 2002a. Tese (Doutorado em Filosofia) – University of Michigan, Ann Arbor.

KIPNIS, R. Long-term Land Tenure Systems in Central Brazil: evolutionary Ecology, Risk-Management, and Social Geography. *In:* FITZHUGH, B.; HABU, J. (ed.). *Beyond foraging and collecting: evolutionary change in hunter-gatherer settlement systems.* New York: Kluwer Academic: Plenum Publishers, 2002b. p. 181-230.

KOPENAWA, D.; ALBERT, B. *A Queda do Céu.* São Paulo: Companhia das Letras, 2015.

LAGROU, E. A fluidez da forma: arte, alteridade e agência em uma sociedade amazônica (Kaxinawa, Acre). Rio de Janeiro: Topbooks, 2007.

LAGROU, E. Arte indígena no Brasil. Belo Horizonte: Editora C/Arte, 2009.

LATOUR, B. Changer de société, refaire de la sociologie. Paris: La Decouverte, 2007.

LEA, V. R. Riquezas intangíveis de pessoas partíveis: os Mêbêngôkre (Kayapó) do Brasil Central. São Paulo: EdUSP, 2012. LEITE, N. O estudo sistemático dos grafismos da Gruta do Índio (Januária – MG). 1985. Tese (Doutorado) – Faculdade de Filosofia, Letras e Ciências Humanas, Universidade de São Paulo, São Paulo, 1985.

LEMONIER, P. Elements for an Anthropology of Technology. Michigan, *Museum of Anthropological Research*, Vol. 88, 1992, p. 79-103.

LEROI-GOURHAN, A.; BRÉZILLION, M. L'habitation magdalénienne n° 1 de Pincevent près Montereau (Seine-et-Marne). Gallia-Préhistoire, v. 9, n. 2, p. 263-385, 1966.

LEROI-GOURHAN, A.; BRÉZILLION, M. (ed.). Fouilles de Pincevent - Essai d'analyse ethnographique d'un habitat magdalénien (la section 36). Paris CNRS, 1972.

LAGROU, E. A fluidez da forma: arte, alteridade e agência em uma sociedade amazônica (Kaxinawa, Acre). Rio de Janeiro: Topbooks, 2007.

LAGROU, E. Arte indígena no Brasil. Belo Horizonte: Editora C/Arte, 2009.

LATOUR, B. Changer de société, refaire de la sociologie. Paris: La Decouverte, 2007.

LEA, V. R. Riquezas intangíveis de pessoas partíveis: os Mêbêngôkre (Kayapó) do Brasil Central. São Paulo: EdUSP, 2012.

LEITE, N. O estudo sistemático dos grafismos da Gruta do Índio (Januária – MG). 1985. Tese (Doutorado em Filosofia, Letras e Ciências Humanas) – Universidade de São Paulo, São Paulo.

LEROI-GOURHAN, A.; BRÉZILLION, M. L'habitation magdalénienne n° 1 de Pincevent près Montereau (Seine-et-Marne). Gallia-Préhistoire, v. 9, n. 2, p. 263-385, 1966.

LEROI-GOURHAN, A.; BRÉZILLION, M. (ed.). Fouilles de Pincevent - Essai d'analyse ethnographique d'un habitat magdalénien (la section 36). Paris: CNRS, 1972.

LIMA, F. Interpretação paleogeográfica de sítios arqueológicos em solos arenosos: o caso do sítio MT1 na bacia do médio rio Tocantins (TO). 2015. Dissertação (Mestrado em Geografia) – Universidade Federal de Goiás, Goiânia.

LINKE, V. Os conjuntos gráficos pré-históricos do centro e norte mineiros: estilos e territórios em uma análise macro-regional. 2014. Tese (Doutorado) – Universidade de São Paulo, São Paulo.LINKE, V. *et al.* Do fazer a arte rupestre: reflexões sobre os modos de composição de figuras e painéis gráficos rupestres de Minas Gerais, Brasil. Boletim do Museu Paraense Emílio Goeldi. Ciências Humanas, v. 15, n. 1, e20190017, 2020.

MELLO, P. J. C. O material cerâmico do médio alto São Francisco. Arquivos do Museu de História Natural e Jardim Botânico, Belo Horizonte, v. 19, p. 415-440, 2009.

MENDONÇA DE SOUZA, S. *et al.* Sepultamento IV do sítio arqueológico Lapa do Boquete, MG: patologias ósseas, parasitoses e doença de Chagas. Arquivos do Museu de História Natural e Jardim Botânico, Belo Horizonte, v. 19, p. 209-230, 2009.

MOI, F. Organização e uso do espaço em duas aldeias Xerente: um enfoque etnoarqueológico. 2003. Dissertação (Mestrado) – Universidade de São Paulo, São Paulo.

MORALES, W. 12.000 anos de ocupação: um estudo de arqueologia regional na bacia do córrego Água Fria, médio curso do rio Tocantins. 2005. Tese (Doutorado) – Universidade de São Paulo, São Paulo.

MORENO DE SOUZA, J. C. Cognição e Cultura no Mundo Material: Os Itaparicas, os Umbus e os "Lagoassantenses". 2014. Dissertação (Mestrado) – Universidade de São Paulo, São Paulo.

NELSON, M. The study of technological organization. *In:* SCHIFFER, M. (ed.) Archaeological Method and Theory, vol. 3. Tucson: University of Arizona Press, 1991. p. 57-101.

NEVES, W. *et al.* Os remanescentes ósseos humanos do vale do rio Peruaçu, Minas Gerais: cura, caracterização geral e afinidades biológicas. Arquivos do Museu de História Natural e Jardim Botânico, Belo Horizonte, v. 19, p. 187-208, 2009.

O'BRIEN, M.; LYMAN, R. L.; SCHIFFER, M. Archaeology as a Process: Processualism and Its Progeny. Salt Lake City: University of Utah Press, 2005.

OLIVEIRA, E. Aspectos da interação cultural entre os grupos ceramistas pré-coloniais do médio curso do rio Tocantins. 2005. Dissertação (Mestrado) – Universidade de São Paulo, São Paulo.

PATEO, R. D. do. Nyayou: antagonismo e aliança entre os Yanomam da Serra das Surucucus (RR). 2005. Tese (Doutorado em Antropologia) – Universidade de São Paulo, São Paulo.PEREZ, G.; AFONSO, M.; MOTA, L. Os Tupiguarani e os Itararé-Taquara no cenário paulista – uma abordagem metodológica. *In:* PORTO, V. (ed.) Arqueologia Hoje: tendências e debates. São Paulo: MAE/USP, 2019. p. 289-303.

PESSIS, A. M.; MARTIN, G.; GUIDON, N. (org.). Os biomas e as sociedades humanas na pré-história da região do Parque Nacional da Serra da Capivara, Brasil. São Paulo: A&A Comunicação, 2014. v. IIA-IIB.

PLOG, S.; PLOG, F.; WAIT, W. Decision making in modern surveys. Advances in archaeological method and theory, v. 1, p. 383-421, 1978.

POLITIS, G. Fishtail projectile points in the southern cone of South America: An overview. *In:* LAMING-EMPERAIRE, A. (ed.) Advanced Studies in Archaeological Method and Theory. New York: Academic Press, 1984. p. 17-52.

PROUS, A.; JUNQUEIRA, P. Rock Art of Minas Gerais, Central Brazil. *Bolletiono de. Centro Camuno di Studi Preistorici*, Capo di Ponte, vol. 28, p. 75-86, 1995.

PROUS, A.; LIMA, M. A. A tecnologia de debitagem do quartzo no centro de Minas Gerais: lascamento bipolar. *Arquivos do Museu de História Natural da UFMG*, V. 11, p. 91-111, 1986/1990.

RIBEIRO, M. A. Representações rupestres na Bacia do Rio São Francisco: um estudo sobre o painel das Pinturas do Parque Nacional da Serra das Confusões. 2016. Dissertação (Mestrado) – Universidade de São Paulo, São Paulo.

RODET, M. j. (2006). Etude technologique des industries lithiques taillées du Nord de MInas Gerais, Brésil: depuis le passage Pléistocène/Holocène jusqu'au contact (XVIIIème Siècle). Tese de doutorado. Nanterre, Université de Paris X.

RODRIGUES, L. Identidade gráfica e territorialidade: uma análise da distribuição dos grafismos rupestres na região de Lagoa Santa. 2018. Tese (Doutorado em Arqueologia) – Universidade de São Paulo, São Paulo.

SCHMIDT, M. C. Diversidade e variação cultural no Planalto Central Brasileiro: os sítios arqueológicos do Lagoa Bonita e da Lapa do Boquete, Minas Gerais. 2005. Tese (Doutorado em Arqueologia) – Universidade de São Paulo, São Paulo.

SCHMITZ, P. I.; BARBOSA, A.; JACOBUS, A. L. Arqueologia nos cerrados do Brasil Central: Serranópolis - Vol. 1. *Revista Pesquisas-Antropologia*, vol. 44, p. 9-208, 1989.

SILVA, A. M. A tradição Itaparica: um estudo da variabilidade lítica em sítios do sudoeste de Goiás. 2010. Tese (Doutorado em Arqueologia) – Universidade de São Paulo, São Paulo.TAVARES, F. Configuração espacial dos assentamentos arqueológicos no médio curso do rio Araguaia. 2017. Tese (Doutorado) – Universidade de São Paulo, São Paulo.

THOMAS, J. Time, Culture and Identity: An Interpretive Archaeology. London: Routledge, 1996.

TIRIBA, L. C. *et al.* A interpretação de contextos arqueológicos e etnográficos: o caso das aldeias do Brasil Central. *In:* BUENO, L.; MARTIN, G.; FERNANDES, L. (ed.) Contribuições Recentes para a Arqueologia Brasileira. Rio de Janeiro: Editora JB, 2008. p. 187-211.

TURNER, T. Representando, significando, referindo: o sentido na organização social Kayapó. *In:* ROCHA, A. G.; REESINK, H. (ed.) Organização Social e Cultura no Brasil Indígena. Campinas: Editora da Unicamp, 2010. p. 145-176.

VAN DER LEEUW, S. E. Stone Age Societies. An Environmental and Archaeological Study of the Upper Draa Valley. New York: Academic Press, 1976.

WAGNER, H. Perspectivas metodológicas para o estudo da cerâmica no Brasil Central. 2002. Dissertação (Mestrado em Arqueologia) – Universidade de São Paulo, São Paulo.

WHITE, R. Representações gráficas paleolíticas: questões de estilo, tecnologia e cognição. Paris: CNRS Éditions, 1989.

WILLIAMS, M. R. Identificação e caracterização de sítios arqueológicos no Vale do Peruaçu, Minas Gerais. 2011. Tese (Doutorado) – Universidade de São Paulo, São Paulo.

ZARANKIN, A. *et al.* Proporções e simetrias nas representações rupestres de Minas Gerais: o caso da Lapa do Sol. Arquivos do Museu de História Natural e Jardim Botânico, Belo Horizonte, v. 19, p. 231-250, 2009.

SOBRE OS AUTORES

Adriana Schmidt Dias

É professora titular do Departamento e do Programa de Pós-graduação em História da Universidade Federal do Rio Grande do Sul (UFRGS) e professora convidada do Programa de Pós-graduação em Antropologia e Arqueologia da Universidade Federal de Pelotas (UFPel). É Doutora em Arqueologia pela Universidade de São Paulo (2003) e pesquisadora do CNPq.

Águeda Vilhena Vialou

É professora associada do *Muséum National D'Histoire Naturelle* (França) e professora convidada do Programa de Pós-graduação em Arqueologia do Museu de Arqueologia e Etnologia da Universidade de São Paulo (MAE/USP). É Doutora em Arqueologia pela Universidade de São Paulo (1979) e pesquisadora do CNRS junto ao *Institut de Paléontologie Humaine* (França).

André Strauss

É professor adjunto do Programa de Pós-graduação em Arqueologia do Museu de Arqueologia e Etnologia da Universidade de São Paulo (MAE/USP). É Doutor em Arqueologia pela *Eberhard Karls Universität Tübingen* (Alemanha) (2016) e coordenador do Laboratório de Arqueologia e Antropologia Ambiental e Evolutiva do MAE/USP.

Andrei Isnardis

É professor adjunto do Departamento e do Programa de Pós-graduação em Antropologia e Arqueologia da Universidade Federal de Minas Gerais (UFMG). É Doutor em Arqueologia pela Universidade de São Paulo (2009) e pesquisador do Museu de História Natural e Jardim Botânico da UFMG.

Antoine Lourdeau

É professor adjunto do *Muséum National D'Histoire Naturelle* (França) e professor convidado do Programa de Pós-graduação da Universidade Federal do Sergipe (UFS). É Doutor em Pré-história pela *Université Paris-*

Nanterre (França) (2010) e pesquisador do Laboratório de Pré-história do *Musée de l'Homme* (França).

Claide de Paula Moraes

É professor adjunto do Departamento de Antropologia e Arqueologia da Universidade Federal do Oeste do Pará (UFOPA). É Doutor em Arqueologia pela Universidade de São Paulo (2013) e pesquisador do Laboratório de Arqueologia Curt Nimuendajú da UFOPA.

Denis Vialou

É professor associado do *Muséum National D'Histoire Naturelle* (França) e professor convidado do Programa de Pós-graduação em Arqueologia do Museu de Arqueologia e Etnologia da Universidade de São Paulo (MAE/USP). É Doutor em Arqueologia pela *Université Paris I* (França) (1981) e pesquisador do CNRS junto ao *Institut de Paléontologie Humaine* (França).

Levy Figuti

É professor associado do Programa de Pós-graduação em Arqueologia do Museu de Arqueologia e Etnologia da Universidade de São Paulo (MAE/USP). É Doutor em Arqueologia pelo *Muséum National D'Histoire Naturelle* (França) (1992).

Lucas Bueno

É professor associado do Departamento e do Programa de Pós-graduação em História da Universidade Federal de Santa Catarina (UFSC). É Doutor em Arqueologia pelo MAE/USP (2005) e Coordenador do Laboratório de Estudos Interdisciplinares em Arqueologia (LEIA) da UFSC.

Myrtle Pearl Shock

É professora adjunta do Departamento de Antropologia e Arqueologia da Universidade Federal do Oeste do Pará (UFOPA). É Doutora em Arqueologia pela *University of California* – Santa Barbara (EUA) (2010) e é pesquisadora do Laboratório de Arqueologia Curt Nimuendajú da UFOPA.

Tábita Hünemeier

É professora adjunta do Departamento e do Programa de Pós-graduação em Genética e Biologia Evolutiva da Universidade de São Paulo

(USP). É Doutora em Genética e Biologia Molecular pela Universidade Federal do Rio Grande do Sul (2010).

Tiago Ferraz da Silva

É Doutor em Genética e Biologia Evolutiva da Universidade de São Paulo (2022) e pesquisador associado do *Max Planck Institute for Evolutionary Anthropology* (Alemanha).